权威·前沿·原创

皮书系列为
"十二五"国家重点图书出版规划项目

视听新媒体蓝皮书

中国视听新媒体发展报告
（2015）

ANNUAL REPORT ON DEVELOPMENT OF CHINA'S
AUDIO-VISUAL NEW MEDIA (2015)

国家新闻出版广电总局发展研究中心
主　编／袁同楠
副主编／杨明品（常务）　吕岩梅

社会科学文献出版社
SOCIAL SCIENCES ACADEMIC PRESS (CHINA)

图书在版编目（CIP）数据

中国视听新媒体发展报告.2015/袁同楠主编.—北京：社会科学文献出版社，2015.7
（视听新媒体蓝皮书）
ISBN 978-7-5097-7714-5

Ⅰ.①中… Ⅱ.①袁… Ⅲ.①传播媒介-发展-研究报告-中国-2015 Ⅳ.①G219.2

中国版本图书馆CIP数据核字（2015）第136174号

视听新媒体蓝皮书
中国视听新媒体发展报告（2015）

主　编／袁同楠
副主编／杨明品（常务）　吕岩梅

出版人／谢寿光
项目统筹／王　绯
责任编辑／曹长香

出	版／社会科学文献出版社·社会政法分社（010）59367156
	地址：北京市北三环中路甲29号院华龙大厦　邮编：100029
	网址：www.ssap.com.cn
发	行／市场营销中心（010）59367081　59367090
	读者服务中心（010）59367028
印	装／北京季蜂印刷有限公司
规	格／开本：787mm×1092mm　1/16
	印张：23.5　字数：356千字
版	次／2015年7月第1版　2015年7月第1次印刷
书	号／ISBN 978-7-5097-7714-5
定	价／98.00元

皮书序列号／B-2011-157

本书如有破损、缺页、装订错误，请与本社读者服务中心联系更换

▲ 版权所有 翻印必究

《中国视听新媒体发展报告（2015）》
编辑委员会

主　任　田　进

委　员　罗建辉　吴保安　余爱群　高长力　张宏森
　　　　　李京盛　陶世明　王效杰　孟　冬　马　黎
　　　　　王向文　袁同楠　魏党军　董年初　王晓晖
　　　　　任　谦　袁正明　焦宏奋　陶嘉庆　赵景春
　　　　　汪文斌　孙朝晖　杨明品

主　编　袁同楠

副主编　杨明品（常务）　吕岩梅

《中国视听新媒体发展报告（2015）》编写机构

编审组

袁同楠　杨明品　吕岩梅
朱新梅　董潇潇　刘汉文
王　雷　罗　艳　张　韬

编 辑 部

编辑部主任　吕岩梅（兼）
成　　员　朱新梅　董潇潇　张　韬　周　菁
　　　　　　宋　磊　黄　威　彭　锦

摘　要

《中国视听新媒体发展报告（2015）》（2015年视听新媒体蓝皮书）是国家新闻出版广电总局发展研究中心编撰的第三部视听新媒体年度发展报告，着重反映当前中国视听新媒体发展的总体情况。

全书由"总论"、"行业扫描"、"专题研究"、"环球视野"、"声音·观点"和"附录"六部分构成。

"总论"共四篇报告，前三篇收录国家新闻出版广电总局副局长田进同志关于网络视听业发展的讲话，内容包括融合发展、网络视听节目管理和网络节目创作等。讲话高屋建瓴，高瞻远瞩，政策性、针对性强，是指导中国视听新媒体改革发展和管理的重要文件。第四篇报告论述了当前中国视听新媒体的发展现状与总体趋势。

"行业扫描"通过12篇发展报告，具体分析包括互联网视听节目服务、移动互联网视听节目服务（包括手机电视）、IPTV、互联网电视、公共视听载体等在内的中国视听新媒体不同领域的发展情况，并从内容建设到渠道拓展，从终端创新到用户需求，从政策管理到技术进步，从服务国内市场到开拓国际市场，全面反映行业发展态势。

"专题研究"聚焦近两年中国视听新媒体发展的两大主题——"融合发展"和"产业模式创新"，从创新实践、典型案例等方面，展示中国传统广电主流媒体的融合创新成果，总结视听新媒体机构在产业运营中的积极探索。

"环球视野"重点介绍国外近两年来视听新媒体领域的业务创新和政策创新，为国内提供借鉴。

"声音·观点"汇集国内外业界学界有关领导和知名专家就视听新媒体

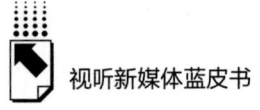

发展发表的真知灼见，颇具启发意义。

"附录"梳理了近两年来中国视听新媒体发展大事记，总结了视听新媒体发展的十个关键词，并受权发布第二届中国网络视听大会、2014年中国视听传媒发展论坛等行业盛会评选出的年度创新榜。

全书致力于权威准确展示行业发展现状，敏锐洞察行业发展趋势，是中国视听新媒体业界学界的重要参考书和工具书。

Abstract

Annual Report on Development of China's Audio-Visual New Media (2015), also called as Blue Book of China's Audio-Visual New Media 2015, is the third annual report on the audio-visual new media development compiled by the Development Research Center, the State Administration of Press, Publication, Radio, Film and Television (SAPPRFT) of the People's Republic of China. This book presents the general development recently of China's audio-visual new media.

The book is composed by six sections, namely, Pandect, Industry Annual Progress, Focuses, Global Perspective, Voices and Views, and Appendix.

In Pandect, three speeches delivered by Mr. TIAN Jin, the Vice-Minister of SAPPRFT are recommended. Those three speeches cover views on media convergence, supervision on Internet audio-visual program and its production. As one significant document from Chinese authority, this section will greatly contribute to policy research and industry development of China's audio-visual new media. In the fourth report, the current situation and trend of China's audio-visual new media are summarized.

Comprised by twelve independent reports, the broad and informative views on various audio-visual new media development are presented in Industry Annual Progress. Specifically, it includes the development of internet audio-visual, mobile audio-visual (include Mobile TV), IPTV, internet TV, public audio-visual carrier etc. In order to provide a comprehensive overview, many key topics are covered, including contents development, channel expanding, terminal innovation, URS, technical progress, expand development from domestic market to international market and supervision on industry.

In Focuses, two hot issues, namely Media Convergence and Industrial Innovation are concerned. With theoretical analysis, practical experiences and classic case study, the performances on media convergence and innovation achieved

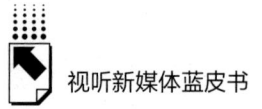

by traditional mainstream broadcast and television media are presented in this section. More important, some useful and innovative experiences come into view by those analyses.

To provide reference for China's media practitioners, Global Perspective introduces foreign audio-visual new media's innovation in development and management in recent two years.

In Voice and Views, the insights and predictions on audio-visual new media development, which are delivered by outstanding experts and managers both in the industry and academic fields from home and abroad are presented.

In Appendix, the book concisely sorts out the related Memorabilia. And ten keywords of China's audio-visual new media development are concluded. Authorized by 2nd China Internet Audio-visual Conference and 2014 China Audio-visual Media Forum, this section also officially releases the annual top innovators of China Audio-visual Media.

The whole book devotes to presenting the industry's development accurately and authoritatively, to profoundly discerning the development trend of the industry. Consequently, it is a significant reference book for audio-visual new media studies both in academic and industry fields.

目 录

代序　携手共创中国网络视听业美好未来……………………………………001

B Ⅰ　总论

B.1　躬下身子学习新兴媒体　展开双臂拥抱新兴媒体……………………001
B.2　加强网络视听节目管理　促进网络视听业健康有序发展……………010
B.3　大力推动网络视听节目创作生产实现更大繁荣…………………………023
B.4　视听新媒体发展现状与总体趋势…………………………………………027

B Ⅱ　行业扫描

B.5　视听新媒体政策与管理报告………………………………………………037
B.6　互联网视听节目服务发展报告……………………………………………045
B.7　移动互联网视听节目服务（包括手机电视）发展报告…………………060
B.8　IPTV发展报告………………………………………………………………072
B.9　互联网电视发展报告………………………………………………………080
B.10　公共视听载体发展报告……………………………………………………090
B.11　视听新媒体内容发展报告…………………………………………………100
B.12　视听新媒体传播渠道发展报告……………………………………………113
B.13　视听新媒体终端发展报告…………………………………………………123

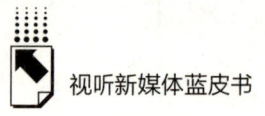

B.14 网络视频用户行为与需求分析 …………………………… 141
B.15 视听新媒体技术发展及应用 ……………………………… 174
B.16 中国视听新媒体走出去现状与趋势 ……………………… 186

BⅢ 专题研究

BⅢ-1 融合发展

B.17 4G网络技术对广播电视的影响及对策 …………………… 197
B.18 以云计算为基础推进广播电视融合制播技术发展 ……… 205
B.19 电视台台网融合新探索 …………………………………… 209
B.20 央视2014巴西世界杯转播的新媒体实践 ………………… 213
B.21 央广新媒体：建立在线广播全平台 ……………………… 218
B.22 国际台：全媒体推进国际传播 …………………………… 224
B.23 湖南台：以我为主 融合发展 …………………………… 229
B.24 江苏网络电视台：视频+新闻+社区的探索与创新 …… 235
B.25 湖北台：以产品为突破口推进媒体融合 ………………… 242

BⅢ-2 产业模式创新

B.26 网络自制剧微电影发展的商业模式 ……………………… 246
B.27 融合背景下内容版权价值开发与管理 …………………… 252
B.28 苏州台：构建广电融合产业 ……………………………… 257
B.29 山东手机台"轻快"平台：打造多元商业模式 ………… 262
B.30 蓝海云平台：全媒体全球传播 …………………………… 266
B.31 视听新媒体内容的网络众筹探索 ………………………… 270
B.32 演唱会O2O模式的探索 …………………………………… 275
B.33 中国网络视听企业境外上市情况及动因分析 …………… 278

BⅣ 环球视野

B.34 发达国家视听新媒体发展新情况新特点新趋势 ………… 283
B.35 美国视听媒体融合发展案例分析 ………………………… 297

B.36	英国视听新媒体政策创新	306
B.37	日本视听新媒体发展现状及其问题	312
B.38	美国苹果公司视听新媒体业务创新	320

ⒷⅤ 声音·观点

| B.39 | 创新·融合·共赢 | 326 |

ⒷⅥ 附录

B.40	创新榜	334
B.41	视听新媒体相关领域发展十个关键词	340
B.42	2013~2014年中国视听新媒体发展大事记	344

《中国视听新媒体发展报告（2015）》撰稿人名单 ………… 350

CONTENTS

Preface   Make Progress Together for a Better Future of
         China's Audio-Visual New Media   / 001

B I   Pandect

B. 1   Learn New Media Actively, Promote New Media Enthusiastically   / 001
B. 2   Strengthen the Supervision on Internet Audio-Visual
       for a Healthy and Orderly Industry Development   / 010
B. 3   Promote the Creation and Production of Internet
       Audio-Visual for a More Prosperous Future   / 023
B. 4   Current Situation and Trend of China's Audio-Visual New
       Media   / 027

B II   Industry Annual Progress

B. 5   Policy and Supervision of Audio-Visual New Media   / 037
B. 6   Development of Internet Audio-Visual Program   / 045
B. 7   Development of Mobile Audio-Visual (include Mobile TV)   / 060
B. 8   Development of IPTV   / 072
B. 9   Development of Internet TV   / 080

CONTENTS

B.10 Development of Public Audio-Visual Carrier / 090
B.11 Development of Audio-Visual Media's Content / 100
B.12 Development of Audio-Visual Media's Channel Expanding / 113
B.13 Development of Audio-Visual Media's Terminal Device / 123
B.14 Study on Internet Video User's Behavior and Needs / 141
B.15 Technical Development and Its Application of Audio-Visual Media / 174
B.16 International Development and Trend of China's Audio-Visual Media / 186

BIII Focuses

Media Convergence

B.17 Influences of 4G Technology on Broadcast and TV and its Solution / 197
B.18 Development of Integrated Producing and Broadcasting Technology Based on Cloud Computing / 205
B.19 Exploring the Convergence with Internet by TV Station / 209
B.20 New Media Practice by CCTV on the Broadcast of 2014 FIFA World Cup Brazil / 213
B.21 Establishment of Broadcast Online All-Platform: A Case Study of CNR's New Media Practice / 218
B.22 Promote International Communication by All-Platform Media: A Case Study of CRI / 224
B.23 Take the Initiative for a Better Convergence Development: A Case Study of HBS / 229
B.24 Convergence on Video, News and Community: A Case Study of JSTV / 235
B.25 Promote Media Convergence with Product: A Case Study of HBTV / 242

Industrial Innovation

B.26 Business Model of Original Web Series and Micro Movies / 246
B.27 Copyright Use and Supervision in the Background of Media Convergence / 252
B.28 Establishment of a Convergent Broadcast and TV Industry: A Case Study of SBS / 257

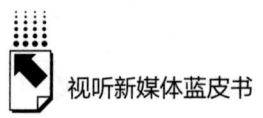
视听新媒体蓝皮书

B.29	Development of Multivariate Business Model:A Case Study of Qingkuai App of SDTV	/ 262
B.30	Global Communication with All-Platform Media:A Case Study of BON's Cloud Platform	/ 266
B.31	Internet Crowd Funding of Audio-Visual Media	/ 270
B.32	Practice of Concert's O2O Model	/ 275
B.33	Overseas IPO of Chinese Audio-Visual Enterprises and Motivation Analysis	/ 278

B IV Global Perspective

B.34	New Characteristics and Trends of Developed Country's Audio-Visual Media	/ 283
B.35	Case Study of Media Convergence of American Audio-Visual Media	/ 297
B.36	Policy Innovation of British Audio-Visual Media	/ 306
B.37	Actuality and Problem of Japanese Audio-Visual Media	/ 312
B.38	Apple Inc's Business Innovation on Audio-Visual Media	/ 320

B V Voices & Views

B.39	Innovation·Convergence·Sharing	/ 326

B VI Appendix

B.40	Top Innovators of China's Audio-Visual Media	/ 334
B.41	Ten Keywords of China's Audio-Visual Media	/ 340
B.38	Memorabilia of China's Audio-Visual Media in 2013 and 2014	/ 344

携手共创中国网络视听业美好未来

（代序）

蔡赴朝

近几年来，在国家相关政策的推动、社会各界的支持和信息网络业界的共同努力下，我国网络视听业呈现出蓬勃发展的良好局面。截至2014年6月，我国网络视频用户规模已达4.39亿，占网民的近七成，用户规模、市场规模等都保持了持续快速增长态势；视频节目在移动互联网流量中的占比节节攀升，一些大的视听网站移动收视份额已经超越PC端；网络视听内容的品质不断提升，"中国梦"主题原创网络视听节目的征集和评选广受关注，涌现出一批优秀作品；网络视听的传播秩序进一步规范，从业机构依法运营意识明显增强，为整个行业更好更快地发展打下了良好的基础。

特别需要指出的是，在网络视听业发展壮大的过程中，主流媒体发展新媒体、推动媒体融合的步伐也大大加快。以广播电视播出机构为例，截至2014年11月，全国共有28家省级以上（含省级）广播电视播出机构获准开办网络广播电视台，有24家城市电视台获准联合开办城市网络电视台；6家广电机构开办手机电视集成播控服务，24家广电机构开办手机电视内容服务；7家广电机构建设、管理和运营互联网电视集成平台，14家广电机构获批提供互联网电视内容服务。全国省级以上广电机构和部分市县广电机构都开办了微信、微博、客户端等业务；在信息领域科技创新的推动下，信息云平台，一云多屏、多屏互动等不断涌现。这些都大大拓展了主流媒体的覆盖面，大大提升了主流媒体的传播力影响力。

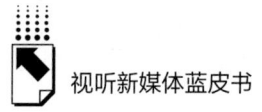

中央高度重视网络视听业的发展。党的十八届三中全会强调,要重视新兴媒介运用和管理。2014年8月,习近平总书记主持召开中央全面深化改革领导小组第四次会议,审议通过了《关于推动传统媒体和新兴媒体融合发展的指导意见》,为媒体融合发展指明了方向、提出了新的更高要求。党的十八届四中全会强调,要加强互联网领域的立法,完善网络信息服务、网络安全保护、网络社会管理等方面的法律法规,依法规范网络行为。国务院也出台了一系列促进信息消费、发展网络经济的政策措施。中国网络视听业正迎来新一轮高速增长的重要战略机遇期。目前,方向已经明确,抓住机遇、加快发展,我们应重点强化以下五个方面。

第一,抓导向。网络视听面向的是大众,传播的是精神文化产品,肩负着思想引领、舆论推动、精神激励、文化支撑的重要使命,确保导向正确始终是最根本的要求,也是我们最重要的责任。所有网络视听机构和从业人员,都要增强导向意识、责任意识,坚持团结稳定鼓劲、正面宣传为主的方针,大力传播和践行社会主义核心价值观,唱响主旋律、传递正能量,为实现中华民族伟大复兴的中国梦营造良好氛围。要坚持把社会效益放在首位,本着对国家、对民族、对子孙后代负责的态度,去思考、去审视我们应该传播什么、不应该传播什么,站稳立场、守住底线、把好关口。绝不能片面追求经济效益,迎合不合理的诉求,迎合低级趣味。我们始终强调"线上线下要统一标准",在大众传播领域,法律法规和道义底线一定要坚守,低俗媚俗之风一定要抵制,各个视听网站都是这方面的责任主体。我们很高兴地看到,很多重要的网站在这方面都很好地履行了自己的职责,我代表总局向这些负责任的网站表示衷心感谢。希望大家继续把我们的责任、把导向要求贯穿到各环节、各方面、全过程,真正使网络视听成为传播社会主义先进文化的新阵地和新平台。

第二,提品质。习近平总书记在文艺工作座谈会上强调,推动文艺繁荣发展,最根本的是要创作生产出无愧于我们这个伟大民族、伟大时代的优秀作品。当前,网上传播着海量的视听内容,但是良莠不齐的问题仍然很突出,特别是优秀精品偏少。发展网络视听业,必须坚持内容建设为本,紧紧抓住、抓好节目创作生产这个中心环节，努力推出更多思想性、艺术性、观赏性"三性"统一的好节目好作品。要强化以人民为中心的创作导向，熔铸中国精神，传承中华优秀传统文化，彰显真善美、贬斥假丑恶，努力讲好中国故事。搞好网络视听服务，新媒体如果只做传统媒体和传统内容的"搬运工"，这还远远不够，必须加大原创力度。要适应网络传播新特点，针对多屏互动的传播新模式和个性化内容的新需求，进一步加强针对不同终端、不同用户群的内容创作生产以及包装分发，切实增强网络视听节目的贴近性、针对性和吸引力。总局2014年举办了"弘扬社会主义核心价值观 共筑中国梦"主题网络视听原创作品评选和展播活动，还设立了网络视听节目内容建设专项资金，对视听新媒体的优秀原创节目、重大宣传项目等进行重点扶持。今后，我们将继续综合运用评奖评优、节目展播、专项资金支持等手段，积极引导支持优秀内容的创作生产，推动网络视听内容由以量取胜向以质取胜转变。总局作为网络视听的管理机构，我们要强化政策的引导，出台奖励措施，也需要加大资金的支持。但是，真正能够使网络空间清朗起来，能够让各网站特别是有影响的网站，涌现出大量适合新媒体传播、广大人民群众喜闻乐见、弘扬主旋律、传递正能量的优秀作品，真正的责任主体还是各个网站，真正能够奋发有为、做出成果还是有赖于网站的所有从业人员。我们希望已经做出成绩的网站不断巩固自己的成绩，不断取得新的成果。在创作优秀原创视听节目方面做得还不是很够的网站，希望大家后来居上，能够在网络视听这个新领域真正奋发有为，创作出大量适应我们这个文化大国国情和广大人民群众期待的优秀作品，希望这样的优秀作品更多地涌现出来。

第三，重创新。网络视听是科技创新的产物，创新是网络视听与生俱来的特性。我们很高兴地看到，很多网站，特别是一些有实力有影响力的大网站，在科技和文化的结合上，在创新手段、创新内容、创新传播方式方面都取得了很多新的成果。推动网络视听未来发展的不竭动力还在于坚持不断地创新。实事求是地讲，虽然主流媒体在发展新兴媒体方面取得了显著成绩，很多传统媒体特别是国家级的主流媒体，在这方面应当是很有作为的，但是总体来看我们还有很多不足，还存在薄弱环节和问题。发展新兴媒体，推进传统媒体与新兴媒体融合，我们必须始终把创新作为重要的任务，在全方位的创新中加快建设一批形态多样、手段先进、具有竞争力的新型主流媒体，努力建成几家有强大实力和传播力公信力影响力的新型媒体集团。要创新理念，切实遵循新闻传播规律和新兴媒体发展规律，切实强化互联网思维，切实强化一体化发展。要创新技术应用，积极利用大数据、云计算等技术，建设新型的采编播发平台，实现节目内容的一次性采集、多形态生成、多终端分发。要创新服务，强化用户意识，注重分析用户的特点和需求，为用户提供多样化、个性化的信息和服务，做到量身定做、精准传播。要创新体制机制，在确保导向的前提下，鼓励支持打破旧的条条框框，探索科学高效的一体化组织架构，探索新型资本运作方式、内部管理方式，实现传统媒体和新兴媒体的并行并重、融合发展，确保主流声音通过网络视听这一新阵地传播得更好、更快、更有效率、更加广泛。

第四，保安全。网络安全，已成为世界各国面临的共同挑战，也是网络视听发展中要高度重视的问题。网络视听安全，事关国家安全、社会稳定，也事关人民群众的视听基本权益和切身利益。比如，近年来互联网已经成为一些恐怖组织传播恐怖音视频、煽动实施恐怖活动的重要渠道，还有其他一些别有用心的人也力图通过新媒体来实现一些不良企图和目的，这些都要引起我们的高度重视。安全是网络视听业的生命线，任何时候都必须把确保安全放在最高的位置。网络视听机构要按照"谁办网谁负责"的原则，建立健全节目内容审核流程，坚持先审后播，严把审核播出关。对上传节目的机构和个人要进行真实身份信息的核实，确保节目安全管理可控、问题可以追溯、责任可以落实到人。要认真落实安全播出的各项制度和规定，严防各种形式的攻击和破坏。针对各种视频服务的新技术、新应用，要未雨绸缪，"造好闸门再放水"、"带好刹车再上路"，努力做到防患于未然。要加强新媒体信息安全风险评估研究，及时发现安全隐患，不断提高全行业信息安全防护水平。总之，我们要确保内容、播出、技术和应用的安全，绝不给错误有害的内容提供传播渠道，绝不给犯罪和恐怖主义可乘之机，让网络视听真正造福于国家、造福于人民。

第五，强法治。当前，贯彻落实党的十八届四中全会精神，网络法治化进程正在提速。必须坚持一手抓发展、一手抓管理，对传统媒体、新兴媒体，对网上、网下，对不同产品、不同业态，都要进行科学有效的管理，确保面向大众的传播要遵循统一的导向要求和内容标准。从政府管理部门来说，一方面，我们将积极适应实践发展的要求，加强法规制度建设，不断提高管理的制度化、规范化水平；另一方面，我们将严格执法，确保把各项法规制度、管理政策和措施落到实处。从网络视听机构来说，要牢固树立法治意识，坚持依法办网、依法依规开展运营。近一个时期以来，总局明确了网络自制视听节目审播、网上境外影视剧管理等一系列具体政策和要求。希望整个互联网业界对已有的法律法规和管理规定要认真对待，以严肃认真的态度执行好。依法治国的基本方略在我们这个领域，希望在各网络视听机构的自觉行动下能够得以真正贯彻落实。好的法规好的制度，归根到底还要靠执行者能够真正贯彻落实。只要各网站都树立起明确的法制理念，把依法管理、依法运营作为一项重大的责任和使命担当起来，网络有序健康管理就一定能够落到实处。在这方面，很多网站做得很好，在坚持依法管理上，在对员工进行全员培训上，在对节目的审播把关上，都体现了很好的政治意识、责任意识，恪守法治底线，恪守社会道德底线。在此基础上，一些网站还在坚持弘扬主旋律、创造优秀产品上下了很大的功夫，做出了很好的成绩。

网络视听业的发展正处在一个十分关键的时期，今后的路更长、更宽广。为了信息传播更生动、网络世界更精彩、人民精神文化生活更丰富，让我们团结一心、携手共创中国网络视听业的美好未来！

（摘自中共中央宣传部副部长、国家新闻出版广电总局局长、国家版权局局长蔡赴朝同志2014年12月15日在第二届中国网络视听大会开幕式上的主旨演讲）

总 论
Pandect

躬下身子学习新兴媒体
展开双臂拥抱新兴媒体

田 进

加快推动媒体融合发展,是贯彻落实中央部署的重要政治任务,也是广电媒体紧迫而重大的历史使命。这里我讲三个问题。

第一个问题:深入学习领会中央精神,切实增强推动广电媒体融合发展的自觉性和紧迫感使命感

中央高度重视媒体融合发展。2014年8月18日,习近平总书记主持召开中央全面深化改革领导小组第四次会议,审议通过《关于推动传统媒体和新兴媒体融合发展的指导意见》,总书记发表了重要讲话。由党的总书记亲自部署,由中央全面深化改革领导小组高规格研究中国媒体发展问题,并

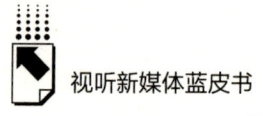
视听新媒体蓝皮书

专门就媒体融合发展问题作出全面部署、提出明确要求，应该说，这在党的历史上是非常少见的，其重要性不言而喻。

近年来，面对新技术新媒体的迅速崛起，全国广电行业高度重视，积极应对，加快发展新媒体新业务，取得显著成绩。目前，全国共有28家省级以上（含省级）广播电视播出机构获准开办网络广播电视台，有24家城市电视台获准联合开办城市网络电视台；6家广电机构开办手机电视集成播控服务，24家广电机构开办手机电视内容服务；7家广电机构建设、管理和运营互联网电视集成平台，14家广电机构获批提供互联网电视内容服务。全国省级以上广电机构和部分市县广电机构都开办了微信、微博、客户端等业务，一云多屏、多屏互动、从线上到线下、城市信息云平台等不断涌现，有些地方探索建立融合式新闻中心、节目中心，通过"电视端+电脑端+移动端+可穿戴设备"，积极开展视听内容的一次采集、多次分发、全媒体传播。这些成绩是可喜的，也为进一步推动媒体融合发展打下了良好基础，积累了宝贵经验。

但总体看来，广电机构在开办新兴媒体和推进媒体融合过程中，在理念观念、体制机制、技术力量、资金投入、人才保证等方面，还存在不少问题或困难，广电媒体在互联网新兴媒体上的影响力和舆论引导能力还很有限，与中央的要求还有不小的差距，同新媒体发展趋势还不相适应。

我们必须深入学习领会中央精神，进一步提高认识，切实增强融合发展的自觉性和紧迫感使命感。

第一，加快融合发展是技术进步和媒体变革的必然趋势。纵观全球，信息、数字、网络技术正在全面深刻地改变媒体格局、重构媒体生态，传统广电媒体与新兴媒体融合发展已是大势所趋。从历史上看，由技术演进而推动的媒体变革势不可当，每一次变革都带来了服务升级，都提升了满足受众信息文化需求的能力。当前，基于互联网的新兴媒体以超乎寻常的速度发展与创新，各种新业态、新服务、新产品层出不穷，成为人们获取新闻资讯、开展文化娱乐的新渠道、新方式。在国外，英国BBC、美国新闻集团（News Corporation）和康卡斯特（Comcast）等国际知名媒体机构，都在加快主流媒体发展新兴媒体的步伐。据统计，到2014年6月，中国网民规模达6.32亿人,其中,手机网民规模5.27亿人,10岁到39岁的网民群体占比高达79%;网民人均每周上网时长达25.9小时。同时我们也看到,腾讯微信推出仅3年,用户已有5亿户。我国广电媒体必须顺应技术发展和媒体变革大趋势,加快推动媒体融合发展。

第二,加快融合发展是巩固壮大主流思想舆论阵地、弘扬社会主义核心价值观的必然要求。广电作为主流媒体肩负着引导社会舆论、巩固宣传思想文化阵地、保障文化安全与意识形态安全的重要职责和使命,一直是传播社会主义核心价值观、弘扬中国梦、满足人民群众信息文化娱乐需求的主渠道,开展舆论斗争、维护文化安全的主阵地。随着媒体格局发生深刻变革,新兴媒体的受众在不断增多。新兴媒体已经成为重要的舆论场,其设置议程、生成舆论、影响舆论、动员社会的能力日渐增强。在这样的形势下,广电媒体必须与时俱进,在融合发展中将广电媒体的影响力延伸拓展到新兴媒体,融通传统广电媒体和新兴媒体两个平台、两个舆论场、两个用户群,占领信息传播制高点,把握舆论引导主动权、主导权、话语权,提高舆论引导能力,切实履行好主流媒体的职责。

第三,加快融合发展是广电媒体应对挑战、赢得竞争的必由之路。新兴媒体的快速发展,给广电带来的挑战是全方位的。既有舆论引导方面的,也涉及产业发展。产业发展是广电适应市场经济环境的必然选择,是广电事业发展的重要支撑,是广电参与国际竞争、占领舆论阵地的重要基础。但目前我国广电产业规模还不够大,新型业务所占比重较小。相比之下,互联网新兴媒体发展迅速,产业规模大幅扩张,在世界范围内正在成为重要的媒体竞争市场力量。2013年,百度、阿里巴巴、腾讯(BAT)三大互联网企业总收入合计1400多亿元人民币,已超过同年全国广播电视广告收入的总和。在国外,脸谱网(Facebook)2013年收入达到约合240亿元人民币,2014年仅前三季度收入就已达约合527亿元人民币。美国最大的有线电视网络机构康卡斯特加快与新媒体的融合步伐,通过推出"电视无处不在"计划,实现节目内容的精细包装和多终端分发,宽带、移动、各类视频订阅等新业务用户持续增长,不仅成功应对了传统有线电视用户的流失,还实现了公司

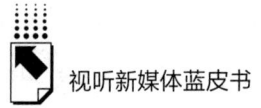

产业规模的稳步扩张，2013年这家公司收入达到约合4000亿元人民币，超过了我国广电行业一年的总收入。国内广电媒体要想在激烈的媒体竞争中继续占据产业竞争优势，就必须抓住机遇，走融合发展之路。

第四，加快融合发展是满足人民群众新闻信息和精神文化新需求的必然选择。随着改革开放的不断深化和全面建成小康社会的深入推进，社会日益开放，传播渠道日益多样，人民群众的精神文化需求也快速增长，并呈现出多元多样多变等鲜明特点。人民群众对信息文化产品要求更多，要求更快，要求更好。人们既要求信息文化产品的数量，更要求信息文化产品的质量；既希望有好的内容产品，也希望有好的服务和体验；既希望享受便捷的大众化服务，也希望有更多的个性化服务和更多的互动、参与。满足人民群众不断增长的信息文化娱乐需求是媒体的重要职责。人民群众的需求到哪里，媒体的服务就要跟到哪里。只有加快推进媒体融合步伐，才能适应人民群众的新需求新变化，才能履行好媒体的应尽职责。

总之，基于互联网和移动互联网的新兴媒体正以前所未有的速度对传统媒体产生重大变革，广电媒体必须以高度的自觉性和强烈的紧迫感使命感，迅速行动起来，躬下身子学习新兴媒体，展开双臂拥抱新兴媒体。

第二个问题：紧密结合广电实际，扎实推进传统广电媒体与新兴媒体融合发展

中办国办印发的《关于推动传统媒体和新兴媒体融合发展的指导意见》，对融合发展的部署非常全面，要求也非常具体，既有总的原则要求，也有具体的工作思路、工作目标和进度安排，关键是要结合实际抓好落实。这里我强调六点，可以说是要"一明确五加强"。

一个明确就是：明确目标任务。中央确定的融合发展的主要目标任务，既包括总的目标，也包括阶段性任务。关于总的目标，明确提出以中央主要媒体为龙头、以重点项目为抓手，打造一批形态多样、手段先进、具有竞争力的新型主流媒体，建成几家拥有强大实力和传播力公信力影响力的新型媒

体集团，形成立体多样、融合发展的现代传播体系，达到世界一流水平。关于阶段性任务，明确提出要用一到两年时间打下坚实基础，用三到五年时间取得突破性进展。

我们要严格按照中央的要求，紧密结合广电实际，科学制定广电融合发展的目标任务。我们要把中央确定的目标任务进一步细化、具体化。既要有宏观的目标定位，也要有具体的要求，包括技术建设、内容建设、渠道建设、平台建设、体制机制建设和经营管理等各个方面。既要有总的目标，也要有分阶段的任务，包括什么时候完成整体布局，什么时候实现业务流程重构再造，什么时候台网融合迈出实质性步伐，什么时候形成融合发展的体制机制和业务模式，等等。中央台和地方台，广播电台和电视台，经批准开办网络广播电视台和尚未开办网络广播电视台的，都有各自的实际情况，都必须从实际出发，找准定位，明确目标，确保融合发展按照中央的要求和正确的方向推进。

五个加强就是：第一，加强顶层设计。融合发展是一次整体性系统性的变革，关系媒体未来发展，加强顶层设计至关重要。

我们要把融合发展作为重大工程，坚持以先进技术为支撑，以内容建设为根本，以完善体制机制为保障，紧紧抓住一些基础性环节、关键性项目，集中力量、优化资源、科学规划、统筹实施。这里特别需要强调，要树立一体化理念，着力规划和推动一体化发展。要大力推动各种资源要素的有效整合，真正实现传统广电媒体和新兴媒体在内容、渠道、平台、经营、管理等五个方面的深度融合，真正实现优势互补、并行并重，紧密协同、此长彼长，通过科学融合更好发挥广电主流媒体的作用。

第二，加强重点突破。推进融合发展必须抓住重点，找准突破口，有步骤分阶段推进，争取尽快见行动、出成效。

一要尽快在节目内容建设上取得突破。节目内容是广电媒体的核心和优势资源。在推进融合发展中，要针对多屏互动的传播新模式和个性化内容新需求，进一步加强针对不同终端和不同用户群的内容创作生产及包装分发。根据2014年6月的数据，中国网络视频用户规模已达4.39亿人，

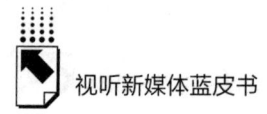

已经占网民的近七成,网络视频用户年龄结构呈现年轻化、高学历、高收入趋势。而在手机类网络应用中,网络视频应用位列前五,有超过一半的网民在使用这一应用。要确保广电媒体在内容服务上的优势地位,就要创新节目内容采编流程,建立融合型视听节目采制分发中心,实现节目内容的一次采集多形态生成、多终端分发。要加大节目内容原创力度,强化内容生产环节的用户参与,增强节目的贴近性、针对性和吸引力。特别是通过大数据分析用户特点和用户需求,为用户提供多样化、个性化的信息和节目,做到量身定做,精准传播,大大提高信息和节目服务的实效性和用户满意度。

二要尽快在融合业务开发上取得突破。一个好的媒体融合业务项目可以带"火"一个节目,短时间内实现其传播影响和效益的最大化。这个业务项目可以是一个客户端、一个应用程序、一个微信微博平台,也可以是一个多种业务应用的聚合平台,各台应结合自身情况大力探索实践。这里特别重要的是,一定要有互联网思维。要充分考虑互联网的开放、融合、互动、共享等特点,充分利用互联网最新的智能、移动和大数据、云计算等技术,着力创新业务与服务,实现广电媒体的终端载体、用户规模大幅拓展。

三要尽快在整合资源、扩大投融资上取得突破。推动融合发展,必须充分发挥市场机制的作用,把行政推动与发挥市场作用有机结合起来,通过资源整合和扩大投融资为主流媒体发展新兴媒体注入强大动力。积极鼓励符合条件的广电新媒体机构上市融资,积极支持广电主流媒体控股或参股互联网企业、科技企业,积极开展对互联网企业有关特许经营业务实行特殊管理股制度试点。

第三,加强改革创新。融合发展是整个媒体业面临的新课题、新任务,没有现成的经验和模式,必须始终把改革创新作为重中之重。

以改革创新推进融合发展,关键是要把握两个要求,遵循两个规律,完成两个转变。把握两个要求,即社会主义市场经济的要求和意识形态工作的要求。遵循两个规律,即新闻传播规律和新兴媒体发展规律。完成两个转变，即从新兴媒体依附于传统媒体，转变为新兴媒体和传统媒体并行并重；从新兴媒体、传统媒体分立发展，转变为新兴媒体和传统媒体协同融合。总之，要通过改革创新积极主动地探索广电媒体组织结构的重构再造，逐步建立起适应市场竞争、符合媒体发展趋势和要求、一体化运行的体制机制。需要指出的是，已经批准建立网络广播电视台的电台电视台，要坚持台台并重、一体发展，进一步加快网络广播电视台的发展步伐。继续鼓励电台电视台台长兼任网络广播电视台台长。

第四，加强依法管理。坚持一手抓发展，一手抓管理，始终以科学有效的管理规范传播秩序、促进健康发展。

坚持分级管理、属地管理和谁主管谁负责、谁主办谁负责的原则，切实强化主流媒体的各项管理制度，强化对新媒体新业务的管理。

要积极探索对网上网下、不同业态实施科学有效管理的新手段新途径新办法，确保面向大众的传播遵循统一的导向要求和内容标准。对于电台电视台和网络播出影视剧，包括境外影视剧，实行同一尺度、同一标准。

要切实加强宏观调控，把推动融合发展与优化资源配置、优化结构布局紧密结合起来，切实解决功能重复、内容同质、力量分散等问题，形成融合发展的良好格局。各地各单位推进融合发展的实施方案，以及推进过程中拟实施的重大项目、出台的重大政策措施，都必须按规定按程序报批。要切实加强版权保护，依法打击侵权盗版行为。

第五，加强政策支持。为支持媒体融合发展，国家出台了一系列政策措施，各级广电部门一定要抓好落实，同时要结合实际出台一些配套举措，为融合发展提供有力保障。

要切实加大资金的投入和扶持力度，包括各台加大自身投入和通过财政专项资金安排、运用国有资本投入等方式。相关专项资金或基金要向媒体融合发展重点项目适当倾斜。要切实加大人才队伍建设的支持力度，坚持建设、管理和使用并重，以改革创新的精神，切实解决不同体制、不同层次、不同身份的人才队伍建设面临的实际问题，努力形成有利于融合发展的良好人才队伍环境。

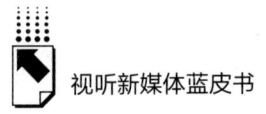

第三个问题：推进融合发展需要准确把握的几点要求

推进传统广电媒体和新兴媒体融合发展涉及方方面面，政治性、政策性很强，技术性、专业性很强，综合性、系统性很强，必须严格按照中央的部署和要求，把握方向，掌握政策，积极稳妥推进。

第一，要始终坚持媒体属性。不管传统广电媒体和新兴媒体怎样融合，不管广电媒体还是视听新媒体，其媒体属性都不会改变，也不能改变。推进媒体融合发展，必须始终坚持党管媒体的原则，坚持社会主义先进文化前进方向，坚持把社会效益放在首位，坚持以确保文化安全和意识形态安全为前提，着力壮大主流思想舆论、做大做强主流媒体，提高主流媒体的传播力公信力影响力和舆论引导能力。需要强调的是，我国电台电视台由政府开办，频道频率属国家专有专用资源，在融合发展中要防止将频道频率进行公司化、企业化经营，更不得将其整体打包上市。

第二，要始终坚持正确导向。坚持正确导向，是媒体的灵魂、是媒体的生命，其重要性无论怎么强调都不过分。在推进融合发展的过程中，一定要把坚持正确的导向放在高于一切的位置。要始终坚持团结稳定鼓劲、正面宣传为主方针，唱响主旋律、传播正能量，大力弘扬社会主义核心价值观，弘扬中国优秀传统文化，引导全国各族人民为实现中国梦蓬勃向前。要切实增强政治敏锐性和政治鉴别力，严肃纪律、严格把关，真正把正确导向贯穿到媒体融合发展各环节、各方面、全过程，确保内容、流程、渠道、技术、终端等各方面都不出问题。

第三，要始终坚持从实际出发。推进媒体融合是一项紧迫而长期的任务，必须坚持一切从实际出发，尊重新闻传播规律和新兴媒体发展规律，既要行动迅速，又要务求实效，着眼长远，久久为功。要防止一哄而上，也不能搞一刀切。中央与地方、广播电台与电视台都应根据自身实际，充分发挥优势，明确工作着力点和用力方向，积极探索适合自己的模式，走有特色的融合发展之路。总局积极支持融合发展方面各种形式的探索，适时总结经验，积极推广。

　　媒体融合的浪潮正在涌起，广电媒体在经受挑战的同时，也迎来历史性的发展机遇。如何抢抓机遇、应对挑战、加快发展，是摆在我们面前的共同课题。我们相信，在广大广电媒体和视听新媒体从业者的共同努力和社会各界的大力支持下，广电媒体融合发展必将乘风破浪，不断取得新的进步，在建构社会主义核心价值体系和弘扬中国梦的时代进程中作出应有的贡献。

（摘自国家新闻出版广电总局副局长田进同志2014年11月14日在"2014中国视听传媒发展论坛"上的主旨演讲）

B.2
加强网络视听节目管理
促进网络视听业健康有序发展

田 进

自2012年8月总局在长春召开全国网络视听节目管理工作会议以来，我们认真按照中央要求和总局党组部署，抓住重点，抓住关键，扎实推进网络视听节目管理工作，各方面都取得明显进展和成效，在全面、规范、有效管理网络视听节目方面迈出了坚实的步伐。突出体现在这样几个方面：一是围绕一系列重大敏感事件，及时清除网上政治有害及敏感节目，确保网络视听节目政治安全；二是全面落实加强网络剧、微电影等网络视听节目管理的要求，督促网络视听节目服务单位严格执行"自审自播"、"先审后播"、"不审不播"和节目备案制度，积极开展网络视听节目审核员培训，建立完善网络视听节目服务单位节目内容总编辑负责制，逐步规范了网络自制视听节目审播管理秩序；三是在充分调研基础上制定出台网上境外影视剧引进管理规定，填补了一项管理空白；四是克服困难、敢于碰硬，对互联网电视行业中的违规行为依规进行坚决整治，互联网电视秩序出现明显好转；五是认真贯彻中央关于发展新兴媒体、推动融合发展的部署，在促进广电主流媒体发展网络广播电视台方面取得积极进展；六是开展"中国梦"主题原创网络视听节目征集评选活动，切实强化引导和扶持，网络视听内容整体品质得到明显提升；七是中央和地方监管系统建设取得积极进展，重点升级互联网视听节目监管系统，新建移动互联网视听节目监管系统和互联网电视监管系统，完善IPTV监管系统；八是针对4G、投影电视等新技术带来的新趋势、新挑战、新问题进行调研，研究提出对策建议；九是中国网络视听节目服务协会和5个省级视听协会积极开展工作，行业自律得到切实加强。

在充分肯定成绩的同时，我们也要清醒地认识到，网络视听节目建设管理工作还存在一些薄弱环节和问题。主要有这样六个方面：一是广电媒体在互联网新兴媒体上的影响力和舆论引导能力还不够，与中央的要求还有不小的差距，同新媒体发展趋势还不相适应；二是网络视听节目内容整体质量不高，优秀精品偏少，低俗不良内容的问题还比较突出；三是随着移动互联网的高速发展，用户上传更加方便快捷、传播渠道越来越个性化、媒体互动性越来越强，而相应的监管尚未到位，加强视听领域新业务的监管已迫在眉睫；四是面对智能终端、多屏融合的迅猛发展，管理相对薄弱，管理手段和部门协作机制亟须健全；五是国有网络视听节目服务机构整体存在实力、活力和竞争力不强的问题，同时境外非法内容千方百计对我国进行渗透；六是各级管理部门在视听新媒体方面的监管力量、监管手段还比较薄弱，人员配备严重不足，管理工作整体上有待提高。

这里，我想着重结合一些重大问题、重点工作，谈几点意见。概括起来，主要讲八句话，即八个"着力"。

一 着力加快推动媒体融合发展

2014年8月18日，习近平总书记主持召开中央全面深化改革领导小组第四次会议，审议通过《关于推动传统媒体和新兴媒体融合发展的指导意见》，总书记发表了重要讲话。对于媒体融合发展问题进行如此高规格的部署，其重要性不言而喻。推动媒体融合发展已成为习总书记、党中央部署的一项重大政治任务，是一项国家战略。结合实际，认真学习贯彻中央关于推动媒体融合发展的精神，应当在思想认识上和工作实践中紧紧抓住并回答好下面三个方面的问题。

第一，为什么要把媒体融合发展提到国家战略的高度。总书记在全国宣传思想工作会议上指出，"宣传思想工作是做人的工作的，人在哪儿重点就应该在哪儿"。据统计，到2014年6月，我国网民规模达6.32亿人，其中，手机网民规模5.27亿人；网民人均每周上网时长接近26小时。腾讯微信推

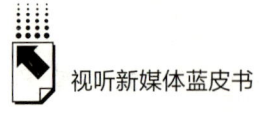

出仅三年，用户已有5亿人。基于互联网的新媒体，已具有强大的传播力、动员力和影响力，已成为媒体中的制高点。推动媒体融合发展，把传统媒体的影响力向网络空间、向新兴媒体延伸，是传统媒体生存发展、赢得未来的必由之路，是巩固壮大主流思想舆论阵地、维护意识形态安全的必然要求。"明者因时而变，知者随事而制。"我们必须切实增强推动广电媒体融合发展的自觉性和紧迫感、使命感，在新媒体领域加大力量投入、加快发展步伐，着力抢占制高点、掌握主动权，努力把广电媒体做大做强。

第二，如何推动媒体融合发展。中央对推进媒体融合发展的原则要求、工作目标、进度安排，包括如何拓展新技术新应用、如何创新内容生产与信息服务、如何完善体制机制以及加强人才队伍建设、加强组织领导等方面都作出了明确部署，提出了具体要求。我们一定要结合实际准确把握、全面落实。要抓住重点，找准突破口，尽快取得突破。一是要尽快在节目内容建设上取得突破，重点针对多屏互动的传播新模式和个性化内容新需求，面向不同终端和不同用户群进一步加强内容创作生产及包装分发。二是要尽快在技术建设上取得突破，积极利用大数据、云计算、移动互联网等技术，改进媒体采编方式，将优质内容推送到多屏幕多终端，把主流声音传得开、传得好、传得响。三是要尽快在融合业务开发上取得突破，强化互联网思维，着力打造创新型产品，用好的融合业务项目带动节目、频道频率乃至整个台的新媒体发展。四是要尽快在一体化发展上取得突破，积极主动地探索广电媒体组织结构的重构再造，逐步建立起适应市场竞争、符合媒体发展趋势和要求、一体化运营的体制机制。

第三，管理部门如何在推动媒体融合发展中发挥作用。管理是发展必不可少的重要保障。推动媒体融合发展，管理部门责任重大。一要加强顶层设计，规划制定合理的发展路径和引导性政策，在符合现行法规和政策条件下积极调动市场资源，既要可管可控，又要大胆创新、善于引导，调动各方面积极因素。二要加强管理，规范传播秩序。对新兴媒体与传统媒体的内容管理要实施同一尺度、同一标准的政策。要积极探索对不同业态、不同路径的媒体实施科学、统一、有效的管理方式，确保面向大众的内容传播遵循统一的导向要求和内容标准。三要强化扶持支持，提供有力保障。要切实加大资金的扶持力度，通过包括财政专项资金支持、国有资本投入等方式，加大对媒体融合发展重点项目的扶持力度，相关专项资金或基金要向媒体融合发展重点项目适当倾斜。要切实加大人才队伍建设的支持力度，以改革创新的精神，切实解决人才队伍建设中面临的选人、用人、激励、追责等实际问题，努力打造有利于融合发展的优秀人才队伍。

二 着力加强网络视听节目内容建设

加强网络视听节目内容建设，当前和今后一个时期的根本任务就是要深入学习贯彻习近平总书记在文艺工作座谈会上的重要讲话精神。习总书记的重要讲话紧密结合当下文艺实践，深刻阐述了文艺和文艺工作的重要地位、重大使命，创造性地回答了事关文艺繁荣发展的一系列重大问题，进一步明确了文艺繁荣发展的方针原则、目标任务和时代要求，是指导党的文艺工作和文化建设的纲领性文件，是推动文艺繁荣发展、开创文艺建设新局面的行动指南。

网络视听节目是文艺建设的重要方面，是文化传播的重要载体、重要阵地。随着互联网视听节目服务影响力的提升，各种社会资本参与网络视听节目内容生产制作的热情不断高涨，投资规模不断扩大，有的已经实现赢利。但是，从内容质量的角度看，总书记在讲话中提到的文艺创作方面存在的各种问题，在网络视听节目领域都不同程度地存在，有的还相当突出。比如，有数量缺质量、有"高原"缺"高峰"；存在低俗倾向，单纯追求感官娱乐；存在机械化生产、快餐式消费的问题，跟风之作、平庸之作、粗陋之作占有相当比例；节目脱离生活、脱离实际；等等。产生这些问题有很多原因，其中一个很重要的原因，就是习总书记所指出的，在市场经济的大潮中迷失了方向，在为什么人服务的问题上发生了偏差，当了市场的奴隶，沾满了铜臭气。

贯彻总书记在文艺工作座谈会上的重要讲话精神，切实加强网络视听节目内容建设，确保网络视听节目内容这片天空清朗起来，要着力强化以下三

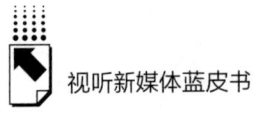

个方面。

第一，要抓管理。加强内容监管，认识要到位、态度要坚决、措施要得力、制度要跟上。近两年来，我们针对网络视听节目内容存在的问题，建立了节目"自审自播"、"先审后播"、节目备案制、总编辑负责制、节目审核员持证上岗制等一系列管理制度，并出台了相应的管理措施，效果良好，要持之以恒地抓好落实。对持证机构在内容方面的违规行为，要从严治理，绝不能手软。在内容把关上要严格执行《网络剧、微电影等网络视听节目内容审核通则》。政治类有害节目是"红线"，一经发现必须立即处理；对低俗不良内容，也要采取"零容忍"的态度，不仅涉色情类的网络节目要立即下线，即使是那些有部分情节低俗但总体内容尚可的节目，也要先行停播，实行重编重审并经管理部门同意后才能重新上线。对各类机构违规行为要记录在案，对经常把关不严的视听网站进行停播整顿，对严重违规者依法吊销其许可证。要通过集中整治和日常监管，鲜明地亮出我们的态度，不给任何机构打"擦边球"的机会，真正在行业中树立起管理红线不能触碰、管理底线不能逾越的观念。

第二，要抓创作。习总书记强调，推动文艺繁荣发展，最根本的是要创作生产出无愧于我们这个伟大民族、伟大时代的优秀作品。网上不缺海量的内容，缺的是精品力作。我们必须紧紧抓住网络视听节目的创作生产这个中心环节，努力推出更多传播核心价值、弘扬中国精神、传递真善美、传递向善向上的"三性"统一的网络视听优秀节目。管理部门要逐步建立扶持精品、引导优秀作品传播的调控激励机制和鲜明的政策导向。总局商财政部设立了网络视听节目内容建设专项资金，对优秀原创节目、重大宣传项目等进行重点扶持。2014年重点举办了"弘扬社会主义核心价值观 共筑中国梦"主题网络视听原创作品评选和展播活动。希望各省局也能综合运用评奖评优、节目展播、专项资金引导等手段，大力加强优秀内容创作生产。

第三，要抓自律。提升网络视听节目内容的品质，政府部门的引导和监管是外在力量，从业机构自觉自律才是内生动力。我们要从源头抓起，指导、督促从业机构增强政治意识、导向意识、责任意识和依法经营意识，完善内部管理制度，加强自我约束。这方面，中国网络视听节目服务协会和省级视听协会要充分发挥自教自律作用，通过举办创作座谈会、节目研讨会等多种方式，加强对网络视听节目的主动评议，开展积极的文艺批评，引导广大从业者共同维护风清气正的良好从业环境。总局网络司和相关省局要加强对行业协会的指导。

三 着力加强网上境外影视剧管理

中央领导对加强网上境外影视剧管理高度重视，要求尽快纳入规范管理。为此，我们及时组织开展了深入的调研。2014年9月，总局印发了《关于进一步落实网上境外影视剧管理有关规定的通知》（新广电发〔2014〕204号）（以下简称《通知》）。全面落实《通知》各项要求，是一项重要而紧迫的任务。这里强调三点。

第一，准确把握《通知》核心内容。主要有四条。一是规范引进。具有影视剧播放资质的网站，才能按规定引进专门用于信息网络传播的境外影视剧在本网站播出。二是总量调控。引进专门用于信息网络的境外影视剧年度总量，不超过上一年度全国电影、电视剧生产总量的30%。单个网站对境外影视剧的年度引进量，不超过该网站上一年度购买国产影视剧数量的30%。各网站引进专门用于信息网络传播的境外影视剧，必须将年度引进计划经省局把关后提前报总局审核。三是审核发证。网站引进专门用于信息网络的境外影视剧，在其年度引进计划经核准的基础上，要报国家或省级新闻出版广电部门对引进剧进行内容审核，审核标准按照电影、电视剧内容审核相关规定执行，审核通过的发给《电视剧发行许可证》，并注明用于信息网络传播用途。四是统一登记。无论是专门为信息网络引进的，还是引进后先用于影院、电视台、出版再用于信息网络的境外影视剧，都要在总局"网上境外影视剧引进信息统一登记平台"上统一登记，未经登记的不得上网传播。

第二，有重点分步骤抓好落实。按照《通知》要求，2015年3月底前，

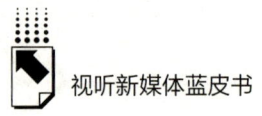

具有影视剧播放资质的网站，应将本网站当年引进境外影视剧年度计划和现有在播境外影视剧备案信息，上传至统一登记平台。从 2015 年 4 月 1 日起，未在平台登记备案的境外影视剧不得上网传播。总局已制定《专门用于信息网络的境外影视剧引进计划申报办法》、《专门用于信息网络的境外影视剧内容审核实施办法》和《网上境外影视剧信息登记管理办法》，即将下发。总局组织开发的统一登记平台，计划 2015 年 1 月建成启用。各省局要按照上述时间节点，组织力量，重点做好三项工作。一是核。对网站提交的年度引进计划进行初核，认真核查引进题材和内容是否合乎规定、国产影视剧购买播出信息是否真实、引进剧数量是否超过规定比例等。二是审。对网站申报的在总局核准的 2015 年度引进计划范围内的境外影视剧，进行内容审查并发放许可证。三是管。除常态管理外，2015 年 4 月 1 日之后要对网上未登记备案的在播境外影视剧组织清理。

第三，做好政策解读和舆论引导。《通知》实施后，网上境外影视剧的引进量、播出量减少，有的剧播出时效也会有变化，可能会引起个别网站和网民的意见。因此，我们一方面要做好服务；另一方面，要密切关注舆情，及时做好政策解读和舆论引导，为这一政策的顺利实施营造良好氛围。

四 着力加强互联网电视管理

互联网电视是指基于公共互联网络、面向电视机终端的一种新型的广播电视服务。总局对互联网电视的管理政策一直都很清晰明确，问题是由于种种原因政策没有落实到位。总局近期开展集中整治，取得了显著成效，但是市场上仍有一些违规业务，还有许多"黑盒子"屡禁不止，仍然在严重危害着视听安全。为了保证电视屏的绿色安全，我们要进一步统一思想，狠抓管理落实。

第一，要明确原则政策。互联网电视的本质是电视播出方式的一种，必须遵循广播电视管理法律法规和规章。一是在开办主体上，中央要求只有经过总局批准的广播电视播出机构才能开办互联网电视集成平台和内容平台。目前，总局共批准7家集成平台、14家内容平台。设备生产企业、互联网网站不得设立集成平台和内容平台。二是在内容管理上，互联网电视播出的内容与传统电视播出的内容，审核标准一致、管理尺度一致、版权保护原则一致。中央和总局对互联网电视的管理原则和政策是一贯的，我们必须在工作中很好地掌握。

第二，要确保令行禁止。在这次集中整治中，7家集成牌照方按要求下架了不合规的内容，删除了商业网站的客户端、专区和上网浏览器软件，断开了与"黑盒子"的链接；一批商业视听网站关停了其互联网电视客户端服务；总局联合省局，对兔子视频、泰捷视频等非法互联网电视服务进行了重点查处。这次集中整治之所以能取得成效，得到中央的充分肯定和行业各方面的认可，就是因为我们态度坚决、措施得力，对违规机构和违规行为绝不手软。我们要继续抓住互联网电视集成服务机构、视听节目网站和设备生产企业这几个关键环节，督促他们履行好各自责任、按总局要求开展业务，确保为百姓提供绿色、安全的互联网电视服务。

第三，要加强协调和舆论引导。互联网电视的内容与硬件产品、集成平台与接收终端都是绑定的，管理工作涉及多个部门，光靠我们自身的力量是远远不够的。要积极争取工信、工商、质检、海关等部门支持，推动建立部门间分工协作机制，确保对电视机生产厂家和"黑盒子"的管控到位。互联网电视管理工作牵涉面广、舆论关注度高，我们在强化依法管理的同时，必须加强网上舆论引导。特别是要在第一时间让被管理对象自己发声，表明态度，服从管理，让公众知情、让舆论支持、让社会满意。

五 着力加强IPTV发展和管理

IPTV是指基于电信专网传输、面向电视机终端的视听节目服务，是三网融合的重要业务。根据国务院三网融合的文件，由广电播出机构负责IPTV集成播控平台的建设和管理，电信企业负责传输；集成播控平台采取

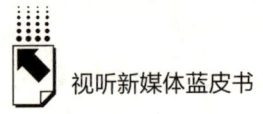

"统一管理、分级建设"的模式，IPTV集成播控总平台由中央电视台负责建设和管理，分平台由中央电视台与省（区、市）电视台联合建设与运营。

2013~2014年，在总局的推动下，全国IPTV建设取得积极进展，总分平台按三网融合工作部署按期完成。特别是2013年5月，上海广播电视台原IPTV集成播控平台并入中央电视台IPTV集成播控总平台，进一步理顺了全国统一的IPTV集成播控体系。但是，到目前IPTV建设还存在一些亟须解决的问题，突出表现在：IPTV总分平台的对接在许多地区不符合总局文件的规范要求，没有实现广电集成平台与电信传输系统之间"双计费、双认证"的对接。另外，在一些地方还存在IPTV节目内容不够丰富，不能满足用户需求，等等。

2014年以来，三网融合工作协调小组办公室启动了第二阶段双向准入工作，按新的要求要在年底前完成第二阶段42个试点地区的许可证发放。按照中央要求，下一步推动IPTV业务规范健康发展，一是要着力抓好IPTV总分平台建设这一关键环节。中央和各省级广电机构要树立"全国一盘棋"的思想，增强全局意识，切实按照总局要求，限期完成IPTV总分平台的规范对接与运营。各级电视台绝不能因为眼前的蝇头小利就违规开展合作。要把IPTV集成播控平台的控制权牢牢把握在广电播出机构手中。二是要加强IPTV节目内容建设。三是各地要同步建设好IPTV监管体系，切实加强内容监管，确保播出安全。

六 着力加强移动互联网视听节目管理

近年来，总局对移动互联网的发展一直高度关注，多次组织专题调研，深入研究下一步加强管理的政策措施。根据现有互联网视听节目服务管理相关法规的规定，请各地在管理工作中切实把握好以下几点。

一是要认清趋势。随着移动互联网的高速发展，通过移动互联网传播视听节目正成为网络视听服务的重要业态。而在移动终端设备中预置、下载安装专门的视频App，已成为利用移动互联网向公众提供视听节目服务的主要手段。因此，对视频App的管理就是对通过移动互联网传播视听节目的管理。

目前，新投入市场的电视机、投影仪、路由器、智能手机几乎都带有上网功能或将网上内容投射到不同屏幕的功能，屏幕之间内容的共享互动越来越简捷。移动互联网视听节目管理的不规范，很容易冲击影响我们对电视屏的管理要求。因此，我们必须统筹考虑对不同网络和渠道、软件服务和硬件产品的管理，重点解决管理短板问题，使移动互联网视听节目管理与面向其他终端的视听节目管理，真正做到同步加强、一致推进。

二是要依法依规落实管理。根据56号令的规定，互联网视听节目服务包括移动互联网上的视听节目服务。因此，通过移动互联网开展视听节目服务也应当取得视听节目许可证，包括以预置、下载客户端软件方式开展视听节目服务。对于已经取得许可的单位，应当鼓励移动终端生产企业、应用软件商店和软件下载网站为其提供视听节目客户端软件的预置、下载服务；对于未取得许可擅自开展视听业务的单位，广电管理部门应当予以查处，同时应告知移动终端生产企业、应用软件商店和软件下载网站不应当为非法的视听节目客户端软件提供预置和下载服务。

三是加强与网络信息管理部门的协调配合。按照相关职责分工，软件管理由网络信息管理部门牵头负责，视听节目服务管理由新闻出版广电行政部门负责。按照国家互联网信息办公室和新闻出版广电总局近期联合发出的《关于开展清理整治网络视频有害信息专项行动的通知》（国信办通字〔2014〕7号）的要求，广电管理部门负责清查未经批准擅自开展的视听节目服务，网络信息管理部门负责对应用软件商店和网站供下载的非法视频客户端软件进行清理。在清理通过移动互联网擅自开展视听节目服务的过程中，我们应当加强与国信办等相关部门的沟通协调。

七　着力加强监管手段建设

网络视听技术发展迅猛，网络视听节目内容、业务形态、传播渠道、接收终端等都具有多元多样多变的鲜明特点，仅靠传统的监管手段、监管

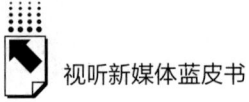
视听新媒体蓝皮书

方法，难以实施全面有效的监管。必须始终把加强监管手段建设放在重中之重的位置，努力为履行网络视听节目监管职责提供重要支撑、重要保障。

近几年来，总局高度重视视听新媒体监管力量的建设，各方面较以往都有了加强。包括对原有互联网视听节目监管系统进行了技术升级改造和扩容，新建了互联网电视监管系统、移动互联网视听节目监管系统，在全国各个广播电视监管分中心都安排了视听新媒体监看人员开展监看，等等。同时根据监管工作需要，提出了开展国家级视听新媒体监管工程建设的建议，并拿出了总体方案。

北京、上海、广西、广东等一些省（区、市）的管理部门对视听新媒体监管系统的建设也比较重视，努力争取财政支持，做了较大投入，基本的监管技术系统已经建成。广西广播电视监测中心已经建立了互联网视听节目、移动通信网手机电视等多个监管系统，能够对辖区内互联网视听节目网站，以及中国移动、中国联通、中国电信广西公司的3G手机电视直播/点播节目内容进行实时监测监管，监管技术系统建设工作做得比较好。但是，也有一些互联网视听节目服务单位比较集中的省份，在监管手段建设上投入太少、步子太慢，难以满足管理工作的需求。

加强监管手段建设，一是要高度重视、加大投入。就是要充分利用先进的监管技术，建设覆盖固定互联网、移动互联网、IPTV、手机电视等多种传输网络，面向计算机、手机、平板电脑、智能电视、智能机顶盒等多种终端的网络视听节目监管系统。二是要上下联动、加强配合。总局负责面向全国的监管系统建设，地方负责覆盖本区域的监管手段建设。总局要加强顶层设计，中央和省级监管系统应当实行统一的技术标准，资源共享、信息共享、平台联动，形成技术手段先进、体制机制顺畅、监测监看高效的监管体系。三是要与时俱进、因事而变。视听新媒体发展快、变化快，必须紧跟技术发展的需要，做到业务发展到哪里、监管就跟进到哪里。总之，要不断提升违规节目发现能力、定位能力，以及舆情分析能力、应急反应能力、决策服务能力，确保国家政治、文化安全和行业健康发展。

八 着力加强管理队伍建设

加强网络视听管理，管理队伍建设至关重要。能不能按中央要求履行好使命、完成好任务，关键取决于我们这支队伍有没有过硬的政治和业务素质，有没有严明的纪律和作风，有没有认真负责、敢于担当的态度和精神。加强队伍建设，我认为，要着力强化以下四个方面的素质和能力建设。

第一，要敢抓敢管。在网络视听节目管理领域，全新的事项多、应急性的事务多、棘手难办的事情多。没有足够的勇气和担当是难以落实措施、推动工作的。我们必须要有强烈的担当精神，不折不扣地执行和落实中央的任务要求，坚持原则、敢抓敢管，敢于知难而进、迎难而上，确保将党管媒体原则贯彻落实到视听新媒体领域，在不断攻坚破难中实现新的发展。

第二，要会抓会管。我们常讲要亮剑，这不仅需要有亮剑的勇气，更需要有亮剑的本事和克敌制胜的能力。目前，全国大多数省局都成立了网络处。我们从事网络视听管理的不少同志是宣传思想战线的"老兵"，却是网络管理工作的"新兵"。面对全新的管理对象和日新月异的行业发展，需要持续学习新的管理理念、管理模式和管理知识，努力成为互联网管理的行家里手。要善于在推动解决实际问题中创新，增强问题意识，及时发现问题，深入研究问题，力争"创"到点子上，"新"在关键处，创造性地解决管理工作中的新任务、新课题。

第三，要共抓共管。网络视听节目服务社会化、市场化程度较高，涉及方方面面，管理的复杂性、综合性、系统性较强，必须团结一心、协调一致、共抓共管、形成合力。要进一步完善总局与地方、新闻出版广电部门与其他相关部门的协调配合机制，充分发挥和调动各个方面的积极性，做到各安其位、各负其责、上下协同、左右联动。要继续加强视听协会建设，充分发挥行业协会的作用，切实加强行业自律。

第四，要常抓常管。网络视听节目服务虽然发展快、变化快，但管理工作亦有规律可循。既要创新方法手段、敢于突破，又要遵循规律、循序渐

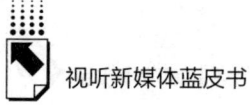

进；既要充分考虑网络视听节目管理的特殊性，又要学习借鉴传统媒体管理以及其他领域的好做法；既要抓好重点问题、突出问题的专项整治，又要十分注重日常监管、久久为功；既要立足当前，又要着眼长远，十分注重打好基础，强化制度建设，不断提高管理的规范化、制度化水平。

（摘自国家新闻出版广电总局副局长田进同志2014年12月2日在全国网络视听节目管理工作会议上的讲话）

B.3
大力推动网络视听节目创作生产实现更大繁荣

田 进

近年来，在政府管理部门、从业机构和行业协会的共同努力下，网络视听节目创作生产呈现良好势头。各种社会资本参与网络视听节目生产制作的热情持续高涨，持证机构内容把关意识明显增强，抵制低俗不良内容成为业界的自觉行动，网络视听整体内容品质得到显著提升。特别是2014年总局组织的"中国梦"主题原创网络视听节目征集和评选广受关注，涌现出纪念"最美司机"吴斌的微电影《1分16秒》，表现植树造林模范的纪实节目《大漠"胡杨"苏和黑城十年植绿故事》，挖掘人性之美、传递友爱互助的微电影《希望树》等一批优秀作品。这些作品虽然多是小制作，反映的却是大主题，而且特别接地气，上网展播不到两个月，点击播放量就超过2亿次。这些，都充分说明网络视听内容创作是有潜力、有前景、有市场的。

大家都有这样的共识：网络视听无论以什么形态呈现，内容始终都是核心。发展网络视听业，必须始终把网络视听节目建设放在突出位置。我们要深入贯彻落实习近平总书记重要讲话特别是在文艺工作座谈会上的重要讲话精神，牢牢把握网络视听节目的精神文化产品属性和创作传播规律，牢牢把握弘扬中国梦的时代主题，坚持正确方向，强化责任担当，积极开拓进取，着力推动网络视听节目创作生产实现更大繁荣。我体会，要把握好以下四个方面。

第一，坚持以人民为中心的创作导向。社会主义文艺，从本质上讲，就是人民的文艺。网络视听节目必须坚持为人民服务、为社会主义服务这个根本方向。人民是创作的源头活水。网络视听节目创作要根植人民、紧跟时代，从人民群众的伟大实践和丰富多彩的生活中汲取营养、提炼素材。特别是要走进作为网络视听受众主体的5.6亿年轻人的世界，去观察体验他们的工作、生活，去研究分析他们的想法、需求，努力创作出为他们喜闻乐见的有道德有情操、生动活泼的作品。要充分调动和引导好广大网民的积极性创造性，在为个人施展才华提供舞台的同时更好地服务人民。要适应广大网民对网上精神文化产品的新需求、新期待，不断丰富网络节目题材，拓展网络节目类型，使内容更丰富、选择更多样、传播更精准。

需要指出的是，坚持以人民为中心，就必须对人民高度负责。当前，网络视听节目创作生产还一定程度上存在低俗倾向、单纯追求感官娱乐等问题，人民群众对此反映强烈。比如，一些微电影、网络剧在描写当代都市年轻人艰辛奋斗的故事时，为吸引眼球，故意把视角对准渴望进入演艺圈的女性群体，细致描述她们傍富、拜金、权色交易的经历，并寄予满腔同情。在个别作品里，虽然人物的衣着是学生的，其面孔却是不屑工薪收入的拜金女性。产生这些问题有很多原因，但其中一个很重要的原因，就像总书记所指出的那样，在市场经济的大潮中迷失了方向，在为什么人的问题上发生了偏差。我们必须认识到，网络视听的受众主要是青少年一代。网络视听内容制作机构、创作者都要强化社会责任意识，把握正确的导向，讲品位、重格调，使网络视听作品能够正确地引导人、教育人、鼓舞人、塑造人。要坚持把社会效益放在首位，绝不能片面追求经济效益、刻意迎合一小部分人的低级趣味，坚决抵制调侃崇高、扭曲经典、颠覆历史、是非不分、善恶不辨，坚决摒弃那些低俗庸俗媚俗、唯市场、唯点击率的作品。

第二，大力弘扬中国精神。中国精神是我国社会主义文艺的灵魂。我们提倡网络视听节目创作不拘一格、多样化发展，但总体上必须熔铸这一灵魂，凝聚中国元素、突出中国特色、展示中国气派。要坚持以社会主义核心价值观为引领，传递真善美、传播正能量，彰显信仰之美、崇高之美。要把爱国主义作为主旋律，传承中国人民和中华民族的优秀文化和光荣历史，引导人民树立和坚持正确的历史观、民族观、国家观、文化观，增强做中国人的骨气和底气。视听网站可以传播引进的国外优秀作品，但最主要的是传播好我们自己的、弘扬中国精神的作品，这也是我们的重要责任。

弘扬中国精神，关键是要讲好中国故事。我们今天研讨会的主题是"中国梦"网络节目创作。搞好"中国梦"网络节目创作，就是要善于用视听形式承载中国梦，使中国梦有血有肉、生动活泼；既要讲好中国共产党带领中国人民实现国家富强、人民幸福的大梦，也要讲好普通中国人追梦圆梦的动人故事。要增强找故事的本领、讲故事的技巧，把中国梦的主题体现在生动的形象和细节中，做到具体化、生活化，见人见物、见心理见精神，努力达到春风化雨、润物无声的效果，真正凝聚起同心共筑"中国梦"的强大力量。

第三，努力多出优秀精品。艺术归根结底是以质取胜。当前，网上传播着海量的视听内容，但良莠不齐的问题十分突出，特别是优秀精品偏少。以网络自制视听节目为例，截至2014年11月，网上传播的微电影已达1.2万余部、网络剧数百部，但其中真正能够传得开、叫得响的精品力作并不多。由于互联网传播的特点，网上需要大量"短、频、快"的新鲜内容，同时更要有精心磨砺、经得起受众和时间检验的精品。

网络视听节目制作机构和创作者要增强精品意识，加大投入，下大力气，努力推出一批无愧于民族和时代的优秀网络视听作品。既要体现社会主义核心价值观，又要让网民觉得好看、耐看，达到思想性艺术性观赏性俱佳，值得人们回味，能够引发共鸣。创新是艺术的生命，也是互联网发展最大的特点。繁荣网络视听节目，必须大力鼓励原创、保护原创，不能陷入抄袭模仿、千篇一律复制的怪圈。网络视听内容创作者要提升自身的文化和艺术修养，成为时代风气的先觉者、先行者、先倡者，与时俱进、大胆创意、不断推陈出新。为促进网络视听精品创作生产，总局2014年举办了"中国梦"主题网络视听原创作品评选和展播，还设立了网络视听节目内容建设专项资金，取得了很好的效果。今后，我们将继续通过多种措施，推动形成鼓励原创、扶持精品的调控激励机制和鲜明的政策导向。行业协会也要充分发挥自教自律作用，把提升内容品质、弘扬主旋律的要求融入从业人员培训、日常节目评议和研讨等各项工作，促进网络节目创作质量不断提升。

第四，切实加强播出管理。各个视听网站作为网络视听节目的播出方，

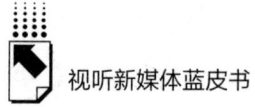

都要严肃认真地考虑网络视听节目传播的社会效果。要全面落实所有网络视听节目"自审自播"、"先审后播"的要求，严格把好节目播出关。要为优秀网络视听节目提供更多更好的传播和展示平台，在重要页面、重要位置推荐传播那些体现时代精神、弘扬真善美的优秀作品，不搞竞价方式的节目推荐和排行，努力让正能量的作品占据主导地位。要自觉抵制低俗不良内容，坚决不制作、不购买、不传播色情血腥、无节操无底线的作品，维护网络视听节目传播的良好秩序。

（摘自国家新闻出版广电总局副局长田进同志2014年12月16日在第二届中国网络视听大会"中国梦"网络节目创作研讨会上的主旨演讲）

B.4
视听新媒体发展现状与总体趋势

视听新媒体作为中国传媒业的重要组成部分，在政府的大力扶持和规范引导下，在市场竞争、技术创新、用户需求等多方力量的推动下，呈现出快速、健康、可持续发展的繁荣局面。2014年，中国视听新媒体政策日益完善，业务模式不断创新，市场规模快速增长。传统媒体与新兴媒体、新兴媒体各业态之间的融合进一步深化。移动互联网视听节目服务呈现爆发式增长，内容建设向精品化、IP（知识产权）化发展，技术进步推动服务和体验不断创新升级。

一 环境进一步改善，视听新媒体发展条件不断升级

2014年，中国视听新媒体发展面临着更加复杂多样、充满融合竞争与创新变化的国际国内环境。

从国际看，一方面，宽带建设成为很多发达国家的国家战略，高速、超高速宽带网覆盖快速推进，连通城乡。韩国、芬兰、美国等宽带普及率超过100%，英国超高速宽带已覆盖其国内80%的地区。移动宽带成为传输市场最具活力的部分。4G技术发展迅速，截至2014年底，全球124个国家全面推动4G商用。全球互联网用户数量接近30亿户，互联网用户普及率达到40%，移动宽带上网用户达到23.2亿户。另一方面，国际视听新媒体产业规模不断扩张，并呈现出新的特点和趋势。第一，市场主体多元化。视听节目服务作为互联网的重要应用，吸引了各类市场主体参与竞争，有广电机构，有互联网企业，也有IT企业、终端厂商等，呈现多元竞争态势。第二，市场竞争全球垄断格局正在形成。美国是全球互联网产

业发展的引领者，在视听新媒体产业及相关领域也形成美国企业寡头垄断格局。谷歌搜索在欧洲市场的份额高达90%，全球安卓智能手机出货量为10.6亿部，市场占比高达82.3%。第三，车联网、可穿戴设备成为竞争新领域。苹果公司已与宝马、奔驰、通用、本田等汽车制造商达成合作，整合苹果智能终端进入汽车中控台面板。谷歌推出谷歌眼镜（Google Glass）、智能手表（Android Wear）、智能汽车设备（Android Auto）、健康管理设备（Google Fit）等可穿戴设备，这些设备正在成为新的联网终端和视听终端。第四，业务发展全球化。凭借强大的资本实力和成熟的市场营销推广手段，大型互联网公司不断把业务推向国际市场。谷歌搜索业务遍布全球130多个国家，其音乐服务覆盖45个国家。Facebook用户总数达到22亿户，其中海外用户为16亿户，占比达73%。

从国内看，中国互联网行业持续快速增长，整体呈现如下特点和趋势。第一，宽带建设加速，网速和普及率同步提高。2013年8月国务院发布的"宽带中国"战略大大推动了宽带网络建设。截至2014年底，全国固定互联网宽带用户总数超过2亿户，其中光纤接入用户6800多万户，占宽带用户总数的34%；8M及以上的用户占比51.3%。移动互联网快速发展，到2014年底，中国4G用户已接近1亿人，3G用户接近5亿人。全国网民总体规模达6.49亿人，互联网普及率达47.9%。第二，相关行业快速发展，初步形成几大公司垄断相关领域经营的格局。即时通信、电子商务、搜索、互联网金融等是当前中国发展最快的互联网领域，其中即时通信、搜索引擎是中国排名第一、第二的互联网应用。第三，资本推动产业整合，行业竞争向生态体系竞争演进。2014年，互联网行业共完成并购案例125起，同比上升184.1%。投资、并购等资本运作显著推动互联网产业资源整合与市场调整。BAT（百度、阿里巴巴、腾讯）不断通过投资、收购、并购等方式向产业链上下游及相关领域渗透，各自形成相对独立的生态体系。第四，积极布局海外市场，参与全球行业竞争。联想、华为、BAT等企业都成为国际市场重要的竞争主体。2014年，联想智能手机出货量超过9000万部，占全球智能手机出货量的7.9%，全球排名第三，仅次于三星和苹果。华为智能手机海外市场收入占比达到62.2%。腾讯已在海外市场投资20多家游戏公司以及"阅后即焚"（Snapchat）等社交网站，微信共发布20多种语言版本，覆盖全球200多个国家，海外用户达1.6亿户。

二 政策日益完善，视听新媒体进入规范发展轨道

视听新媒体技术迭代更新快、市场竞争激烈、新产品新服务新业务不断涌现，这些都对行业管理政策提出了新的更高的要求。中央高度重视新兴媒体的管理和有序发展，国家新闻出版广电总局（以下简称总局）认真贯彻落实中央精神，不断创新政策与管理，加强对视听新媒体的规范和引导，为行业健康、规范、有序和繁荣发展创造良好政策环境。2014年视听新媒体政策导向主要体现在以下三个方面。

一是不断完善政策体系。党的十八届三中全会强调，要重视新兴媒介运用和管理。2014年8月，习近平总书记主持召开中央全面深化改革领导小组第四次会议，审议通过了《关于推动传统媒体和新兴媒体融合发展的指导意见》，为传统媒体与新兴媒体融合发展作出战略部署，提出总体原则目标。党的十八届四中全会强调，要加强互联网领域的立法，完善网络信息服务、网络安全保护、网络社会管理等方面的法律法规，依法规范网络行为。国务院也出台了一系列促进信息消费、发展网络经济的政策措施。总局认真贯彻落实中央精神，扎实推进视听新媒体管理工作，出台了一系列政策措施，形成覆盖互联网视听节目服务、手机电视、IPTV、互联网电视、移动互联网视听节目服务等各类视听新媒体业务的较为全面的政策体系。特别是2014年，网络视听节目服务相关政策完善和实施力度较大，出台了加强网络剧微电影、互联网电视、IPTV、网上境外影视剧、移动互联网视听节目服务等方面管理的一系列政策文件，建立起贯穿视听新媒体传播各环节全过程的政策监管体系。

二是推动网上网下统一管理。总局多次召开会议反复强调，传统媒体和新兴媒体、网上和网下、不同业务和不同产品要遵循统一的导向、安全要求

和内容标准,并就此出台了一系列政策措施。这些措施包括《关于进一步完善网络剧、微电影等网络视听节目管理的补充通知》(新广电办发〔2014〕2号)、《关于不得超范围安装互联网电视客户端软件的通知》(新广电办发〔2014〕73号)、《加强互联网电视集成平台安全管理的通知》(新广电办发〔2014〕74号)、《关于开展色情低俗网络剧、微电影集中整治工作的通知》(新广电办发〔2014〕104号)、《关于进一步落实网上境外影视剧管理有关规定的通知》(新广电办发〔2014〕204号)等,并联合有关部门出台了《关于清理整治网络视频有害信息专项行动的通知》(国信办通字〔2014〕7号)。这些措施大力推动传统媒体和新兴媒体按照同一标准、同一尺度管理,加强对有关业务的规范和监管,取得了良好社会反响。

三是强化节目创新创优扶持引导。总局紧紧抓住网络视听节目创作这个中心环节,着力引导推出传播核心价值、弘扬中国精神、传递真善美、引导向善向上"三性"统一的优秀网络视听节目,探索建立扶持精品、引导优秀作品传播的调控激励机制和鲜明的政策导向。2014年,总局商财政部设立了网络视听节目内容建设专项资金,对优秀原创节目、重大宣传项目等进行重点扶持,举办了"弘扬社会主义核心价值观 共筑中国梦"主题网络视听原创作品评选和展播活动,全国涌现出大批优秀网络视听节目。

三 内容建设提速,视听新媒体发展内容支撑强劲

内容是视听新媒体的核心资源与竞争力。2014年,在媒体融合的大背景下,内容的运营价值突出显现,内容建设和内容价值开发都揭开新篇章,展现新趋势,主要表现在以下几个方面。

第一,内容来源更加丰富,内容规模更加庞大。2014年,内容在视听新媒体各业务平台的战略地位更为凸显,各运营机构努力通过采购、版权合作、自制、用户生产内容(UGC)等方式丰富内容库,形成自己的内容体系。广电机构运营的各类新媒体平台,形成以广播电视直播频率频道、点播节目为主的内容体系。商业视频网站的内容资源以影视剧、综艺节目、微电

影、自制剧以及用户生产内容为主。

第二，自制内容规模化、精品化。2014年被称为中国网络视频行业的"自制元年"。版权大战愈演愈烈，"独播"战略日益成为常态，网上网下内容管理遵循统一标准，都让视听新媒体平台特别是商业视频网站将目光更多投向自制内容。2014年，网络视频自制内容投入达到12亿元，占视频网站总投入的25%；网络自制剧体量突破50部1200集，各大网站的自制节目突破100档。大投入推动自制内容向专业化、规模化、品牌化方向发展，一批优秀网络视听节目崭露头角，并达到专业水平。

第三，内容运营产品化、IP化。2014年，优质IP成为抢手资源，通过购买、自制、合作等多种途径储存聚合优质IP，并进行产品化运营和IP化价值开发，成为很多视听节目服务机构的重要竞争策略，内容的价值长尾效应开始受到行业瞩目。围绕一个优秀IP在不同平台深挖精耕，形成品牌内容的产品群或产品系列，此类现象越来越多。这主要表现为三个特点：一是面向PC端、移动端、游戏端等多种终端分发内容，在多屏互动中实现多赢，使IP价值得到扩展和放大；二是整合开发贯穿广播电视节目、电视剧、电影、舞台剧、音乐、游戏、出版物、电商、动漫、App以及衍生品等的多元产品，让品牌到达人们生活的方方面面，实现覆盖无处不在，实现内容的产品化、IP化、产业化发展；三是IP价值开发为市场主体与相关领域合作提供了更多机会，这些领域包括电视频道、互联网、主题公园、日用消费品、原声带、书籍、游戏和互动娱乐，从而形成一条具有强大资源吸聚能力和巨大产业价值的产业链。

四 融合纵深拓展，视听新媒体在融合中全面发展

2014年融合的主题贯穿始终，在市场和技术力量推动下和国家政策引导下，广电媒体与新兴媒体的协同融合向纵深发展，通过平台、业务、终端、经营等方面的深度融合，进一步向大视听一体化发展演进。

平台融合，实现一云多屏分发。中国网络电视台（CNTV）全面部署

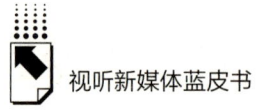

"一云多屏 全球传播"业务架构，建成互联网视听节目服务、IPTV、手机电视、互联网电视、移动电视平台，按照不同平台管理政策分别向电视机、电脑、平板电脑、手机、移动电视、户外大屏等多终端进行内容分发。湖南台建成以"芒果TV"为统一品牌的视听新媒体平台，根据各业务管理要求，覆盖互联网电视、手机电视、视频网站、IPTV等各新媒体业务，全面对接电视机、电脑、平板电脑和智能手机等多种终端。腾讯推出在线教育、视频社交、视频网站等与广播电视一体化的云视频解决方案，打造生态化的视频大平台，提供内容生产与分发及管理、用户运营等一揽子服务。

业务融合，"视听+"派生各种新业务。在"互联网+"不断深入社会、经济、文化等各方面，带来各行各业全面整合重构和升级转型的大趋势下，架构在互联网上的视听新媒体，也具备了可以与各相关领域、相关服务实现跨界融合的可能。在不断优化服务，积累了相当内容、流量和用户规模之后，"视听+服务"、"视听+其他应用"以至"视听+N"等新业务迅速开展起来，并展示出强大的资源聚合效能和广阔的发展前景。2014年，视听新媒体各平台普遍开展了基于视频服务的支付、社交、电商、游戏等多种业务，创新了多种赢利模式。

终端融合，实现视听无处不在。各类视听终端功能不断丰富，越来越多的其他终端也加载了视听服务功能，进一步推动视听无处不在。智能电视机已成为家庭娱乐和信息中心。手机成为网络视频传播第一终端，2014年，71.9%的中国网民通过手机收看网络视频。个人电脑（PC）仍然是重要的视听终端，71.2%的网民通过PC观看视频。游戏机等终端也越来越多加载了视频功能，逐渐成为重要的视听新媒体终端，并在向综合娱乐平台发展。

经营融合，形成多种所有制主体资本合作。在融合发展过程中，广电新媒体开展与产业链上下游市场主体的广泛合作，形成多种所有制混合的新型市场运营主体。在互联网电视领域，7家互联网电视集成平台有6家与商业机构合作成立了合资公司，专门运营互联网电视业务。

五 产业模式不断创新，视听新媒体产业生态初步形成

2014年，视听新媒体市场资本力量十分活跃，推动各类业态快速创新发展，产业链各环节相互渗透、相互整合，形成行业全面竞争合作的发展态势。

第一，产业规模持续稳步扩大。2014年全国网络视频用户规模达4.33亿人，网络视频用户使用率达66.7%。市场规模达239.7亿元，同比增长76.4%。广告是在线视频节目服务的主要收入，自2011年以来，广告在总收入中的占比始终在60%以上。

第二，各类业务形态快速创新发展。到2014年底，全国共有604家机构获准开办互联网视听节目服务，其中广电机构224家，占比37%；民营机构190家，占比31%；其他媒体机构104家，占比17%；其他国有单位86家，占比14%。互联网视听节目服务、移动互联网视听节目服务（包括手机电视）、IPTV、互联网电视、移动多媒体广播电视（CMMB）、公共视听载体稳步发展，广电媒体、视听新媒体及其与社交网络媒体相互对接、相互融合催生出来的各类新应用新服务层出不穷。

第三，"主力军"进入"主战场"。2014年，一些优势广电新媒体，特别是一些地方广电新媒体发力内容独播和布局移动互联网，形成与商业市场主体竞争的重要力量。湖南台凭借其丰富的优质内容资源，推出"以我为主 融合发展"战略，举起"独播"大旗，宣布其旗下一系列品牌节目内容不再向其他网络平台分销，而只在其自有新媒体平台"芒果TV"进行"独播"，以积累流量、吸引用户，做大做强广电新媒体平台。"独播"有效升级和改善了"芒果TV"的平台生态，仅半年后，平台每日PV从20万次提升到1400万次，增长了近70倍；移动端用户数攀升至2500万人。到2014年底，《快乐大本营》全网全年点播量突破10亿次。2015年，"芒果TV"又在探索网络互动，从定制内容、官方微博和电商导流等方面不断创新，打造一站式新媒体营销路径，全面提升品牌营销实效性，吸引了千万元级品牌

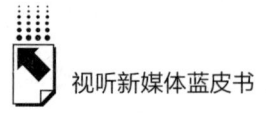

广告入驻,已跻身国内互联网视频行业前列。

第四,商业模式不断推陈出新。2014年,互联网视听节目服务机构在技术创新和市场竞争的推动下,不断探索新的商业模式,基于网络视频和信息服务,推出视频及信息+支付、视频及信息+电商、视频及信息+各类生活服务,以及视频及信息+实体经济的O2O(从线上到线下)商业模式,不断增强平台的赢利能力和持续扩张能力。

第五,资本推动行业集中度不断提高。资本是推动视听新媒体发展的重要力量,2014年,通过资本运营、产业链上下游整合,各新媒体平台业务互相渗透、互相融合,形成全行业竞争态势。市场格局不断调整,形成BAT等大型互联网企业分割主要市场的局面。未来,互联网视听节目服务行业纵向整合、横向并购力度将进一步加快加大,行业进一步向集约化、规模化发展。

六 移动化趋势凸显,视听新媒体无处不在

随着4G等移动网络建设的快速推进、智能终端的更加普及、社交应用的日益泛在,2014年,视听新媒体行业发力移动互联网的步伐明显加快,力度进一步加大,网络视听节目的移动化传播趋势更加突出,主要表现在以下几个方面。

第一,市场规模快速增长。到2014年底,全国手机网民规模达5.57亿人,占网民的八成以上;手机视频用户超过3亿人,使用率超过56%。移动应用市场规模(移动购物、移动娱乐、移动生活服务、移动营销等)达到1.1万亿元以上,在线视频移动端广告市场规模为32.1亿元,较2013年的4.8亿元增长近6倍,在整体广告市场中的占比为21.1%。

第二,广电媒体通过"两微一端"实现移动化传播。在国家媒体融合发展战略的大力推动下,面对激烈的市场竞争,2014年,广电媒体抢抓移动互联网机遇,借势社交网络媒体,推出各种移动新媒体应用,提高主流媒体的传播力公信力影响力和舆论引导能力。全国省级以上广电机构和部分市

县广电机构普遍开办了微信、微博、客户端（"两微一端"）业务，将频道、频率、节目、栏目进行产品化、平台化运营，将"受众"转变成"用户"。其主要做法，一是围绕广电优质内容和节目品牌，开发移动产品集群，覆盖多个操作系统和多种终端，全面提升主流媒体在移动端的渗透率。例如，央视推出"央视新闻""央视影音""央视体育""央视悦动"等系列移动应用产品，其中"央视新闻""两微一端"总用户数已突破1亿人。二是实现移动应用的平台化发展。例如，一些城市台开发的移动应用平台以广电资讯为核心，聚合各种生活服务应用，实现了从纯粹媒体平台向生活应用平台的转型。三是探索挖掘分析用户大数据，紧跟用户需求进行个性化对位服务和精准传播，在不断优化用户体验、增强用户黏度的基础上，实现产品和平台的市场化运营，创建自己的赢利模式。

第三，商业音视频网站通过移动业务布局O2O生态。一是商业音视频网站的移动业务呈现出视频、音乐、综合音频专业化、细分化发展格局。近几年，商业视频网站持续加大对移动端业务的投入，推动移动业务快速扩展，移动流量和用户规模迅猛增长，广告市场规模显著扩大，形成优酷、腾讯视频、爱奇艺PPS等几家网站主导移动视频市场的格局。网络音频方面形成音乐、综合音频等细分市场差异化竞争态势。二是商业视听新媒体平台纷纷依托网络音视频服务布局O2O生态。随着移动生活服务的广泛兴起，移动业务已经成为网络音视频服务主体切入其他行业、整合社会资源的重要入口和建构O2O生态的重要环节，未来市场空间巨大。

七 技术不断创新，视听新媒体发展前景不可限量

技术是推动视听新媒体发展、变革的基础性力量。高速发展的网络通信技术正在推动网络视听节目服务朝着越来越精准化、智能化和友好化的方向演进。

大数据推动服务精准化。大数据挖掘分析能够为优化节目制作和用户体验提供技术支撑，实现视听服务的精准化。一是为用户推荐个性化的内容。

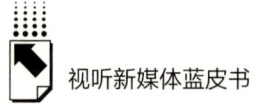
视听新媒体蓝皮书

爱奇艺对 5000 部电影进行标签化处理，对用户所选影片的类型、特点、明星等进行实时大数据计算，为用户提供个性化的电影推荐服务。二是实现广告精准投放。迅雷看看完成 4 亿用户的标签，形成用户画像，为广告商实施精准广告投放提供依据。三是实现节目内容的精细化制作。优酷土豆收集用户喜欢的影视剧题材、演员以及拖放观看等行为数据，为内容生产制作机构选择演员、题材以及确定剪辑效果等提供参考。

人机互动实现服务友好化。互联网、物联网、车联网、人联网网网贯通正在成为现实，人与智能终端之间的互动技术越来越普及。人们可以通过语音、手势等对智能电视、智能手机、智能机顶盒等智能终端进行操作控制，这使得视听新媒体的传播过程和用户体验更加契合人的内在需求。三星推出一款支持手势操作的智能电视机，用户可以通过手势自由切换频道，通过手掌的伸展和紧握实现画面的放大和缩小，通过简单的语音更换频道。TCL 研发的遥控器，可让用户通过语音操控电视各项功能。谷歌眼镜已经配置骨传导输入技术，可提高语音指令输入识别正确度。微软正在以数字墨水和语音识别等"自然交互"科技为基础，全力研发触屏版 Office 办公应用软件。

虚拟现实技术创新消费体验。虚拟现实技术已经在视听新媒体领域应用与推广，带给用户更加奇妙震撼的体验感受。英特尔发布了 Real Sense 3D 技术，该技术使用户在观看视频或玩视频游戏时获得"沉浸式"互动体验，用户还可通过语音和面部表情控制游戏。腾讯将借助英特尔这项技术打造游戏，并支持不同尺寸屏幕和多种操作系统的 PC 和移动终端。暴风影音推出虚拟现实眼镜"暴风魔镜"，用户用它看电影时，会体验到有效画面超过标准 IMAX 银幕的视觉效果。

行业扫描
Industry Annual Progress

B.5
视听新媒体政策与管理报告

随着我国经济社会发展步入新常态，国家对互联网等新兴媒体的建设与管理也提出了新要求。作为视听新媒体的管理部门，国家新闻出版广电总局（以下简称总局）严格按照国家对新兴媒体建设与管理的总体要求，紧密跟踪新情况、新问题，不断完善视听新媒体相关政策法规，进一步加强日常监管，着力推动我国视听新媒体健康有序发展。

一　国家宏观政策更加明晰

2013年11月12日，党的十八届三中全会通过《中共中央关于全面深化改革若干重大问题的决定》（以下简称《决定》），其中对推进文化体制机制创新作出新的重大战略部署。《决定》强调，要健全基础管理、内容管理、行业管理以及网络违法犯罪防范和打击等工作联动机制，健全网络突发事件处置机制，形成正面引导和依法管理相结合的网络舆论工作格局；要整合新闻媒体资源，推动传统媒体和新兴媒体融合发展；要严格新闻工作者职业资格制度，重视新兴媒介运用和管理，规范传播秩序。这是继党的十七届六中全会、党的十八大召开以来，中央再次在中央全会重大决定中对互联网及新兴媒体的建设与管理提出具体要求，体现了加强和改进互联网管理的迫切性，明确了建设互联网管理体系、推动传统媒体与新兴媒体融合发展的总方针。

2014年8月18日，中央全面深化改革领导小组第四次会议审议通过《关于推动传统媒体和新兴媒体融合发展的指导意见》（以下简称《意见》），对新形势下如何推动媒体融合发展作出具体部署。《意见》指出，整合新闻媒体资源，推动传统媒体和新兴媒体融合发展，是落实中央全面深化改革部署、推进宣传文化领域改革创新的一项重要任务，是适应媒体格局深刻变化，提升主流媒体传播力公信力影响力和舆论引导能力的重要举措；要通过融合发展，使主流媒体科学运用先进传播技术，增强信息生产和服务能力，更好地传播党和政府的声音，更好地满足人民群众的信息需求。《意见》提出，推动媒体融合发展，要遵循新闻传播规律和新兴媒体发展规律，强化互联网思维，坚持正确方向和舆论导向、坚持统筹协调、坚持创新发展、坚持一体化发展、坚持先进技术为支撑。《意见》强调，推动媒体融合发展，要将技术建设和内容建设摆在同等重要的位置；要顺应互联网传播移动化、社交化、视频化的趋势，积极运用大数据、云计算等新技术，发展移动客户端、手机网站等新应用、新业态，不断提高技术研发水平，以新技术引领媒体融合发展、驱动媒体转型升级；同时，要适应新兴媒体传播特点，加强内容建设，创新采编流程，优化信息服务，以内容优势赢得发展优势。《意见》指出，推动媒体融合发展，要按照积极推进、科学发展、规范管理、确保导向的要求，推动传统媒体和新兴媒体在内容、渠道、平台、经营、管理等方面深度融合，着力打造一批形态多样、手段先进、具有竞争力的新型主流媒体，建成几家拥有强大实力和传播力公信力影响力的新型媒体集团，形成立体多样、融合发展的现代传播体系；要一手抓融合，一手抓管理，确保融合发展始终沿着正确的方向推进。这是对党的十八届三中全会重大决定相关内容的全面深化，是到目前为止中央对传统媒体与新兴媒体融合发展作出的最具体的指导性意见。

2015年1月，全国宣传部长会议在北京召开，会议指出，要顺应党和国家事业发展新要求，扎实做好宣传思想工作，为全面建成小康社会、全面深化改革、全面依法治国、全面从严治党提供有力的思想舆论支持；要坚持正确导向全覆盖、导向要求无例外，必须依照同样的标准尺度和纪律要求在网络上开展宣传、引导舆论，最大限度地壮大网上正能量；要认真贯彻中央《关于推动传统媒体和新兴媒体融合发展的指导意见》，推动传统媒体和新兴媒体在内容、渠道、技术、经营、管理等方面深度融合，尽快取得实质性进展，打造一批导向正确、覆盖广泛、具有较强影响力的新型传播平台，一批形态多样、手段先进、具有较强竞争力的新型主流媒体，为开展舆论引导提供有力支撑。会议强调，要把握正确导向、坚持价值引领、讲好中国故事、强化依法管理、奋力创新求进；对新的媒体业态和传播平台，一开始就要立好规矩、亮明底色、筑牢底线，与传统媒体保持同一导向要求和内容标准；要加强互联网建设和管理，积极构建和维护网上信息传播秩序，加大网上突出问题治理力度，让网络空间清朗起来。这次会议提出的坚持正确导向全覆盖、导向要求无例外，将成为统筹新兴媒体、传统媒体建设与发展的重要遵循。

二 行业管理政策进一步完善

对视听新媒体行业发展提出明确要求。2014年，总局深入贯彻落实中央有关重大决定和重要精神，就视听新媒体的建设与管理作出新的部署。在2014年12月举办的第二届中国网络视听大会上，中宣部副部长、国家新闻出版广电总局局长蔡赴朝就网络视听行业如何抓住机遇、加快发展提出五个方面的要求：一是抓导向，二是提品质，三是重创新，四是保安全，五是强法治。在本届大会上，国家新闻出版广电总局副局长田进还就"中国梦"网络视听节目的创作提出具体要求，强调要坚持以人民为中心的创作导向，大力弘扬中国精神，努力多出优秀精品，切实加强播出管理。

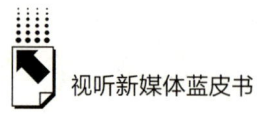
视听新媒体蓝皮书

进一步完善相关管理制度。2014年,针对网络视听节目服务中不断出现的新情况、新问题,总局及时出台相关管理规定,有关视听新媒体的管理制度更加完善。2014年9月,总局下发《关于进一步落实网上境外影视剧管理有关规定的通知》(新广电发〔2014〕204号),明确网络引进并播放境外影视剧的具体要求。一是规范引进。具有影视剧播放资质的网站,可按规定引进专门用于信息网络传播的境外影视剧在本网站播出。二是总量调控。引进专门用于信息网络的境外影视剧年度总量,不超过上一年度全国电影、电视剧生产总量的30%。单个网站对境外影视剧的年度引进量,不超过该网站上一年度购买国产影视剧数量的30%。各网站引进专门用于信息网络传播的境外影视剧,必须将年度引进计划经省局把关后提前报总局审核。三是审核发证。网站引进专门用于信息网络的境外影视剧,在年度引进计划经核准的基础上,要报国家或省级新闻出版广电部门对引进剧进行内容审核,审核标准按照电影、电视剧内容审核相关规定执行,审核通过的发给《电视剧发行许可证》,并注明用于信息网络传播用途。四是统一登记。无论是专门为信息网络引进的,还是先用于影院、电视台、出版,再用于信息网络的境外影视剧,都要在"网上境外影视剧引进信息统一登记平台"上统一登记,未经登记的不得上网传播。这一政策在2015年3月31日正式生效,此后网剧审查比传统电视台"宽松"的状况得以改变,网上网下"遵循统一的导向要求和内容标准"成为网上境外影视剧管理的原则。2014年12月,总局出台《关于加强通过移动互联网开展视听节目服务管理有关问题的通知》,对落实通过移动互联网开展视听节目服务的相关规定提出具体要求。这些文件的下发实施,为网络视听节目服务的规范发展提供了更加全面的法规依据,目前已经出现的各类网络视听节目服务业态基本上能做到依法依规管理。

三 管理工作扎实推进

对互联网视听节目服务持续实施严格准入。2013年以来,新闻出版广电行政部门进一步规范互联网视听节目服务的准入和退出,严格控制"信息网络传播视听节目许可证"的发放，对不能正常开展网络视听节目服务的持证机构注销许可证资质。截至2015年2月，全国共有604家单位获准开办互联网视听节目服务，其中民营机构占近1/3（见表1）。

表1 互联网视听节目服务单位分类

单位性质		数量（家）	占比（%）
国有单位	广电机构 广电播出机构	138	23
	广电机构 广电其他单位	86	14
	其他传统媒体	104	17
	其他国有单位	86	14
民营单位		190	31
总计		604	100

数据来源：国家新闻出版广电总局网络司。

对从事广播电台、电视台形态互联网视听节目服务进行严格把关。落实中央《关于推动传统媒体和新兴媒体融合发展的指导意见》的重要精神及要求，支持广播电视媒体和其他新闻媒体开办广播电台、电视台形态的互联网视听节目服务。截至2015年5月，共有28家省级以上（含省级）广播电视播出机构获批开办网络广播电视台，24家城市电视台获批参与开办城市联合网络电视台；6家广电机构获批开办手机电视集成服务，另有28家机构获批开办手机电视内容服务；7家广电机构获批建设、管理和运营互联网电视集成平台，14家广电机构获批提供互联网电视内容服务。

继续强化视听节目日常监管。近两年，针对网络视听节目存在的内容低俗、色情、政治有害等问题，总局进一步完善了节目"自审自播"、"先审后播"、节目备案制、节目审核员持证上岗制等一系列管理制度。两年来，中央和省级新闻出版广电行政部门认真抓好相关管理规定的落实，持续开展网络视听节目审核员培训，推动建立完善互联网视听节目服务机构节目内容总编辑负责制，严格执行《网络剧、微电影等网络视听节目内容审核通则》，督促指导视听节目网站把好内容播出关。对政治类有害节目一经发现，立即处理；对低俗不良内容，采取"零容忍"、"零姑息"的态度，不仅色情类的网络节目要立即下线，即使是那些总体内容尚可但有部分情节低俗的节目，也要求相关机构先行停播，经重编重审后才能重新上线。2014年以来，总局对发现问题的境外剧和网络剧、微电影全部实行下线停播，对新浪、百度等14家持证网站分别给予吊销许可、罚款等行政处罚。通过集中整治和日常监管，网络视听舆论空间日渐清朗。

大力加强互联网电视管理。自2014年6月起，总局对互联网电视存在的违规问题进行了集中整顿。整顿重点主要包括两个方面：一是规范7家互联网电视集成机构的相关业务，要求各单位针对业务中存在的播放未经许可的节目内容、产品内容提供不符合验收要求、擅自发放终端产品等问题，进行限期整改；二是下发《关于不得超范围安装互联网电视客户端软件的通知》，要求未持有互联网电视集成服务和互联网电视内容许可的机构，一律不得推出、提供用于安装在互联网电视终端产品中的客户端软件。总局多次强调，互联网电视播出的内容与传统电视播出的内容，审核标准一致、管理尺度一致、版权保护原则一致。经过集中整治，7家集成牌照方按要求下架了不合规的内容，删除了商业网站的客户端、专区和上网浏览器软件，断开了与违规机顶盒的链接；腾讯、优酷土豆、爱奇艺、搜狐等商业视听网站关停了其互联网电视客户端服务；兔子视频、泰捷视频等非法互联网电视服务软件受到查处。通过多措并举，互联网电视违规业务"野蛮生长"的态势得到有效遏制，互联网电视的运营秩序得到根本好转。

进一步发挥行业自律组织作用。近两年来，网络视听行业协会工作得到明显加强，协会组织建设、业务拓展、社会影响等均呈现新局面，对政府管理工作的协助更加有效。目前，除了成立中国网络视听节目服务协会外，已有上海、北京、山东、湖南、浙江、广东等6省（市）成立地方网络视听协会。中央及地方网络视听协会普遍启动推优评优、审核员培训、业务研讨交流等工作。以中国网络视听节目服务协会为主组织的网络视听节目审核员培训工作，已连续培训三年，累计培训3300余名审核员，为有效落实互联网视听节目服务单位"自审自播、先审后播"要求，促进网络剧、微电影等网络视听节目健康发展夯实了基础。由国家新闻出版广电总局、国家互联网信息办公室、四川省人民政府指导,中国网络视听节目服务协会主办的中国网络视听大会已连续举办两届,产生了广泛影响。特别是第二届中国网络视听大会,共吸引网络视听界2000余名代表参会,成为我国网络视听业迄今为止规模最大、层次最高、参加机构和人数最多的一次大会。本届大会以"创新、融合、绿色"为主题,全方位展示了网络视听节目服务行业的最新进展和发展趋势,为推动传统媒体与新兴媒体融合发展提供了大量有价值的信息,为通过网络媒体传播社会主义核心价值观发挥了积极作用。

四 引导行业发展更有成效

网络视听节目内容建设迈上新台阶。近两年来,总局明显加大对网络原创视听节目制作传播的引导、鼓励和扶持力度。一是设立了网络视听节目内容建设专项扶持资金。确立了优秀原创节目、重大宣传项目、台网融合案例、传播创新产品、优秀内容管理项目、优秀研究成果、重点推广项目等七大类扶持项目,并于2014年正式启动扶持工作。二是在全国范围开展了"弘扬社会主义核心价值观 共筑中国梦"主题原创网络视听节目征集推选和展播活动。2014年度对21部微电影、1部网络剧以及16个网络节目(栏目)共48部优秀作品进行了联合展播和资金扶持。三是指导中国网络视听协会持续开展优秀网络视听作品及创新案例推选工作。2013年度共推选52部优秀作品,10个创新案例;2014年度共推选48部优秀作品,9个创新案例。这些引导和鼓励举措,有力提升了网络视听节目内容的品质,促进了网络正能量的传播,也激发了传统媒体发展新兴媒体的积极性。

网络广播电视台建设工作得到进一步加强。为深入贯彻中央《关于推动传统媒体和新兴媒体融合发展的指导意见》,进一步落实《广电总局关于促进主流媒体发展网络广播电视台的意见》(广发〔2013〕1号),2014年,总局分别组织了省级以上网络广播电视台建设工作座谈会及省级以上台媒体融合发展培训会、城市联合网络电视台发展座谈会及城市台媒体融合发展培

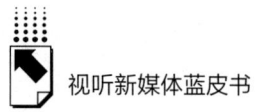

训会，对各级网络广播电视台在内容建设、新业务开展、体制机制创新、队伍建设等方面提出了具体指导意见。2014年，中央三台和省级台、城市台对新媒体业务的重视程度、投入力度和资源整合力度明显增强，中央电视台、湖南台、山东台等省级以上播出机构在网络广播电视台建设和媒体融合方面取得新的突破，无锡广播电视台、苏州广播电视台等城市台在新媒体建设方面也积累了宝贵经验。

包括IPTV集成播控平台建设在内的三网融合业务取得新进展。IPTV集成播控平台包括节目的统一集成和播出控制、电子节目指南（EPG）、用户端、计费和版权管理五大系统。国务院三网融合方案和国务院三网融合协调小组办公室会议纪要明确要求，这五大系统要由广播电视播出机构建设和管理，其中用户和计费管理可由合作方采取"双认证和双计费"的方式。近两年来，在总局的推动下，全国IPTV总分平台建设已按三网融合工作部署有序推进。2013年5月，上海广播电视台原IPTV集成播控平台并入中央电视台IPTV集成播控总平台，推动形成了全国统一的IPTV中央集成播控体系。2014年以来，国家三网融合工作协调小组办公室启动了第二阶段双向准入工作；2014年12月31日，总局和工信部同步向符合条件的电信企业和广电企业发放了双向进入业务许可证。随着三网融合工作的推进，各地正以推进IPTV总分平台的规范对接与运营、加强IPTV节目内容建设两项重点工作为抓手，发展规范有序、内容丰富的IPTV业务，不断开辟新市场。

B.6
互联网视听节目服务发展报告

近两年来,互联网视听节目服务在政策、技术、市场和资本的共同推动下,各种新业务、新服务不断涌现,行业格局调整加快,市场空间不断拓展,产业形态更为成熟,呈现出繁荣发展的良好态势。

一 互联网视听节目服务发展现状

互联网视听节目服务机构不断加强平台和内容建设,用户规模持续增长,市场规模进一步扩大,广电新媒体和商业视频网站呈现出差异化发展格局。

(一)行业格局相对稳定,市场规模不断扩大

截至2014年底,全国共有604家机构获准开办互联网视听节目服务。其中广电机构224家,占比37%,包括28家省级以上(含省级)机构获准开办网络广播电视台、24家城市电视台获准联合开办城市联合网络电视台(CUTV);民营机构190家,占比31%;其他媒体机构104家,占比17%;其他国有单位86家,占比14%。

作为互联网视听节目服务的主要方面,中国在线视频行业多年来保持高速发展的态势,2011～2014年,其市场规模年增长率一直维持在42%以上,2014年市场规模达到239.7亿元,同比增长76.4%[1]。广告是在线视频节目服务的主要收入,自2011年以来,广告在总收入中的占

---

[1] 艾瑞咨询:《2014年度中国互联网经济核心数据发布》,http://news.iresearch.cn/zt/246302.shtml。

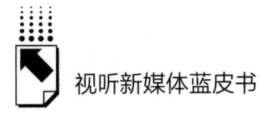
视听新媒体蓝皮书

比始终在60%以上。优酷土豆2014年总收入为40亿元，其中广告收入为36亿元，占比高达90%①。同时也可以看到，随着互联网视听节目服务行业的逐渐成熟，其收入结构正逐渐多元化，终端销售、游戏联运（包括移动游戏）等业务逐渐成为重要收入来源，并且增长迅速。2014年，在线视频节目服务中，广告之外的业务收入为61.7亿元，同比增长高达220.4%②。

（二）综合平台建设加快，用户规模稳定增长

2013~2014年，互联网视听节目服务机构纷纷加强综合平台建设，实现一云多屏分发。第一，中央三台已建立综合平台，集成丰富的视听节目内容，并面向多终端分发。中央电视台（以下简称央视）旗下的中国网络电视台（CNTV）全面部署多终端业务架构，已建成互联网视听节目服务、IPTV、手机电视、移动电视、互联网电视五大平台，向手机、电视、电脑、平板电脑、移动电视、户外大屏等多终端进行内容分发。中央人民广播电台（以下简称中央电台）旗下的中国广播集成平台整合了全国60家地方电台的233套频率。中国国际广播电台（以下简称国际台）自主设计搭建了多媒体资讯共享平台，实现互联网视听节目服务、手机电视、IPTV、互联网电视、CMMB等各种新媒体形态内容采集、存储、制作和管理的互联互通。第二，地方广电机构积极加强综合平台建设。湖南台完成对金鹰网与原"芒果TV"两大平台的整合，建成以"芒果TV"为统一品牌的视听新媒体平台，覆盖并打通互联网电视、手机电视、视频网站、IPTV等各新媒体业务与平台，全面对接电视机、电脑、平板电脑和智能手机等多终端。湖北台对原新媒体公司、网络广播电视台、手机电视等业务进行整合改造，搭建"一云多屏"技术平台，实现网络互联互通、内容集

---

① 《优酷土豆发布第四季度财报：净亏损同比扩大》，http://tech.sina.com.cn/i/2015-03-20/doc-iawzuney0905287.shtml? sina-fr=bd.ala.cb。
② 艾瑞咨询：《2014年度中国互联网经济核心数据发布》，http://news.iresearch.cn/zt/246302.shtml。

中生产、信息多屏发布。浙江华数传媒建立起覆盖互联网电视、手机电视、互联网视听节目服务、城市综合媒体（地铁电视、LED 大屏联播网）的全媒体平台，触达 1.5 亿用户[1]。CUTV 构建了面向城市台的云媒资平台，股东台达到 35 个，合作媒体 73 家。第三，技术服务企业建设综合平台，为视频运营机构提供多业务支持。腾讯云计算公司推出在线教育、视频社交、视频网站等新媒体与广播电视一体化云视频解决方案，并联合腾讯旗下搜索、广告、支付以及视频等业务，打造生态化的视频大平台，为视频服务商提供基础网站和数据、内容生产与分发、用户及内容运营等一揽子服务。

为加快落实《"宽带中国"战略及实施方案》，国家新闻出版广电总局同工业和信息化部等部门联合发布《关于实施"宽带中国"2014 专项行动的意见》，促进电信运营商加快宽带网络建设。截至 2014 年底，全国固定互联网宽带用户总数突破 2 亿户，其中光纤宽带用户占比达 34.1%，8M 及以上宽带用户比例达到 40.9%，网间通信质量显著提升[2]。宽带网络的发展，提升了平台承载能力与服务能力，提高了互联网视听节目服务质量，视频用户规模继续扩大。截至 2014 年底，中国网民规模达 6.49 亿人，互联网普及率为 47.9%；网络视频用户规模 4.33 亿人，较 2013 年底增加 478 万人；网络视频用户使用率为 66.7%，比 2013 年底低 2.6 个百分点[3]（见图 1）。通过加强平台和内容建设、提高用户体验，互联网视听节目服务用户规模和浏览量快速增长。截至 2015 年 1 月底，爱奇艺 PPS 日均独立用户（UV）达到 4935.8 万人，位居视频网站第一；优酷土豆日均 UV 为 4771.9 万人，位居第二；搜狐视频日均 UV 为 3542.9 万人，位居第三；中国网络电视台日均 UV 为 1112.6 万人，居第十位（见表 1）。

---

[1]《华数建成互动电视/OTT/手机电视全媒体平台，覆盖1.5亿用户》，流媒体网，2015 年 1 月。
[2]《化解产能过剩上榜工信部去年十件大事》，北青网 – 北京青年报，2015 年 2 月 4 日，http：//news.163.com/15/0204/02/AHIVR43T00014AED.html。
[3] 中国互联网络信息中心（CNNIC）：《第 35 次中国互联网络发展状况统计报告》，2015 年 2 月 3 日。

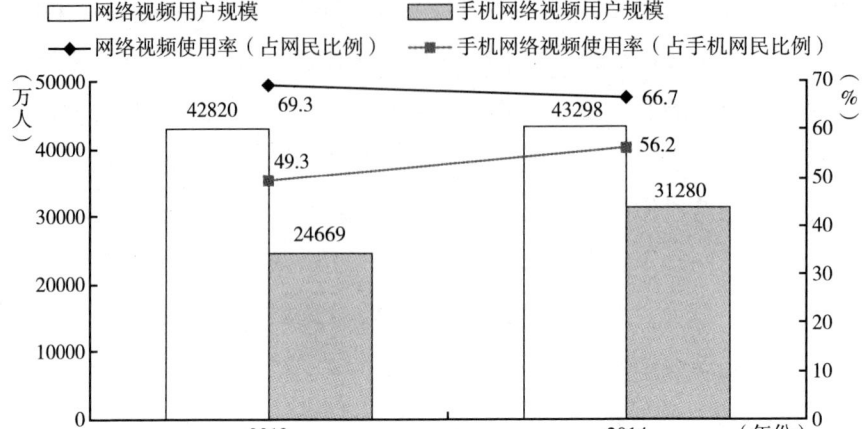

图1 2013~2014年网络视频/手机网络视频用户规模及使用率

数据来源：CNNIC。

表1 2015年1月主要互联网视听节目服务机构日均覆盖用户情况

单位：万人

爱奇艺	优酷	搜狐视频	聚力网	暴风影音	腾讯视频	风行	乐视网	凤凰网	中国网络电视台
4935.8	4771.9	3542.9	3290.7	2988.2	2864.8	2704.0	2087.4	1198.0	1112.6

数据来源：艾瑞咨询。

（三）内容资源日趋丰富，广电与商业平台差异化发展

近年来，互联网视听节目服务机构通过各种方式加强内容建设，节目内容更为丰富，节目质量不断提高，节目特色更加凸显。

1. 广电平台汇聚规模庞大的广播电视优质节目内容

广电新媒体平台的内容主要源于其所属广播电视台，包括直播频率频道、节目栏目的点播等，如CNTV汇聚了140套直播电视频道、2600个电视栏目的点播内容，还集成了央视新闻名牌栏目的100多个官网。截至2014年底，CNTV建设的国家网络视频数据库日均节目制作能力达到9000条1000个小时，视频数据库存量超过107万条。中央电台旗下的中国广播网汇聚了中央电台"中国之声"、"经济之声"等频率,各省级广播电台、地市广播电台广播频率的直播节目,以及中央电台、地方电台、版权公司等机构提供的21类1.2万条碎片化精品节目。广东网络广播电视台拥有9套广播频率、23套电视频道以及广东台所有自制节目内容。CUTV汇聚了成员台100多套电视频道和100多套广播频率,原创内容超过6万小时,还推出了CUTV网站集群。湖南台"芒果TV"提供湖南卫视所有电视栏目的高清视频点播服务,并同步推送热门电视剧、电影、综艺和音乐视频内容。江西省共有15家机构获准提供互联网视听节目服务,其中14家以转播所在地广播电视节目为主,共汇聚了16.12万个音视频内容。

广电新媒体还充分利用母台丰富的新闻资源,生产制作了大量网络新闻节目。例如,CNTV拥有覆盖全国的新媒体记者网络和新闻拍客队伍,24小时提供快捷、权威、丰富的在线新闻报道。截至2014年底,江苏网络广播电视台拥有500多名专职全媒体记者、1000多名大学生全媒体记者、3000多名普通网友和各地通讯员,这些记者共为江苏台全媒体新闻联动平台提供了6.15万条新闻信息,其中发布了4.12万条,总点击量超过3亿次。

2. 商业平台实施采购和版权合作,节目内容海量呈现

商业视频网站通过采购、合作、自制、用户生产等方式,丰富内容资源,形成以影视剧、综艺节目、微电影、自制剧以及用户生产内容(UGC)为主的内容结构。影视剧是用户收看最多的节目类型,也是商业视频网站采购的重要内容(见图2)。2014年优酷土豆购买的国产剧覆盖全国卫视热播剧80%以上[1],还引进了《神探夏洛克》、《唐顿庄园》等160部英美剧集,香港TVB 700小时新剧,台湾800小时新剧以及6000小时经典剧,东京电视台4100集动漫。优质综艺节目同样也是视频网站重点收购的重要节目类

---

[1] 《优酷土豆宣布2014内容策略:外购节目全球采购》,光明网,2013年12月3日,http://tech.gmw.cn/2013-12/03/content_9689008.htm。

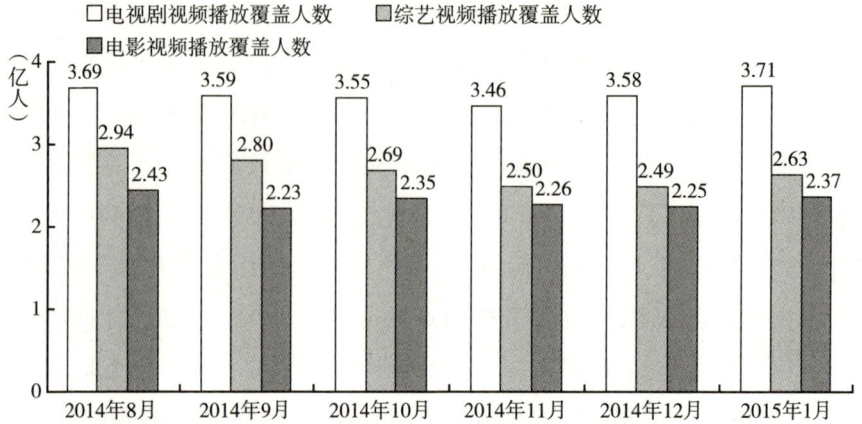

图2 2014年8月～2015年1月视频网站电视剧、电影及综艺节目播放情况

数据来源：艾瑞咨询。

型。2014年，腾讯视频获得《中国达人秀》(第五季)、《中国好声音》(第三季)等品牌综艺节目的网络独播权。爱奇艺花费2亿元买下湖南卫视2014全年5档热门综艺节目，购买了韩国19档热门综艺独家网络版权。聚力网获得《非诚勿扰》等江苏卫视的所有综艺节目及TVB剧集的独播权[1]。自制节目内容越来越成为商业视频网站的重要构成部分。2014年，网络自制剧体量突破50部1200集，各大网站的自制节目突破100档。腾讯视频共上线11部网络剧、30余档原创节目。优酷、爱奇艺、搜狐视频等还通过收益分成等方式吸引用户尤其是专业机构参与内容生产。截至2014年底，优酷土豆平台上共有500家专业内容生产机构，生产制作了2万集作品，播放量达到100亿次[2]，有两个专业机构所生产的内容（PGC）频道播放超过10亿次，用户分成突破100万元。其中"暴走漫画"一个团队创下单个项目季度最高分成88万元的纪录。2014年，优酷土豆累计为PGC发放分成"工

---

[1] 《乐视网独播〈我是歌手〉第二季效益明显，助推掀网络视频独播浪潮》，前瞻网，2014年3月，www.qianzhan.com/analyst/detail/220/140320-5ab27908.html。

[2] 《优酷土豆去年净收入40亿元 同增33% 移动广告收入占比》，2015年3月20日，http://news.dg.fang.com/2015-03-20/15234311.htm。

资"3280万元，较2013年增长5倍[1]。同年，爱奇艺PGC作品达200多部，PGC分成金额达到2000万元[2]。

二 互联网视听节目服务发展特点

近两年，互联网视听节目服务发展呈现出以下特点。

（一）互联网视听节目服务更趋移动化、社交化、精准化

在互联网服务向移动互联网迁移，用户更多通过社交网站进行视频分享，大数据推动互联网服务个性化、精准化的宏观背景下，互联网视听节目服务表现出明显的移动化、社交化和精准化特征。

1. 互联网视听节目服务更趋移动化

随着移动互联网环境的完善、智能设备的普及，互联网视听节目服务向移动化方向发展。截至2014年12月，中国手机视频用户规模达3.13亿人，手机网络视频用户使用率为56.2%，较2013年底增长6.9个百分点[3]。广电新媒体在移动端不断发力，推出众多移动产品，成为移动互联网视听节目服务的重要力量，如"央视影音"、"央视新闻"用户合计超过4.4亿人。北京台11套频道128个栏目及若干活动项目共推出150个微信公众账号，形成了微信矩阵。安徽台共开通官方微博29个，总粉丝量达到2000万人。上海台旗下东方广播中心推出广播移动终端应用"阿基米德"，涵盖上海广播280档直播节目和全国1500档广播直播节目，实现24小时内可回听。浙江台推出"中国蓝"新闻和综艺客户端、官方微博微信集成平台以及由百

---

[1] 《优酷土豆去年净收入40亿元 同增33% 移动广告收入占比》，2015年3月20日，http://news.dg.fang.com/2015-03-20/15234311.htm。
[2] 《PGC成视频网站新宠 或重构商业模式》，艾瑞网，2015年3月13日，http://web2.iresearch.cn/video/20150313/247512.shtml。
[3] 中国互联网络信息中心（CNNIC）：《第35次中国互联网络发展状况统计报告》，2015年2月3日。

名主持人组成的"自媒体集成平台",实现多平台互联、多媒体共享、多终端响应。山东台推出"轻快"移动平台,并在该平台上推出《轻快生活报》,短短半年时间已经发展500多万订阅用户。江苏台"荔枝新闻"客户端下载用户近200万人,月度覆盖人数达550万人,日浏览量突破1000万人次。湖北台推出"经视摇摇乐"、"笑啦"等一批客户端,其中"经视摇摇乐"注册用户突破30万人,每天黄金时段用户突破500万人次。商业视频网站近年来着力布局移动领域,用户大规模向移动终端迁移。2014年,优酷网在手机端的品牌渗透率为48.3%[1],截至2014年11月底,优酷土豆移动客户端下载量为15.61亿次[2]。截至2015年3月底,爱奇艺PPS移动客户端累计用户规模达到10亿人,移动端流量占比已超过总流量的60%[3]。到2014年5月,爱奇艺PPS来自移动视频广告的收入超过广告总收入的30%[4]。截至2014年底,腾讯视频在手机端的渗透率为43.2%[5],移动端日均UV 4500万人,移动端流量占比达65%[6]。

2. 互联网视听节目服务向社交化发展

广电媒体通过发展微博、微信、弹幕等社交媒体,加强用户参与,实现电视屏、手机屏、电脑屏三屏互动和内容的三屏互享。大部分商业视频网站都与QQ空间、新浪微博、腾讯微信等社交平台实现了链接,开通了点赞、评论、分享等功能。在腾讯视频观看《武则天秘史》的用户,在腾讯微博上产生了42万条内容,在QQ空间产生了10万篇日志。视频网站还推出自

---

[1] 《腾讯视频移动端"亮剑",增势领跑稳居第一阵营》,"网络数据大全"微信公众号,2015年1月。
[2] 《优酷土豆App下载总量破15亿 11月环比增7.8%》,中国软件资讯网,2014年12月10日,http://tech.hexun.com/2014-12-10/171282804.html。
[3] 《爱奇艺移动端累计装机超10亿 H5流量占18%》,http://tech.huanqiu.com/news/2015-03/5997615.html。
[4] 《爱奇艺移动端收入占比超30%》,http://tech.sina.com.cn/i/2014-06-05/10239419230.shtml。
[5] 《腾讯视频移动端"亮剑",增势领跑稳居第一阵营》,"网络数据大全"微信公众号,2015年1月。
[6] 《腾讯视频移动端流量占比》,http://www.cww.net.cn/consultation/html/2014/11/26/20141126177405056.htm。

己研发的视频社交应用,如爱奇艺推出视频社交应用"爱奇艺热聊",用户可通过该应用找到与自己有着同样观影兴趣的人,并通过文字、语音、投票等多种互动方式分享交流看法。优酷推出短视频社交应用"美点",该应用基于手机联系人建立社交圈,用户拍摄短视频之后,可用短视频编辑特效对视频进行加工和分享。2014 年,弹幕在互联网视听节目服务中逐渐推广普及。乐视网在视频 App 中加入了弹幕功能,用户可实时在线互动讨论。在电视剧《古剑奇谭》播出时因加入了弹幕功能,提高了用户参与度,播放量达到 11 亿次。爱奇艺对 2015 年央视春晚进行了"弹幕直播",文字、表情等多元化的弹幕互动模式引发了观众的参与热情,截至 2015 年 2 月 19 日(大年初一)凌晨 3 点,爱奇艺春晚直播弹幕量突破 1 亿条[①]。

3. 互联网视听节目服务日趋精准化

互联网视听节目服务机构通过对用户大数据的挖掘与分析,全面推进视听节目服务的精准化。一是为用户推荐个性化的内容。爱奇艺对 5000 部电影进行标签化处理,对用户所选影片的类型、特点、明星等进行实时大数据计算,为用户提供个性化的电影推荐服务。二是实现广告精准投放。优酷土豆以大数据为支撑,不仅实现视频广告资源智能化分配,还推出智能预留、优先交易、实时竞价三种模式的程序化售卖体系,较好地满足了广告主的投放需求。迅雷看看完成 4 亿用户的标签化,对用户性别、地域、上网时间、行为兴趣、产品意向等进行标签,最终形成用户画像,为广告商实施精准广告投放提供依据。三是实现节目内容的精细化制作。优酷土豆收集用户喜欢的影视剧题材、演员以及停止观看、拖放观看等行为数据,并将其反馈到内容制作机构,为内容生产制作机构选择演员、题材以及确定剪辑效果等提供决策依据。

(二)商业模式加快创新

2014 年,互联网视听节目服务机构在技术创新和市场竞争的推动下,

---

① 新华网:《爱奇艺 1 亿弹幕"玩儿坏"央视羊年春晚》,http://news.xinhuanet.com/ent/2015－02/25/c_127516713.htm。

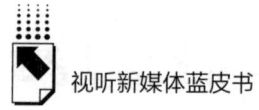
视听新媒体蓝皮书

不断探索新的商业模式,基于视频服务,推出视频+支付、视频+电商、视频+N业务,增强平台的赢利能力。

1. 推出付费服务

随着移动支付的快速发展,互联网视听节目服务机构陆续推出快捷支付、支付宝支付、网银支付、手机话费支付、微信支付等各种支付方式,不仅提升了用户体验,还推动了付费视频业务的发展。例如,"芒果TV"推出15元(30天)、80元(180天)、150元(360天)3档付费点播业务,用户可通过微信、支付宝、芒果币等三种方式进行支付。优酷推出会员周卡、月卡、季卡、半年卡和年卡等会员卡,为会员提供包月片库、免广告、观影券赠送、宽带加速、演唱会直播、观影团等多种服务。2014年,优酷会员收入同比增长高达379%,其中第三季度消费者业务收入为4180万元,主要来自会员服务和点播业务收入。截至2014年底,优酷土豆付费用户比例达到10.7%,爱奇艺达到6.6%,腾讯视频为5.1%,搜狐视频为4.7%[1]。

2. 开展电商业务

互联网视听节目服务主体通过开发衍生产品等方式融合电商业务。优酷品牌节目《泡芙小姐》先后推出40余款衍生产品,其在天猫商城的销售已排名中国动漫品牌前三位;2014年还推出相关面膜和绘本;与三星、雀巢、雪佛兰等品牌进行深度合作,年收入近千万元。"芒果TV"布局手机游戏市场,基于品牌内容开发移动游戏、移动应用、移动广告、移动多媒体平台等衍生品,其中《爸爸去哪儿》手机游戏一、二季总下载量超过2.6亿次。

商业视频网站较早探索广告向电商服务的转型。在科学类脑力真人秀节目《最强大脑》第二季网络播出中,优酷土豆将广告直接链接到电商平台,用户在优酷土豆平台观看节目时,点击视频中相关产品即可一键购买。优酷土豆与阿里巴巴达成战略合作,双方数据和平台实现融合,形成"屏幕即

---

[1] 中国互联网络信息中心(CNNIC):《2014年中国主要视频网站竞争格局分析》,2015年2月9日,http://www.askci.com/chanye/2015/02/09/102646o354.shtml。

渠道、内容即店铺、数据即连接"的新商业模式。土豆与阿里巴巴联合发布了视频电商产品"玩货",买家可在土豆首页"玩货"导航和"玩货"频道通过导购视频发现并购买商品。百视通在原有购物专区的基础上推出"888百视购"购物平台,探索建立结合视频、图片等多种形式的新媒体电商平台。

2014年,互联网视听节目服务的O2O商业应用还渗透到电影票、交通票务、旅游门票、打车、餐饮等各个领域,市场规模加速扩大。爱奇艺移动客户端推出在线购票业务,该业务已覆盖全国200多座城市近2000家影院。乐视网与音乐人汪峰合作的演唱会网络直播,当晚共售出6万张现场门票、4.8万张单价30元的线上直播虚拟门票,此后几天又售出1.6万张线上"回放"虚拟门票。

(三)资本推动行业集中度提高

第一,互联网视听节目服务通过上市融资、收购、并购等方式,获得了充裕的发展资金。优酷土豆以及搜狐、腾讯等视频网站和互联网企业,为其视频业务提供了雄厚的资金支持,在市场竞争中显示出较大的优势。百视通通过上市融资,为开展各类新媒体业务提供强大资本支持。2014年11月,百视通以新增股份换股方式合并东方明珠,通过非公开发行股份购买旗下尚世影业、五岸传播、文广互动和东方希杰的股权,并向文广投资中心等10家机构募集100亿元配套资金,其中有近一半投向互联网电视业务领域。2014年,众多企业和机构发起成立各种基金,聚焦新媒体领域。电广传媒旗下子公司达晨创业发起设立规模为50亿元的互联网新媒体产业投资基金,专注于互联网新媒体产业的股权并购,布局网络视频、互联网电视、移动互联网、在线教育、智慧医疗等领域。华数传媒发起设立规模为50亿元的产业投资基金,主要投资互联网应用、移动互联网、云计算和智能终端等新媒体领域。

第二,资本市场加大对互联网视听节目服务行业的投资力度,促进行业格局调整加快,市场集中度提高。2013年,百度以3.7亿美元收购PPS,爱奇艺与PPS合并,大大提高了爱奇艺的市场份额。2014年,阿里巴巴和云锋基金以12.2亿美元收购优酷土豆18.5%的股份①（见表2），优酷土豆获得阿里巴巴庞大的资金支持，提高了市场竞争力。在资本市场的推动下，互联网视听节目服务行业正在形成由优酷土豆、爱奇艺两家构成的视频网站第一梯队，由搜狐视频、腾讯视频、乐视构成的第二梯队，以及由聚力网、暴风影音、酷6、凤凰视频等多家网站构成的第三梯队。截至2014年底，优酷用户整体渗透率为63%，排名第一；爱奇艺为56.6%，排名第二；腾讯视频为54.2%，排名第三（见表3）②。

表2 2013~2014年主要视听新媒体机构资本运作及经营情况

机构名称	时间	投资标的	资本规模	2014年经营情况
百视通	2014.8	收购艾德思奇51%的股份	1亿美元	截至2014年底,百视通拥有IPTV用户超过2250万户,其中收费用户超过1500万户；手机电视收费用户2000万人；对接并激活的智能电视终端超过3500万台；风行网PC端和移动端日均活跃用户约3500万人。2014年营收29.8亿元,同比上涨12.91%；净利润7.85亿元,同比上涨15.96%*
	2014.11	合并东方明珠		
华数	2014.4	被云溪投资收购20%的股份	65.36亿元人民币	2014年实现营收24.12亿元,同比增长33.89%,主要是由用户数增长、付费频道大力推广导致视听费收入以及新增宽带网络业务增长**
	2014.6	增资唐人影视	1亿元人民币	
优酷土豆	2014.4	被阿里巴巴和云锋基金收购18.5%的股份	12.2亿美元	2014年净收入为40亿元人民币（美元6.495亿元）,比2013年增长33%***
	2014.7	购入国广东方16.67%的股份	5000万元人民币	
爱奇艺	2013.3	收购PPS	3.7亿美元	
搜狐	2014.10	并购56网	1290万美元	2014年度总营收为17亿美元,较2013年度增长19%。搜狐视频营收为1.76亿美元,较2013年同期增长61%****
酷6	2014.4	盛大出售酷6股份的41%	4735万美元	

---

① 《2014年网络视频行业盘点：经历一波三折,注入新元素》,虎嗅网,2014年12月。
② 中国互联网络信息中心（CNNIC）：《2014年中国主要视频网站竞争格局分析》,2015年2月9日,http://www.askci.com/chanye/2015/02/09/102646o354.shtml。

续表

机构名称	时间	投资标的	资本规模	2014年经营情况
小米	2014.10	华策影视定增	5000万元人民币	2014年，小米公司销售手机6112万台，较2013年的1870万台增长227%；含税销售额743亿元，较2013年的316亿元增长135%*****
	2014.11	投资优酷	1000万美元	
	2014.11	投资爱奇艺	3亿美元	
苏宁、弘毅投资	2013.10	以2.5亿美元购入聚力传媒44%的股份	4.2亿美元	

* 《百视通2014年财报》，2015年4月29日，http：//download.hexun.com/Txtdata/stock_detail_1200784960.shtml。

** 《华数2014年年报》，2015年3月30日，http：//stock.sohu.com/20150330/n410551048.shtml。

*** 《优酷土豆2014年财报》，2015年3月20日，http：//www.kejixun.com/article/201503/99238.html。

**** 《搜狐2014年财报》，2015年2月9日，http：//tech.sina.com.cn/i/2015-02-09/doc-iccz mvun5990104.shtml。

***** 《雷军晒小米2014年业绩 出货6112万台 销售额743亿》，2015年1月5日，http：//sh.xinhuanet.com/2015-01/05/c_133897454_2.htm。

表3 主要视频网站用户渗透情况

单位：%

机构名称	整体品牌渗透率	PC端渗透率	手机端渗透率	忠实用户比例	付费用户比例
优酷网	63	48.1	48.3	40.4	10.7
爱奇艺	56.6	41.2	41.6	22.2	6.6
腾讯视频	54.2	39.8	43.2	22.3	5.1
百度视频	48.8	32.8	32.9	10.5	2.5
土豆网	47.3	34.2	27.2	16.1	4.0
搜狐视频	46.4	31.9	30.9	13.8	4.7
乐视网	39.5	26.0	24.9	7.4	1.9
PPS	39.0	28.6	23.0	5.4	0.8
聚力网	37.0	26.3	25.5	6.7	1.2
迅雷看看	32.9	23.8	18.1	7.6	1.4
360影视	30.8	21.2	18.5	2.8	0.5

数据来源：中国互联网络信息中心。

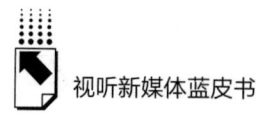
视听新媒体蓝皮书

三 互联网视听节目服务发展趋势

互联网视听节目服务在资本、技术、市场、政策的共同推动下，呈现出以下发展趋势。

（一）向集约化发展

视频作为互联网最重要的应用之一，用户规模庞大，具有巨大的发展空间，是资本运作的重要领域。目前，百度、阿里、腾讯、小米、360等互联网巨头均已进入互联网视听节目服务行业，进一步加剧了行业竞争。未来，互联网视听节目服务行业纵向整合与横向并购力度将进一步加大，行业将向集约化发展，呈现出强者愈强的马太效应。

（二）向平台化发展

互联网视听节目服务正在着力建设生态体系，形成平台化服务新态势，并通过平台向其他领域扩张。一是以IP为核心的平台化发展。领军企业正在从节目版权源头布局大视频产业，着力进行IP的创造、开发和运营，逐渐建立并培育以IP为核心的生态体系，将视频节目延伸至游戏、电影、图书、演艺等产业链各个环节，并为其建立配套的机制，形成内容产业生态圈。一些优势视频网站的触角还延伸到影视制作与发行、电商、硬件终端等多个领域。未来，互联网视听节目服务的竞争不再是单部影视剧或流量的竞争，而是包括用户、IP运营、协同能力等在内的生态化竞争。二是以硬件为核心的平台化发展。以硬件生产为主的互联网企业或终端厂商，通过规模化的入口，建立起围绕硬件的生态体系，逐渐实现平台化发展。

（三）向自制化发展

互联网视听节目服务机构将扩大自制节目内容作为降低版权成本、形成差异化和品牌化发展的战略举措。在市场竞争的推动下，尤其是电视台和视频网站对优质独播内容资源的争夺日益加剧，进一步推动自制内容向规模化、专业化、大制作、品牌化方向发展。"芒果 TV"自制内容统一冠以"马栏山制造"的品牌标识，其自制周播剧走精品化路线，每集成本近400万元，总产量208集，总投资超过8亿元。一些视频网站的优秀自制内容在流量、受欢迎程度等方面，已与重金购买的节目相差不远。例如，截至2014 年12 月底，搜狐视频的《屌丝男士》播放量达到9.53 亿次，《匆匆那年》播放量为9.03 亿次。一些品牌自制剧已形成产业链开发，如优酷自制剧《泡芙小姐》系列上线四年，其中第五季累计播放量超过5000 万次，集均播放量超过400 万次，总播放量近4 亿次，粉丝达到100 万人；《侣行》播出两季，图书卖到了4 万册，并反向输出到央视[①]。

---

① 中国网络视听产业论坛：《2014 中国网络剧年度报告》，2015 年1 月14 日。

B.7
移动互联网视听节目服务
（包括手机电视）发展报告

4G网络的发展和大批移动应用的涌现、移动智能终端的普及，为移动互联网视听节目服务（包括手机电视）发展提供了良好的环境和条件。截至2014年底，中国手机视频用户达到3.13亿人，同比增长26.8%；使用率为56.2%，同比增长6.9个百分点。手机音乐用户规模达到4.78亿人，同比增长5.22%；使用率为73.7%，同比增长5.5个百分点①。2013~2014年，市场格局发生重大调整和变化，中国移动互联网视听节目服务正迎来发展的重要机遇期。

一 广电媒体移动互联网视听节目服务发展情况

近两年来，全国各级广电媒体抓住移动互联网发展带来的机遇，纷纷发力移动业务，手机电视业务稳步发展，微博微信客户端业务蓬勃兴起，市场运营正在积极探索中，逐渐成为移动互联网视听节目服务领域的一支主导力量。

（一）手机电视业务稳步发展

中央电视台（以下简称央视）、中央人民广播电台（以下简称中央电台）、中国国际广播电台（以下简称国际台）、上海台、杭州台、辽宁台等6

---

① 中国互联网络信息中心（CNNIC）：《第35次中国互联网络发展状况统计报告》，2015年2月3日。

家广电机构获准运营手机电视集成播控平台。另有28家机构获准建立内容服务平台。中国移动、中国电信、中国联通获准成为分发服务机构。2014年，六大手机电视集成播控平台积极开展各项业务，用户数和收入保持稳步增长。截至2014年底，中国手机电视用户达到5583万人。2014年12月，央视与中国移动旗下咪咕视讯①合作，共同建设4G视频直播中心，整合央视、地方电视台以及商业视频网站内容，实现多媒体内容跨网络、跨平台、跨终端传播。截至2014年底，中央电台旗下手机电视运营主体央广视讯共与351家内容提供商达成合作，用户规模达到850万人，其中在中国移动的总用户规模超过600万人，在中国联通视频和游戏基地以及中国电信天翼视讯和动漫基地的包月用户保持在250万人。2014年，央广视讯实现营业收入2亿元，比2013年增长40%。2014年，国际台手机电视运营主体国视通讯共与50余家内容提供商合作，上线电影约1200部、电视剧约1.2万集；拥有包月用户621万人；全年实现营业收入2.19亿元，其中来自中国移动的分成收入占96%，来自中国电信和中国联通的分成各占约2%。上海台旗下百视通手机电视在中国移动、中国电信和中国联通三家电信运营商分发平台提供的内容略有不同，其中在中国联通上共提供19路电视直播信号，包括东方卫视、第一财经等，并设置"东方TV"等五大品牌专区，提供点播节目服务。截至2014年底，百视通共拥有2000多万手机电视收费用户②。

（二）"两微一端"的开发及运营渐趋成熟

微博、微信、客户端是广电占领移动互联网的重要渠道和方式。2014年，广电"两微一端"业务发展迅猛，全国省级以上广电机构和部分市县

---

① 2015年1月，中国移动成立了咪咕文化科技有限公司，将原有音乐、视频、阅读、游戏、动漫五大基地的业务板块进行整合。咪咕视讯是咪咕文化科技有限公司旗下子公司，于2014年12月在浦东金桥注册成立，注册资金14亿元，是中国移动在视频领域的唯一运营实体，其前身是中国移动手机视频基地。

② 《百视通发布2014年财报：净利润增长16%》，http://news.zol.com.cn/article/389254.html。

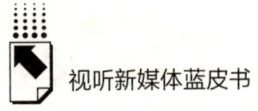

广电机构都开办了"两微一端"业务,成为移动互联网视听节目服务的重要主体。

1. 大力开发移动客户端产品体系

2014年,以央视、中央电台、国际台为代表的广电媒体集中发力"两微一端"的产品开发,大刀阔斧推进产品体系建设。一方面,围绕优质内容和品牌,成体系开发移动客户端产品集群,覆盖iOS、安卓(Android)、Windows Phone等多个智能操作系统。另一方面,针对垂直内容和细分市场,打造更有针对性的应用产品。央视的"央视新闻"、"央视影音"、"央视体育"、"央视悦动"等移动客户端运营成绩突出。2014年,"央视新闻"全面参与两会报道,微博、微信、客户端发布新闻4042条,组织网络直播21场。截至2014年底,"央视新闻"移动端用户达到5026万人。"央视影音"客户端用户数超过3.4亿人,用户遍及海外190多个国家和地区,其中移动端用户达到8500万人,移动端日均独立访问用户达67万次,较2013年增长179%。"央视体育"融合了CCTV5、CCTV5+频道的精彩内容以及丰富的独家体育资源,截至2014年底,"央视体育"客户端用户数达到717万人。"央视悦动"是针对中央电视台栏目主持人量身定制的移动社交产品,内容覆盖央视16个中文开路频道、240多档栏目的直播点播,以及节目互动、看点推荐、精彩花絮、节目单、积分商城等多种服务,用户可通过"央视悦动"客户端、扫描二维码、登陆节目官网等方式参与互动。"央视悦动"为央视重点节目定制"摇一摇"、"投票"、"话题"、"竞猜"、"边看边聊"等多种互动功能,这些互动功能在《中国谜语大会》等节目中得到充分应用。《中国谜语大会》播出第一天,"央视悦动"客户端在苹果全球应用商店(App Store)下载总排行榜中排名第14位,在娱乐类下载排行榜中排名第一,刷新了央视系列手机客户端在App Store的排名纪录。《中国谜语大会》三期节目共有1295万人次参与双屏互动,单期节目最高互动量达267.8万人次。截至2014年底,"央视悦动"用户超过128万人。

中央电台"中国广播"客户端具有直播点播、精品音频、个人播客、互动分享、收藏评论、订阅预约、离线回听、特色闹钟、定时关闭等功能,在安卓市场、App Store 上同步推出。中央电台联合搜狐新闻客户端自媒体直播间，在手机等移动终端上实况直播《做客中央台》，每期节目在线人数都超过百万人次。国际台国际在线推出了 10 个语种网站 WAP 端、6 个语种移动客户端，覆盖全球主要国家。截至 2014 年底，国际台主要新闻产品入驻网易、搜狐、腾讯、鲜果等客户端，用户数达到 350 万人，"环球资讯"搜狐新闻客户端用户突破 100 万人。

2014 年，地方广电移动客户端建设也取得明显成效。北京台建设了"BTV 大媒体"移动客户端，共发起 565 个互动活动，下载量超过 78 万次。2014 年 10 月，上海台东方广播中心推出广播移动应用"阿基米德"，植入上海广播 280 档直播节目和全国 1500 档直播节目，可 24 小时内回听。截至 2014 年底，"阿基米德"用户已有 30 万人。2015 年元旦，湖南卫视《我是歌手 3》第一季播出后，湖南广电"芒果 TV"移动客户端播放量达到 2539 万次，用户点赞 8.03 万次，评论 9771 条，一天内迅速跃升至 App Store 免费排行榜第一名。截至 2014 年底，江苏台"荔枝新闻"移动客户端下载达到 200 万次，月度覆盖人数达到 550 万人，日浏览量突破 1000 万人次。安徽台推出"啊呦"、"听说交通"、"TV 摇摇乐"等移动客户端，初步构建了全媒体共生共荣的传播格局。截至 2014 年底，"TV 摇摇乐"用户下载 68 万次，注册用户 14 万人；"啊呦"注册用户 96 万人，日均点击量 200 万次。

2. 建设微博矩阵

电视媒体微博稳步发展，并取得较好的运营效果。"央视新闻"、"CCTV5"、"央视财经"、"CCTV 音乐"等央视系列微博运营成绩突出。截至 2014 年底，"央视新闻"微博用户达到 4644 万人。"央视悦动"官方微博账号发起并主持"2014 CCTV 中秋晚会"、"陪着爸妈过重阳"等微话题、微直播，总阅读量分别达 1977 万次和 6766 万次。截至 2014 年底，"央视悦动"微平台订阅用户超过 35.8 万人。

北京电视台、安徽电视台、江西电视台等地方电视台微博运营也取得成效。北京电视台推出包括微博、微信、微视等三项业务 8 个法人账号的 BTV 官方微平台，微博粉丝数超过 430 万人。截至 2014 年底，安徽电视台共开通 29 个官方微博，形成了以安徽电视台法人微博和安徽卫视官方微博为重点，旗下各频率、频道和栏目、主持人微博为支柱的台内微博矩阵，总粉丝量达到 2000 余万人，其中粉丝过百万的共有 4 个，"安徽卫视"官方微博粉丝数超过 500 万人（见表 1）。江西网络台先后在新浪、腾讯微博平台开通"江西卫视"和"江西网络台"微博，截至 2014 年底，两个微博的粉丝数达到 250 多万人。2014 年，"江西卫视"微博单个活动曝光突破 1 亿次，每月微博曝光达到 2 亿多次，微博粉丝增长 8 万人，微博阅读曝光近 20 亿次，同比增长 160%。2014 年，江西网络台共举办微博、微信线上活动 50 多次，覆盖近千万用户；参与问政活动微直播 10 余场，参与互动讨论的网友近百万。据不完全统计，江西台微博微信线上活动覆盖了 1.6 亿人次，活跃参与用户近 150 万次。广东台在腾讯网开设的官方微博"广东广播电视微博发布厅"，每天发布全台 32 个广播电视频道、115 个栏目的节目内容和动态信息，截至 2014 年底，其微博粉丝达到 163 万人。

表 1　2014 年 9~11 月中国十大电视微博情况

排名	机构名称	微博名称	粉丝数（万人）	影响力	分类
1	中央电视台	央视新闻	2532.36	1545.77	电视频道
2	中央电视台	证券资讯博览	1069.42	878.83	电视栏目
2	湖南卫视	爸爸去哪儿	595.74	830.81	电视栏目
4	中央电视台	CCTV5	502.14	818.64	电视频道
5	湖南卫视	快乐大本营	745.37	808.20	电视栏目
6	凤凰台	凤凰卫视	669.58	790.21	电视频道
7	中央电视台	央视财经	703.64	779.80	电视频道
8	中央电视台	音乐风云榜	180.31	765.95	电视栏目
9	中央电视台	CCTV 音乐	998.95	754.31	电视频道
10	安徽卫视	安徽卫视	534.82	749.87	电视频道

数据来源：新浪网与清华大学新闻研究中心对 2014 年 9~11 月电视官方微博进行抽样调查所得。

通过有意识地运营微博签到、扫码、投票、送红包等微博互动方式，传统广电综艺节目和电视剧话题经常在微博上引起网友广泛关注和讨论。其中，《快乐大本营》、《音乐风云榜》等老牌娱乐节目拥有良好的受众基础，以《爸爸去哪儿》为代表的真人秀节目微博运营效果突出。

广播机构微博运营也取得了较好成效。中央电台各频率都开通了微博，截至2014年底，"中国之声"总微博粉丝量突破800万人，"经济之声"法人微博以及"天下财经"等节目微博合计粉丝达到500万人，"音乐之声"微博总粉丝超过470万人，"中国乡村之声"微博粉丝73万人，是全国最活跃的涉农媒体微博之一。"老年之声"微博粉丝47万人。国际台"环球资讯"新浪腾讯微博粉丝总量超过800万人。青岛、苏州、天津等地的广播媒体在微博运营上也取得较好成绩，其中交通频率表现更为突出（见表2）。

表2　2014年9～11月中国电台微博排名前十位

排名	机构名称	微博名称	粉丝（万人）	影响力	分类
1	中央电台	中国之声	806.63	780.00	电台频率
2	国际台	环球资讯	807.39	777.86	电台频率
2	中央电台	经济之声	437.42	682.40	电台频率
4	中央电台	Music Radio 音乐之声	358.40	638.14	电台频率
5	青岛台	青岛交通广播 FM897	41.93	602.35	电台频率
6	国际台	俄罗斯之声	268.44	553.89	电台全台
7	苏州台	1048苏州交通广播	28.07	528.29	电台频率
8	考拉FM	考拉FM	127.67	525.27	电台全台
9	糖蒜广播	糖蒜广播	19.75	521.04	电台频率
10	天津台	天津交通广播	31.94	499.70	电台频率

数据来源：新浪网与清华大学新闻研究中心对2014年9～11月电台官方微博进行抽样调查所得。

3. 广开微信公众平台

广电媒体广开微信公众平台，积累了一定用户规模。截至2014年底，"央视新闻"微信用户规模达到232万人，总阅读数超过2000万次。湖南卫视、大连新闻、沈阳新闻等电视频道微信运营也取得了较好成果。新闻内容在微信上的传播效果较为突出，在传播指数排名前十位的微信公众号中，一半以上微信号以新闻为主；财经、体育、娱乐等方面的内容也受到用户欢迎（见表3）。

表3　2014年11月微信传播指数排名前十位的电视微信运营情况

排名	机构名称	微信名称	总阅读数（万次）	总点赞数（次）	微信传播指数	分类
1	中央电视台	央视新闻	2203.53	47060	1987.47	电视频道
2	辽宁台	新闻正前方	710.26	193140	1957.44	电视栏目
3	中央电视台	央视财经	335.53	8632	1511.62	电视频道
4	湖南台	湖南卫视	150.97	7132	1379.99	电视频道
5	陕西台	陕西都市快报	158.38	6462	1376.04	电视栏目
6	中央电视台	CCTV5	53.18	2066	1145.46	电视频道
7	浙江台	中国好声音	35.38	3336	1124.52	电视栏目
8	大连台	新闻大连	46.01	2255	1116.19	电视频道
9	海南台	旅游卫视	51.82	1451	1095.64	电视频道
10	沈阳台	沈阳新闻频道	49.05	1478	1088.75	电视频道

数据来源：新浪网与清华大学新闻研究中心对2014年11月的微信传播影响力进行抽样调查所得。

广播微信比电视微信发布频次更快，阅读总数更高。中央电台"音乐之声"微信关注数为9.14万次，"都市之声"微信关注数为3.83万次；"经济之声"、"央广天下财经"、"经济之声交易实况"、"经济之声天下公司"、"天天315"等栏目微信关注总数达到20万次。"央广健康"微信积累粉丝3.09万人，比2013年增长了近2万人。国际台"英语环球News Plus"微信关注数超过7万次。广播微信阅读数超过1000万次的有3个，分别是"FM93交通之声"、"交通91.8"和"私家车第一广播"。河北交通广播、陕西交通广播、浙江之声、河南交通广播、新疆949交通广播、西湖之声的微信号阅读数达到百万规模。在传播指数排名前十位的广播微信公众号中，交通频率占绝大多数（见表4）。

表4 2014年11月微信传播指数排名前十位的广播微信公众号

排名	机构名称	微信名称	总阅读数（万人）	总点赞数（次）	微信传播指数
1	浙江交通传媒	FM93交通之声	2076.00	204137	2145.32
2	杭州广播电视台	交通91.8	1736.35	84953	2013.25
3	浙江广播电视台	私家车第一广播	1084.46	25912	1803.81
4	河北广播电台	河北交通广播	379.92	26846	1644.24
5	陕西广播电视台	陕西交通广播	357.65	13206	1561.76
6	浙江广播电视台	浙江之声	289.34	12229	1522.35
7	河南广播电台	河南交通广播	236.50	10481	1479.02
8	新疆广播电台	新疆949交通广播	185.08	6292	1394.6
9	杭州广播电视台	西湖之声	197.54	4526	1372.34
10	中央电台	中国之声	92.58	3845	1253.75

数据来源：新浪网与清华大学新闻研究中心对2014年11月的微信传播影响力进行抽样调查所得。

二 商业视频网站移动互联网视频节目服务发展情况

近几年，商业视频网站持续加大对移动端业务的投入，推动移动端业务快速发展，移动端用户规模不断扩大，流量和使用时长快速增长，广告市场规模显著扩大。2012年，中国移动互联网视频广告市场规模为1.9亿元，2013年快速增长到4.8亿元，增长了1.5倍，2014年则猛增到32.1亿元，同比增长近6倍[1]。

（一）移动端用户规模持续增长

随着移动网络条件的不断改善，商业视频网站的用户持续向移动端迁移，渗透率持续上升。截至2014年底，71.9%的视频用户选择用手机收看

---

[1] 《艾瑞：2014年中国在线视频市场营收规模增长强劲》，2015年2月1日，http://report.iresearch.cn/html/20150201/245907.shtml。

视频，高于通过台式电脑/笔记本电脑收看视频71.2%的使用率①。2014年，10~29岁的年轻用户在移动端看视频的比例达到69%以上②。截至2014年底，优酷网在移动端的渗透率达到48.3%，位居视频网站第一；腾讯视频在移动端的渗透率为43.2%，位居第二；爱奇艺在移动端的渗透率为41.6%，位居第三。截至2014年8月，优酷土豆移动客户端下载量达到13.26亿次，环比增长13.57%，其中，优酷移动客户端下载总量为11.48亿次，土豆则为1.78亿次③。截至2014年底，腾讯视频移动端日均覆盖用户数4500万人，移动端流量占比达65%④。截至2015年3月底，爱奇艺PPS移动客户端累计用户规模达到10亿人，移动端流量占比已超过总流量的60%⑤。据截至2014年5月底的统计，爱奇艺PPS来自移动视频广告的收入在广告总收入中的占比超过30%⑥。

用户的转入带来了移动端使用时长的强劲增长。2014年8月，移动端的有效使用时长为38.1亿小时，同比增长372.7%⑦。而同一时间，PC端网络视频有效使用时长为59.3亿小时，同比增长9.8%。

（二）内容终端一体化发展

商业视频网站竞相开发移动智能终端，完善从内容到终端的业务链条，

---

① 中国互联网络信息中心（CNNIC）：《第35次中国互联网络发展状况统计报告》，2015年2月3日。
② 中国互联网络信息中心（CNNIC）：《2013~2014中国网络视频应用研究报告》，2014年6月。
③ 《优酷土豆移动端下载量超13亿 环比增13.57%》，2014年9月2日，http://tech.hexun.com/2014-09-02/168098767.html。
④ 《腾讯视频移动端流量占比》，http://www.cww.net.cn/consultation/html/2014/11/26/20141126177405056.htm。
⑤ 《爱奇艺移动端累计装机超10亿 H5流量占18%》，http://tech.huanqiu.com/news/2015-03/5997615.html。
⑥ 《爱奇艺 移动端收入占比超30%》，http://tech.sina.com.cn/i/2014-06-05/10239419230.shtml。
⑦ 艾瑞咨询：《2014 Q3中国在线视频市场规模近70亿元，广告营收22.8%来自移动端》、《2014中国移动端视频行业研究报告简版》，http://report.iresearch.cn/html/20141022/240137.shtml，2014年10月22日。

试图通过硬件终端覆盖更多的移动用户,并获得移动智能终端的销售收益。2014年,优酷土豆推出平板电脑,内置其视频内容、游戏以及各种会员增值服务;土豆联合朵唯推出智能手机;爱奇艺联合一加推出视频手机,联合华为推出智能手机。2015年4月,乐视推出乐视超级手机,为用户提供25万小时的内容服务,包括5000部电影、10万集电视剧、5万集动漫。

三 商业音频网站移动互联网音频节目服务发展情况

商业音频网站提供的移动互联网音频节目服务较为丰富,包括专业化的音乐应用、综合音频应用(俗称电台类应用)、语言学习应用、听书应用等。其中,音乐应用发展较为成熟,截至2014年底,音乐应用使用率达到65.8%,语言学习应用使用率为35.6%,综合音频与听书应用占比分别为30.5%与28.4%[1]。

(一)移动音乐市场竞争剧烈

音乐是移动互联网最重要的应用之一,用户规模持续保持快速增长。截至2014年底,移动互联网音乐用户规模达到3.66亿人,比2013年的2.9亿人增长25.9%[2]。2014年,中国移动音乐市场规模达到38.4亿元[3],比2013年增长23.08%。用户在音乐方面的消费时间较长,2014年,每天花费30分钟以下的音乐用户占比为21.3%,30分钟至1小时的用户占比为25.5%,1~2小时的用户占比为19%,超过2个小时的重度用户占比高达34.2%[4]。

---

[1] 艾媒咨询:《2014~2015年中国手机音乐客户端市场研究》,2015年3月27日。
[2] 中国互联网络信息中心(CNNIC):《第35次中国互联网络发展状况统计报告》,2015年2月3日。
[3] 《解读:捕获移动音乐市场中的年轻群体》,http://www.enet.com.cn/article/2015/0327/A20150327458952.shtml。
[4] 速途研究院:《2015年移动音乐市场报告:音乐应用使用率高达77.2%排第四位》,http://news.ikanchai.com/2015/0323/13707.shtml。

移动音乐服务主体主要包括三类。一是以酷狗音乐为代表的独立音乐服务机构。截至2014年底，酷狗音乐用户达到7500万人；截至2014年6月底，酷我音乐在八大主流安卓分发平台用户下载次数接近6亿次。二是百度、阿里、腾讯、网易旗下的音乐服务。百度音乐拥有上百万首歌曲的音乐版权。QQ音乐共与200多家唱片公司达成合作，并拥有其中20多家的独播版权，可提供900多万首正版音乐服务。截至2014年8月，网易云音乐用户达到4000万人，截至2014年底，阿里旗下天天动听用户为7000万人[①]。截至2014年6月底，腾讯旗下QQ音乐在八大安卓平台下载量接近5亿次[②]。三是电信运营商。中国移动旗下的咪咕音乐，其内容合作伙伴达到1400余家，收录正版歌曲300多万首，发展了1.2亿咪咕会员。2014年9月，酷狗音乐下载量达到5416万次，酷我音乐下载量为5399万次，QQ音乐为4575万次，均超过4500万次，位居市场第一阵营的前3名；天天动听、百度音乐、多米音乐下载量分别为2502万次、985万次、979万次，处于第二阵营；唱吧等下载量低于500万次，处于第三阵营。

（二）综合音频应用快速发展

2014年，综合音频应用快速发展。以喜马拉雅FM、荔枝FM、蜻蜓FM、考拉FM为代表的综合音频应用崛起。截至2014年底，荔枝FM拥有2000多万用户、60多万主播、600多万期的播客节目，平均每个活跃用户每天使用超过1小时[③]。截至2014年10月，蜻蜓FM获得若干家电台授权，聚合了新闻、综艺娱乐、商业财经、公开课、小说等近30种类别的点播内容。截至2015年3月，考拉FM拥有4007档音频节目，2万本有声读物，

[①] 速途研究院：《2015年移动音乐市场报告》，http://www.csdn.net/article/a/2015-03-24/15823269。

[②] 《QQ音乐Q2用户增长迅速 安卓平台下载量近5亿》，http://www.cnsoftnews.com/news/201409/14813.html。

[③] 《荔枝FM赖奕龙：尽量选择精明的VC》，http://news.mydrivers.com/1/377/377859.htm。

总时长近 100 万小时。综合音频应用的快速发展，吸引了资本大举进入。2014 年以来，多家综合音频应用获得千万元级别的融资。

（三）市场营销逐步加强

为实现赢利，无论是音乐应用还是综合音频应用，都在探索新的商业模式，强化市场运营，提高变现能力。一是扩展内容分发渠道。截至 2014 年底，中国共有 1.37 亿车主，每人每年平均要收听约 600 小时的音频节目，这使得汽车终端市场成为移动音频服务的必争之地。2014 年，蜻蜓 FM 与福特、沃尔沃、奥迪、宝马等汽车厂商达成合作，这些汽车厂商全线预装蜻蜓应用。截至 2015 年 3 月，考拉 FM 共与 20 多个品牌汽车达成预装协议，进入汽车终端市场。考拉 FM 收购了位置服务应用"路况电台"，该应用可根据听众所处位置实时播报路况，考拉 FM 将在该应用中插播周边美食、景点介绍、打折信息等。考拉 FM 还与国航达成合作，向空中乘客提供个性化音频服务。虾米音乐推出原创音乐基地，将优秀音乐人推荐到《中国好歌曲》，优秀作品提供给《中国好声音》。酷我音乐与 KTV 服务商雷石达成合作，双方的歌曲和音乐库同步更新，用户扫描雷石点播系统上的酷我点歌二维码，即可进入雷石点播系统。二是加强粉丝经营。酷狗音乐举办音乐盛典，通过票选来提高粉丝的互动性和参与性。QQ 音乐在运营《中国好声音》时，互动直播选秀歌手演唱会，推出献花、抢沙发等在线互动方式，吸引粉丝与明星进行互动。QQ 音乐还推出绿钻会员服务，进一步探索在线演出互动直播、票务、电商、广告、数字专辑等商业模式。截至 2014 年底，中国移动咪咕音乐共举办了 1000 余场"咪咕和 TA 的朋友"音乐活动。三是推出硬件产品。2014 年 3 月，天天动听推出 T1 耳机，与天天动听手机应用匹配，力图实现内容终端一体化发展。2014 年 6 月，多米 FM 联合 A8 推出多米晶饰耳机。2014 年 9 月，三星发布预装蜻蜓应用智能手表 Gear S。2015 年发布的苹果智能手表 iWatch 也预装了蜻蜓 FM。荔枝 FM 获得小米投资，借助小米平台进入小米各类智能终端。2015 年 4 月，考拉 FM 发布智能音箱"考拉宝"，通过手机实现对音箱的智能控制。未来，考拉 FM 还将布局智能耳机、智能电器等智能设备。

B.8
IPTV 发展报告

按照国家关于推进三网融合的决策部署，随着三网融合两批试点地区（城市）相关工作的开展，2014 年，我国 IPTV 平台建设、技术对接和运营模式等方面工作全面展开，IPTV 集成播控总分平台架构基本形成。

一 IPTV 发展政策

党中央、国务院高度重视三网融合推进工作，将三网融合作为重要任务纳入国家发展战略。国务院《推进三网融合的总体方案》（国办〔2010〕5 号）和国务院办公厅《三网融合试点方案》（国办发〔2010〕35 号）对推进三网融合的重要意义、指导思想、基本原则、主要任务、工作措施、实施步骤等都提出了明确要求，是指导三网融合工作的纲领性文件。文件强调，要以广电和电信业务双向进入、培育合格市场主体、升级改造网络为重点，按照先易后难、试点先行、循序渐进、扎实开展的要求，有计划、有步骤地推进三网融合，确保取得实质性进展。国务院办公厅于 2010 年、2011 年先后公布了两批三网融合试点地区（城市）名单（见表 1）。2014 年 12 月 31 日，国务院三网融合工作协调小组办公室启动第二阶段双向准入工作。国家新闻出版广电总局（以下简称总局）和工业和信息化部同步向符合条件的第二阶段试点地区电信企业和广电企业发放了双向进入业务许可证。总局批准中国电信、中国联通在第二阶段 42 个试点城市开展 IPTV 传输服务，工业和信息化部批准 23 个省市的广电网络公司开展基于有线电视网络的互联网接入、互联网数据传输增值和 IP 电话业务。

IPTV 发展报告

表 1 三网融合试点地区（城市）

第一阶段三网融合试点地区(城市)名单(12 个)

（一）直辖市(2 个)：北京市、上海市
（二）计划单列市(4 个)：辽宁省大连市、福建省厦门市、山东省青岛市、广东省深圳市
（三）省会城市(4 个)：黑龙江省哈尔滨市、江苏省南京市、浙江省杭州市、湖北省武汉市
（四）其他地区(城市)(2 个)：湖南省长株潭地区、四川省绵阳市

第二阶段三网融合试点地区(城市)名单(42 个)

（一）直辖市(2 个)：天津市、重庆市
（二）计划单列市(1 个)：浙江省宁波市
（三）省会、首府城市(22 个)：河北省石家庄市、山西省太原市、内蒙古自治区呼和浩特市、辽宁省沈阳市、吉林省长春市、安徽省合肥市、福建省福州市、江西省南昌市、山东省济南市、河南省郑州市、广东省广州市、广西壮族自治区南宁市、海南省海口市、四川省成都市、贵州省贵阳市、云南省昆明市、西藏自治区拉萨市、陕西省西安市、甘肃省兰州市、青海省西宁市、宁夏回族自治区银川市、新疆维吾尔自治区乌鲁木齐市
（四）其他城市(17 个)：江苏省扬州市、泰州市、南通市、镇江市、常州市、无锡市、苏州市、湖北省孝感市、黄冈市、鄂州市、黄石市、咸宁市、仙桃市、天门市、潜江市、广东省佛山市、云浮市

按照国务院三网融合方案，广播电视播出机构要切实加强和完善 IPTV 集成播控平台建设与管理，把握集成播控平台的控制权，包括把控好节目的统一集成和播出控制、电子节目指南（EPG）、用户端、计费、版权管理等五大系统。其中用户端、计费管理由合作方协商确定，可采取由合作方"双认证、双计费"的管理方式。IPTV 全部内容由广播电视播出机构 IPTV 集成播控平台集成后，经一个接口统一提供给电信企业的 IPTV 传输系统。电信企业可提供节目和 EPG 条目，经广播电视播出机构审查后统一纳入集成播控平台的节目源和 EPG。为了做好 IPTV 集成播控平台的建设和对接工作，总局于 2010 年 7 月和 2012 年 6 月分别下发了《关于三网融合试点地区 IPTV 集成播控平台建设有关问题的通知》（广局〔2010〕344 号）和《关于 IPTV 集成播控平台建设有关问题的通知》（广发〔2012〕43 号），确立了 IPTV 集成播控平台采取中央与省两级建设、分级运营的模式，明确了中央 IPTV 集成播控总平台、地方 IPTV 集成播控分平台和电信传输系统的业务内容及职责分工。2014 年 10 月，总局又颁布《〈广播电视

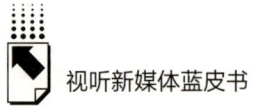
视听新媒体蓝皮书

安全播出管理规定〉IPTV集成播控平台实施细则》（暂行稿），推进IPTV业务的平台建设、内容生产与运营管理等继续朝着安全、可控的方向完善发展。在政策的指导下，全国广电系统各有关单位把三网融合试点工作作为全局性、战略性、长远性的重大问题来谋划、来推进，各方面都取得了明显进展。

二 IPTV发展现状

在总局和各级广播电视播出机构的共同努力下，中国IPTV总分平台两级架构稳健发展。总分平台技术标准业已成熟，业务、内容逐渐丰富，用户规模稳步增长，截至2014年底，全国IPTV用户达到3363万户，较2012年的2300万户增长了46.22%。

中央电视台负责建设和运营IPTV集成播控总平台，各省设立IPTV集成播控分平台，由中央电视台会同各省电视台联合建设和运营。经过多次扩容升级，现已建成了播出控制、直播编码、内容运营管理、核心网络与存储、业务管理等模块，实现了IPTV节目统一集成与播控、EPG管理、用户和计费及安全监控等功能。该总分架构将实现总平台统一管控、分平台开展本地运营的IPTV业务模式。2015年3月30日，中央电视台、江苏广播电视台、江苏电信签署了IPTV三方协议。协议规定，将分三个阶段将江苏原有上海台与电信、江苏台与电信这两个平台上的全部IPTV用户切换到经总局验收通过的江苏IPTV集成播控分平台（1号平台）上，并实现对所有IPTV用户的双认证、双计费等管控功能。

面对多元化的市场竞争，IPTV在建设中日益重视内容建设，通过提升内容整合和分发能力，不断强化优势内容的传播能力，加大版权引进与合作力度。截至2014年底，总平台共接入直播信源200路，其中，标清频道184路，高清频道16路。总平台媒资库存储达500T，存储节目共计40万小时。IPTV平台依托电视台优质的节目资源，融汇极具吸引力的电影、热剧、娱乐、体育、动画、纪实等内容，推出以节目类别为特色的垂直化用户界面。

截至2014年底，总平台总计引入各类型内容78242小时，其中电影6793部（约10190小时），电视剧4313部（约64585小时），动漫约2767小时，综艺等其他类节目700小时。

根据IPTV建设要求，中央电视台负责组织开发了IPTV集成播控总平台和分平台的技术方案、系统软件（包括BOSS管理系统、EPG管理系统和版权管理系统）。在总平台统一管理总分平台EPG、BOSS、版权管理等技术系统的基础上，各地IPTV分平台负责本地IPTV内容服务平台的接入认证和播出监看等工作（见图1）。

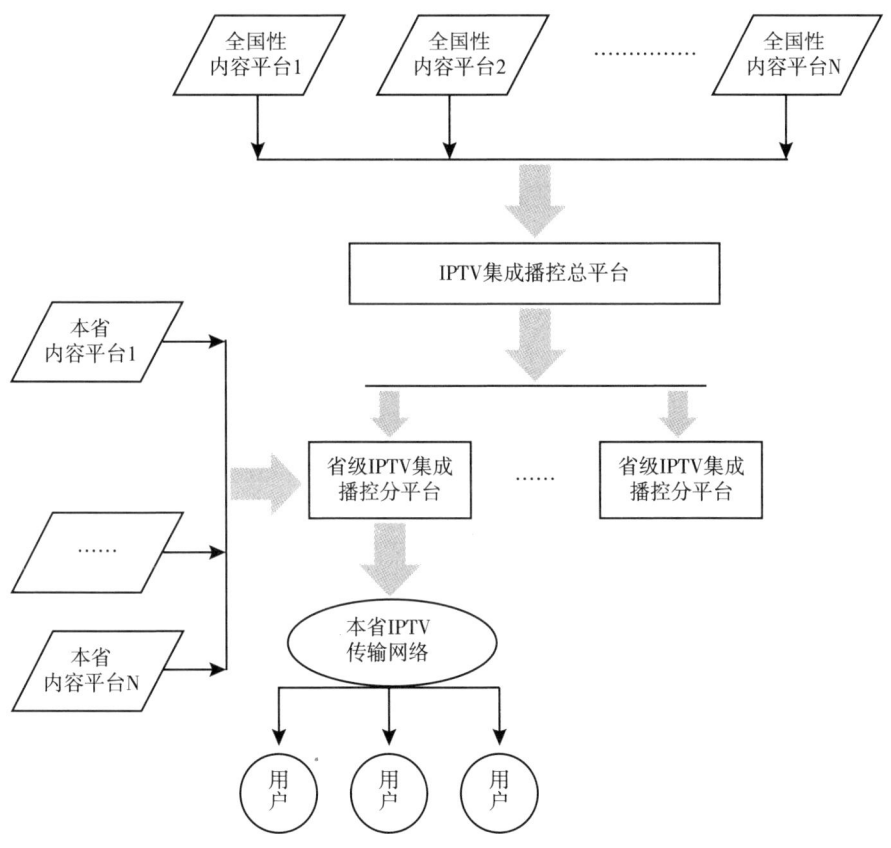

图1　IPTV集成播控平台构架示意

资料来源：《关于IPTV集成播控平台建设有关问题的通知》（广发〔2012〕43号）。

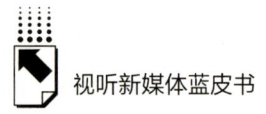

IPTV整个技术系统涉及音视频编解码技术、流化技术、内容分发技术、组播技术和DRM技术以及多种技术的集成等。随着网络通信技术的发展、音视频编解码技术的提升、流媒体传输技术的优化以及有线、无线智能终端的大量普及，IPTV技术已经基本趋于成熟，并向融合化、智能化和社交化的方向演进。

基础网络技术方面，根据"宽带中国"战略方案要求，到2015年，基本实现城市光纤到楼入户、农村宽带进乡入村，城市和农村家庭宽带接入能力基本达到20M和4M，部分发达城市达到100M；到2020年，宽带网络全面覆盖城乡，城市和农村家庭宽带接入能力分别达到50M和12M。目前，光通信技术正在向超高速传输系统、超大容量WDM系统、光传送联网技术、全波光纤、IP over Optical以及光接入网技术方向演进，我国当前核心网中的主流设备是基于10Gbps的DWDM和基于40Gbps的DWDM，基于100Gbps的DWDM系统也已在国内开始商用。随着光通信技术的发展，网间通信质量显著提升，流量疏通效率和安全性能大幅改善。网络带宽的快速提升为IPTV的高清化、超高清化及业务拓展提供了强大网络保障。

音视频处理技术方面，近年来，AVS+、H.265等音视频编码压缩标准的推广应用以及DASH自适应流媒体传输协议的不断优化，为IPTV传送更高质量的音视频内容提供了技术支撑。国内IPTV当前广泛采用MPEG-2、MPEG-4 AVC视频编码标准，随着网络技术和终端处理能力的不断提高，新一代视频编码标准HEVC/H.265和国内自主标准AVS、AVS+也开始走向市场。2014年国家新闻出版广电总局和工业和信息化部联合发布《广播电视先进视频编解码（AVS+）技术应用实施指南》，要求从2014年7月1日起，具有IPTV和互联网电视集成平台牌照的企业，应将自有平台的新增视频内容优先采用AVS+编码格式传输、分发和接收；自有平台上存量视频内容应逐步转换为AVS+编码格式；IPTV和互联网电视终端应同步具备相关格式的接收和解析能力。随着国内AVS+在广电播出机构的推广，IPTV将全面进入高清时代。

内容分发技术方面，云计算及虚拟化技术开启了CDN（内容分发网络）

架构、设计及应用的融合思路，在传统CDN基础上实现多业务的融合承载与多种终端统一接入。CDN系统可以根据用户需要快速调整服务器的设备数量和处理能力，提升资源配置能力和优化部署方法，实现文件动态分布存储，即根据文件访问的频率程度和用户需求自动调整存储。CDN服务商可利用现有的云计算平台来辅助内容分发服务，按需取用资源，在保证分发效率的同时，提供可靠的服务质量保障。CDN融合技术的提升，将建立能提供多种终端分发不同业务的分发网络，将有效满足高清视频存储、密集型访问及终端自适应的技术需求，如高清视频业务向移动终端播放时，CDN网络根据终端的类型、网络带宽等因素，自动调整视频类业务的分发策略，选择适合手机屏幕的编码格式，使用户快速获得业务内容，降低承载网的流量压力，从而保证用户的业务体验。同时还能动态适配用户和网络情况，对视频内容进行识别，实现智能管控，保证用户的业务体验。

终端技术方面，智能的IPTV机顶盒采用智能用户交互设计，支持多屏互动，具备出色的人机交互界面，可以依托IPTV丰富的直播、点播资源，提供各种娱乐应用。例如，3D游戏、媒体中心等的增值开发，在智能家居、智能安防、智能教育等多方面不断进行创新融合等，以满足未来发展的需要。

另外，IPTV平台已经将大数据逐步应用于IPTV收视与运营分析中。各平台可利用IPTV的双向信息特性，关注用户EPG反馈，采集分析用户行为数据指导运营。

三 IPTV发展展望

随着三网融合工作的不断推进，IPTV的未来发展将沿着以下几个方面演进。

（一）规范化

内容安全管控方面。我国IPTV集成播控平台采取中央与省两级建设、分级运营的模式，中央IPTV集成播控总平台、地方IPTV集成播控分平台

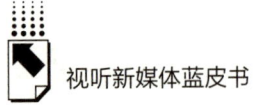

和电信传输系统的业务内容和职责分工已经明确。下一步广电机构将进一步加强 IPTV 集成播控平台的内容安全管控，下力气抓好 IPTV 集成播控平台五大系统的建设与管理。对于 IPTV 用户端和计费的管理，采取由合作双方"双认证、双计费"的方式逐步走向规范化轨道。

平台规范建设与对接方面。一是总分平台的对接。IPTV 集成播控总分平台在统一管理前提下分级运营，总平台将全国性内容服务平台的节目信号集成后统一传送至各分平台，各分平台将总平台传来的节目信号与本地内容服务平台的节目信号集成在一起。二是集成播控平台与 IPTV 传输系统的对接。IPTV 传输企业负责为 IPTV 集成播控平台与用户端提供信号传输和相应技术保障。一个 IPTV 传输系统对应一个 IPTV 集成播控平台，IPTV 传输企业可向 IPTV 集成播控平台提供节目和 EPG 条目，经 IPTV 集成播控平台审查后统一纳入集成播控平台的节目源和 EPG。各地分平台建设还需要按照《关于 IPTV 集成播控平台建设有关问题的通知》（广发〔2012〕43 号）的要求进一步完善，在通过国家新闻出版广电总局的验收后，加快推动 IPTV 总分平台的规范对接与运营。江苏、四川 IPTV 集成播控平台进行了"双认证、双计费"的验收工作。

（二）差异化

为人民群众提供健康丰富的节目内容和信息服务，是 IPTV 业务的根本出发点。在新媒体时代，广电媒体已经从节目提供者的"唯一"变成"之一"，受众对 IPTV 的评判也从纵向比较转为与其他视听新媒体业务的横向比较。随着有线电视的业务创新，目前国内 IPTV 与有线电视在视听服务方面日益趋同，包括直播、点播、时移、回看、特色专题、特色专区等业务越来越相似。随着网络带宽效率的提高，与互联网电视相比，IPTV 除了可以直播，差异化优势也不明显。今后，IPTV 应基于 IP 网的交互优势，在网内采用广播、组播、单播等多种发布方式，更灵活地实现电子菜单、节目预约、实时快进快退、终端账号及计费管理、节目编排等功能，提升优化用户体验。另外，IPTV 播出内容有机制体制的保障，具备很强的安全性和可控性，具有统一管理、规模运营的优势，通过集成播控平台的统一设计，可提供诸多可管可控的互动业务，实现融合在线信息咨询、娱乐、教育及商务功能于一体的综合信息互动服务。同时，随着 IPTV 逐步推出 4K 甚至 8K 超高清视频，应引进各种内容供应商，加大内容建设力度，为用户提供更新更丰富的视频服务，形成差异化竞争优势。

（三）本地化

随着宽带网和移动互联网的发展和普及，IPTV 将表现出更强的渗透性，适应在信息化、智慧化时代，通过拾遗补阙、推出特色专区等形式展开特色服务、本地化服务，扩大市场规模。可以利用内容分组功能，快速便捷配置独立的虚拟专区，如形成"党员教育系统"、"社区趣味活动平台"等满足用户个性需求的各种平台。在总分平台的架构下，各地可以集成本地特色内容，开设特色专区，推动特色服务。基于网络覆盖特征，IPTV 可以深入社区基层，深入县乡镇村，为群众提供多样化的公共文化服务和视听增值服务。

（四）智能化

在互联网迅猛发展的大趋势下，IPTV 将会不断运用和吸收互联网思维，为用户提供既可随时随处欣赏视听内容，又可进行生活、商务、社交等各种活动的互联网生态体验。基于云计算和大数据技术，IPTV 将结合用户行为分析，围绕用户需求进行产品设计、制作和传播。IPTV 将与更多样化的智能系统与应用平台进行对接，包括智能家居、智能安防、在线智能教育、在线智能体感游戏等，实现多业务应用，把"看电视"与"用电视"融为一体，让电视与其他各屏实现互动共享。

B.9
互联网电视发展报告

本报告所反映的互联网电视是指以公共互联网为传输介质,以绑定了特定编号的互联网电视一体机(智能电视机)或机顶盒为输出终端,由经国家行政主管部门批准的集成平台向用户提供视听节目及其他相关增值服务。2014年,在政策、资本、市场以及技术的综合作用下,互联网电视进入稳步发展阶段,并形成以集成平台为主导的发展格局。

一 互联网电视政策及管理

国家新闻出版广电总局(以下简称总局)对互联网电视的管理日趋规范。2004年7月总局颁发的《互联网等信息网络传播视听节目管理办法》(广电总局令第39号)规定,从事互联网电视业务应取得以电视机为接收终端的《信息网络传播视听节目许可证》。2007年12月总局与原信息产业部颁发的《互联网视听节目服务管理规定》(广电总局、信息产业部令第56号)规定,从事互联网电视集成业务的,应为地市级以上广播电视播出机构。为落实上述法规,2009年8月,总局下发了《关于加强以电视机为接收终端的互联网视听节目服务管理有关问题的通知》(广发〔2009〕60号),要求通过互联网连接电视机或机顶盒等电子产品,向电视机终端用户提供视听节目服务的机构,应按照39号令和56号令的有关规定,取得"以电视机为接收终端的视听节目集成运营服务"许可证或内容服务的《信息网络传播视听节目许可证》。2011年10月,总局对互联网电视持证机构下发了《持有互联网电视牌照机构运营管理要求》(广办发网字〔2011〕181号)。这些文件均对互联网电视运营进行了具体的规范。一是取得互联网集成许可的机构可以建设互联网电视集成平台，集成运营机构应建立具有节目播控、节目导视、版权保护等功能的集成播控系统，同时还必须建立独立的用户管理和计费认证系统。二是持有互联网电视内容服务许可证的机构只能将内容接入持证的互联网电视集成平台。三是互联网电视一体机、互联网电视机顶盒等终端产品，必须获得行政主管部门授权与分配的客户端编号，且只能在三网融合试点地区投放。四是暂不提供电视直播服务。

加强对违规现象的查处。针对个别未持有互联网电视集成许可的机构擅自设立互联网电视集成平台，终端厂商未获得相关序列号向市场推出互联网电视终端产品，一些视频应用、聚合应用绕开互联网电视集成平台，通过预装、社区推广等方式直接向用户提供互联网电视内容服务，一些互联网电视一体机搭载违规视频软件，致使大量违规、有害内容进入电视机等问题，2014年8月，总局下发的《关于不得超范围安装互联网电视客户端软件的通知》（新广电办发〔2014〕73号）和《关于加强互联网电视集成平台安全管理的通知》（新广电办发〔2014〕74号）明确规定，未持有互联网电视集成服务和互联网电视内容许可证的机构，一律不得推出、提供用于安装在互联网电视终端产品中的软件客户端。已经超范围开展互联网电视业务的，要立即整改，断开软件服务器连接。一是对7家集成牌照方进行了严格的监管，要求其下架不合规的内容，删除了商业视频网站的客户端、专区和上网浏览器软件，断开了与违规机顶盒的连接。二是健全完善了安全防范措施。三是对一批商业视听网站进行严格查处，关停其互联网电视客户端服务。其中对兔子视频、泰捷视频等非法互联网电视服务进行了重点查处。通过治理，互联网电视秩序明显好转，互联网电视行业进入健康可持续发展轨道。

二 互联网电视平台与内容建设

截至2014年底，已有7家广电机构获准建设、管理和运营互联网电视集成平台，有14家广播电视机构获准提供互联网电视内容服务（见表1）。

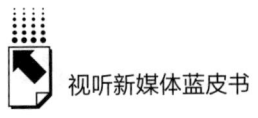

表1 互联网电视服务机构

许可种类	单位名称
互联网电视集成服务	中国网络电视台、上海广播电视台、浙江电视台和杭州广播电视台（联合开办）、广东南方广播影视传媒集团（南方传媒集团）、湖南广播电视台、中国国际广播电台、中央人民广播电台
互联网电视内容服务	中国网络电视台、上海广播电视台、浙江电视台和杭州广播电视台（联合开办）、广东南方广播影视传媒集团（南方传媒集团）、湖南广播电视台、中国国际广播电台、中央人民广播电台、江苏广播电视台、国家新闻出版广电总局电影卫星频道节目制作中心、湖北广播电视台、城市联合网络电视台、山东广播电视台、北京广播电视台、云南广播电视台

资料来源：国家新闻出版广电总局网络司。

（一）平台建设情况

互联网电视集成平台都开展了多种视听新媒体业务，普遍建立了一云多屏的综合运营平台。中央电视台（以下简称央视）旗下的中国网络电视台（CNTV）建成互联网电视平台。中国国际广播电台（以下简称国际台）互联网电视正在建设中华云电视业务平台，具有包括内容生产、直播生产采集、核心播控、全网传输和CDN分发全程的技术维护能力，具备快速且规模化的终端适配管理能力，并已开始运营。中央人民广播电台（以下简称中央电台）与江苏广播电视台、爱奇艺、鹏博士电信传媒集团共同发起成立银河互联网电视公司，自主研发互联网电视客户端、播控平台、CDN等。广东台互联网电视平台正在研发"家庭影视娱乐终端智能型操作平台"，为用户提供视听、网络购物、社交聊天、体感游戏等服务。

（二）视频内容建设情况

互联网电视各集成平台拥有母台丰富的内容资源，还购买、集成了大量节目内容，形成丰富的内容库。央视旗下的未来电视可为用户提供超过150万小时的优质点播节目，并独家拥有奥运会、世界杯等全球顶尖赛事的互联网电视转播权，还有大量高清、3D、家庭互动娱乐等特色节目内容。中央电台旗下银河互联网电视与电影频道、江苏台、山东台等达成内容合作，截至 2014 年底，银河互联网电视内容规模达到 14 万小时，其中电影 3000 多部；电视剧 4.4 万集，覆盖 2014 年 92% 的热播电视剧；综艺节目 9.1 万集，覆盖 2014 年 100 个热播综艺节目的 92%；动漫 5.7 万集，覆盖 2014 年 89% 的热播动漫。国际台旗下国广东方与优酷土豆等机构合作，可以使用优酷土豆 300 多万小时的版权内容。上海广电旗下的百视通互联网电视版权内容累计超过 45 万小时，其中高清版权近 10 万小时。百视通还以 1000 万元投资制作电视剧《到爱的距离》，并获得互联网电视独家版权，首部自制剧《海龟俱乐部》也在其互联网电视平台播出。湖南广电"芒果 TV"互联网电视可为用户提供 100 万小时的内容，包括 2000 多部国内外精品影片、10 万集电视剧，其中新片占比和高清视频占比均在 50% 以上。"芒果 TV"互联网电视还拥有湖南卫视《爸爸去哪儿》、《我是歌手》等知名综艺节目以及花絮和未播出版本的互联网独播版权，并自制大量内容在互联网电视平台独播，如第十届中国金鹰电视艺术节开幕式、闭幕式暨颁奖晚会，2014 年互联盛典颁奖晚会等。南方传媒互联网电视平台集成了国内外各类节目 20 多万小时。华数传媒互联网电视平台拥有 100 多万小时节目。华数建立"视频＋音乐＋游戏＋教育"内容联盟，为互联网电视用户提供多元化的内容服务。

2014 年，互联网电视集成平台纷纷加强游戏内容建设。未来电视、银河互联网电视、国际台互联网电视、芒果 TV 互联网电视等，都引入了大量游戏内容资源，其中国际台互联网电视还成立了游戏产业投资基金，进入游戏产业链上游。百视通与联众游戏达成战略合作，将其游戏资源引入百视通互联网电视平台，并共同推出《联众升级》等棋牌电视游戏新产品，还联手完美世界、巨人网络、久游等 12 家游戏供应商，建立了国内首个"家庭游戏产业联盟"。

三 互联网电视终端发展

随着互联网宽带速度的不断提高，各种互联网电视终端不断普及，视频

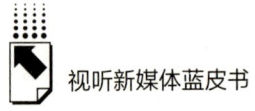

用户开始从手机、电脑端向电视端回流。截至2014年底，在网络视频用户中，电视的使用率达到23%[1]。由于电视终端具有大屏特有的良好收视体验，且占据家庭客厅中信息娱乐核心的地位，互联网电视终端正在成为资本市场追逐的重要领域。

推出互联网电视终端既是集成平台实现用户扩张、开拓市场的重要方式，也是其获得收入的重要来源。目前，国内95%以上的电视机厂商都已与集成平台建立了合作关系。未来电视与TCL、海信、创维等国内外主流电视机厂商以及小米等机顶盒厂商合作，推出一系列互联网电视一体机和机顶盒产品。银河互联网电视公司与TCL、创维、小米、华为、鹏博士等终端厂商合作，推出各种互联网电视终端。国际台推出CIBN魔方盒子等互联网电视终端。"芒果TV"与TCL、三星、海美迪、长虹等海内外终端厂商合作，推出"芒果TV inside"机顶盒、智能电视机等互联网电视终端产品。百视通推出"小红"机顶盒，还联合微软推出游戏终端Xbox One，内置互联网电视内容，为用户提供"游戏＋互联网电视"新服务。华数与海尔、海信、TCL、康佳、索尼等电视机厂商合作，推出多种互联网电视终端产品。

四　互联网电视用户消费习惯

据统计，在互联网电视用户中，70末及80后人群是电视应用下载量贡献的主力，占比约为70%，其中30~39岁的人群占比高达63%。互联网电视家庭用户中，三口之家及多人大家庭占比分别为35.29%、25.09%，二者之和超过六成[2]（见图1）。

---

[1] 中国互联网络信息中心（CNNIC）：《第35次中国互联网络发展状况统计报告》，2015年2月3日。

[2] 乐视：《2014年度智能电视应用行业报告》，2015年2月4日发布，http://www.199it.com/archives/327074.html。

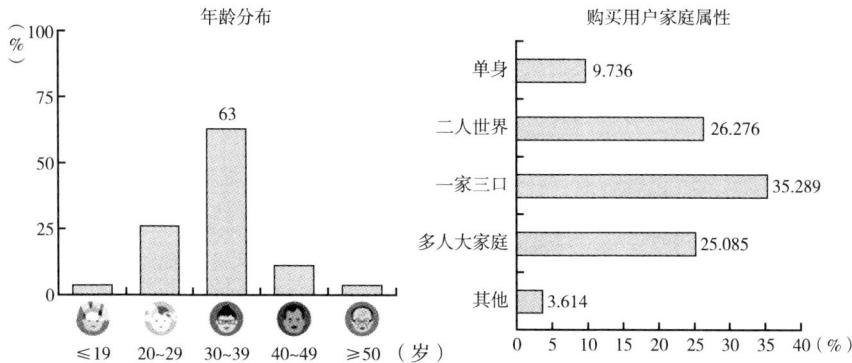

图1　互联网电视用户年龄分布情况

数据来源：乐视：《2014年度智能电视应用行业报告》。

点播是互联网电视的核心功能。80.4%的互联网电视用户使用过点播功能，其中频繁使用点播功能的用户占36.3%[1]。互联网电视的点播特性使用户摆脱了被动的收看方式，传统的黄金收视时段概念不复存在，互联网电视的时间分布曲线更加平缓，从上午10点到晚上11点，收视都呈现较高的集中度。

"看电视"仍是用户对电视的最强需求。在各类应用中，视频应用下载量最高。据乐视统计，在非游戏类App下载前100个应用中，视频类应用数量占比仅为16%，但下载量接近40%。各种工具类应用占比也比较高，约为30%[2]（见图2）。在视频类节目中，用户最喜欢的内容排序依次为电影、电视剧、综艺、动漫和少儿节目。电影内容最受用户欢迎，点播比例高达80.6%（见图3），点播频次达到50%以上[3]（见图4）。

---

[1] 中国互联网络信息中心（CNNIC）：《第35次中国互联网络发展状况统计报告》，2015年2月3日。

[2] 乐视：《2014年度智能电视应用行业报告》，2015年2月4日发布，http://www.199it.com/archives/327074.html。

[3] 优朋普乐：《突破思维短板：让互联网电视成为家庭客厅标配》，http://blog.sina.com.cn/s/blog_96fbadbf0102v6fc.html。

视听新媒体蓝皮书

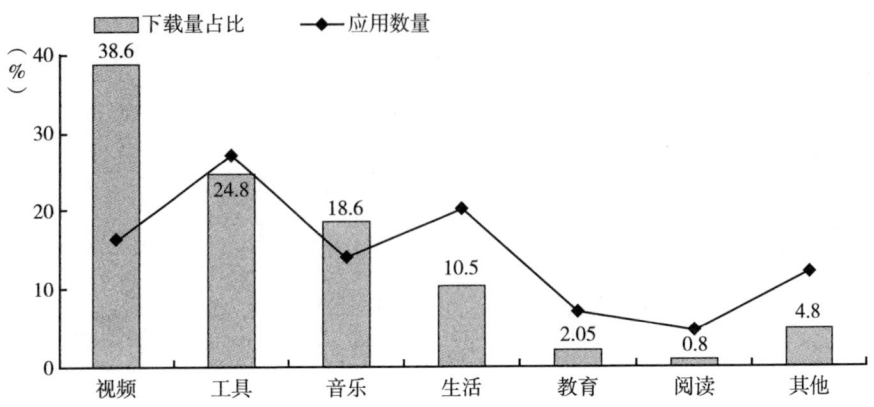

图2 2014年非游戏类应用分布情况

数据来源：乐视：《2014年度智能电视应用行业报告》。

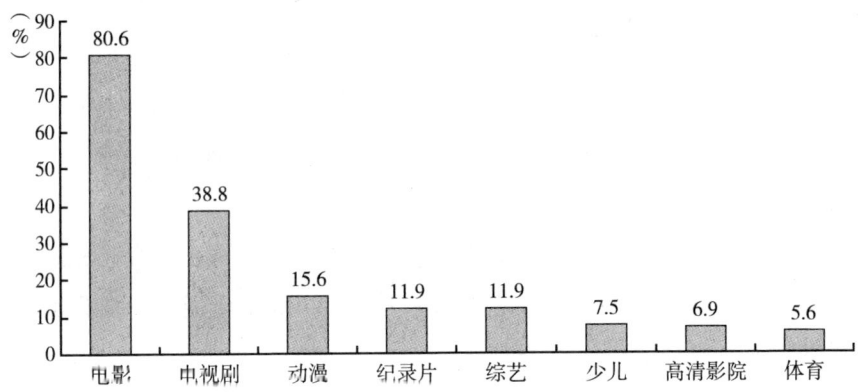

图3 互联网电视用户视频内容偏好情况

数据来源：优朋普乐。

五 互联网电视发展特点与趋势

互联网电视作为新兴媒体形态，正处于快速扩张态势，总体呈现出以下发展特点和趋势。

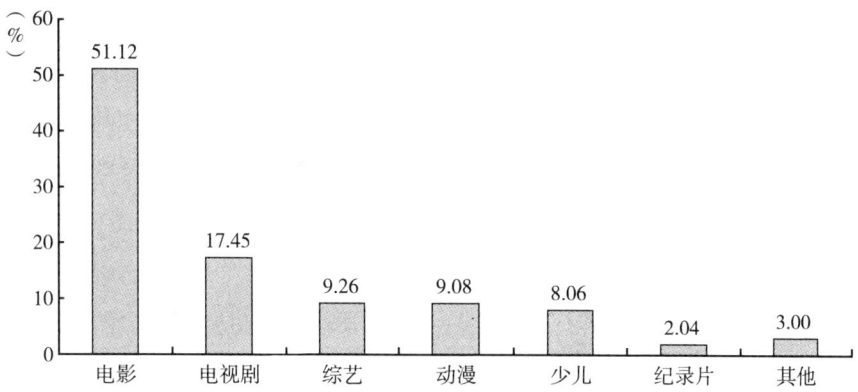

图 4　互联网电视用户视频内容点播频率

数据来源：优朋普乐。

（一）加强与有线电视合作，实现融合发展

按照现行政策，互联网电视只开通点播功能，不能直播，这推动其与有线电视建立互补关系。互联网电视集成平台纷纷与有线电视运营商合作，为有线电视用户提供点播服务，实现用户与业务的融合。2014年7月，未来电视与东方有线网络公司达成战略合作，未来电视"中国互联网电视专区"点播业务登陆东方有线互动电视平台，覆盖东方有线500万有线数字电视用户。2015年3月，中央电台与中国广播电视网络有限公司达成合作，银河互联网电视服务进入后者有线电视平台。"芒果TV"分别与湖南有线、广西有线合作，推出"芒果TV"专区，为湖南、广西有线用户提供"芒果TV"丰富的内容服务。未来，将有更多互联网电视集成平台与有线电视携手融合发展。

（二）提高用户参与度，实现多屏互动

社交与互动是互联网最重要的应用，互联网电视服务主体推出各种社交或互动产品，提高用户参与度。2014年，各集成平台开发集成了多种跨屏互动应用。2014年第4季度，跨屏互动应用在互联网电视的工具类应用中

占比达到13.7%，下载量较第一季度增长130%[①]。未来电视与腾讯合作推出微信电视，用户可通过腾讯QQ、微信等实现一站登陆，进行电视与电脑、电视与手机之间的跨屏操作。通过微信服务号，用户还可与其他用户交流互动，参与赛事竞猜、投票等活动。百视通"小红"机顶盒与微信号绑定，用户通过手机微信即可收看百视通互联网电视；最新推出的"NFC小红"机顶盒，可支持金融IC卡的近距离支付。"芒果TV"智能电视推出互动专区，用户可通过投票、互动答题、K歌等功能，与湖南台多档综艺娱乐节目实时互动；还可在电视、平板电脑、手机等终端实现多屏分享。未来，"芒果TV"智能电视还将实现用户与湖南台节目内容方的直接沟通，用户甚至可在线参与节目制作。

（三）加强技术创新，提升用户体验

提升用户体验是互联网电视的普遍着力点。未来电视与三星、海信、长虹、小米等合作推出超高清互联网电视终端，为用户提供超高清视听服务。未来电视还与科大讯飞联合推出语音电视产品"未来遥控"，该遥控仅需0.5秒就可实现人机互动，准确度高达95%。银河互联网电视与鹏博士、爱奇艺合作，加大宽带接入和骨干城域网投入，提高带宽承载和服务能力，以较好地实现高清视频传输，为用户提供1080P、4K、H.265等各种高清格式的视听服务。华数传媒与索尼合作，推出付费4K内容下载服务，用户在华数TV 4K视频页面即可点播下载并欣赏到索尼高品质的4K视频内容。

（四）创新商业模式，融进电视购物

2014年，互联网电视集成平台纷纷推出电视游戏以及电视购物等增值业务，形成新的商业模式。未来电视携手央视购物和苏宁易购，开辟了电视购物专区"购物欢"，通过高清视频、语音、图片、文字等多媒体，多角度

[①] 乐视：《2014年度智能电视应用行业报告》，2015年2月4日，http://www.199it.com/archives/327074.html。

展示产品，还推出商品评价、商品收藏、商品推荐等互动功能，接受网友消费者的即时监督与评价，确保产品质量与交易安全。为支持电视购物，未来电视还推出支付功能，解决了电视支付难问题。"芒果TV"与快乐购联合推出"谁能抢到特斯拉"1元起拍活动，试水互联网电视购物，用户可通过手机微信扫描二维码参与互动竞拍。百视通在原有购物专区的基础上推出"888百视购"购物平台，探索出建立结合视频、图片等多种形式的新媒体电商平台。未来，百视通还将打造IPTV、互联网电视、移动互联网三位一体的电商模式。

（五）产业格局调整加快，市场竞争激烈

近年来，各种主体纷纷进入互联网电视市场，加剧了市场竞争，加速了市场格局调整。一是视频网站通过与集成平台合作，进入产业链。爱奇艺、鹏博士参与组建银河互联网电视公司，成为银河互联网电视的重要成员机构。二是资本市场加大对互联网电视的投入。马云、史玉柱设立的云溪投资以65亿元人民币投资华数传媒，华数传媒将拿出其中的11.1亿元在全国范围内发展300万华数TV互联网电视终端用户。华数传媒还发起设立50亿元的投资合伙企业，投资互联网应用、移动互联网、云计算和智能终端等领域。电广传媒也发起设立规模为50亿元的互联网新媒体产业投资基金，布局互联网电视等领域。

B.10
公共视听载体发展报告*

2014年，移动互联网的迅猛发展极大冲击了公共视听载体的传统模式。面对生存压力和新兴市场的发展前景，整个行业从经营主体到业务模式都向移动互联网悄然转移。与此同时，公共视听载体行业整合加剧，步入全新的发展阶段。

一 公共视听载体市场情况

（一）运营主体和总体市场规模情况

1. 运营主体情况

公共视听载体运营主体主要包括平台集成商、内容集成商、广告集成商。平台集成商主要是指集户外广告资源开发、广告投放于一体的服务厂商，其通过开发各区域的不同终端，构建广告联播网，从而向各广告主提供面向特定受众的品牌传播服务。目前主要平台集成商覆盖楼宇电视、户外大屏、公交地铁移动电视等领域。典型代表厂商如楼宇电视领域的分众传媒，户外大屏领域的香榭丽、郁金香，公交地铁移动电视领域的华视传媒、巴士在线等。内容集成商是指为公共视听载体提供内容来源的服务厂商，主要指广电机构旗下有相关运营牌照的服务商。典型代表厂商如中央电视台移动传媒（简称CCTV移动传媒）、北广传媒集团等，内容包括央视或省级卫视热

---
* 本文所指的公共视听载体包括商业楼宇、公交地铁、超大LED等室内外电子载体，其中有些载体传播节目内容和广告，有些载体仅提供广告服务。本文数据均来源于易观智库（EnfoDesk）。

点内容、自制内容等。广告集成商是指将各广告主资源进行整合再投放到合适的媒体平台的服务厂商。目前主要形式包括线下代理及线上信息对接平台。线下代理主要采用省级代理、地区级代理等地方代理的形式,进行媒体资源的分发,典型代表如越美文化、优扬、万易传媒等;线上信息对接平台主要以网络平台的形式,同时提供媒体资源及广告主的信息,由户外广告买卖主体双方进行需求匹配,典型代表如鹰目户外媒体、易牌网、户联网等。

2. 市场规模情况

公共视听载体的运营收入主要来自广告。2014年,中国公共视听载体广告总收入为106.7亿元,相比2013年的90.9亿元增长17.4%(见图1)。包括商业楼宇电视、超大LED、公交地铁电视在内的各细分市场均取得稳步增长。全面增长的原因主要是两个方面:一是各大厂商纷纷将二维码、互动技术等新技术手段融入产品,以产品创新提升媒体价值;二是部分厂商加大Wi-Fi的技术布局,抢占移动端入口,以业务革新扩张产业蓝海。

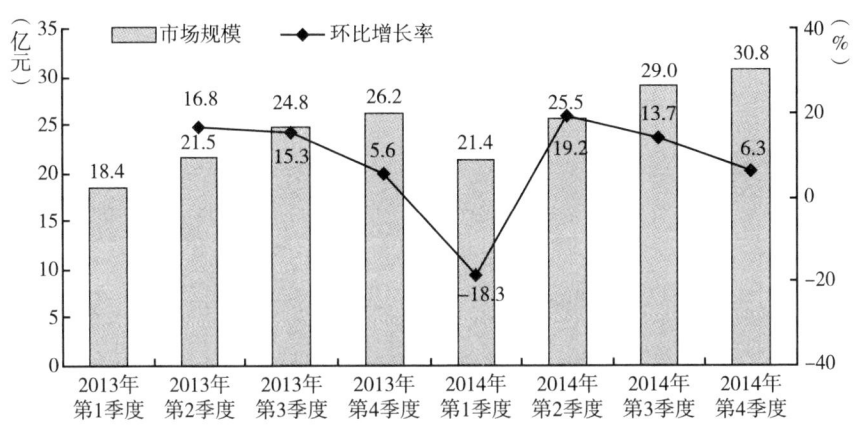

图1 中国公共视听载体市场规模

2014年,公共视听载体市场广告主数量略有下降。2014年第4季度户外电子屏广告市场广告主数量累计达到19188.1个,环比下降0.8%,同比增长1.76%(见图2);其中活跃广告主数量8175.2个,环比下降1.38%(见图3)。广告主规模的缩减是新媒体冲击所致。但同时也应该看到,广告主规模的减少和行业整体规模的扩大，反映出平均单个广告主所创造的价值较往年大有提升。一方面，公共视听载体广告的创新为广告主提供更具价值的营销方案；另一方面，互联网及移动互联网的发展促成了广告主结构趋于多样化。

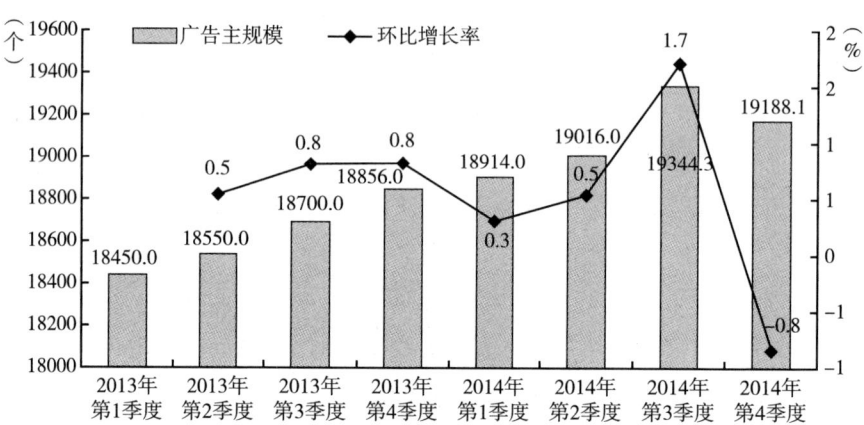

图2　公共视听载体电子屏广告市场累计广告主规模

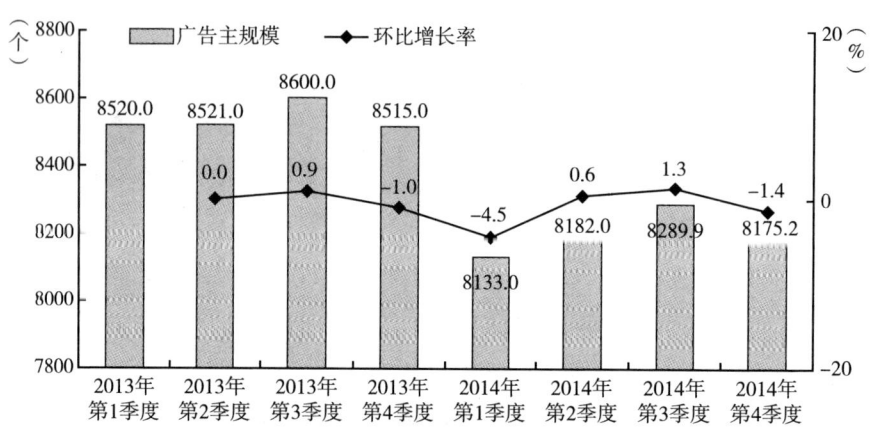

图3　公共视听载体市场活跃广告主规模

（二）细分市场发展现状

从公共视听载体各业务来看，商业楼宇、公交地铁、超大LED三大业务占据市场 79.2% 的份额，形成三足鼎立的局面。2014 年第 4 季度的数据显示，商业楼宇电视市场份额达到 40.3%，继续保持绝对领先优势。公交地铁电视处于移动互联网创新投入初期，商业变现效果尚不显著，市场份额变动不大，占 22.7%。超大 LED 市场忙于资源整合，整合效果尚未及时凸显，市场份额变动不大，占据 16.2%（见图 4）。

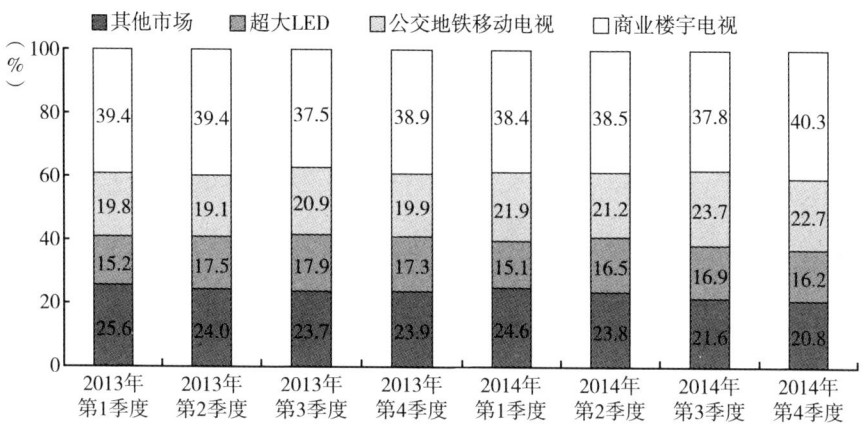

图 4 中国公共视听载体主要细分市场份额

1. 商业楼宇电视发展情况

2014 年，商业楼宇电视广告市场规模为 41.41 亿元，较 2013 年的 35.21 亿元增长 17.61%，继续保持市场领先地位（见图 5）。在移动互联网的大潮下，以分众传媒为代表的商业楼宇市场主体不断尝试业务创新，如通过与 360、阿里巴巴等企业合作布局 O2O，探索新的商业模式；建设推广 Wi-Fi 热点，围绕用户的生活轨迹搭建生活圈营销平台，建立广告与用户之间的深层联系。这样的业务创新极大地拓展了媒体营销空间，对市场规模增长起到重要拉动作用。

2. 超大 LED 发展情况

随着城市化进程的加快，超大 LED 安装数量和广告市场规模不断增长。2014 年，超大 LED 广告市场规模 17.34 亿元，较 2013 年的 15.53 亿元增长 11.65%（见图 6）。与此同时，技术进步也不断推动超大 LED 产生新的业

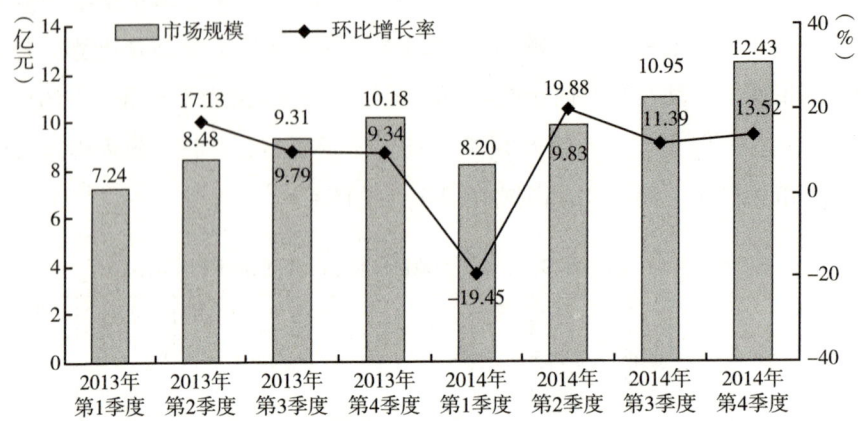

图5 中国商业楼宇电子屏广告市场规模

务模式。2014年10月，粤传媒推出拥有亚洲最先进LBS（Location Based Service，基于位置服务）技术的移动互联网广告平台ADshow，并运用到香榭丽户外广告和移动终端的融屏互动中。

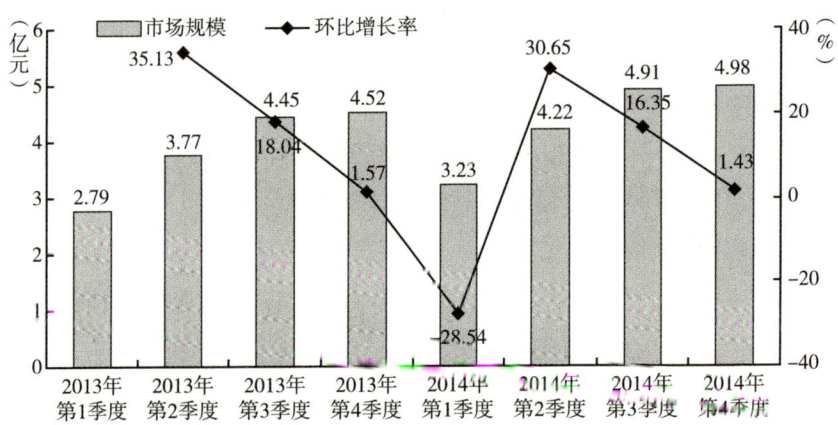

图6 中国超大LED广告市场规模

3. 公交地铁移动电视发展情况

2014年，公交地铁移动电视广告市场规模23.94亿元，较2013年的18.11亿元增长32.19%。厂商继续布局覆盖公交场景的Wi-Fi网络。华视传媒2014年先后宣布与中国联通、华为、深圳光启合作打造公共交通Wi-Fi系统；巴士在线推出公交Wi-Fi产品MyWiFi，实现其业务模式的商用化突破。

二 公共视听载体商业模式

公共视听载体主流商业模式以广告收入为核心。随着移动互联网的发展，一些公共视听载体搭建Wi-Fi移动入口，形成新的商业模式。

（一）主流商业模式

公共视听载体的广告以屏幕展示为主，价格根据广告形式、位置、材质而定。广告价值受以下四方面因素影响：媒体资源、内容平台、广告产品、客户资源。媒体资源主要是指终端地域分布的数量及质量。内容平台上资源的丰富度和质量是影响媒体吸引力和传播效果的重要因素。广告产品主要是指产品的设计能力和性价比。客户资源是指营销渠道的开拓能力。覆盖能力是公共视听载体广告的核心竞争力，覆盖面越广，广告触达率越高，购买转化率越高，广告效果越好。广告形式的丰富性、广告服务的个性化、整合投放等营销方式的创新性都成为影响广告覆盖能力的因素。足够的广告覆盖力，也为广告投放精细化以及广告效果的反馈奠定了基础（见图7）。

（二）创新商业模式：O2O

O2O是移动互联网的发展给公共视听载体带来的新商业模式。公共视听载体服务提供商通过技术手段将品牌宣传、活动推广、优惠促销等信息与公共视听载体O2O平台对接，用户通过二维码、免费Wi-Fi热点等方式，将自己的移动设备直接连接到线上商家，获取各种服务和商品信息，形成线上线下的互动，进而进行线下消费，完成O2O的商业闭环。在这一模式中，公共视听载体不再是单方面的信息传递者，而成为支撑线上到线下交易的信息平台，满足用户信息、社交、购物等各种需要（见图8）。

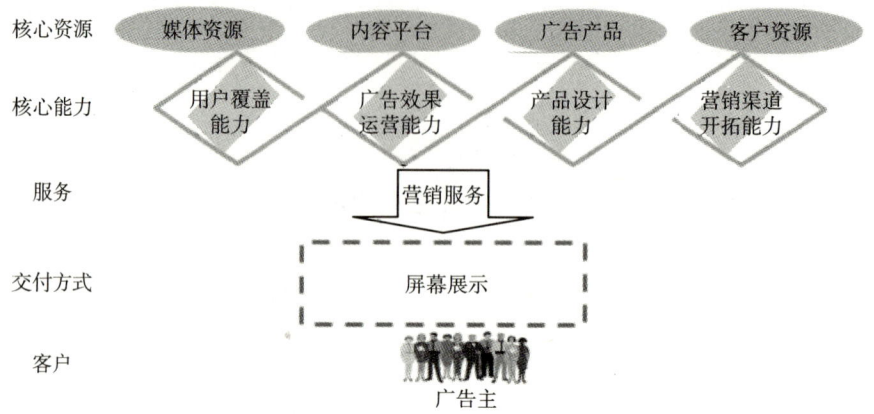

图7　中国公共视听载体主流商业模式

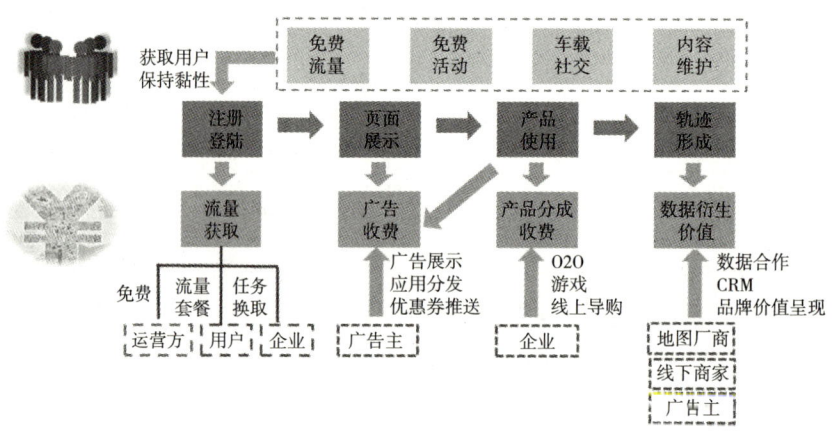

图8　公共视听载体O2O商业模式

目前，公共视听载体O2O模式尚处于前期产品打磨及用户运营阶段，主要通过为用户免费提供网络的方式吸引用户参与，同时融入社交元素，以视频、新闻、小说等内容丰富产品内核，增强用户黏性。

在O2O商业模式实现的不同环节，产生不同的价值变现方式。在获取流量阶段，除提供免费服务外，运营方还可以将流量打包卖给用户，或通过用户下载应用、游戏完成流量置换，转嫁给第三方埋单；在广告页面展示阶段，可从广告主方收取广告费；在交易阶段，可采用与商家分成的模式；当用户及消费数据积累到一定量级，还可以开发数据价值。

三 公共视听载体发展新特点

2014年公共视听载体发展呈现出以下几个特点。

（一）行业内外整合加剧，行业门槛日渐提高

公共视听载体服务提供商加强行业内资源整合。一些传统媒体开始涉足这一领域，通过联合、收购等方式完成跨地域、跨业务的资源整合，全面满足广告主的营销需求。例如，粤传媒以4.5亿元收购香榭丽100%的股权之后，未来将以香榭丽为主体整合公共视听载体资源，构建国内最大的公共视听载体LED媒体联动网络，快速完成国内一线、二线乃至三线城市的布局。传统媒体公司博瑞传播在内生增长受限的情况下，将公共视听载体广告业务作为其重点方向之一，斥资亿元收购两家公共视听载体广告公司，试图通过广告资源的地域辐射逐步建立全国业务平台。随着公共视听载体的不断整合，未来媒体资源将逐渐趋于集中化。

上下游产业之间跨界整合。公共视听载体市场的巨大潜力，吸引产业链上下游其他领域的资源向该领域渗透。例如，主营LED业务的联建光电，开始向LED广告联播网转型。从2012年起，先后成立新公司进军LED广告联播网业务，以8.6亿元收购销售平台"分时传媒"，以9.5亿元收购LED定制服务提供商易事达及公关服务机构上海友拓。通过以上系列资源的整合，联建光电整合新的客户群资源、新的技术资源和服务资源，构建了环式的营销模型，完成线上线下整合传播和精准营销。

主流厂商竞争力提高，强者越强。目前占据市场领先地位的厂商，一方面通过大力抢占资源获得排他性优势，巩固行业地位，如航美传媒集团开始与铁路集团合作签约无线网络业务，将机场、航空户外业务延伸至铁路。另一方面，不断进行技术与商业模式的创新，抢先向新业务转型，获取新的收

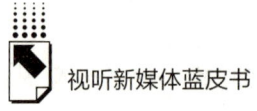

入来源。例如，分众传媒在占据楼宇市场90%以上份额的同时，开始尝试3D广告业务，提升视觉体验。资本与资源支撑下的业务与技术革新，使得这些行业巨头实力大为增强，对行业的垄断进一步加强。

（二）媒体融合加快，媒体传播力进一步提升

媒体融合带动传播方式融合化。公共视听载体在创新广告形式中，更加注重多屏终端的联动，将公共视听载体显示屏与PC、手机等移动终端联合起来，从而实现手机终端、网络终端与公共视听载体的"三屏"互动，极大提升了媒体覆盖的范围。与此同时，公共视听载体厂商也利用短信、微信、微博等方式加强与用户的互动。通过线上线下联动，在丰富公共视听载体传播方式的同时，也进一步提升了传播的效能。2014年"双十一"期间，消费者可在分众广告屏幕前通过手机淘宝"摇一摇"界面与商家互动，领取红包、优惠券，获得抽奖、商品秒杀等机会，大批用户经分众广告屏幕由线下流向线上商家，实现户外广告屏幕与移动互联网的融合。

有针对性的信息交互提高广告到达率。在传统的公共视听载体广告投放过程中，媒体单方面的展示很难保证广告投放效果，也难以刺激用户参与。而随着移动互联网以及人体感应等技术的发展，用户信息与媒体资源打通，公共视听载体可以进行有针对性的信息交互。比如：电子广告牌可以根据路人的行为、面部信息或温度感应进行消费需求分析，并播放出匹配度最高的广告；用户也能通过拍照、扫二维码等方式参与营销活动，消费者与广告之间的互动体验，可以大大提升品牌形象和营销价值。另外，信息的交互也极大地增强了传播的趣味性，提升了传播的效果。例如，在可口可乐"把欢乐带回家"的广告中，用户只需站在屏幕前，便能化身成一头威武的雄狮，而屏幕上则会显示快乐指数。用户可以用手机将精彩照片保存下来与亲友分享。这种广告传播的深入度是传统广告无法比拟的。

媒体融合使得对用户数据的掌握更加深入全面。例如，华视传媒、巴士在线等公共视听载体通过提供浏览新闻、登陆微博、听音乐、看视频、购物等各方面的服务，收集大量用户行为数据。这些数据为公共视听载体逐步向

数据运营和服务平台发展提供大数据支撑，为精细化、精准化营销提供基础保障。

（三）公共视听载体将成为重要网络入口，赢利潜力进一步激发

公共视听载体将完善移动网络入口布局，满足公共空间人们的各种闲时上网需求。基于 Wi-Fi 入口构建为用户提供视频、新闻、购物、游戏等服务的移动应用平台，将成为公共视听载体的发展方向。通过吸引用户下载，公共视听载体也将成为富有竞争力的移动应用分发通道。由于公共视听载体移动入口的排他性，各大厂商纷纷投入大量人力、物力、财力铺设基础设施，通过前期提供免费网络抢占移动入口，为后期用户运营铺路。百灵时代早在2011年便率先推出地铁、公交专属的免费 Wi-Fi 服务；华视传媒、巴士在线大力布局巴士 Wi-Fi，抢占公交移动入口。可以预见，随着移动入口业务布局的深入，入口大战将更加激烈。

公共视听载体移动入口布局逐步完善后，其本身的移动性特点将有助于利用 LBS 进行精准营销。公共视听载体可以从车站、巴士、地铁、高铁、航空等公共空间着手，建立基于地理信息及交通路线周边场景的线上线下服务，进行有针对性的信息推送，从而吸引用户到线下进行消费。比如，为用户在移动交通场景下提供到站提醒、站点定位和基于站点周围环境的 LBS 服务，进而通过优惠券、代金券等方式将用户吸引到线下商家消费。此种 O2O 模式发展起来之后，将带来巨大的营收空间。

与此同时，当移动端用户流量累积到一定规模后，基于流量衍生的商业化探索将更多元。比如，可以以移动端平台为基础，为各电商平台提供展示入口，获得相应的流量分成；也可以将线上商品链接加入应用界面，吸引用户购买，从产生的订单中获得收入分成。届时，围绕用户手中屏幕建立的移动生态，公共视听载体将不断发掘广告主资源，从传统的快消品领域扩展到电商、游戏、社交娱乐等新领域。

B.11
视听新媒体内容发展报告

内容是媒体的第一要素,也是视听新媒体发展的动力和基石。2014年,在行业发展空前繁荣活跃的背景下,视听新媒体的内容建设获得较大进展。在视听新媒体的各个平台,内容的数量、质量、影响力都达到前所未有的水平。随着大批精品内容的涌现,带有"新媒体"标签的内容产品逐渐在表现形式、传播方式、赢利模式上摆脱对传统影视内容的依附状态,开始获得自己独特的媒体价值和产业空间,并在媒介融合的背景下对其他业务形成重要支撑作用。

一 视听新媒体内容发展总体情况

2014年,内容在新媒体各个业务平台的战略地位均更为凸显,各个业务主体通过自制、合制、外购等方式不断完善内容体系,建构丰富海量的资源平台。

视频网站日益成为多重节目资源汇聚的内容服务中枢。截至2014年底,央视旗下的中国网络电视台(CNTV)整合了140套直播电视频道、2600个电视栏目的点播内容,并建成日均节目制作能力达到9000条1000小时、视频数据库存量超过107万条的国家网络视频数据库。中央人民广播电台旗下的中国广播网除了拥有全国各级广播电台的直播节目,还提供21类1.2万条碎片化点播节目。各大商业视频网站除了集纳传统影视和其他节目资源,还大力提升自制能力。

IPTV平台的内容建设获得长足进步。截至2014年底,IPTV总平台共提供200套直播电视服务,40万小时点播节目,包括6793部(约1.02万小时）电影，4313 部电视剧（约 6.46 万小时），约 2767 小时动漫，700 小时综艺等其他类节目。总平台还对北京等 20 个分平台提供内容支撑，下发 150 万小时节目。在总平台的扶持下，各分平台内容建设成绩显著。百视通分平台积累了 30 多万小时的内容。江苏分平台点播节目达 15 万小时。北京分平台拥有 100 多套直播频道及数万小时点播节目。浙江分平台提供 68 套直播电视频道。吉林分平台有 121 套直播频道，超过 2 万小时点播内容。海南分平台提供 100 套直播电视频道，2 万余小时点播内容。宁夏分平台提供 110 多套直播频道以及 5 万小时的点播节目。深圳分平台提供 124 套直播频道，5.51 万小时点播节目。山西分平台具有 150 套标清直播频道、15 套高清直播频道，50 套标清直播频道和 15 套高清直播频道 1 小时时移、72 小时回看节目。

手机电视平台不断充实内容库。央视与中国移动旗下咪咕视讯合作，整合央视、地方电视台以及商业视频网站内容，建设 4G 视频直播中心。截至 2014 年底，中央电台旗下手机电视业务运营主体央广视讯共与 351 家机构实现内容合作，集成 700 余家国内电视台直播频道及 204 套广播频率资源，引进影视剧 8000 余部、音频节目 4200 余个、歌曲 7000 余首，并自制视频节目 6618 条、音频节目 13.8 万条。国际台手机电视运营主体国视通讯与 50 余家内容提供商合作，上线电影约 1200 部、电视剧约 1.2 万集。广东台手机电视与广东联通联合推出 WO＋全媒体开放平台，提供 24 套广播电视直播服务。上海广电旗下百视通手机电视在中国联通上共提供 19 路电视直播信号①。

互联网电视七大集成平台加大内容整合力度。央视旗下的未来电视拥有超过 150 万小时的点播节目。中央电台旗下银河互联网电视内容规模达到 14 万小时。国际台互联网电视服务集成优酷土豆视频总时长超过 300 万小时。百视通互联网电视版权内容累计超过 45 万小时。湖南广电"芒果 TV"互联网电视可提供 100 万小时的内容。南方传媒互联网电视平台集成国内外

---

① 《百视通发布 2014 年财报：净利润增长 16%》，http://news.zol.com.cn/article/389254.html。

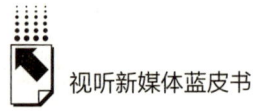

节目20多万小时。浙江华数传媒互联网电视平台拥有100多万小时节目。

中国移动多媒体广播电视（CMMB）积极打造特色内容。CMMB业务由中广传播集团在全国范围内垂直运营，共提供7套电视、2套广播的直播服务。在此基础上，各地方分公司积极探索本地特色内容创新。山西分公司的"三晋戏曲"、河南分公司的"戏曲宝"、甘肃分公司"戏曲宝"等频道内容充满地方文化特色，获得了良好的市场反响。

公共视听载体的内容建设不断完善。公共视听载体内容主要由CCTV移动传媒、北京台北广传媒、上海台东方明珠移动电视等广电机构集成运营。CCTV移动传媒针对公交、地铁、民航、列车、长途快客、楼宇、饭店、广场开办8套轮播节目，2014年围绕"中国梦"主题，推出了《舌尖上的中国2》、《远方的家》、《美丽中国》等系列内容。北广传媒移动电视内容涵盖新闻、法制、动画等31个类型，每档节目5~10分钟，全天播出17小时。东方明珠移动电视开办新闻、休闲、资讯等三大类40多个栏目。

移动互联网视听节目蓬勃兴起，内容持续丰富。"央视影音"视频客户端提供140多套直播电视服务，涵盖央视各频道和省级卫视频道。中央电台完成了"经济之声"（iOS版）、"央广新闻"（安卓版）、"中国之声"（安卓版）等客户端的开发，顺利实现了品牌频率的移动化平移。中国移动旗下咪咕视讯内容开发平台拥有超过300家内容合作伙伴，300万条内容，电影覆盖国内院线80%的新片；并拥有国内最大的正版音乐内容曲库，收录300万首歌曲。考拉FM、蜻蜓FM、喜马拉雅FM等一批极具整合能力的优秀音频平台相继崛起。喜马拉雅FM拥有5万位认证播主，共开设了20大类328个栏目，汇聚了700万条音频。考拉FM拥有4007档音频节目，2万本有声读物，总时长近100万小时。蜻蜓FM聚合了3000多个频道，共有300万条版权音频内容。

视听新媒体内容的画面质量也不断提升，高清内容数量不断增长。未来电视拥有大量高清节目内容，还与腾讯联合推出"好莱坞频道"，囊括800部高清电影。百视通互联网电视拥有超过45万小时版权内容，其中近1/4为高清版权。湖南广电"芒果TV"拥有100万小时的正版内容，其中高清视频占比在50%以上。IPTV总平台共提供200套直播电视服务，其中高清16套。画质提升进一步优化了用户体验，增强了平台的传播力和影响力。

二 视听新媒体内容各类型发展情况

视听新媒体拥有海量的内容资源，形成了复杂多元的类型结构。从体裁看，包括电影、电视剧、综艺、纪录片、动漫等；从题材看，包括新闻、财经、教育、科技、文艺、体育等；从来源看，包括传统广播影视节目内容、自制内容、境外剧、用户生产内容（UGC）等。

（一）传统广播影视节目内容

传统广播影视节目一直是视频网站最主要的内容来源。2014年，传统广播影视媒体节目不断创新创优，佳作纷呈。这一繁荣景象也从传统媒体扩张到新媒体平台。

第一，传统广播影视节目依然是新媒体平台的内容支柱。2014年，这类内容无论流量还是关注度都依然占据头把交椅。Vlinkage对国内9家主要视频网站的监测数据显示，截至2015年2月1日，共有59部电视剧累计播放量均超过20亿次，除2部韩剧、1部中国香港TVB剧外，其他皆为国产传统广播影视内容。2014年12月上线的《武媚娘传奇》以95.7亿次播放量排名第一，《古剑奇谭》和《甄嬛传》分列第二、三位[1]。综艺内容也是如此，《2014腾讯娱乐白皮书》显示，综艺节目全网播放量前十位的内容均源于电视平台，其中浙江台《中国好声音3》播放量高达38.4亿次，第二、三名分别为湖南台《爸爸去哪儿2》和浙江台《奔跑吧兄弟》，分别达到

---

[1] 《59部电视剧网络播放量进入20亿俱乐部》，http://mp.weixin.qq.com/s?_biz=MjM5NjAyODgwMA==&mid=203507902&idx=3&sn=f30d6353b865724eff899c679135963a&scene=5#rd。

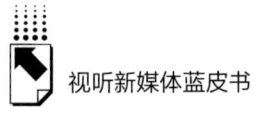

23.45亿次和19.49亿次①。

第二,台网联动助力内容创新。传统广播影视节目内容在新媒体平台的传播、扩散、发酵,成为激发内容创新的新动力,很多优质电视节目在新媒体平台衍生出与传统平台内容相互支撑的新的内容体系。在《中国好声音3》播出期间,腾讯视频相继推出《寻找好声音》、《微视好声音》、《重返好声音》、《重返巅峰》、《有料好声音》以及《剧透好声音》等6档原创自制衍生节目,带动了"好声音"节目内外的话题热度,扩大了内容的赢利空间。腾讯视频发布的数据显示,《中国好声音3》衍生节目《重返好声音》自2014年7月18日上线以来,视频播放量高达8466万次,观众突破3100万人次。另一档衍生节目《重返巅峰》自开播以来也获得了接近7800万次的播放量②。

第三,独播成为竞争焦点。随着各大新媒体平台之间竞争加剧,独播成为抢占市场制高点的竞争砝码。湖南卫视率先扛起网络独播大旗,其自有节目资源不再向其他新媒体平台分销,只在自有网络平台"芒果TV"独播。此后,以独播方式垄断优质内容渐成常态,《爸爸去哪儿》、《中国好声音》等优质内容均以独播方式在新媒体平台出现。尽管获得独播版权代价高昂,但回报也相当丰厚。2013年底,在湖南卫视宣布独播之前,爱奇艺以上亿元的价格获得《爸爸去哪儿》第二季的网络独播权,2014年6月20日首播当日总播放量超过5000万次,占当日全网综艺流量的40%,覆盖超过2000万独立网民,新浪微博24小时话题讨论量突破12.2亿次,远超世界杯10.8亿次话题热度③。冠名广告更是卖出了6600万元的高价。可以说,优质内容独播权不仅能有效提升流量,还能直接在与对手的竞争中拥有优势,独播成为实力雄厚市场主体的战略选择。

---

① 《2014腾讯娱乐白皮书》,http://ent.qq.com/zt2014/guiquan/2014index.htm。
② 《〈综艺〉评点2014内容产业刮起IP化风潮》,http://www.zongyijia.com/News/News_info？id=30584。
③ 《爱奇艺〈爸爸去哪儿2〉首日播放破5000万 超首季首播400%》,http://www.sootoo.com/content/499400.shtml。

（二）自制内容

2014年被称为中国网络视频行业的"自制元年"。随着版权大战水涨船高，"独播战略"日益常态化，"一剧两星"、"一晚两集"等政策实施所带来的挤出效应，以及境外影视剧管理日益规范，都让各大视听新媒体平台尤其是视频网站将目光投向高投入产出比、高自由发挥度、高商业灵活性的自制内容。自制内容展现的旺盛活力使之成为视频行业的重要内容构成，取得了巨大成就。2014年，网络自制剧体量突破50部1200集，各大网站的自制节目突破100档[1]。与此同时，大投入、大制作、大明星的网络大剧接连出现，网络自制内容一举迈入"高大上"的行列。

各大视频网站对自制内容的重视程度空前提高。对于视频网站来说，自制内容已经远不是在某一内容类型着力，而是着力于夯实业务根基、提升综合传播力。正如腾讯视频负责人所说："自制出品战略是每个视频网站实现差异化竞争优势的必经之路。好的自制作品不仅能提高用户对该视频网站的品牌忠诚度，还能形成社交网站、微博、视频、图文等全网络的参与，影响范围更广，形成口碑更快。"[2] 各大视频网站不惜重金，投入自制。2014年，优酷土豆投入3亿元力捧自制及原创内容，并在2015年将投入规模增加到6亿元[3]；搜狐视频对自制内容的投入比2013年翻了一番；56网自制内容投入占整体内容投入的50%以上[4]。在各大视频网站的集体发力下，2014年视频自制内容投入达到12亿元，并将在2015年增长到20亿元，占视频网站总投入的25%[5]。

---

[1] 《视频网站自制力量发生大起底》，http://info.broadcast.hc360.com/2014/11/031120613323.shtml。

[2] 《视频行业布局2012 自制出品谋破局 实现差异化竞争》，http://tech.ifeng.com/internet/detail_2011_12/26/11572075_0.shtml?_from_ralated。

[3] 《优酷土豆古永锵：2015年投入6亿元做自制内容》，http://tech.qq.com/a/20141107/023676.htm。

[4] 《56网副总李浩：自制内容将占比50%》，http://it.sohu.com/20131206/n391362034.shtml。

[5] 《2015视频网站自制战略解读：在线视频挑战传统电视？》，http://www.gotton.cn/news_one.php?id=8707。

视听新媒体蓝皮书

围绕自制内容，各大视频网站还大刀阔斧地进行组织改建和扩张，形成更加专业的内容制作部门。优酷土豆成立"合一影业"；爱奇艺全面启动"爱奇艺工作室战略"，并与华策影视联合出资成立华策爱奇艺影视公司；搜狐视频收购韩国娱乐公司，成为其第二大股东；乐视影业在洛杉矶成立子公司Le Vision Pictures USA。通过加强组织建设，视频网站的内容自制能力迅速增强，逐步向专业内容制作机构转型，并开始拥有多元内容的制作能力。

网络剧质、量双涨，影响力显著提升。在数量上，2014年上线的网络剧已有54部之多，而且出现了众多高点击量的热门剧集，其中点击量前十名的自制剧均超过了3亿次，而点击量最高的《屌丝男士》则高达9亿次[1]。在题材上，除了常见的喜剧、言情类型，还出现了科幻、悬疑等方面的新题材，《灵魂摆渡》、《暗黑者》、《探灵档案》等玄幻题材的剧集都取得了不俗的成绩。在品质上，随着制作水准不断提升，精品比例不断扩大，网络剧开始向传统电视屏幕逆袭。土豆出品的《午夜计程车》就出售给旅游卫视，改写了卫视首播、网络跟播的播出惯例，成为首部网络首播、卫视跟播的网络剧。

脱口秀节目成为日益热门的自制类型。各大视频网站纷纷推出脱口秀频道，一批质量高、影响大、口碑好的节目应运而生，《晓说》、《梁言》、《袁游》、《鸿观》、《吴晓波频道》等节目获得了意想不到的观看热潮。这些脱口秀由名人担纲，充分发挥名人的人格魅力和专业特长，使节目向精英话语靠近。优酷的《晓说》凭借高晓松一人一桌一椅一扇，谈古论今，产生了较高的点击量和较大的社会影响。该节目自开播至2015年1月，累计点击量达到5.8亿次，节目集锦《晓说》和《鱼羊野史》出版后也位居畅销图书前列。一些创新的脱口秀节目还填补了市场空白，如爱奇艺推出的心理脱口秀《听青音》以及土豆推出的儿童脱口秀《点豆豆》等，都获得良好的市场反响。

---

[1] 艺恩咨询：《2014年视频网站内容趋势洞察之自制剧篇》，http：//www.entgroup.cn/Views/23079.shtml。

自制综艺不断形成观看热潮。2014年,综艺节目已成为与影视剧比肩的内容类型,在电视电影平台如此,在新媒体平台亦如此。综艺的火爆一方面源于明星加盟带来的市场热捧,另一方面也源于令人耳目一新的内容创新。比如,搞怪辩论型节目《奇葩说》、整蛊类节目《隐秘而伟大》、调查类真人秀《你正常吗?》、竞技类真人秀《中国好声音少年版》等,均以独特的选题和别出心裁的节目设置,推动了国内视听节目创作生产的整体繁荣。

(三)引进境外剧

境外剧是视频网站内容的重要组成部分。随着行业主管部门对网上境外剧管理收紧,与对电视台相关内容管理政策趋于一致,此类内容的网上播出将进一步规范。

从国别上看,视频网站对各国的剧集均有涉猎,其中韩剧占比最高。2014年,优酷的韩剧约占其境外剧的四成,而搜狐视频的韩剧则达到六成。韩剧点击量也比较可观。截至2015年4月13日,优酷PC端共有33部韩剧点击量破亿,其中《继承者们》以13.3亿次居首位。而在爱奇艺,《来自星星的你》播放量则超过28亿次。与此同时,一些视频网站建立了韩剧频道,也带动了包括音乐、综艺等相关"韩娱"内容的热播。

美剧引进规模仅次于韩剧。相较于其他引进剧,美剧以性价比高、高端用户多、赢利能力强而受到视频网站青睐。据199IT互联网数据中心统计,美国年产新剧约200部,优酷土豆、搜狐、腾讯、爱奇艺、乐视网等视频网站近两年每年引进的美剧总计达到百部,占美剧总产量的一半。

英剧日益受到关注。腾讯视频2013年首次引进英剧《欢喜冤家》,先后将《唐顿庄园》、《黑镜》等十余部经典英剧介绍给中国用户。优酷先后与英国广播公司(BBC)、英国独立电视台(ITV)等多家制作公司达成战略合作,截至2014年底引进总量接近40部,并独家引进《神探夏洛克》。

视频网站对引进剧独播权的争夺,造成国外卖家竞相加价。以韩剧为例,同是年度的热门剧,2013的《继承者们》单集售价仅9万元人民币,而一年之后《匹诺曹》售价就飙升至173万元人民币。与此同时,视频网

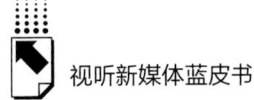

站对同步直播的争夺也一度愈演愈烈。新上线剧集与国外的播出时差仅有数天，甚至数小时。《来自星星的你》还实现了无字幕版零时差与国外同步直播。而在这些引进剧的所在国因为"窗口期"规则限制都是不可能做到的。这种无序的竞争随着 2015 年网上境外剧管理政策的实施将宣告终结。

（四）UGC

随着版权和带宽费用的上涨，内容碎片化消费方式日益普遍，UGC（用户生成内容）时长灵活、题材自由、成本低廉的优势进一步凸显，在公众持续广泛的参与下，UGC 的传播能量被不断释放。比如，被称为"国民神曲"的 MV《小苹果》诞生后，优酷上出现 2000 多部网友的改编作品，总播放量达到 2000 多万次；微视上的改编量则超过 20 万部，总播放量超过 4000 万次①。可以说，《小苹果》相关 UGC 网络的关注度和参与度不逊于一部热播影视剧。2014 年，各大视频网站全力迎战 4G 时代的 UGC 发展，不仅以 UGC 起家的优酷、酷 6 如此，以长视频见长的爱奇艺、搜狐视频、腾讯视频也纷纷跟进，UGC 呈现全新发展面貌。

第一，社交短视频应用加速 UGC 繁荣。2014 年，美拍、微视、秒拍等短视频社交产品相继问世。这类产品操作简单、功能强大，为用户拍摄、美化、上传、分享自拍视频提供了支持。同时，这些产品与微博、微信等社交网站打通，迅速激发出全民的 UGC 热潮。据报道，2014 年 4 月 27 日上线的美拍，在 5 月即实现连续 24 天蝉联苹果应用商店下载首位，以及该平台 5 月份全球下载第一名②。截至当年 12 月 10 日，微博上美拍的相关话题阅读量已达到 360 亿次，成为微博史上阅读量最高的话题。

第二，视频网站扶持 UGC 精品化发展。为了扭转 UGC 量大质庸的情况，推动具有强大传播能量的 UGC 精品出现，各大视频网站推出资金引导、帮助推广等政策扶持原创作者和优秀作品。腾讯精品 UGC 平台"V+"上

---

① 《从〈小苹果〉看短视频营销传播的魔力》，http：//www.sootoo.com/content/506357.shtm。
② 《App Store 年度优秀应用榜单公布　美图三款软件上榜》，http：//mobile.qudong.com/2014/1210/201245.shtml。

线，为UGC提供完善的合作渠道和发布平台；优酷建立了创收平台，通过广告分成、粉丝赞助等方式帮助原创作者获得经济收益，并通过增值服务争取更高的播放量和人气。

第三，UGC日益体系化、工具化。随着UGC的普及，早期以搞笑、记录为诉求的自制内容正在发展为类型完善的内容体系。比如美拍，就包括明星、音乐、美食、时尚、旅行、宝宝、宠物等13个节目板块，涵盖了人们日常起居、娱乐休闲的方方面面。而且随着UGC生产的泛在化，越来越多的内容成为新闻报道和影视内容的素材。

三 视听新媒体内容发展趋势

随着媒体融合步伐加快，资源汇聚程度加剧，视听新媒体的内容发展已改变原有路径，在制作、传播以及运营方面呈现出全新的走向。

（一）内容制作社会化

尽管视听新媒体机构日渐重视内容生产，但相较传统广播影视节目制作机构，内容制作依然是其短板。另外，随着视频内容制作、传输的门槛不断降低，公众的创作力量被广泛激发，形成数量众多的制作团体和个人。因而，充分借助社会多方力量对接内容需求与用户产能，成为视听新媒体平台内容建设的有效手段。

将UGC转化为专业生产内容（PGC）。UGC是社会化内容生产的典型方式。要维持UGC高质高量，就必须对UGC创作者进行筛选和培训，为才华横溢者组建团队提供资源，使其向专业化方向发展，将UGC转化为PGC。搜狐CEO张朝阳曾说，"未来上亿的UGC用户中，会形成几万、十几万内容质量更高的PGC生产者，这相当于视频的'大V'，将推动视频领域走向大批量生产具有互联网特征视频内容而非单纯播放电视台类版权内容的时代"[①]。

[①] 《张朝阳欲再造搜狐：门户变革背后的深层动机》，http://tech.qq.com/a/20150110/017570.htm。

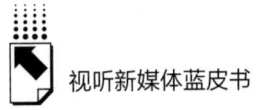

目前，优酷土豆已成立专门公司经营 PGC 业务，并拥有 500 家内容合伙人 1000 个项目 2 万集作品，孵化出《罗辑思维》等众多知名内容，播放量达到 100 亿①。

引入众包、众筹等运营方式，广泛吸纳社会力量。众包、众筹等方式可以快速打破传统资源壁垒，形成灵活高效的合作模式，群策群力推动内容创意、生产制作、运营发行的高效运转。腾讯视频的《快乐 ELIFE》就发起网友众筹"创意"，甚至还提出了"全民制片人"的概念。阿里巴巴推出"娱乐宝"，为用户提供投资影视作品、参与影视创作并分享收益的平台。百度也推出众筹频道，从电影入手整合旗下的爱奇艺、PPS、百度视频等自有视频资源，将"视频用户"转变为"众筹用户"。与此同时，唯象网、淘梦网等影视众包、众筹专业平台出现，开始成为嫁接内容制作各方力量的桥梁。但是从目前看，互联网上的影视众筹、众包服务价值大于商业价值，主要是通过众筹创意、讨论剧情等集体参与的"粉丝狂欢"扩大内容的影响。

（二）内容传播跨屏化

跨屏传播不仅是相同内容在不同屏幕的平移和迁徙，更包括相关的内容和服务借由不同屏幕互动、互补，协同满足用户需求的方式。随着移动互联网的快速发展，智能终端设备日新月异，信息的多屏接收成为常态，内容的跨屏传播日渐普及。

跨屏传播提升内容的影响力。在电视屏幕上热播的内容，会持续带动电脑端、移动端、互联网电视等平台上的高收视，后者的高收视反过来又进一步影响电视及网络收视，形成综合传播的效应。2014 年，腾讯视频获得浙江卫视《中国好声音》第三季独播权，双方依靠多元平台和渠道优势，针对电视、电脑网络、手机、平板电脑等不同终端提供特色内容和互动服务，实现全网全渠道覆盖。广东台《今日最新闻》利用移动端跨屏互动技术，

---

① 《"全视频之夜"点亮全民 2014 视频记忆　UGC、PGC 成亮点》，http：//www.bianews.com/news/25/n‐443025.html。

实现节目片头和背景墙随机抓取线上观众的头像，节目的收视体验大大提升。

内容跨屏传播实现了人机互动。用户通过移动端对电视端、PC端的内容进行评论、点赞、抽奖、打分留言等都属于跨屏互动。2014年，"弹幕"[1]作为跨屏互动的典型技术风靡大小屏幕，使用户评论从屏幕的角落走进用户的视线焦点，完成对内容的二度阐释和演绎。各大视频网站弹幕内容都获得极高的关注度，如土豆日均弹幕数超过10万次，日独立观看弹幕用户数超过40万户[2]。湖南卫视首次在国内电视荧幕大尺度运用"弹幕"直播金鹰节互联盛典，以传统媒体代表的身份宣布跨屏时代到来。江苏卫视《超级战队》利用微信"摇一摇"进行跨屏互动，用户与节目嘉宾一起竞猜比赛结果、抢红包、聊天等等，通过内容跨屏传播实现从看电视到玩电视的转变。

内容跨屏传播开拓了新的业务实现方式。内容不再只是视听信息的传达载体，而成为更多附加功能扩展的起点。在电视屏幕前一边看电视一边购物的T2O模式（TV To Online）开始兴起。东方卫视《女神的新衣》被称为升级版电视购物，观众可以通过手机扫描二维码直接进入天猫购买节目中嘉宾展示的服装。天猫统计数据显示，该节目自开播以来至2014年底，线上线下互动超过1亿人次，服装销售量超过10万件。在电脑屏幕，阿里巴巴与优酷进行合作，开展"边看边买"业务。未来，内容跨屏传播将进一步延伸到购物、游戏、教育、医疗等各个领域，成为智慧家庭、智慧城市的基础应用。

（三）内容运营IP化

2014年，视听新媒体机构纷纷走上内容IP化运营的道路。利用优质IP的品牌价值和市场号召力，对热门IP进行全产业链开发，形成面向电脑端、

---

[1] 弹幕是指一种提供观赏者可在视频内容上留言的功能，这种留言内容会以弹幕的形式呈现在视频内容上。

[2] 《湖南卫视引入"弹幕"直播 全面拥抱互联网》，http://tech.qq.com/a/20141012/008165.htm。

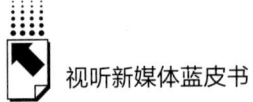

移动端、游戏端等多种终端，贯穿影视剧、游戏、出版物、电商、动漫、App等的多元产品体系，实现视听新媒体内容的体系化、产业化发展。

对优秀的视听新媒体IP进行全方位深度发掘。微电影《11度青春》系列电影之《老男孩》在爱奇艺、优酷获得巨大市场反响后，其衍生电影《老男孩之猛龙过江》成为史上第一部登陆电影大屏的互联网电影，该影片主题曲《小苹果》也红遍大江南北，并开启优酷IP自制内容国际化的道路，主唱筷子兄弟不仅牵手韩国顶级制作公司打造韩版《小苹果》，还远赴美国参加2014年全美音乐大奖。《万万没想到》作为优酷的一部迷你喜剧，其制作方一开始就把它当成一个优质IP来运营，而不仅仅是一个网剧。该剧导演曾表示，"我们不是单纯的制作公司或广告公司，而是一家内容品牌运营公司。我们先打造一个好的内容品牌，然后再发掘它的衍生价值，把那些过亿次的播放量转化为公司持续的营收。比如，《万万没想到》可以进行艺人、电影、游戏、书籍、服装等多方面的衍生"①。

各大视频网站试图摆脱播出渠道的角色限制，开始向产业链上下游延伸，大力布局IP全产业。腾讯互动娱乐部门围绕IP，在游戏平台之外上线了原创动漫平台和网络文学平台。乐视围绕IP开发构建乐视网生态系统，如2015年乐视网大剧《芈月传》就对内容进行了立体孵化，在开办网络选秀活动外，还有游戏、网络剧等内容的再开发再创作。优酷土豆集团旗下电影公司合一影业发布名为"UP2015"的电影计划，致力于打造聚合电视剧、歌曲、网剧、话剧、漫画等多元优质IP内容的孵化平台。

---

① 《互联网时代：〈万万没想到〉如何打造强势IP》，http://news.xinhuanet.com/ent/2015-02/11/c_127483947.htm。

B.12
视听新媒体传播渠道发展报告

2014年,网络视频行业全面繁荣,丰富海量的内容、成熟多元的业务以及日益庞大的用户规模,对传播渠道承载能力、传输速度、覆盖范围均提出更高的要求。在政府和市场双重力量的推动下,宽带建设力度进一步加大,三网融合进一步加快,移动互联网对社会生活的渗透日益广泛深入。

一 固定宽带网络发展状况

2014年,我国宽带网络建设力度不断加大,宽带覆盖范围不断扩大,并逐渐向高带宽发展,用户规模快速增长。

(一)固定宽带发展政策环境

2013年8月17日,国务院发布"宽带中国"战略,首次将宽带定义为我国经济社会发展的战略性公共基础设施,明确其对拉动有效投资和促进信息消费、推进发展方式转变和小康社会建设具有重要支撑作用。"宽带中国"战略的发布和实施对我国宽带建设起到巨大推动作用。自此,全国宽带建设进入快车道。

2014年5月,工业和信息化部(以下简称工信部)、国家新闻出版广电总局(以下简称总局)等14部委联合出台《关于实施"宽带中国"2014专项行动的意见》,对战略实施进行具体部署。2014年宽带专项行动的目标包括三个方面:一是宽带网络能力持续增强,新增FTTH覆盖家庭3000万户,新建TD-LTE基站30万个,新增1.38万个行政村通宽带;二是惠民普及规模不断扩大,新增固定宽带接入用户2500万户,发展TD-LTE用户

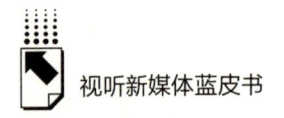

3000万户；三是宽带接入水平稳步提升，使用8M及以上接入速率的固定宽带用户占比达到30%，其中东部地区力争达到40%，鼓励有条件的地区推广50M、100M等高带宽接入服务。该意见推动我国宽带建设逐渐向高带宽发展。

与此同时，国家将宽带"均等化"发展作为宽带建设的重要方面，推进乡村、城市宽带网络建设同步共进。2014年6月，国家发展改革委、财政部、工信部联合组织实施"宽带乡村"试点工程。该工程结合"宽带中国"战略实施时间表，选择相关试点省或自治区，每省或自治区选择20个县（区、旗），推进农村地区宽带发展。到2015年，实现95%以上行政村通光缆，农村宽带接入能力达到4M，农村家庭宽带普及率达到30%。2014年10月，工信部和国家发展改革委发布2014年度"宽带中国"示范城市（城市群）名单，北京、天津、上海、长株潭城市群等39个城市（城市群）入选，这些城市（城市群）将对全国同类地区产生示范和引领作用。

随着这一系列政策的颁布和实施，我国宽带普及范围不断扩大，网络承载能力持续增强。

（二）固定宽带发展现状

高速带宽和光纤入户呈现快速增长态势。工信部数据显示，2014年，中国移动、中国联通、中国电信三家基础电信企业固定互联网宽带接入用户净增1157.5万户，总数突破2亿户。自"宽带中国"战略发布以来，运营商大力推动"光进铜退"，截至2014年底，光纤接入用户净增2749.3万户，总数达6831.6万户，占宽带用户总数的比重比2013年提高12.5个百分点，达到34.1%。8M及以上、20M及以上的用户比例不断提高，用户总数占宽带用户总数的比重分别达40.9%、10.4%，分别比2013年提高18.3和5.9个百分点。城乡宽带用户发展差距依然较大，城市宽带用户净增1021万户，是农村宽带用户净增数的7.5倍[①]。

---

① 工信部：《2014年通信运营业统计公报》，2015年1月20日发布。

全国平均可用下载速率继续稳步增长。2015年第1季度，中国固定宽带互联网网络平均可用下载速率达到5.12M，比上一季度提高了0.87M。用户进行网页浏览的平均首屏呈现时间为2.17秒，平均视频下载速率为4.77M，全国基础电信企业签约用户的平均固定宽带接入速率符合度为111.81%，可以较好地满足用户对网络视频、游戏等各类视听内容的消费需求，有效改善了用户的网络体验。

CDN（Content Delivery Network，内容分发网络）作为支撑内容传输效率和质量的基础设施，其重要性不断凸显。《"宽带中国"战略及实施方案》提出，到2015年，初步建成适应经济社会发展需要的下一代国家信息基础设施，要将CDN与数据中心等作为我国重要的应用基础设施。2014年，中国CDN市场规模已接近40亿元，CDN网络也已实现全国90%的覆盖率[①]。与此同时，在巨大的传输需求拉动下，CDN的技术也不断升级，云CDN应运而生。云CDN即依托强大云计算平台，提高用户访问网站等应用服务的响应速度，使内容传输更加快速稳定，有效解决网络拥挤的状况，改善互联网上的服务质量。例如，腾讯推出的云CDN，可以提供网站静态文件加速、全站加速、下载服务、图片服务和流媒体服务等多应用场景的CDN加速服务。截至目前，腾讯CDN在全球部署了超过400个加速节点，建设带宽突破10TB。

二 移动互联网发展状况

2014年，中国移动互联网迅猛发展。电信三大运营商加快了移动互联网建设，新增移动通信基站98.8万个，是2013年同期净增数的2.9倍，总数达339.7万个。其中3G基站新增19.1万个，总数达到128.4万个，移动网络服务质量和覆盖范围继续提升。与此同时，各种基于移动互联网的功能和应用不断丰富和完善，反过来又推动移动互联网发展步伐持续加快。

---

① 王蕴燕：《"互联网+"将CDN行业带入"风口"》，《人民邮电》2015年4月6日第5版。

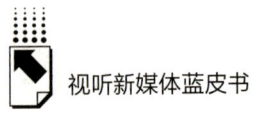

（一）移动互联网发展政策环境

目前，我国尚未形成适用于移动互联网发展的专门性法规，但是针对移动互联网发展带来的新情况新问题，中央政府和有关部门出台一系列政策措施。2013年8月14日，国办印发《国务院关于促进信息消费 扩大内需的若干意见》，将培育移动互联网等产业发展作为"稳增长、调结构、惠民生"的重要手段。2013年11月1日，《关于加强移动智能终端进网管理的通知》正式执行，力图通过对提供App的第三方平台备案等管理，加强对个人信息安全和合法权益的保护。2013年12月1日，《网络文化经营单位内容自审管理办法》施行，网络文化产品内容审核和管理责任将更多地交由企业，移动游戏内容自审将首先试行。2014年5月多部委联合发布的《关于实施"宽带中国"2014专项行动的意见》提出，要打通终端、网络、应用端到端关键环节，加快移动互联网IPv6商用化进程。2014年8月，网信办发布《即时通信工具公众信息服务发展管理暂行规定》，对即时通信工具服务使用者开设公众账号、审核及相关互联网信息内容等进行了具体规定。2015年1月，国务院《关于促进云计算创新发展 培育信息产业新业态的意见》特别指出，支持云计算与物联网、移动互联网等技术和服务的融合发展与创新应用，积极培育新业态、新模式。这些政策的相继出台，为移动互联网的健康、有序、快速发展提供了政策保障。

（二）移动互联网发展现状及用户规模

2013年12月4日，工信部正式向三大运营商发放首批4G[①]牌照，标志着中国正式迈入了4G通信时代。2014年，工信部又分四次向中国电信和中国联通颁发"LTE/第四代数字蜂窝移动通信业务（LTE-FDD）"试商用经营

---

① 第四代移动通信技术（the 4th Generation mobile communication technology，4G）。该技术包括TD-LTE和FDD-LTE两种制式。4G集3G与WLAN于一体，能够以100M以上的速度下载，比家用宽带ADSL（4M）快25倍，能够快速传输数据、高质量音频视频和图像，满足几乎所有用户对于无线服务的要求。

许可证，批准二者在试点城市展开试验，系统验证 LTE-FDD 和 TD-LTE 混合组网的发展模式。截至 2014 年 12 月，中国联通、中国电信陆续获得了三批次 56 个城市 4G 混合组网资格。4G 网络的覆盖范围继续扩大（见表1）。

表1 2013~2014 年 4G 发展大事记

时间	事件
2013.12.4	工信部向中国移动、中国联通、中国电信正式发放 TD-LTE 牌照
2013.12.8	中国移动在深圳和广州正式开启 4G 商用
2014.1.14	中国移动公布国内首个 4G 资费方案
2014.2.14	中国电信正式开启 4G 商用
2014.3.18	中国联通正式开启 4G 商用
2014.6.1	中国移动下调 4G 资费，降幅高达 50%
2014.6.27	工信部批准中国电信、中国联通分别在 16 个城市开展 TD-LTE/FDD-LTE 混合组网试验
2014.8.28	工信部扩大了中国电信和中国联通的混合组网试验范围，各增加至 40 个城市
2014.12.17	中国电信和中国联通的混合组网试验范围累计达到 56 个城市

数据来源：格兰研究整理。

工信部数据显示，2014 年 4G 用户发展速度超过 3G 用户，新增 4G 和 3G 移动电话用户总数分别达到 9728.4 万户和 48525.5 万户。目前，我国一、二线城市的 4G 网络达到较好的覆盖水平，三、四线城市也逐渐开始了 4G 网络的布局。按照工信部的总体部署，2015 年将新建 4G 基站超过 60 万个，4G 网络覆盖县城和发达乡镇[①]。与此同时，WLAN（Wireless Local Area Netwrks，无线局域网络）网络热点覆盖继续推进，新增 WLAN 公共运营接入点（AP）30.9 万个，总数达到 604.5 万个，WLAN 用户达到 1641.6 万户。

在 4G 发展的强力推动下，2014 年中国移动互联网市场规模达到 2134.8 亿元，同比增长 115.5%[②]；移动互联网接入流量消费达 20.62 亿 G，同比增长 62.9%；用户月均移动互联网接入流量突破 200M，达到 205M，同比

---

① 《4G 元年之发展：看看现在国内 4G 网络现状》，http://www.cnmo.com/news/475031.html。
② 《2014 年中国移动互联网市场规模同比增长 115.5%》，http://www.askci.com/chanye/2015/02/06/94625lwu1.shtml。

增长47.1%。手机上网用户首次超过PC端用户规模，达5.57亿户，手机上网流量达到17.91亿G，同比增长95.1%①，在移动互联网总流量中的比重达到86.8%，成为推动移动互联网流量高速增长的主要因素。

（三）移动互联网视听节目传输状况

随着4G的普及和多终端设备的爆发式增长，移动互联网业务极大丰富。在各类移动应用中，视听服务类应用的活跃度居于前列。根据赛迪智库提供的数据，在安卓系统，视频播放、拍摄美化、音乐音频三类应用的活跃度相对较高，分别为21.2%、12.1%和7.3%；在iOS系统，拍摄美化、视频播放、音乐音频三类应用活跃度则位居前列，分别为25.3%、14.9%和6.6%②（见图1）。网络音视频成为移动互联网上传输的重要数据类型。越来越多的网民通过移动互联网观看网络视频，71.9%的用户选择用手机收看网络视频，23.3%的用户使用平板电脑收看视频③（见图2）。

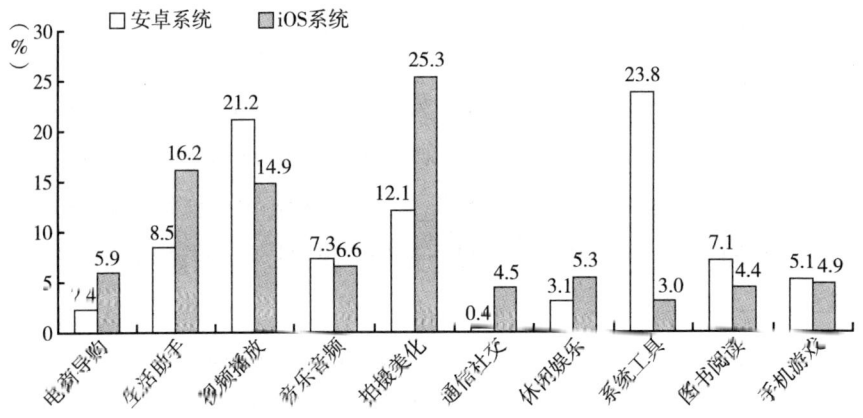

图1 移动应用垂直分类活跃度（2014年12月31日）

数据来源：赛迪智库整理。

---

① 《工信部：2014年中国移动互联网流量达17.91亿G 同比增长95.1%》，http://www.199it.com/archives/323446.html。
② 赛迪智库：《移动互联网发展白皮书（2015）》，2015年4月21日发布。
③ 中国互联网络信息中心（CNNIC）：《第35次中国互联网络发展状况统计报告》，2015年2月3日发布。

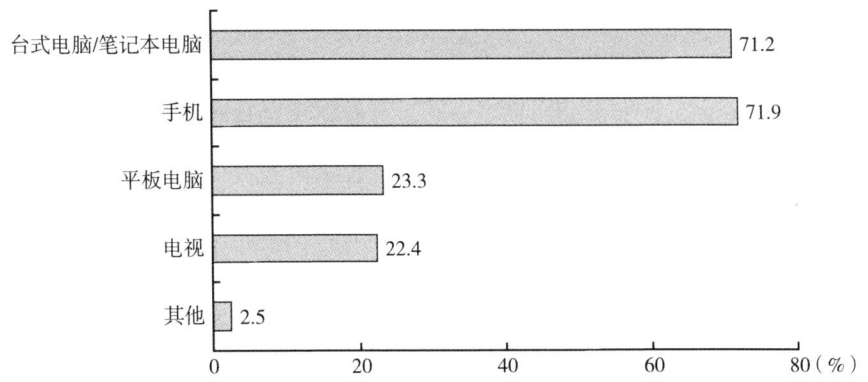

图 2　网络视频用户终端设备使用率（2014 年 12 月）

数据来源：CNNIC。

Wi-Fi 作为一种 WLAN 联网技术，迅速发展起来，已经成为最主要的联网方式。截至 2014 年 11 月，在全球范围已经有 89% 的宽带服务运营商部署了 Wi-Fi 网络，而中国则是全球 Wi-Fi 需求量最大的市场。2014 年，中国可查询到的公共 Wi-Fi 热点覆盖已经超过 600 万个，其中中国移动布局的热点超过 400 万个，中国电信布局的热点超过 100 万个，此外还有大量政府、公交系统以及商家建立的 Wi-Fi 热点。2014 年 12 月的数据显示，约 65% 的安卓设备在使用移动互联网时采用 Wi-Fi 联网，而只有 35% 采用蜂窝通信技术联网；苹果设备采用 Wi-Fi 技术联网的比例更高达 72%[1]。随着辐射范围的不断扩大和信号稳定性增强，Wi-Fi 业务已成为高使用率的空中无线入口，覆盖范围也已经从车站、景区、医院、广场等公共场所扩展到公交、火车、地铁等移动性更强的场景。预计到 2016 年，中国将新增 1.1 亿个 Wi-Fi 家庭用户，占全球 Wi-Fi 家庭用户总量的 31%[2]。

三　广电有线网络与互联网融合发展状况

随着技术进步以及三网融合的推进，广播电视网、电信网、互联网三大

---

[1] 赛迪智库：《移动互联网发展白皮书（2015）》，2015 年 4 月 21 日发布。
[2] 艾瑞咨询：《2014 年中国 WiFi 行业分析报告》，http://www.199it.com/archives/291440.html。

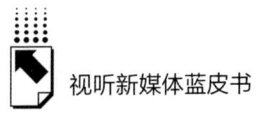

网络技术功能趋于一致,业务范围趋于相同。"互联网+"成为各个信息网络融合的方向,广电网络加快与互联网的融合步伐。

各地广电有线运营商积极加大对数据宽带业务的推广力度,双向网络建设步伐加快。截至 2015 年 1 月,全国有线数字电视用户数接近 1.9 亿户,双向网络覆盖用户超过 1.08 亿户,实际开通双向业务的用户超过 3400 万户。在双向化改造的基础上,我国广电宽带建设速度加快,有线电视网络承载能力进一步提升。

广电网络深入参与三网融合。对广电网络而言,三网融合的实质是推动广播电视网发展为有线无线相结合、全程全网,能够承载高清音视频内容以及数据业务的下一代广播电视网。第一批三网融合试点城市的有线网络积极开展试点业务,第二批试点地区提交了三网融合试点业务申请,同时先行先试,为全面推进三网融合工作做好准备。一些发达地区广电网络建设加快,业务承载能力不断提高。上海市有线电视宽带用户可以享受包括 VOD、网络直播等网络服务。北京歌华有线家庭宽带开拓了无线视频服务"歌华飞视"。2014 年用户已达 31.6 万户[①]。与此同时,作为广电参与三网融合的实施主体,中国广播电视网络有限公司于 2014 年 5 月 28 日成立,将在推动全国有线网络互联互通以及广电网络向双向、智能、泛在、安全的宽带网络发展方面发挥重要作用。

广电网络加快与移动互联网络的融合步伐,加快布局移动入口,实现有线网络向无线网络的跨越。"歌华飞视"通过有线机顶盒为家庭用户提供便捷的无线网络,同时与北京移动、北京文化局等机构合作提供广泛覆盖的 Wi-Fi 商业服务。华数在杭州推出名为"无线宝"的业务,通过无线路由器为市民搭建家中的 Wi-Fi 上网环境。深圳天威视讯参与建设"无线深圳",加快 Wi-Fi 无线网络热点的建设,力求为深圳市民提供更高速优质、更全面立体的互联网接入服务。中广传播为开展 Wi-Fi 业务设立了中广闪动(北京)科技有限公司,致力于在公共场所以无线的形式为智能手机用户提供

---

① 《歌华有线 2014 年年度财报》,2015 年 3 月 20 日。

免费视频服务。此外，有线、无线、卫星融合网试点正式启动。浙江、贵州、广东、重庆、陕西等地积极推动融合网试点，探索融合覆盖的新业务新模式。

四　视听新媒体传播渠道发展趋势

（一）移动化

随着 4G 网络建设加快，移动化成为互联网业务创新和功能升级的起点，而视听新媒体业务也随着移动流量资费瓶颈突破，快速步入移动化发展期。CNNIC 数据显示，近两年网络视频用户持续从 PC 端向移动端转移，移动端成为视频网站竞争的主战场。手机网络视频使用率从 2013 年的 49.3%增长到 2014 年的 56.2%。传统广电媒体顺势而为，依托自身强大的内容优势，不断拓展多元渠道，大力布局移动业务。商业视频网站也依靠雄厚的资本，开拓移动视频市场。未来，随着移动设备新兴产品的层出不穷，移动通信技术从 4G 向 5G 跨越，以及物联网、智慧城市等信息系统的升级，移动互联网将更加深入地参与社会生活的各个方面，成为日益重要的传播渠道。

（二）融合化

渠道是信息传播的路径。随着媒体融合的不断深入，围绕用户需求的各种内容和服务在不同网络、不同平台、不同行业间自由流转，渠道的融合也随之加剧。首先，网络融合渐成常态。随着"三网融合"和下一代广播电视网（NGB）建设加快，广电网、电信网、互联网在信息传输上的业务分界将逐渐模糊，信息交互日益频繁，单一业务渠道的融合加快。其次，融合性业务进一步推动渠道融合。为了适应用户多终端的使用需求，跨屏幕、跨平台的融合业务应运而生。"弹幕视频"就是典型的融合业务形态，运用"弹幕"互动模式直播，可以实现电视屏、手机屏、电脑屏三屏互动，视频和用户评论形成完整一体的内容产品。再次，产业融合将真正突破渠道边

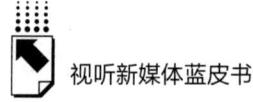

界，实现视听渠道无处不在。未来，随着移动互联网跨行业融合步伐加速，移动互联网与传统产业跨界融合成为大势所趋。比如，消费电子与移动互联网结合产生了可穿戴设备，汽车电子与移动互联网结合诞生了车联网乃至智能汽车，家居用品与移动互联网结合开启了智能家居市场，等等。视听内容的传播将不再局限于"媒体"，而成为信息的构成要素，一切能够承担信息传递功能的介质都将成为视听信息的传播渠道。各种渠道的功能边界将逐步消失，渠道将无处不在。

（三）智能化

随着渠道承载能力不断增强，无论是广电网还是电信网，都日益呈现"去管道化"的特征，开始搭载日益复杂的功能和应用，不断朝着智能化方向发展。从微观角度看，智能信息渠道将一改大众传播时代信息传递的千篇一律和高损失率，而变成因时而异、因人而异的信息推送。通过大数据、云计算技术，用户个性化的信息传播和行为数据被详细记录和精确标注，进而用户的特征和兴趣偏好被全面掌握，成为精准传播的依据。从宏观角度看，各种传播渠道彼此连接形成满足用户全方位需求的信息服务体系。由于渠道拓展、万物互联，人与人之间、物与物之间、人与物之间建立无处不在的连接，使得信息可以广泛、实时共享。人的信息消费不再是一次性的行为，而成为一个持续性不间断进行的过程，对人需求的满足也借由各种终端设备以及无处不在的网络产品变成一个智能化、全方位的需求实现系统。

B.13
视听新媒体终端发展报告

视听新媒体终端快速发展，呈现出多元化、智能化、移动化、融合化、多屏互动的发展态势。中国已成为智能终端生产消费大国，互联网与传统产业结合不断催生智能硬件新业态，涌现出软件和硬件融合终端新产品。

一 视听新媒体终端发展环境

视听新媒体终端主要包括互联网电视终端（含互联网电视一体机即智能电视机和互联网电视机顶盒）、移动智能终端（包括智能手机与平板电脑）、电脑（PC）、游戏机、可穿戴设备等。视听新媒体终端具有智能操作系统，可以下载并执行各种应用程序，并可实现与其他智能终端的连接与互动。视听新媒体终端的发展受到政策、网络、相关技术等因素的综合影响。

（一）政策环境

视听新媒体终端作为重要的智能终端产品，是集成电路芯片技术和新一代信息技术应用的载体，受到国家政策的重点支持。2013年，国办发布《国务院关于促进信息消费扩大内需的若干意见》（国发〔2013〕32号），特别提出要"鼓励智能终端产品创新发展。加快实施智能终端产业化工程，支持研发智能手机、智能电视等终端产品，促进终端与服务一体化发展"。

互联网电视终端因为通过网络接收电视信号，须符合国家新闻出版广电总局（以下简称总局）的相关要求。2011年底，总局发布《持有互联网电视牌照机构运营管理要求》（广办发网字〔2011〕181号，以下简称181号文），对互联网电视终端的功能及市场准入进行了规定。第一，互联网电视终端产品，只能唯一连接互联网电视集成平台，不得有其他访问互联网的通道，不得与网络运营企业的相关管理系统、数据库进行连接。第二，互联网电视终端产品只能嵌入一个互联网电视集成平台的地址，终端产品与平台之间是完全绑定的关系，集成平台对终端的控制和管理具有唯一性。第三，集成机构选定拟合作的终端产品的类型、厂家、型号后，向总局提交客户端号码申请，总局按照统一分配、批量授权、一机一号等现行的互联网电视客户端编号规则，针对合格型号的终端产品授权发放相应的号段，允许在号段范围内生产终端产品。经授权的集成机构，负责按照唯一原则分配确定每一台互联网电视客户端编号。

2014年8月，总局对互联网电视存在的违规问题进行了集中整顿，下发《关于不得超范围安装互联网电视客户端软件的通知》（新广电办发〔2014〕73号）和《关于加强互联网电视集成平台安全管理的通知》（新广电办发〔2014〕74号），要求7家互联网电视集成机构，针对存在的播放未经许可的节目内容、终端产品界面不符合验收要求、擅自发放终端产品等问题，进行限期整改。重申未持有互联网电视集成服务和互联网电视内容许可的机构，一律不得推出、提供用于安装在互联网电视终端产品中的客户端软件。经过集中整治，7家集成牌照方按要求下架了不合规的内容，删除了商业网站的客户端、专区和上网浏览器软件，断开了与违规机顶盒的链接。腾讯、优酷土豆、爱奇艺、搜狐等商业视频网站关停了其互联网电视客户端服务。兔子视频、泰捷视频等非法互联网电视服务软件受到查处。

2014年1月，国务院发布《关于推广中国（上海）自由贸易试验区可复制改革试点经验的通知》，允许在全国范围内生产和销售游戏机。2014年9月，国务院印发《中国（上海）自由贸易试验区总体方案》，上海自贸区允许外资企业从事游戏游艺设备的生产和销售，通过文化主管部门内容审查的游戏游艺设备可面向国内市场销售。游戏机是重要的视听新媒体终端，游戏机市场的开放，将为视听新媒体内容覆盖更多的人群与场景提供机会。

（二）网络环境

视听新媒体终端高度依赖网络带宽速度，网络环境直接影响终端市场的需求。近年来，有关政府部门出台了相关政策，推进网络的宽带化发展。2013年，国务院发布《"宽带中国"战略及实施方案》（国发〔2013〕31号），为落实这一方案，工信部和总局等部门联合发布《关于实施"宽带中国"2014专项行动的意见》。电信运营商加快宽带网络的建设。截至2014年底，全国固定互联网宽带用户总数突破2亿户，其中光纤宽带用户占比达34.1%，比2013年提高12.5个百分点；8M及以上宽带用户比例达到40.9%，网间通信质量显著提升[1]。移动互联网建设不断加快。2014年，中国移动建成具有100万个基站的全球最大4G网，覆盖300多个国内城市，基本实现县级以上城市和发达乡镇覆盖，4G用户数已突破1亿户[2]。

Wi-Fi是当前应用最广的一种无线网络传输技术，可以将个人电脑、智能手机、平板电脑、互联网电视机顶盒等终端以无线方式接入互联网。近年来，中国Wi-Fi市场发展迅速。在家里接入互联网的城镇网民中，家庭Wi-Fi的普及率为81.1%[3]。截至2014年12月，中国65%的安卓设备通过Wi-Fi接入移动互联网，只有35%采用蜂窝通信技术（包括2G、3G和4G）接入移动互联网；72%的苹果设备通过Wi-Fi接入移动互联网[4]。从2009年起，三大电信运营商逐步建设各自的WLAN网络，截至2014年底，三大电信运营商共建立了604.5万个WLAN运营接入点，用户规模为1641.6万户[5]。一些企业积极参与布局Wi-Fi，抢占互联网入口。截至2014年底，迈外迪Wi-Fi热点数接近4万个，主要集中在咖啡行业和交通枢纽，覆盖了19个机场，200多家品牌连锁店。截至2014年3月，树熊网络Wi-Fi热点达到8万个以上，覆盖5万多商家。截至2014年底，全国智能路由器出货量接近200万台[6]。

---

[1] 《化解产能过剩上榜工信部去年十件大事》，http://news.163.com/15/0204/02/AHIVR43T00014AED.html。
[2] 《中国移动Wi-Fi热点近422万 预计2015年规模增至600万个》，http://www.cww.net.cn/opera/html/2013/11/20/20131120122575838.htm。
[3] 中国互联网络信息中心（CNNIC）：《第35次中国互联网络发展状况统计》，2015年2月3日。
[4] 赛迪顾问：《中国移动互联网白皮书（2015）》，2015年4月。
[5] 艾瑞咨询：《中国商业Wi-Fi行业研究报告》，2015年4月20日。
[6] 艾瑞咨询：《中国商业Wi-Fi行业研究报告》，2015年4月20日。

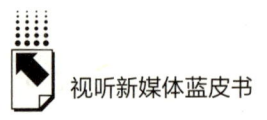
视听新媒体蓝皮书

二 互联网电视终端发展情况

互联网电视终端包括互联网电视一体机（以下称智能电视机）、互联网电视机顶盒以及衍生产品三种形态。智能电视机终端具有大屏特有的良好收视体验，是家庭客厅中信息娱乐的核心终端，已成为产业链上下游以及资本市场追逐的重要领域。电视机厂商、互联网企业纷纷推出各种互联网电视终端产品，并积极打造家庭娱乐产业链。

（一）互联网电视终端出货量及销量情况

近年来，智能电视机市场快速发展。2014年，全球智能电视机出货量达7600万台，渗透率为36%。2012~2014年，全球智能电视机出货量年均增速达到30%以上[1]（见表1）。谷歌、三星、LG、苹果等国际科技巨头不断推出各种智能电视新产品，布局智能家居生态体系，推动智能电视成为家庭互联互通的核心终端。谷歌优化安卓系统并打造智能家居系统，使智能电视成为家庭互联网的重要核心。苹果推出智能家居平台Homekit，构建灵活便捷的家庭互联网。三星推出基于自主研发的操作系统Tizen智能电视及其他终端产品，建立智能家居Smart Home体系。

表1 2012~2014年全球智能电视发展情况

年份	智能电视出货量（万台）	出货量同比增长（%）	智能电视渗透率（%）
2012	3556	15	27
2013	5690	60	37
2014	7600	34	36

数据来源：赛迪顾问。

---

[1] 赛迪顾问：《智能电视产业白皮书（2015）》，2015年4月。

（二）互联网电视终端市场竞争情况

互联网电视终端产业吸引产业链上下游以及相关行业主体进入，在集成平台、终端厂商和智能家居解决方案提供商之间，形成合纵连横的复杂竞争关系。

第一，集成平台与终端厂商合作，推出各种智能电视机或机顶盒。中国网络电视台旗下互联网电视集成平台运营商未来电视与TCL、海信、创维等国内外主流电视机厂商以及小米等机顶盒厂商达成合作，推出一系列互联网电视一体机与机顶盒产品。中央电台旗下银河互联网电视公司与TCL、创维、小米、华为、鹏博士等终端厂商合作，推出各种互联网电视终端。国际台推出CIBN魔方盒子等互联网电视终端。湖南台旗下"芒果TV"与TCL、三星、海美迪、长虹等40余家海内外终端厂商合作，推出"芒果TV inside"机顶盒、智能电视机等30余种互联网电视终端产品。上海台旗下百视通推出"小红"机顶盒。华数与海尔、海信、TCL、康佳、索尼等电视机厂商合作，推出多种互联网电视终端产品。

第二，集成平台与互联网企业合作推出智能电视家居解决方案，推动智能电视产业创新。华数与阿里巴巴等合作，构建"影视+音乐+游戏+教育"的内容生态联盟，推出在线游戏、购物、4K视频的智能电视解决方案，并与海尔电视联合推出智能电视系列产品。小米参股美的、与中央电台合作、投资优酷土豆以及爱奇艺等，全面布局智慧家庭产业。2014年，小米电视销售量达到了30万台，乐视电视同期销量为150万台①。2015年2月，鹏博士发布了4K"大麦超清电视"以及大麦盒子等互联网电视终端产品，将其作为"云管端"一体化战略的重要举措，构建"宽带+内容+视频"的生态系统。

市场竞争的加剧，不断推动智能电视创新，语音控制、体感控制、符合

---

① 根据中信证券、中怡康等数据综合分析得出；《小米电视2014年累计销量仅30万？》，http://www.guancha.cn/Science/2015_01_21_307088.shtml。

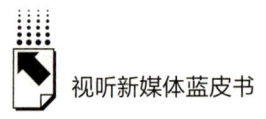

人体操作习惯的便捷化遥控器以及手机应用控制等技术不断涌现,各种智能电视新产品层出不穷。

三 移动智能终端发展情况

移动智能终端包括智能手机和平板电脑两大类,庞大的移动智能终端用户和丰富的移动互联网应用,使移动智能终端成为规模最为庞大的视听新媒体终端。2014年,中国71.9%的互联网用户通过手机收看网络视频,手机成为网络视频的第一终端。平板电脑也成为重要的视听新媒体终端,2014年,通过平板电脑观看视频的中国互联网用户占比达到23.3%[1]。

(一)智能手机发展情况及竞争格局

智能手机功能越来越强大,已经成为智能家居、智能电视、移动支付等多种服务的控制中心,这进一步推动智能手机用户规模和出货量持续大幅度上升。2014年,全球智能手机出货量为12.86亿部,同比增长28%。智能手机占手机出货量的比例由2012年的42.2%大幅提升至2014年的70%。2012~2014年,全球智能手机平均年增长率为43.3%[2](见表2)。

表2 2012~2014年全球智能手机出货量

类别	2012年		2013年		2014年	
	出货量(亿部)	增长率(%)	出货量(亿部)	增长率(%)	出货量(亿部)	增长率(%)
智能手机	7.18	45.1	10.04	39.9	12.86	28.0

数据来源:赛迪智库整理。

智能手机操作系统由安卓、苹果、微软等国际科技巨头掌控。2014年,全球安卓智能手机出货量为10.6亿部,占82.3%的市场份额,居绝对统治

---

[1] 中国互联网络信息中心(CNNIC):《第35次中国互联网络发展状况统计报告》,2015年2月3日。
[2] 赛迪顾问:《移动智能终端白皮书(2015)》,2015年4月。

地位。苹果手机出货量为1.78亿部，市场份额为13.8%。微软Windows Phone智能手机出货量为3500万部，市场份额为2.7%（见表3）。2014年，苹果手机销售额达到1165.4亿美元，占全球智能手机销售额的30.4%，远远领先于其他手机企业。

表3　2014年全球智能手机操作系统市场份额情况

类别	出货量(亿部)	出货量占有率(%)	设备价值(亿美元)	设备价值占有率(%)
安卓	10.6	82.3	2251.0	66.6
iOS	1.78	13.8	1165.4	30.4
Windows	0.35	2.7	778.2	2.0
其他	0.14	1.1	348.0	0.9

数据来源：IDC。

2014年，中国智能手机出货量为4.5亿部，同比增长25.0%[1]（见表4），占全球出货量的38.6%[2]。国内手机市场的品牌集中度越来越高，主要集中于联想、华为、小米等厂商。2014年，联想智能手机出货量超过9000万部，年增长率超过100%，占全球智能手机出货量的7.9%，全球排名第二位，仅次于三星和苹果。华为智能手机出货量为7500万部，年增长率为70%，全球排名第五。小米智能手机出货量为6112万部，比2013年的1870万部增长了227%，全球排名第六[3]。酷派、中兴和TCL分列全球第七、九、十位。2014年，国内手机市场前十位厂商的总出货量市场份额达到80.2%，线下销量前五位的总市场份额达到50%，主要为三星、联想品牌手机；线上销量前五位的总市场份额达到67%，主要为华为、小米等品牌手机。

---

[1] 工信部：《2014年全年工业通信业发展情况》，工信部官网。
[2] 《全球智能手机出货量十强 华为第五 小米第六》，http://www.cq.xinhuanet.com/2015-01/21/c_1114077697.htm。
[3] 《小米2014年手机出货量达到2013年三倍》，http://www.pcpop.com/doc/1/1066/1066061.shtml。

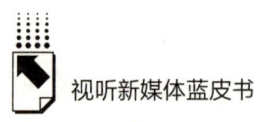

表4　2011～2014年中国智能终端出货量情况

类别	2011年	2012年	2013年	2014年	年均增长率(%)
手机产量(亿部)	11.3	11.8	14.6	16.3	13.0
手机产量增长率(%)	13.5	4.3	23.2	6.8	
智能手机出货量(亿部)	1.18	2.58	3.6	4.5	56.2
智能手机出货量增长率(%)	175.0	166.8	39.5	25.0	

数据来源：赛迪智库整理。

4G网络的发展推动了4G手机的发展。截至2014年底，中国3G手机用户总数为4.85亿户，4G手机用户总数为9728.4万户，分别占手机用户总数的37.71%和7.56%。2014年4G手机出货量为1.71亿部，占所有手机出货量的27.1%，其销售额占全部手机销售额的38.8%[①]。

智能手机的便捷性以及强大的计算能力，使其成为个人信息中心，越来越多的互联网企业进入智能手机产业链。腾讯、百度、阿里、360和乐视等纷纷与手机企业合作，手机行业正在从传统制造业向集开发、制造、服务于一体的平台型行业转型。腾讯与小米、乐视、大Q等品牌手机厂商开展基于QQ空间的营销合作，取得较好的营销效果。百度提出Baidu Inside计划，为加入Baidu Inside合作计划的创新硬件提供百度技术以及营销、数据等多方面支持，打造创新硬件产业生态链，帮助传统硬件厂商掘金智能设备。阿里与魅族合作，推出搭载基于阿里操作系统的手机。360向酷派投资4亿美元，并与其成立合资公司。

（二）平板电脑发展情况及竞争格局

2013年全球平板电脑销量为2.19亿台，2014年全球平板电脑总出货量为2.35亿台，比2013年增长7.31%[②]。2014年，平板电脑市场虽然进入饱和期，但其出货量却首次超过笔记本电脑，是后者的1.3倍。

---

① 工信部：《2014年全年工业通信业发展情况》，2015年1月28日。
② 赛迪智库：《移动智能终端白皮书（2015）》，2015年4月。

这是继2008年笔记本电脑出货量超越台式电脑（PC）后，计算机行业产品结构的又一次里程碑式调整。全球平板电脑厂商中，苹果出货量居第一位。2014年，苹果平板电脑出货量为6340万台，比2013年降低14.6%，仅占33%的市场份额。三星平板电脑出货量为4100万台，比2013年下降2.5%，居全球第二。中国品牌联想排名第三，市场份额为5.6%[1]（见表5）。

表5 全球五大平板电脑出货量市场份额情况*

排名	公司名称	2013年(%)	公司名称	2014年(%)
1	苹果	37.8	苹果	33.0
2	三星	21.5	三星	21.4
3	亚马逊	4.6	联想	5.6
4	联想	3.2	ASUS	4.2
5	谷歌	2.8	亚马逊	2.0
	其他	30.1	其他	33.9
全球总出货量（亿台）		1.96		1.92

*《2014年全球平板电脑出货量品牌排名》，http://www.askci.com/chanye/2015/03/10/16030ujto.shtml。

数据来源：赛迪智库整理。

2013年中国平板电脑出货量为6500万台，销售量为1718万台。2014年，中国平板电脑出货量为6850万台，比上年增长5.4%（见表6）；销量为2100万台，比2013年增长22.23%。苹果、三星、联想主导中国平板电脑市场。2014年第3季度，苹果、三星、联想分别以56.3%、11.6%和9.4%的市场份额占据前三位。小米平板电脑2014年7月首发，到第3季度，其销售量迅速跃升至第4位[2]（见图1）。

---

[1]《2014年全球平板电脑出货量品牌排名》，http://www.askci.com/chanye/2015/03/10/16030ujto.shtml。
[2]《易观分析：2014年第3季度中国平板电脑市场 平台服务与硬件配置需共同提升》，http://www.enfodesk.com/SMinisite/newinfo/articledetail-id-418562.html。

表6 2011～2014年中国平板电脑出货量情况

类别	2011年	2012年	2013年	2014年	年均增长率(%)
平板电脑出货量(万台)	5300	6000	6500	6850	8.9
平板电脑出货量增长率(%)	211.8	13.2	8.3	5.4	

数据来源：赛迪智库整理。

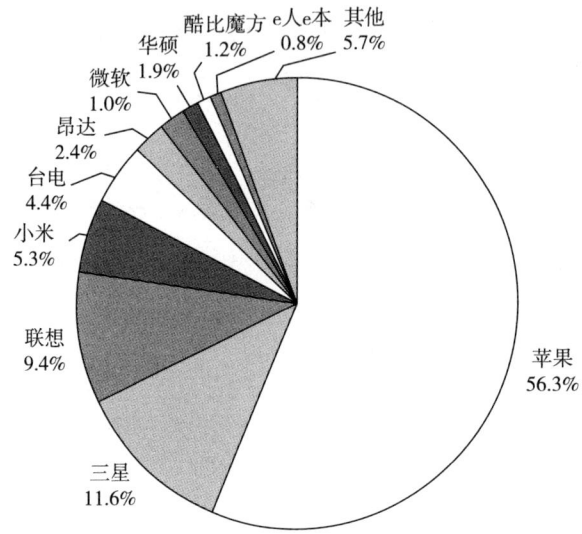

图1 2014年第3季度中国平板电脑销量份额

数据来源：易观智库。

（三）智能手机与平板电脑形成竞争

随着用户需求的上升，智能手机屏幕越来越大，5～7英寸智能手机越来越多。大屏幕智能手机的热销对7英寸左右平板电脑形成直接竞争。2014年，7英寸左右平板电脑销量在所有平板电脑总销量中的占比由2013年的70%下降到50%以下，导致平板电脑总出货量增速下滑。反过来，7英寸和8英寸带手机功能的平板电脑与大尺寸智能手机形成竞争。随着移动互联网的进一步发展，平板电脑的应用场景将超越家庭和办公室等固定场所，其便携性将使其匹配更多的户外场景应用①。

（四）移动应用商店及移动应用发展情况

2014年，移动应用市场规模（移动购物、移动娱乐、移动生活服务、移动营销等）达到1.1万亿元以上，其中移动购物占比约为80%，移动生活服务占比约为10%②。

应用商店服务主体主要有三类：一是终端厂商，如苹果、亚马逊、联想、小米等；二是电信运营商，如中国移动等；三是互联网企业，如谷歌、百度、腾讯、360、豌豆荚等。从国际市场来看，苹果App Store和谷歌Google Play是全球最大的两个应用商店。截至2014年底，Google Play应用数量达到143万款，Play Store的开发者总数为38.8万个；苹果App Store的iOS应用总量为121万款，开发者总数约为28.2万个③。2014年，Google Play全球应用下载量比苹果App Store多出60%，但App Store的营收比谷歌Google Play商店高70%④。小米MIUI通过小米云服务，将小米手机、小米平板、小米电视、小米互联网电视机顶盒、小米路由器等智能终端连接在一起。随着覆盖终端数量的快速扩大，MIUI成为一个涵盖应用商店、主题商店、游戏中心、支付系统的生态圈。截至2014年底，小米应用商店分发次数达到120亿次，各种应用达到3000款，2014年1~10月，小米向开发者分成3.64亿元人民币⑤。截至2015年5月20日，豌豆荚平台上收录了超过200万款应用和游戏，以及130多家内容提供商提供的各种内容，包括220

---

① 《IDC：2014年5月中国平板电脑销售量达到186万台 同比上升14.6%》，http://www.199it.com/archives/255768.html。
② 易观智库：《2015~2017年中国移动互联网市场规模预测分析》，2015年3月3日。
③ 《Google Play应用数量首次超越App Store》，http://36kr.com/p/218796.html。
④ 《Google Play去年全球下载量比App Store高60% 但营收低70%》，2015年1月29日，http://tech.ifeng.com/a/20150129/40963118_0.shtml。
⑤ 小米官方数据。

万集视频、170万部小说、70万张壁纸①。

2014年第4季度，中国第三方手机应用商店活跃用户规模达4.11亿户②。2014年第3季度，中国全渠道移动应用分发总量达286亿次，其中百度分发份额为41.8%，360分发份额为22.7%，腾讯分发份额为21.5%③(见图2)。

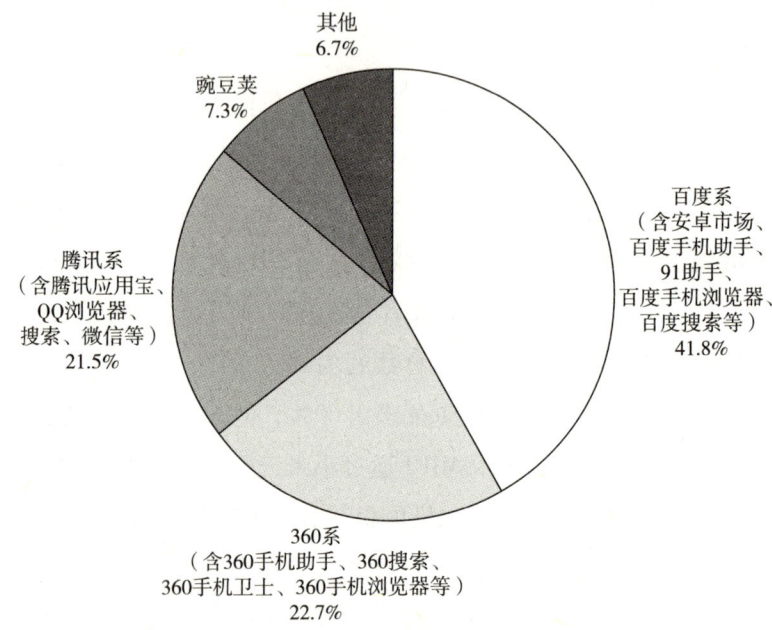

图2 2014年第3季度中国全渠道移动应用分发市场

数据来源：易观智库。

腾讯QQ、微信、支付宝、360手机助手、搜狗输入法等10款应用（App）是国内安卓用户使用最多的应用。截至2014年底，百度移动搜索覆

---

① 豌豆荚官网数据，http：//www.wandoujia.com/android。
② 第三方应用商店是指手机厂商、电信运营商应用商店以外的机构开办的应用商店。数据来源：《2014年中国手机应用商店发展状况分析》，http：//www.9k9k.com/chanyesj/10285.html。
③ 易观智库：《中国移动应用分发市场季度监测报告（2014年第3季度）》，2014年12月。

盖了90%的移动用户，流量超过PC端①。腾讯手机QQ和微信的覆盖率达到78.33%和78.05%，移动端月活跃用户超过5亿人②。手机淘宝和支付宝覆盖率分别为41.53%和35.73%，搜狗输入法和360手机助手的覆盖率分别为31.75%和31.09%③。携程旅行App累计下载量超过4亿次，移动端单日交易额峰值高达2.7亿元④。2014年，发展最快的移动互联网应用是网购和移动支付（手机网购、团购、手机支付、手机银行）、旅行预订等商务应用（见图3）。

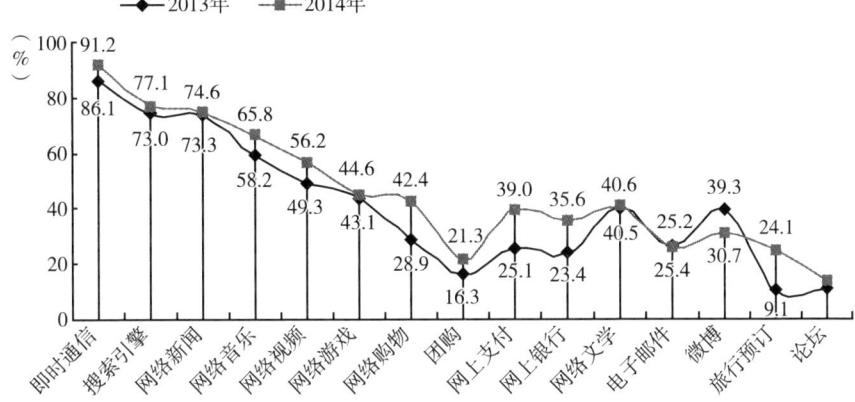

图3　2013～2014年中国手机网民对移动应用的使用率

数据来源：格兰研究整理。

在各种移动应用中，视频播放、拍摄美化、系统工具等三类应用活跃度较高。以2014年12月31日的数据为例，上述三项的活跃度均超过20%，其中视频播放在安卓系统中的活跃度为21.2%，系统工具活跃度为23.8%；拍摄美化在苹果系统中的活跃度为25.3%（见图4）。

---

① 百度：《移动互联网发展趋势报告（2015贺岁版）》。
② 《腾讯2014财报》，2015年3月18日。
③ Talking Data：《应用商店排名360手机助手第一　入选必装10强App》，http://www.net.cn/zixun/c_27_50_1614989.html。
④ 《携程2014年第四季度财报》，2015年2月13日。

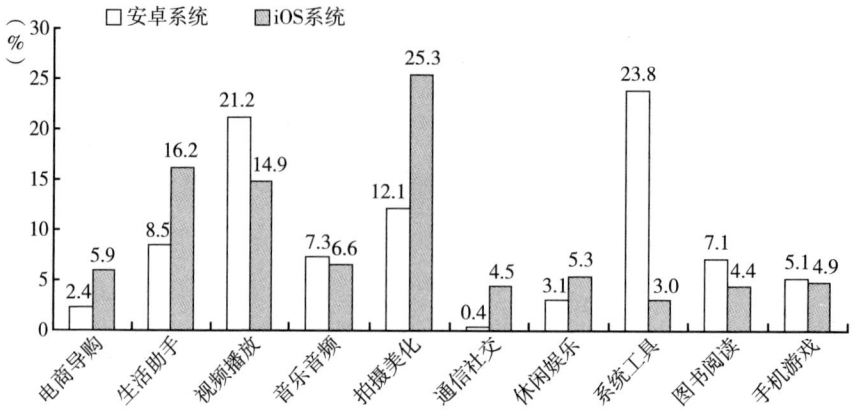

图4 2014年12月31日安卓与苹果手机应用活跃度情况

数据来源：友盟、赛迪智库整理。

四 电脑终端发展情况

电脑终端（PC）仍然是互联网用户观看视频的重要终端。2014年，中国71.2%的互联网用户通过PC（包括台式电脑/笔记本电脑）观看视频[①]。但随着用户向智能手机和平板电脑的迁移，PC出货量出现下滑。2013年全球PC出货量为3.18亿台，比2012年下降了10%，创下有史以来最大跌幅。2014年，根据高德纳咨询公司统计，全球包括台式电脑、笔记本电脑在内的PC出货量为3.16亿台，增速比2013年下滑0.1个百分点，下滑幅度有所减小，比2013年的10%减少9.9个百分点[②]（见表7）。2014年第4季度，全球前五大PC厂商分别为联想、惠普、戴尔、宏基和华硕。联想、惠普和戴尔该季度的PC出货量分别为1628万、1577万和1067万台，宏基和华硕出货量分别为679万和626万台[③]（见表8）。2014年，中国PC出货

[①] 中国互联网络信息中心：《第35次中国互联网络发展状况统计报告》，2015年2月3日。
[②] 赛迪智库：《计算机产业白皮书（2015）》，2015年4月。
[③] 高德纳咨询公司：《2014年四季度全球PC出货量排行榜：前五排名》，http://www.askci.com/chanye/2015/01/15/106516itf.shtml。

量为3.51亿台,销售额为22729亿元,同比增长2.9%,占全行业比重为21.9%,比2013年下降2个百分点;对全行业增长的贡献率为6.6%,比2013年下降5.8个百分点。中国PC行业已出现小企业退市、大企业整合转型的情况。国内品牌整机企业除联想外,长城、海尔、同方等PC产量都在迅速萎缩,转向其他业务发展。

表7 2013~2014年全球PC出货量情况

机构	类型	2013年 第1季度	第2季度	第3季度	第4季度	全年	2014年 第1季度	第2季度	第3季度	第4季度	全年
Gartner	出货量(万台)	7920	7600	8030	8260	31800	7660	7580	7940	8375	31600
	增长率(%)	-11.2	-10.9	-9	-6.9		-1.7	0.1	-0.5	1.0	
互联网数据中心(IDC)	出货量(万台)	7630	7560	8160	8220	31600	7340	7436	7850	8077	30700
	增长率(%)	-13.9	-11.4	-8	-5.6		-4.4	-1.7	-1.7	-2.4	

注:Gartner统计台式PC、笔记本、Win8平板电脑,不含Chromebook和其他平板电脑。IDC统计台式PC、笔记本、Chromebook,但不包括机身不含键盘的平板电脑如iPad和各种Win8平板电脑。
数据来源:赛迪智库整理。

表8 2013年和2014年第4季度全球PC出货量排名及市场份额

排名	企业名称	2014年第4季度出货量(万台)	2014年第4季度市场份额(%)	2013年第4季度出货量(万台)	2013年第4季度市场份额(%)	出货量同比增长率(%)
1	联想	1628	19.4	1515	18.3	7.5
2	惠普	1577	18.8	1359	16.4	16
3	戴尔	1067	12.7	981	11.8	8.8
4	宏基	679	8.1	608	7.3	11.6
5	华硕	626	7.5	622	7.5	0.6
6	其他	2797	33.4	3207	38.7	-12.8

数据来源:Gartner。

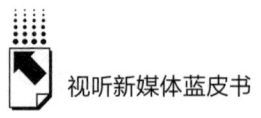

五 其他视听新媒体终端发展情况

随着终端的不断融合,越来越多的终端可提供视听节目服务。例如,游戏机、可穿戴设备等,都正在成为重要的视听新媒体终端。

(一)游戏机发展情况

游戏机的功能不断丰富,而且运行速度比普通电脑、手机等终端更快、画面效果更好,使其成为重要的视听新媒体终端。微软游戏机 Xbox One 和索尼 PS4 游戏机都集成了视频服务,向综合娱乐平台发展。国外市场调研公司 Newzoo 发布的数据显示,2013 年全球游戏行业市场价值达到 704 亿美元,VgChartz 权威统计网站的最新信息显示,Xbox One 全球销量高达 1100 万台,而 PS4 全球销量则为 1850 万台。任天堂 WiiU 游戏机依旧停留在 800 万级水准[1]。越来越多的游戏公司、IT 企业进入视频领域,与互联网电视竞争客厅娱乐中心的地位。2013 年 11 月,微软推出网页版 Xbox Video 视频服务,提供 30 万部影视节目服务,微软游戏机 Xbox One、Xbox360、Windows8.1 个人电脑和平板电脑等均可收看这些视听节目。截至 2014 年底,Xbox 平台上汇聚了 225 款应用,用户每天使用 Xbox One 的时间超过 5 小时。微软游戏机 Xbox One 还可支持社交应用 Twitter 和短视频服务等多款第三方应用。2014 年 4 月,亚马逊推出融合终端 Fire TV,进入竞争已经十分激烈的家庭娱乐市场。亚马逊 Fire TV 既是一款游戏机,又是一款流媒体机顶盒,用户可选择超过 1000 款免费游戏。索尼启动云电视服务,覆盖索尼全系列产品,用户可通过索尼智能手机、平板电脑、电视以及游戏机获得无缝收视体验。英国广播公司(BBC)推出的 iPlayer 也早就覆盖了游戏机终端。

随着中国游戏机市场的开放,越来越多的传媒机构进入游戏领域,提供

---

[1] 《微软急速追逐 最新游戏机销量统计分析》,2015 年 1 月 27 日,http://tv.zol.com.cn/504/5044682.html。

"视频+游戏"服务。2014年1月,华为发布游戏机"TRON",该游戏机支持4K超高清视频。2014年3月,浙报传媒联合旗下全资子公司边锋网络与华数传媒推出以家庭休闲游戏为主的机顶盒。九城与中兴合作推出家庭娱乐主机Fun Box以及蓝牙游戏手柄。2014年8月,爱奇艺联合极限矩阵、英伟达等公司,推出iPLAY掌上游戏机终端,整合了丰富的游戏资源,覆盖安卓平台上约98%的主流大型游戏,还整合了爱奇艺视频资源。微软和索尼分别与百视通及东方明珠达成合作,在上海自贸区成立注册了合资公司,生产销售Xbox和PS4游戏主机。2014年,百视通联合微软推出游戏终端Xbox One,可内置互联网电视内容,为用户提供"游戏+互联网电视"服务。2014年9月,百视通与微软合作打造的"新一代家庭娱乐游戏机"(Xbox One汉化国行版)上市销售,首发销量突破10万台[1]。2015年1月,国家新闻出版广电总局、上海文化广播影视管理局同意向上海广播电视台发放一批互联网电视机顶盒客户端编号,专门用于Xbox One汉化终端产品,Xbox One汉化国行版视频服务正式上线。

(二)可穿戴设备发展情况

可穿戴设备的广泛应用导致"屏"无处不在。可穿戴设备因为开启电子设备新的产品形态而被称为新一代智能终端,市场空间巨大。截至2014年底,全球可穿戴设备达到2200万台,比2013年增加了126.8%[2]。

目前,可穿戴设备主要集中在游戏娱乐、信息交互、运动健康医疗等领域,主要有智能手表、智能手环、智能眼镜等,其中智能手表竞争最为激烈。2013年10月,三星推出第一款智能手表Galaxy Gear。此后8个月里,三星接连推出5款不同型号的智能手表。2014年,三星共卖出120多万块智能手表,位列第一[3]。2014年,耐克推出运动智能手表Sport Watch GPS,

---

[1] 百视通:《百视通2014年财报》,百视通官网,2015年2月。
[2] 赛迪智库:《移动互联网产业白皮书(2015)》,2015年4月。
[3] 《智能手表竞争激烈 苹果、三星、LG等品牌纷纷涉足》,2015年4月27日,http://finance.chinanews.com/it/2015/04-27/7236877.shtml。

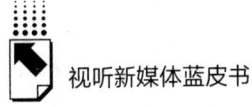

该手表具有计步、定位、运动轨迹记录、测脉搏、测心率等功能。2015年3月，苹果推出首款智能可穿戴设备苹果手表（Apple Watch），该手表具有收发短信、拨打电话、播放音乐、收发邮件、查看天气、日历提醒等功能。但Apple Watch本身不具有独立运行能力，上述功能都需要在连接iPhone之后才能使用。

中国企业也推出了很多可穿戴设备，并具有视频功能。例如，百度推出的"百度眼睛"（Baidu Eye）可识别手势、语音，并具有智能推送、视频、拍照、导航等功能。2014年9月，湖南卫视旗下的芒果传媒推出了"咘瓜"亲子智能手表，该产品创意来自湖南卫视节目《爸爸去哪儿》，孩子可通过App与家长的智能手机配套使用。"咘瓜"智能手表拥有亲子对讲、智能定位、呼朋唤友、成长见证、一键求助、远程收听、安全围栏、家庭会话等实用功能，支持GPS与基站多重定位，可以让父母随时随地掌握孩子的状况。2014年12月，乐视TV发布了智能亲子产品乐小宝故事光机，该产品是"平台+内容+终端+应用"乐视生态的呈现，将丰富的亲子内容资源推送给用户，父母必须亲自花时间选择故事的素材、参与故事的录音、讲一个属于自己风格的故事。乐小宝可让父母给孩子讲故事，也能作为对讲机使用，还可推送乐视亲子视频。

B.14
网络视频用户行为与需求分析

视听新媒体时代用户是关键,通过用户行为与需求分析,不难发现视听新媒体相关业务的发展现状、特点和发展趋势。中国网络视频用户研究目前还处于起步阶段,尚未形成权威的数据统计体系和计量标准。本报告采纳了来自三个咨询机构的数据和分析,从三个侧面分析网络视频用户行为与需求。由于采样标准、计算方法、观察角度等方面的差异,其数据和结论不完全相同,但总体判断和分析基本一致,借此可了解网络视频用户行为与需求的大致情况。

一 网络视频用户规模、终端使用、内容偏好及应用特点[①]

(一)网络视频用户规模

自2008年以来,国内网络视频行业的用户规模一直呈现增长趋势。中国互联网络信息中心(CNNIC)统计数据显示,截至2014年12月,网络视频用户规模达4.33亿户,比上年底增加了478万户,用户使用率[②]为66.7%,比2013年底下降了2.6个百分点。2014年新增网民对网络视频的使用率在50%左右,网络视频对新增网民的拉动作用减弱,导致网络视频用户规模持续增长,而使用率略有下降(见图1)。

[①] 本部分由中国互联网络信息中心提供。
[②] 用户使用率=网络视频用户数/网民规模×100%。

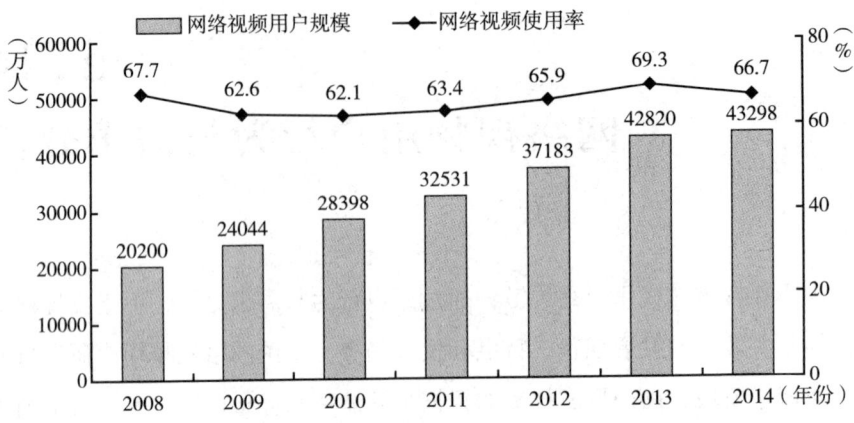

图 1　2008～2014 年中国网络视频用户规模及使用率

（二）网络视频终端设备使用情况

1. 手机成收看网络视频第一终端

从网络视频用户终端设备的使用情况来看，71.9%的用户选择用手机收看网络视频，手机第一次超越 PC，成为网络视频的第一收看终端（见图 2）。

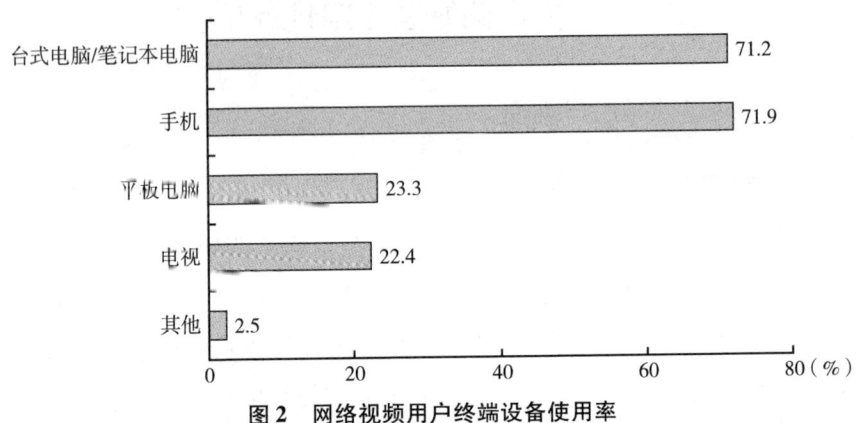

图 2　网络视频用户终端设备使用率

随着网络环境的不断升级，加之移动端所具有的便携、可以填补碎片时间的优势，移动视频用户飞速增长。从终端设备的使用趋势来看，用户在 PC 端收看网络视频节目的比例在持续下降，移动端的比例则在持续上升（见图 3）。

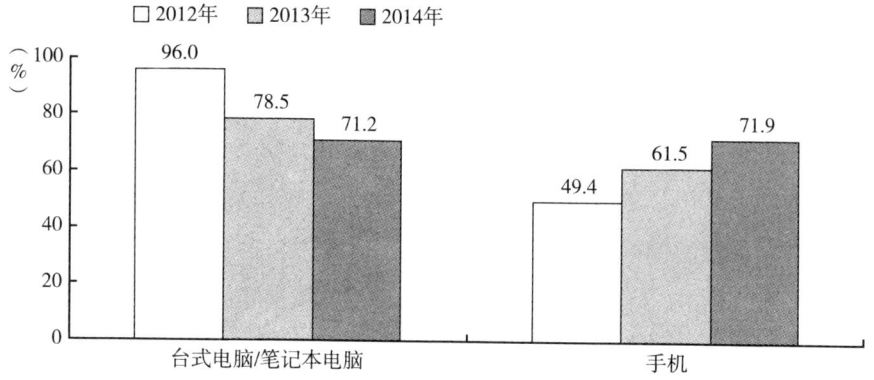

图3 网络视频用户终端设备使用率对比

2. 网络视频收看时长

从不同终端设备的收看时长来看，网络视频用户在台式电脑/笔记本电脑上看视频的时间最长，32.4%的用户每天通过台式电脑/笔记本电脑收看网络视频的时长在2小时以上。其次是平板电脑，收看时长在2小时以上的用户比例为20.9%。用户在手机上看视频的时长相对较短。电视剧、电影等长视频节目强化了用户黏性，80%以上的视频用户使用台式电脑/笔记本电脑、平板电脑收看视频节目的日均时长在30分钟以上。在手机端这一比例为56.1%（见图4）。

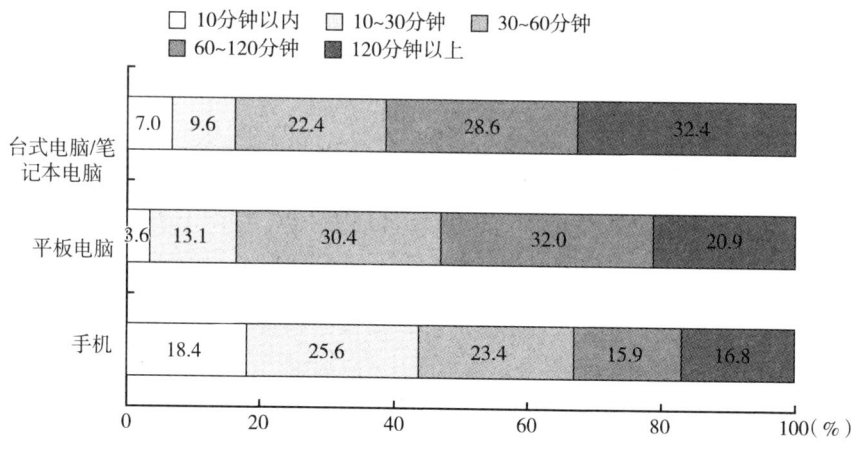

图4 不同终端设备的收看时长占比

（三）用户对于网络视频节目内容的偏好

1. 不同终端收看的内容差异

设备终端不同，用户的内容偏好也有所差异，在台式电脑/笔记本电脑和平板电脑上，用户更爱看长视频。在手机上，部分短视频，尤其是搞笑类视频和游戏视频的偏好度较高。23.2%的手机端用户喜欢看搞笑视频，仅次于综艺节目。此外，手机端用户对原创视频、游戏视频的偏好度也高于其他终端设备（见图5）。

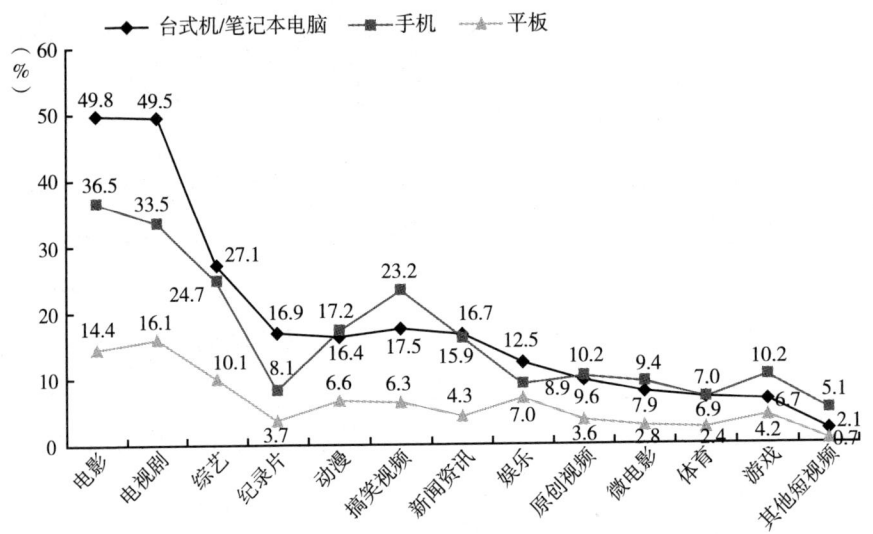

图 5　不同设备收看的网络视频内容差异

2. 热播剧的收看情况

对于热播的电视剧，38.8%的视频用户选择直接在网上看，20.7%的用户选择大部分在网上看，直接在电视上收看的仅占14.9%（见图6）。原因是传统电视媒体有被动接收、无法保存、播放时长受限制、广告时间长等先天性劣势，网络视频则避免了这些缺点，更好地迎合了用户的需求。

3. 网络自制节目/内容的兴趣度

从2014年初开始，强势的电视台开始收紧节目版权，多家视频网站都

网络视频用户行为与需求分析

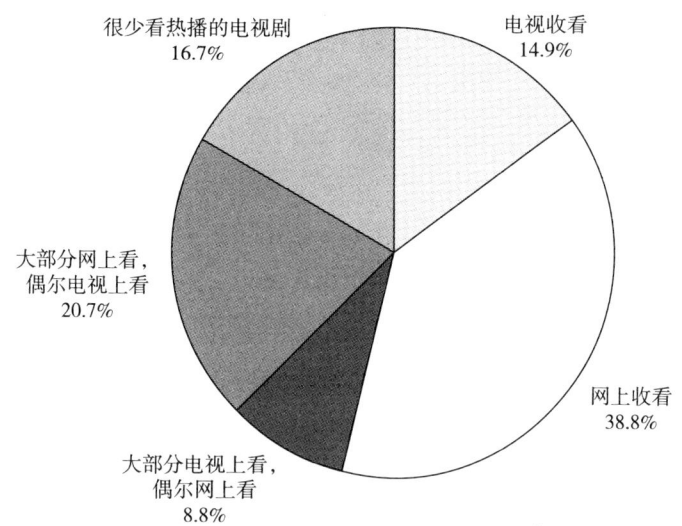

图 6　热播剧的收看情况

宣布"网络自制剧元年"到来，把更多资金投向自制剧方面。2014 年，网络视频市场也确实涌现出一批网友们耳熟能详的网络自制剧作品和栏目，这些内容也给视频网站带来了知名度和用户流量，但大部分自制剧都反应平平，未能给视频网站带来相应回报。

本次调查结果显示，对视频网站自制节目感兴趣的用户占 13.2%，对视频网站自制剧感兴趣的用户占 14.6%，47.4% 的网络视频用户"只看自己关心的内容，不在意是不是网站自制的内容"，另外有 16.4% 的用户对自制内容的兴趣度不大（见图 7）。由此可见，网络视频用户在意的只是内容，对是否"自制"并不在意。

（四）网络视频应用特点

1. 视频网站品牌效应显现，搜索引擎的导流作用减弱

从网络视频用户的收看路径来看，在 PC 端，通过视频客户端收看和直接访问视频网站收看的比例都在 35% 左右，使用搜索引擎查找后再收看的比例为 27.5%。这表明，网络视频用户已经熟知某些特定的视频网站或者

145

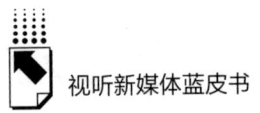

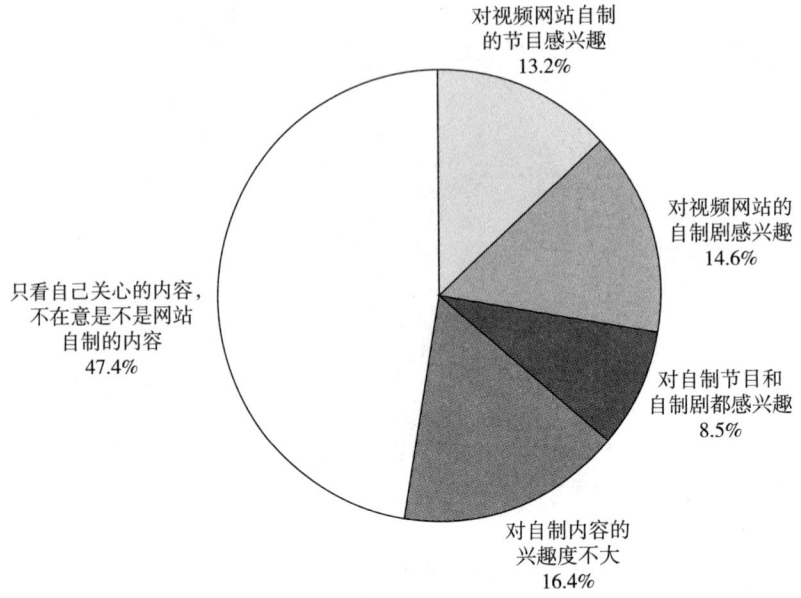

图 7 用户对网络自制节目/内容的兴趣度

安装了视频客户端,并且形成了直接登陆视频网站的习惯,视频网站的品牌效应逐渐显现,搜索引擎的导流作用减弱。在移动端的情况更是如此,通过视频客户端查找和收看的用户比例在60%以上,通过搜索引擎导流带来的用户比例在20%以下(见图8)。

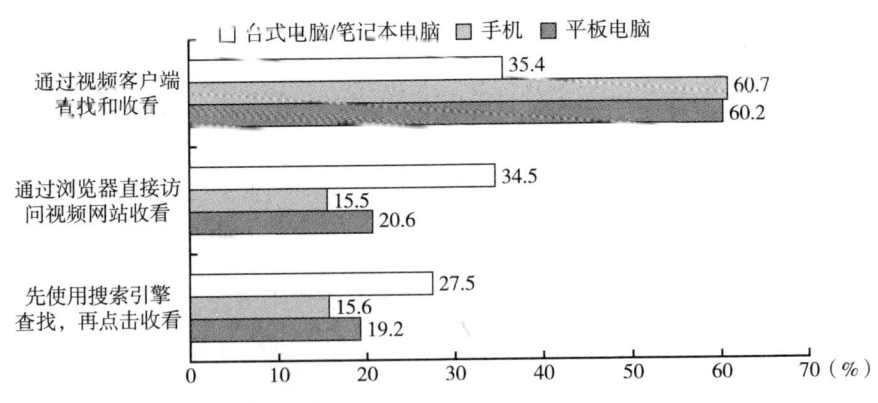

图 8 不同终端收看网络视频的路径

2. 网络视频用户主要受内容导向影响，网站忠诚者少

在 PC 端，视频用户转换视频网站几乎是没有成本的，在手机端的成本则是新装一个客户端。在收看网络视频节目时，26.1%的手机视频用户会为了收看某个视频节目而安装新的视频客户端，其中女性用户的这一比例为 33.1%（见图9）。视频网站主要受内容导向影响，品牌忠诚度不高，谁掌握了优质内容，谁就掌握了受众。

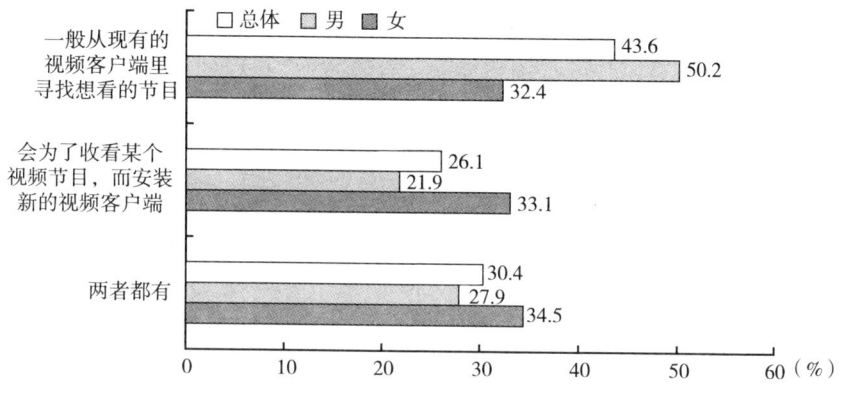

图 9 手机客户端网络视频节目收看行为

3. 在移动端，通过客户端看网络视频是主要方式

从移动端视频用户的使用情况来看，通过客户端在线收看是主要的方式。44.4%的手机视频用户、50.6%的平板电脑视频用户通过这种方式收看，而通过手机、平板电脑离线缓存收看的比例分别为 16.3% 和 9.6%（见图10）。

4. 网络机顶盒、智能电视是人们通过电视收看网络视频的主要渠道

在使用电视收看网络视频的用户中，58.5%的用户是通过智能电视收看；70%的用户通过网络机顶盒收看，其中有线电视的机顶盒和互联网机顶盒平分秋色，市场占有率均在 25% 左右；IPTV 的市场占有率接近 10%（见图11）。

使用电视这一终端收看网络视频节目时，其形式主要为节目点播和节目回放。调查结果显示，80.4%的互联网电视用户使用过点播功能，其中频繁

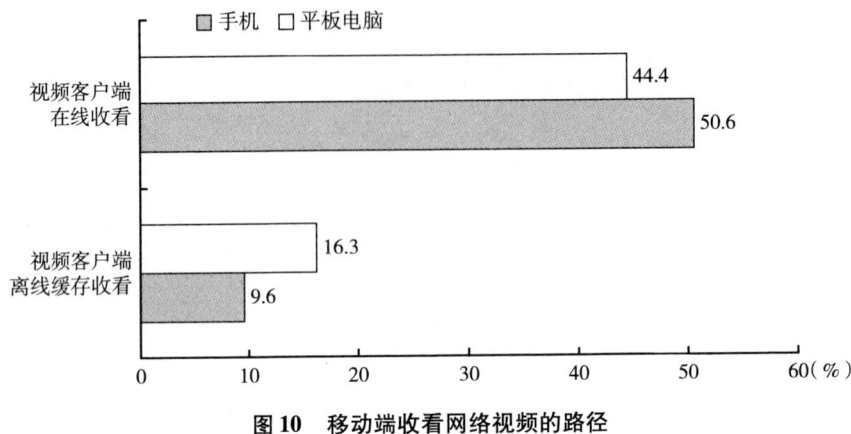

图 10　移动端收看网络视频的路径

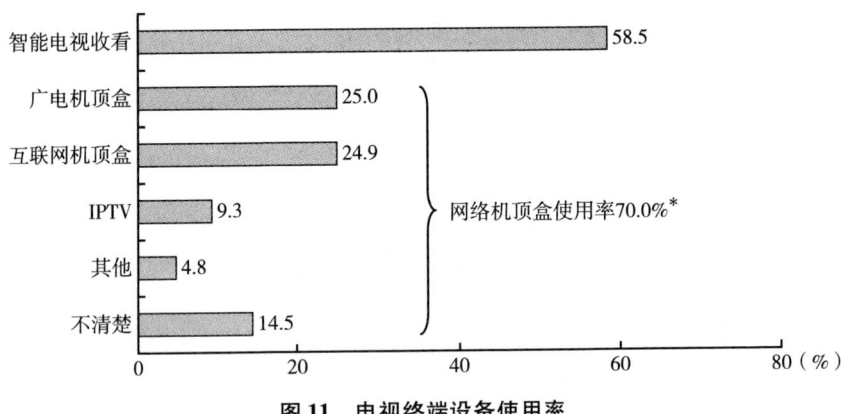

图 11　电视终端设备使用率

* 此处存在多种机顶盒并用的行为，计算网络机顶盒的使用率不能把多种机顶盒的使用率简单相加，还要排除并用行为。排除后，网络机顶盒使用率为 70%。

使用点播功能的用户占 36.3%，偶尔使用的占 44.1%，另外有 19.6% 的用户从没使用过点播功能（见图 12）。

除点播外，互联网电视区别于传统电视的另一大功能是回放，它让用户自主安排收看视频的时间以及主动选择收看的内容，很好地体现了互联网的便捷性。调查结果显示，67.3% 的互联网电视用户使用过回放功能，其中经常使用的用户占 19.3%（见图 13）。

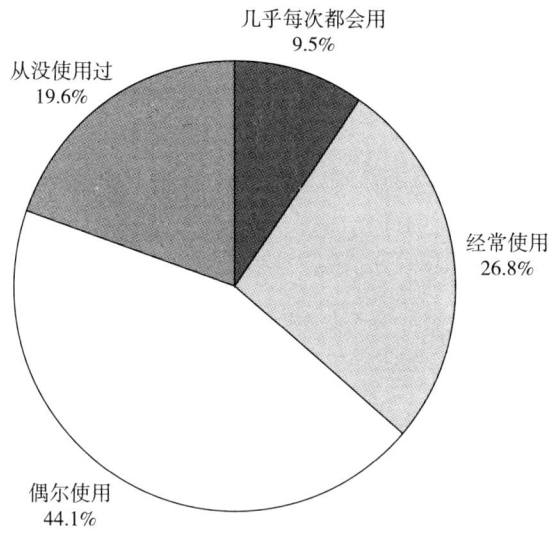

图 12 互联网电视点播功能使用情况

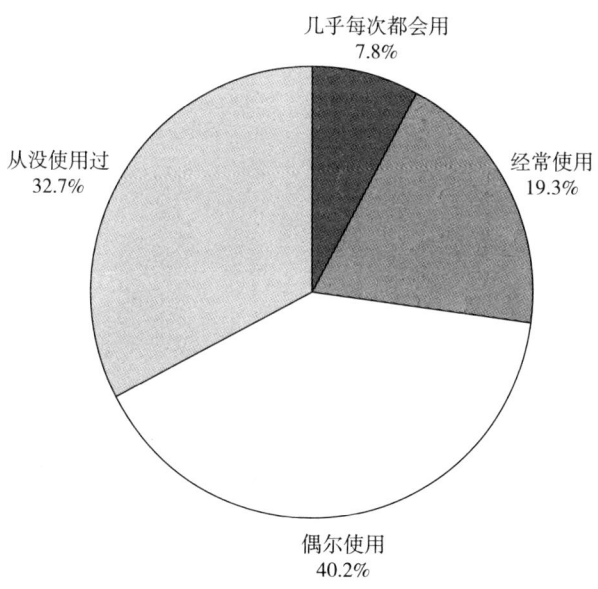

图 13 互联网电视回放功能使用情况

二 视频用户整体行为、内容观看行为分析[①]

（一）视频用户整体行为分析

1. PC端在线视频用户行为数据分析

（1）在线视频月度覆盖人数仅次于搜索服务，居第二位。

包括在线视频在内的PC端五大网络服务（见图14），用户规模已经处于高位，进入了相对饱和的发展阶段。根据2014年11月的数据，在五大网络服务中，PC端在线视频月度覆盖人数为49713万人，同比增长9.2%，仅次于居于首位的搜索服务。

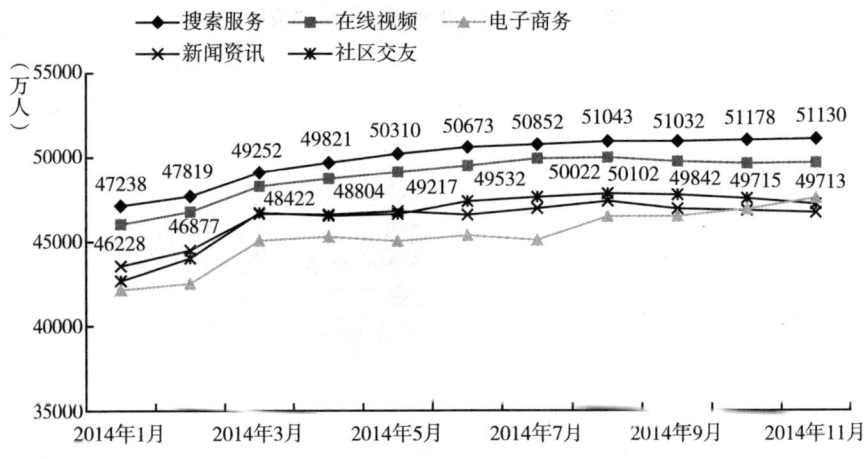

图14 2014年1～11月中国主要PC端网络服务月度覆盖人数趋势

（2）在线视频月度有效使用时间居首位。

根据2014年11月的数据，PC端在线视频的月度有效使用时间在所有网络服务中的份额达35.5%，这表明PC端网民超过1/3的网络时间在观看视频，略高于2013年11月的35.1%。同时期排名二至五位的分别为社区交友、

---

① 本部分由艾瑞咨询提供。

电子商务、搜索服务和新闻资讯，其份额分别为 10.7%、10.2%、9.6% 和 4.9%（见图 15）。可以说，在线视频已经成为网民最为重要的娱乐消闲方式。

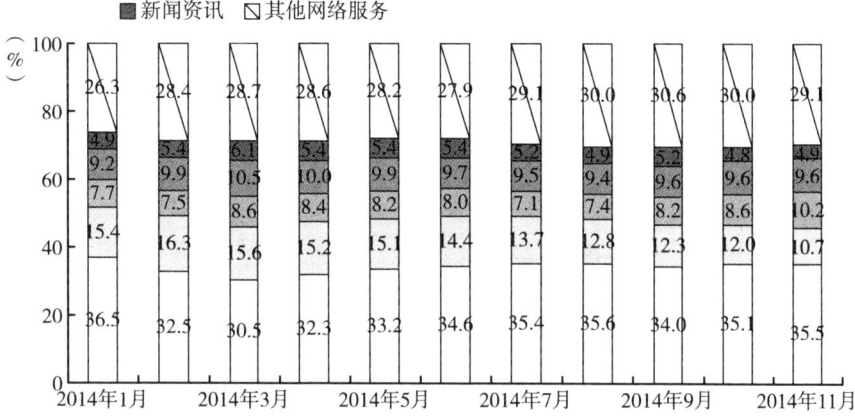

图 15　2014 年 1 ~ 11 月中国 PC 端网络服务月度有效使用时间份额

（3）用户更倾向于使用 PC 端网页观看在线视频。

根据 2014 年 11 月的数据，PC 端在线视频网页与客户端的月度覆盖人数分别为 4.97 亿人和 3.58 亿人，环比增长率分别为 - 0.004% 和 0.2%（见图 16）。网页是用户观看视频的主要途径，且基本保持稳定态势，也属于存量市场。因此，就扩大用户规模而言，在线视频移动端已经成为更为重要的战场。

根据 2014 年 11 月的数据，从时间份额看，在线视频 PC 端有效使用时间网页为 34.7 亿小时，占 65.9%，接近 2/3 的比例；客户端为 17.9 亿小时，占 34.1%。从趋势上看，PC 端网页的时间份额逐步上升，从 2012 年 11 月的 52.1% 上升至 2013 年 11 月的 58.9%，进而上升至 2014 年 11 月的 65.9%（见图 17）。可以说，PC 端网页是网民观看在线视频的主流方式，且所占份额仍在提升。

2. 在线视频 PC 端与移动端用户行为数据对比分析

（1）移动端与 PC 端的用户差距正在缩小。

随着移动互联网的高速发展、4G 商用以及智能终端的快速普及，在线

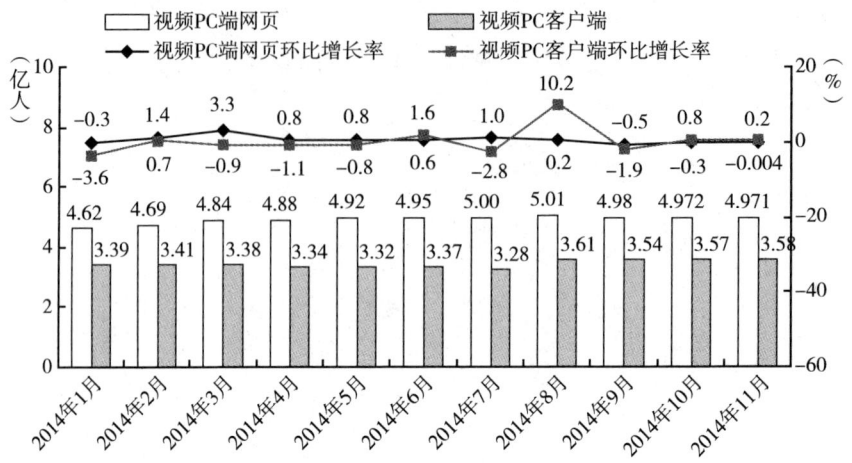

图16 2014年1~11月中国在线视频PC端网页与PC客户端月度覆盖人数对比

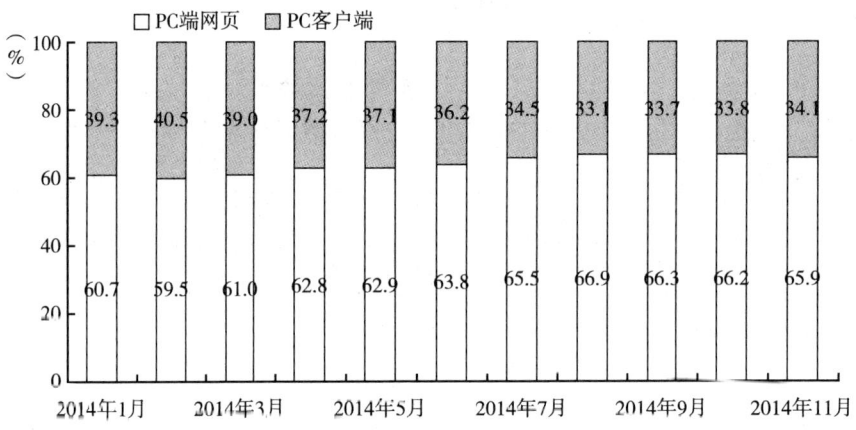

图17 2014年1~11月中国在线视频PC端网页与PC客户端月度使用时间份额对比

视频移动端用户规模持续快速增长。2014年11月，在线视频移动端用户达3.1亿人，同比增长83.4%，与PC端月度覆盖人数的对比从2013年11月的1:2.8缩小到1:1.6（见图18）。未来，随着移动端视频业务的快速发展，用户移动端的观看行为将更加普遍。

网络视频用户行为与需求分析

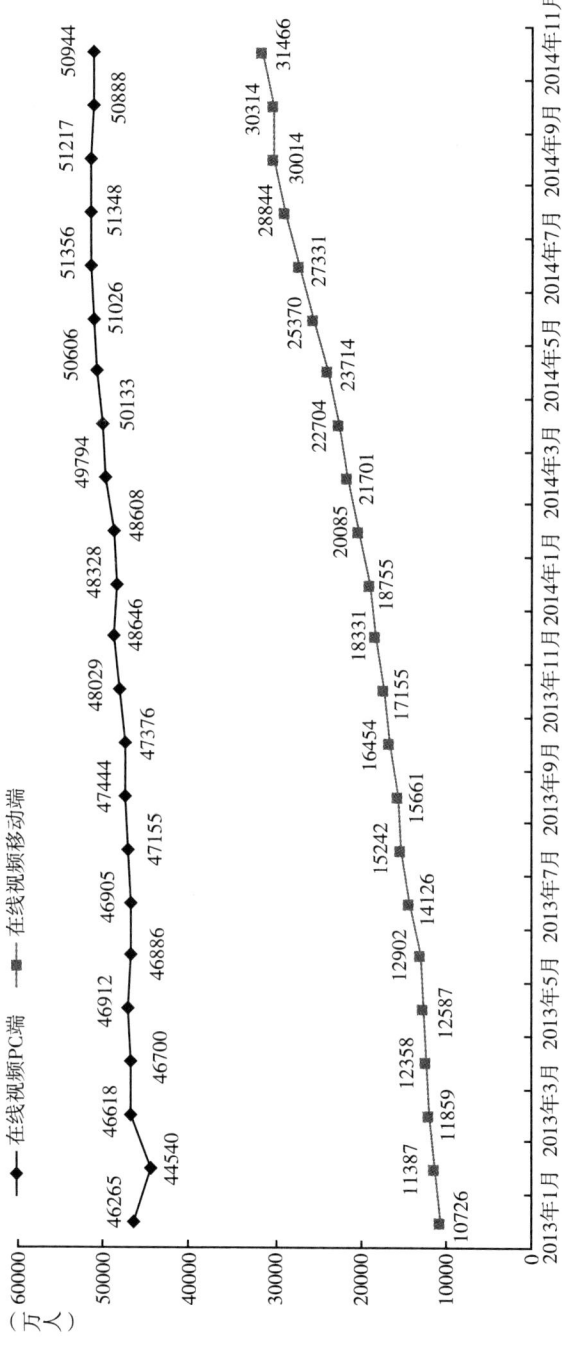

图18 2013年1月~2014年11月中国在线视频PC端与移动端月度覆盖人数趋势

(2) 移动端在线视频使用时长增速加快。

2014年11月，在线视频PC端与移动端的有效使用时间分别为52.6亿小时和41.0亿小时，同比分别增长-0.1%和260.1%。移动端的有效使用时间份额从2014年1月的30.8%增长到43.8%，而PC端则相应地从69.2%降到56.2%（见图19）。在线视频移动端使用时长迅猛增长主要有三个原因：第一，移动智能终端的普及，使得部分不拥有个人电脑的用户也能通过移动设备享受在线视频服务；第二，上网条件的持续改善（包括移动网络、Wi-Fi等），使得用户能在远离固定网络的状态下观看在线视频；第三，在部分场景下（如晚间时段在家中），移动智能终端替代PC成为部分用户观看在线视频的首选途径。

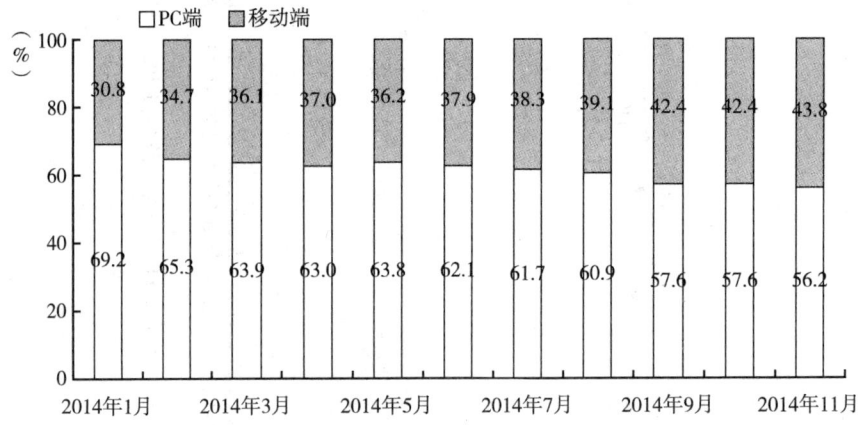

图19　2014年1~11月中国在线视频PC端与移动端有效使用时长份额对比

3. 在线视频是跨终端的重要服务

在线视频服务在PC、智能手机、Pad三大终端均拥有较高的使用时间份额，是跨终端的重要服务。以2014年3月数据为例，对比三大终端各类服务使用时间份额，PC端、Pad端、智能手机端在线视频的使用时间份额均处于首位。Pad端的使用时间份额高达35.5%，PC端的使用时间份额为27.6%，智能手机端的使用时间份额为23.7%，与即时通信（智能手机端使用时间份额为23.0%）分列前两位，远高于其他服务（见图20）。

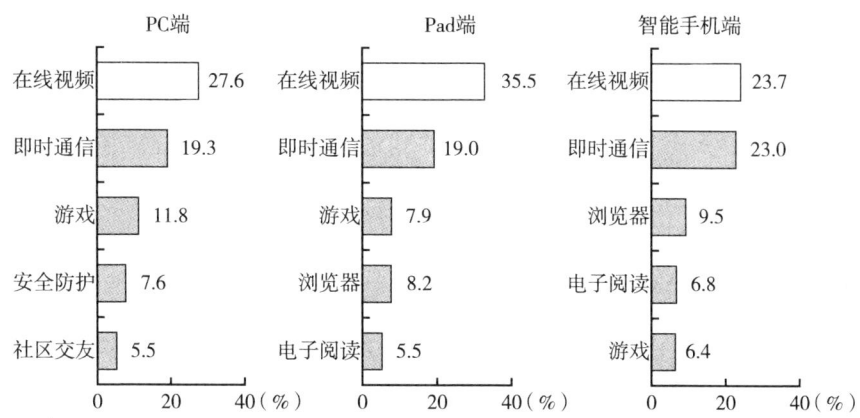

图20 2014年3月各终端网络服务月度使用时间份额前五位

（二）在线视频用户视频内容观看行为分析

从PC端各类视频内容播放时间份额对比看，2014年1~11月的数据显示，电视剧是PC端用户最欢迎的视频内容，播放时间份额均高于50%；其次是综艺，播放时间份额为8%~13%；电影的播放时间份额为7%~10%（见图21）。

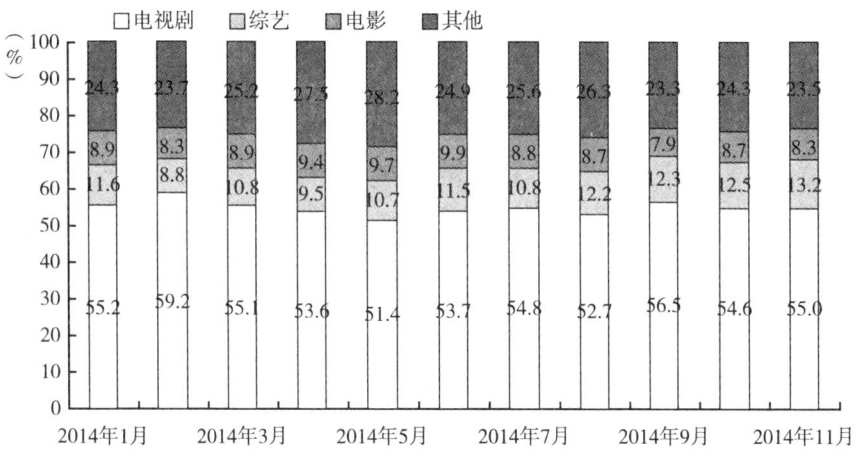

图21 2014年1~11月中国在线视频各类内容有效播放时间份额对比

2014年1~11月，中国在线视频PC端首播期间月度视频播放覆盖人数均值排名前三位的电视剧分别为《古剑奇谭》、《红高粱》、《封神英雄榜》，均值分别为9746.9万人、8792.9万人和8627.9万人。在播放覆盖人数排名前15位的电视剧中，除《爱情公寓4》和《离婚律师》是由某家在线视频媒体网络独播外，其他13部电视剧的网络播出方式均为网络联播（见图22）。

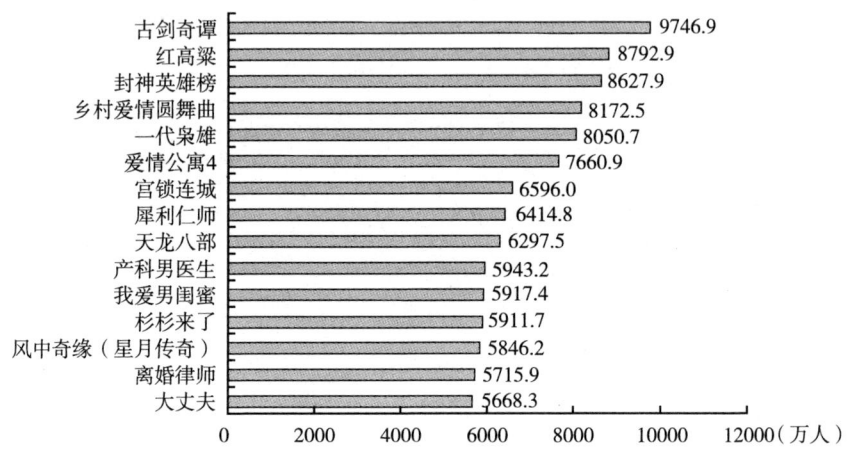

图22 2014年1~11月中国在线视频PC端首播期间月度视频播放覆盖人数均值前15位的电视剧

2014年1~11月，中国在线视频PC端月度视频播放覆盖人数均值排名前三位的综艺节目分别为《奔跑吧兄弟》、《中国好声音3》、《爸爸去哪儿2》，均值分别为6469.8万人、5604.9万人和4894.0万人。在排名前15位的节目中，有8档是由某家在线视频媒体网络独播，且均值排名前五位的节目均为季播型综艺节目（见图23）。

2014年1~11月，中国在线视频PC端月度视频播放覆盖人数最高值排名前3位的电影分别为《分手大师》、《澳门风云》、《私人订制》，最高值分别为2674.7万人、2649.6万人和2360.6万人。在排名前15位的电影中，除《小时代3：刺金时代》是由某家在线视频媒体网络独播外，其他14部

网络视频用户行为与需求分析

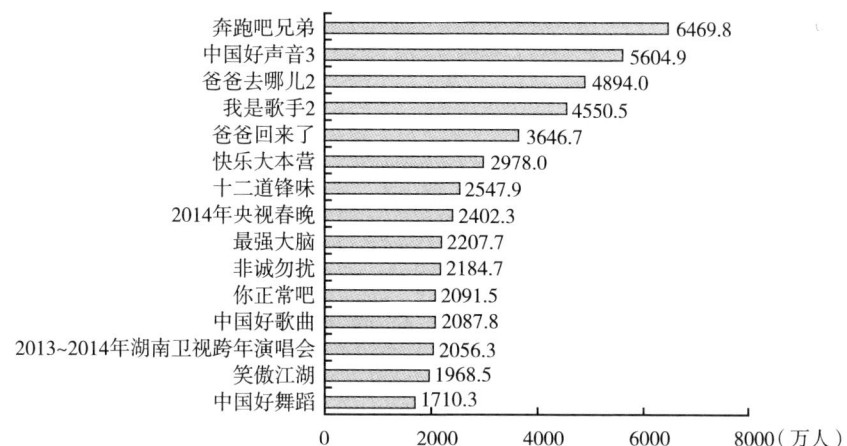

图 23　2014 年 1~11 月中国在线视频 PC 端月度
视频播放覆盖人数均值前 15 位的综艺节目

电影的网络播出方式均为网络联播，且除了《敢死队3》外都是国产电影（含港台）（见图24）。

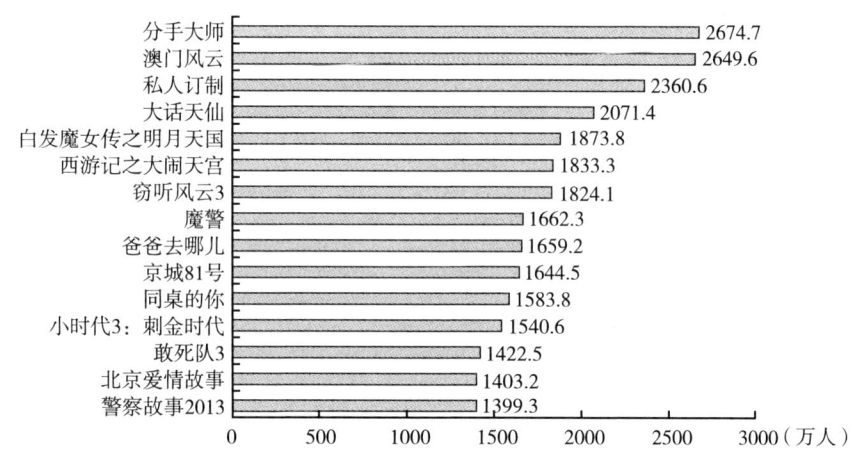

图 24　2014 年 1~11 月中国在线视频 PC 端月度
视频播放覆盖人数最高值前 15 位的电影

157

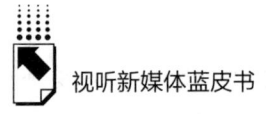

三 移动视频用户行为与视频用户需求分析[①]

（一）用户行为分析

1. 移动视频用户属性分析

易观智库 2014 年 12 月监测数据显示，目前中国移动视频用户分布从性别上看，男性略高于女性，占比 52.49%（见图 25）。从年龄上看，用户年轻化分布明显，主要集中在 30 岁及以下人群，占比达到 72.19%，24 岁及以下人群最为集中，占比 37.93%（见图 26）。从地域上来看，一、二线城市覆盖人群最广，占整体用户的一半以上，达到 51.24%。随着智能手机的逐渐普及和移动互联网的快速发展，乡镇农村也成为移动视频使用的一大主力，使用人群占到总体的 21.95%（见图 27）。从文化程度来看，本科及以下学历使用率最高，占整体用户的 98.22%（见图 28）。从职业分布来看，自由职业/个体户/私营企业主、学生时间相对自由充裕，为移动视频用户的主力军，占比一半以上，达到 53.71%（见图 29）。从收入分布来看，中低层收入人群分布更加密集，5000 元以下收入人群占总人群的八成（见图 30）。

2. 移动视频用户应用下载分析

对主要安卓市场统计调研的结果显示，视频应用下载量优酷、爱奇艺、腾讯视频分列前三位。整体上，下载排名呈现阶梯状分布态势，优酷、爱奇艺凭借良好的用户积累，保持在第一梯队；腾讯视频、聚力网、搜狐视频体量占优酷、爱奇艺的一半左右，位列第二梯队。其中，腾讯视频凭借优质的产品生态和在内容投入、营销方面的不菲表现，展现出更加乐观的发展形势；聚力网较早进行多屏生态的打造，注重移动端产品的打磨，并率先进行商业化，在移动端发展相比 PC 端更为出色；搜狐视频在以往经验的基础

[①] 本部分由易观智库提供。

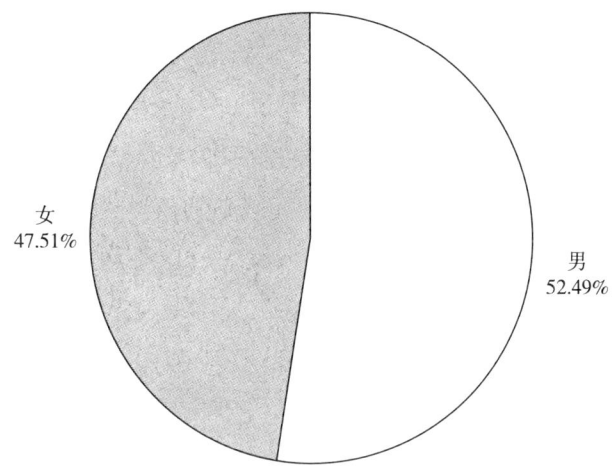

图25　2014年12月中国移动视频用户性别分布

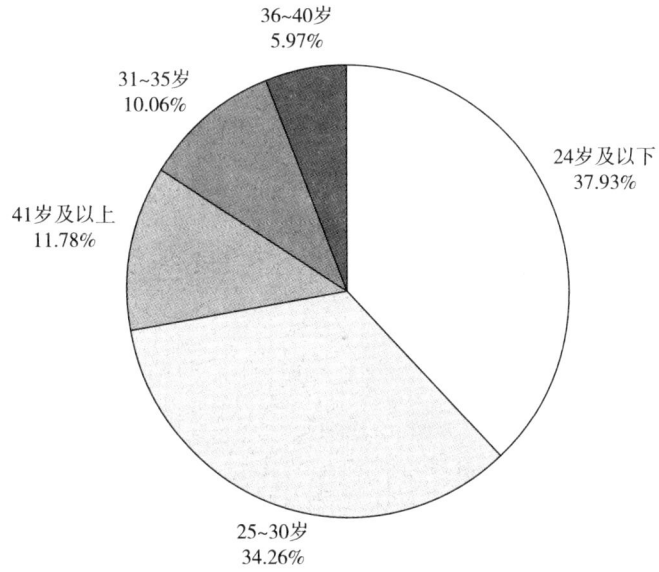

图26　2014年12月中国移动视频用户年龄分布

上,更加注重利用重大赛事提升移动端活跃度,使其用户规模日益可观(见表1)。

视听新媒体蓝皮书

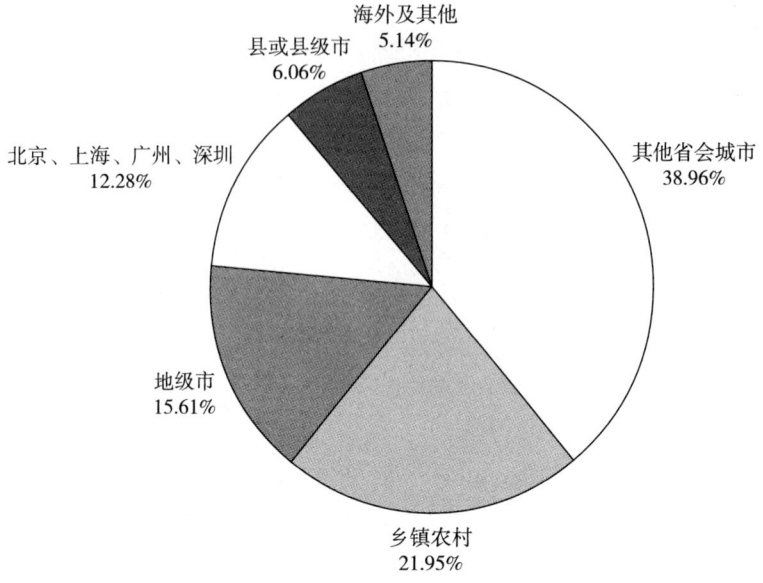

图27　2014年12月中国移动视频用户地域分布

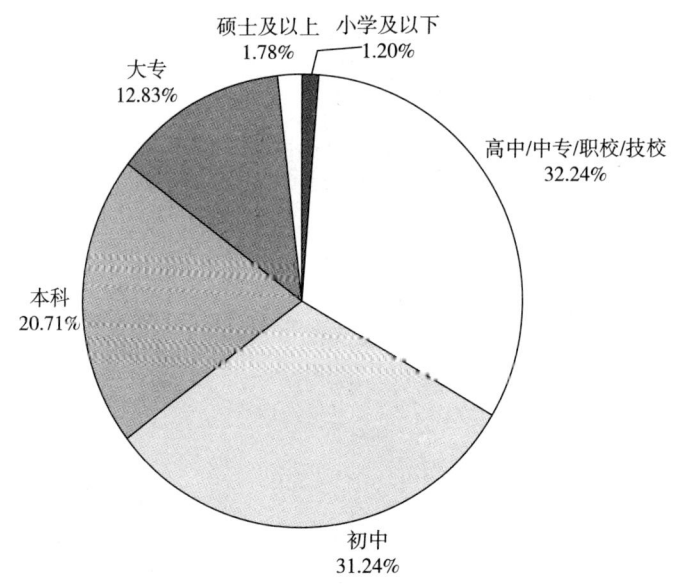

图28　2014年12月中国移动视频用户文化程度分布

网络视频用户行为与需求分析

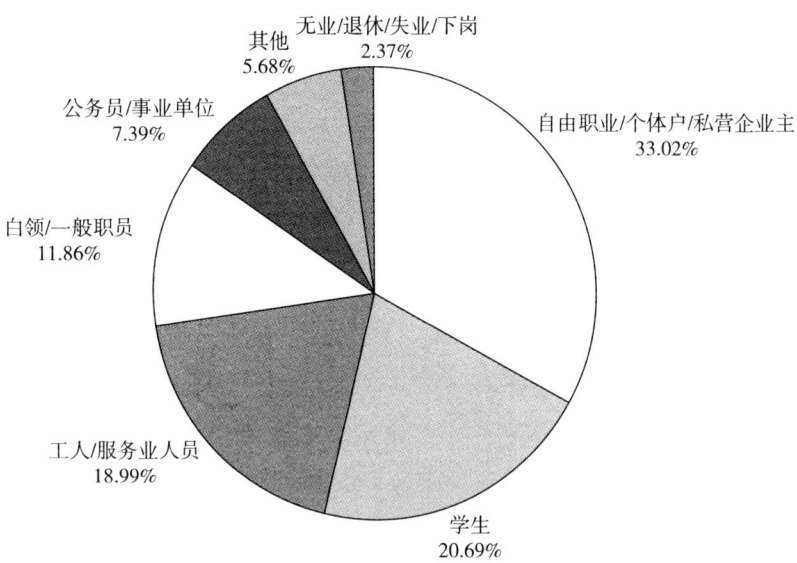

图29　2014年12月中国移动视频用户职业分布

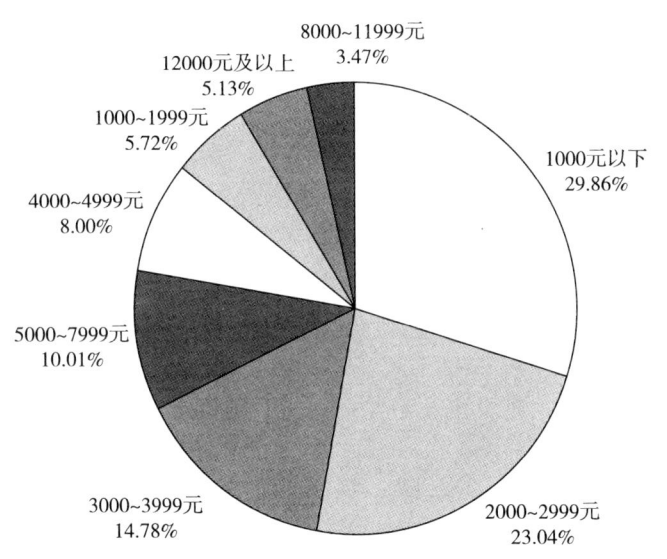

图30　2014年12月中国移动视频用户个人收入分布

表1 主流安卓应用商店累计下载量（2015年1月27日）

	百度手机助手	91助手	安卓市场	豌豆荚	360手机助手	安智市场	木蚂蚁	总计(万次)
优酷	29000	10000	21100	11000	41000	9000	1408	122508
爱奇艺	29000	20000	23000	9436	25000	9000	963	116399
腾讯视频	17000	6000	7530	6967	14000	5000	435	56932
聚力网	14000	—	8110	4754	18000	3000	1146	49010
搜狐视频	8471	8000	9120	5279	14000	3000	224	48094
爱奇艺PPS	16000	10000	10100	5423	934	4000	1543	48000
乐视网	6443	2000	2860	2465	11000	4000	212	28980
土豆	5510	2000	5080	2636	5629	2000	475	23330
风行视频	3994	1000	2780	1869	7269	1000	60	17972
迅雷看看	2723	1000	887	981	2942	500	679	9712
凤凰视频	1445	400	595	522	1002	100	68	4132

3. 移动视频用户活跃度分析

据统计，2014年12月移动视频行业活跃用户数达到约1.2亿户，环比增长3.9%。从全年各月份数据表现来看，不同月份会存在一定的波动，具体来看，3月、6月、8月用户表现更为活跃。据分析，原因可能是移动视频用户群偏年轻化，学生群体占比较大，因此活跃度会受到寒暑假等假期因素的影响，数据出现波动（见图31）。

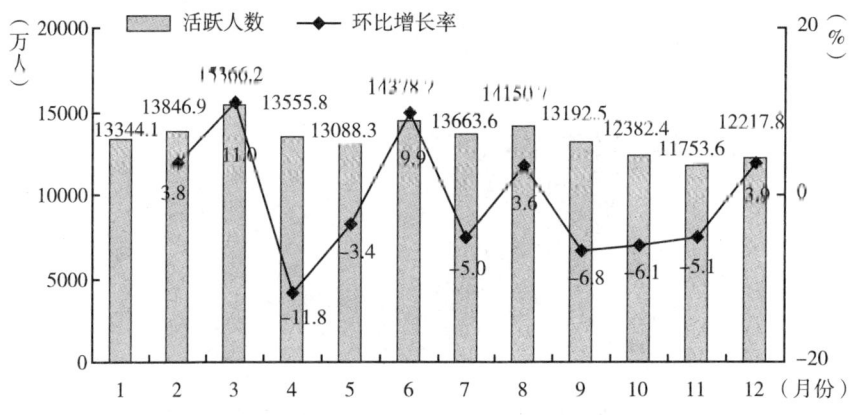

图31 2014年移动视频行业活跃用户数

据统计，2014 年 12 月，移动视频启动次数①达到 54.1 亿次，环比增长 9.9%，比 2014 年 1 月增长 16.14%，整体用户移动视频使用频率更高（见图 32）。

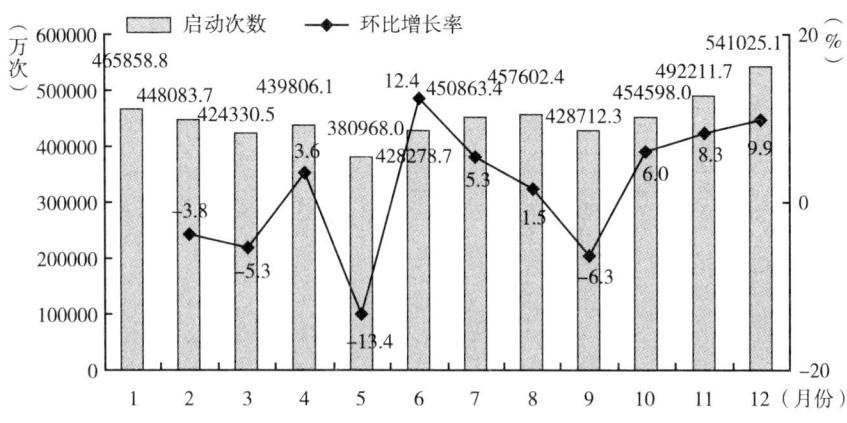

图 32　2014 年移动视频启动次数

4. 移动视频用户时段分析

据统计，2014 年，24 小时各时段中移动端整体活跃用户占比高于 PC 端活跃用户占比（见图 33），用户移动端观看视频的频次相对更高（见图 34）。从具体时段分布来看，中午 12 点及晚上 9 点是移动端视频用户的使用高峰，晚上 9 点为移动端视频 App 的使用高峰（见图 35）。

5. 移动视频用户应用使用分析

根据 2014 年 12 月的监测数据，从移动视频用户对各类型应用的使用情况来看，移动即时通信、社交、视频、阅读资讯类是用户使用相对频繁的应用类别。其中移动即时通信在用户中的普及率相对较高，综合视频是用户使用用较活跃的应用类型（见表 2）。

---

①　启动次数：用户在所选取的时间范围内主动打开 App 的次数，时间少于 5 秒不作统计。

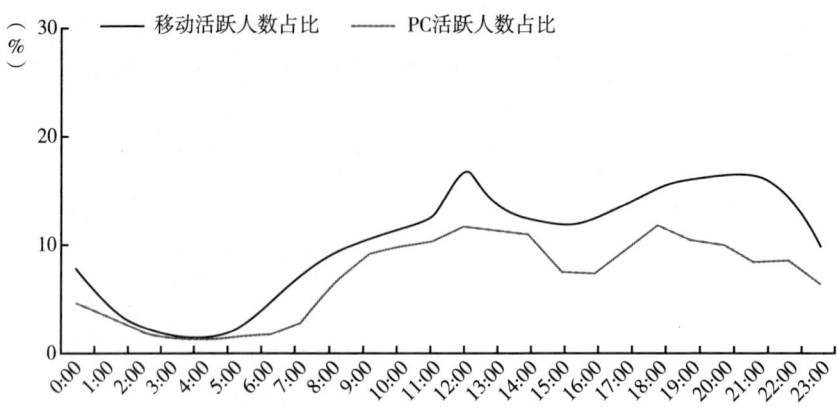

图33 2014年12月视频活跃用户数全时段分布

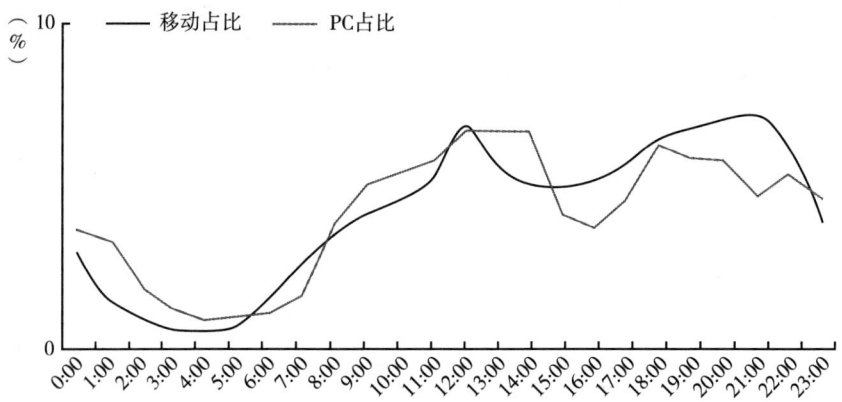

图34 2014年12月视频用户启动次数全时段分布

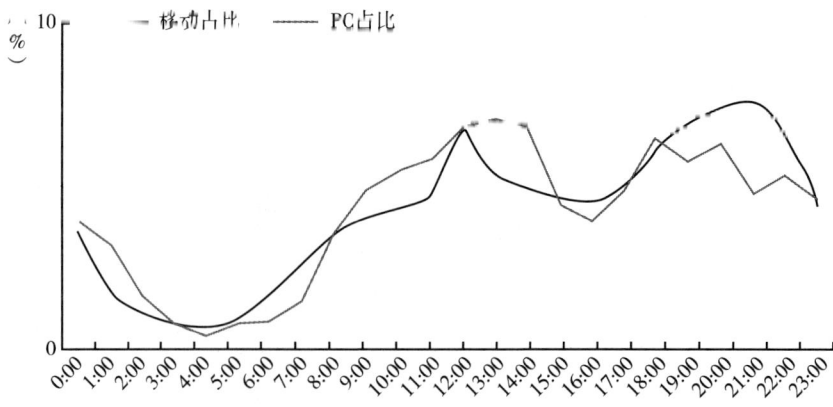

图35 2014年12月视频用户使用时长全时段分布

表2 2014年12月移动视频用户不同类别应用使用情况排名

	安装率	激活率	渗透率*	人均启动次数	人均使用时长	单次使用时长
1	移动IM	锁屏插件	综合视频	桌面美化	锁屏插件	移动阅读
2	社交	综合视频	移动IM	社交	桌面美化	阅读工具
3	综合视频	体育资讯	社交	移动IM	移动阅读	综合视频
4	移动音乐	社交	移动音乐	锁屏插件	阅读工具	期刊
5	应用商店	移动IM	手机安全	移动阅读	社交	网络电视
6	浏览器	聚合视频	应用商店	股票证券	移动IM	驾照
7	手机安全	桌面美化	浏览器	阅读工具	期刊	聚合视频
8	地图导航	外卖	移动购物	浏览器	综合视频	垂直视频
9	手机输入法	其他	新闻资讯	移动购物	聚合视频	移动动漫
10	新闻资讯	网络电视	无线管理	手机安全	垂直视频	锁屏插件

*渗透率：使用某类应用的用户占整体移动互联网用户的比例。

6. 移动视频用户黏性分析

根据2014年12月的监测数据，12月移动视频使用时长达到8.96亿小时，环比增长5.2%，相比2014年1月增长100.48%，增长速度较快。通过全年数据表现可以看出，随着移动端用户习惯的逐渐养成，用户对移动端的使用黏度也随之逐渐增加（见图36）。

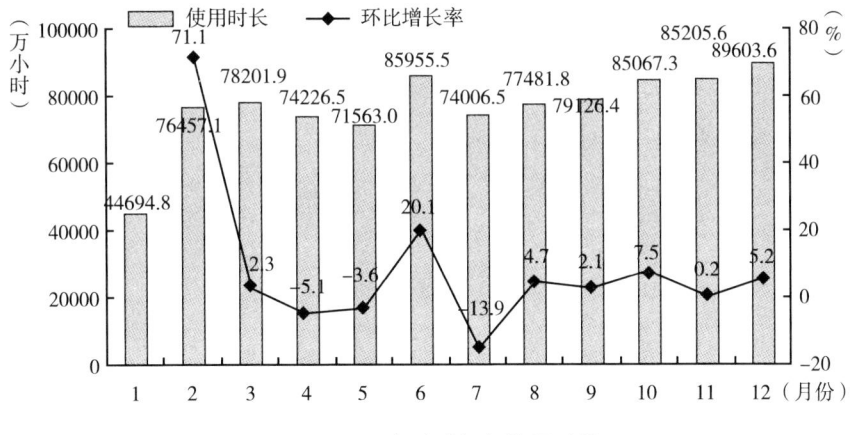

图36 2014年移动视频使用时长

（二）用户需求分析

1. 用户对电视剧的内容偏好及观看行为分析

（1）内容偏好。

目前电视剧和综艺依然是比较受用户热捧的视频类型。从电视剧细分类型来看，主流用户更偏向国产剧，占到总体调研用户的78.04%。此外，韩剧及英美剧也是目前市场上比较受欢迎的海外剧（见图37）。

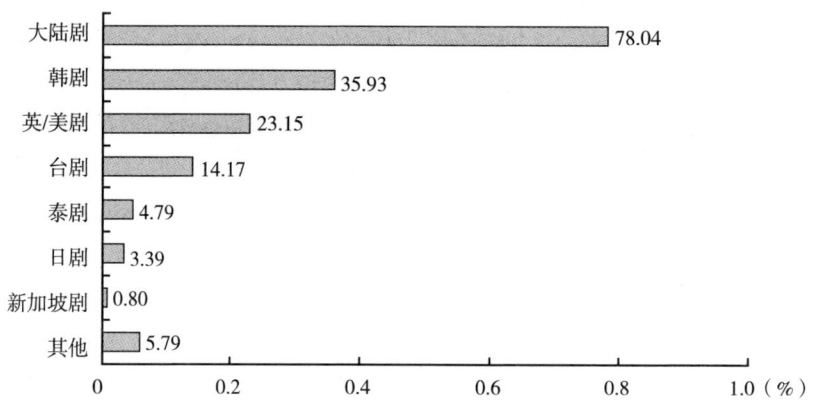

图37　网民青睐的电视剧类型

调研显示，69.66%的受访者因为受到"故事情节吸引"选择收看电视剧。其他影响观看行为的因素依次有偶像明星、演员演技、网络热度、场景画面、服饰造型等（见图38）。

在版权争夺日益激烈、独播策略日益常态的情况下，自制剧也逐渐成为各大视频网站纷纷探索的内容出路（见图39）。

从题材来看，最受用户喜爱的三类自制剧题材依次是爱情类、青春偶像类以及幽默搞笑类（见图40）。究其原因，自制剧主要凭借其剧情轻松、单集时间短等特点迎合了用户的收视诉求和收视习惯（见图41）。

网络视频用户行为与需求分析

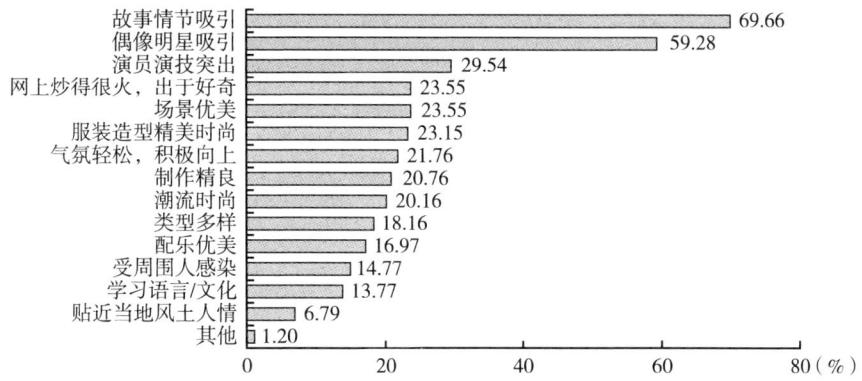

图 38　网民喜欢各类电视剧的原因

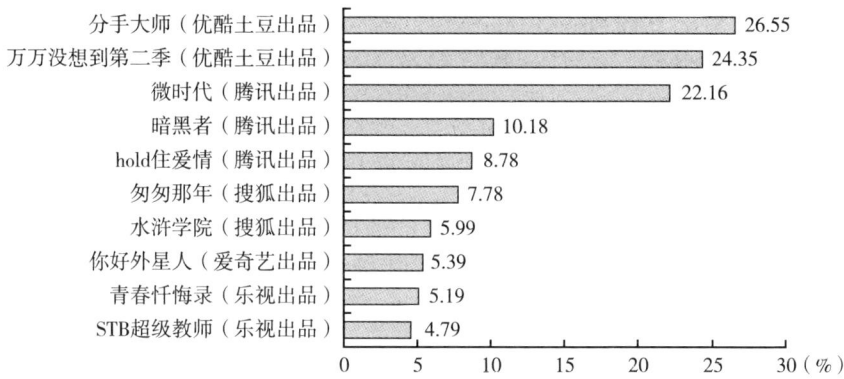

图 39　用户喜欢的暑期档网络自制剧 TOP10

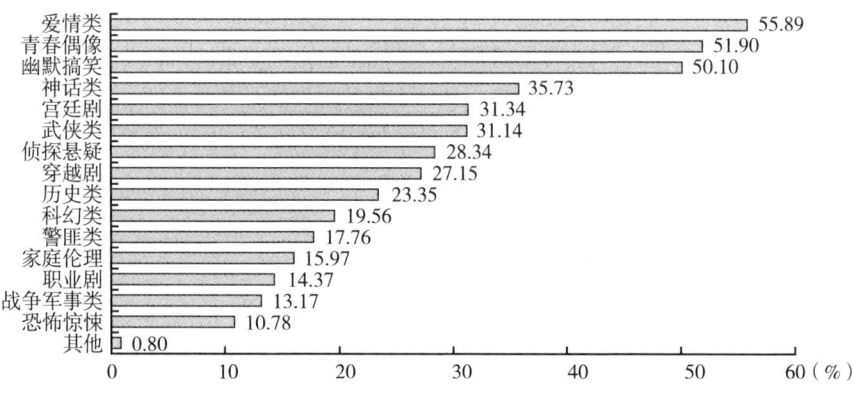

图 40　网民喜爱的网络电视剧题材

167

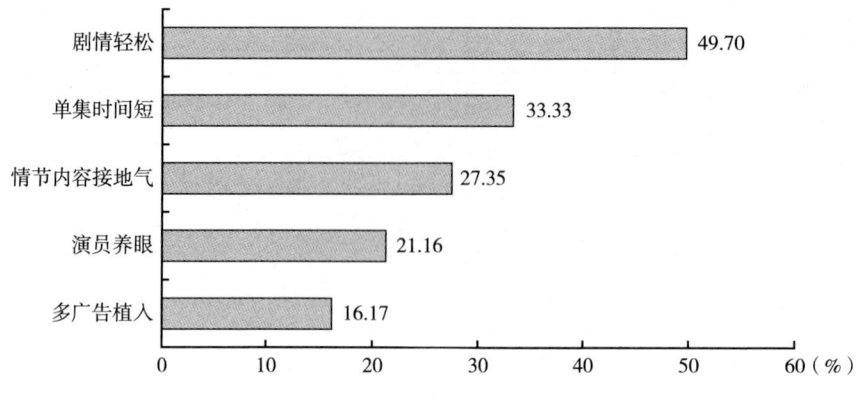

图 41 网民对自制剧的评价

（2）行为分析。

就平台而言，视频网站已成为用户观看电视剧的重要平台，占比达到 74.05%（见图 42）。就网民观看电视剧的工具来看，移动端（手机 + Pad）观看用户已经高于 PC 端，移动化趋势日益显现（见图 43）。就用户观看时间来看，19：00 以后是用户观看视频的黄金时间，在总体时间分布中用户占比超过一半（见图 44）。从用户观看场景看，睡前或周末在家里观看视频最为常见（见图 45）。

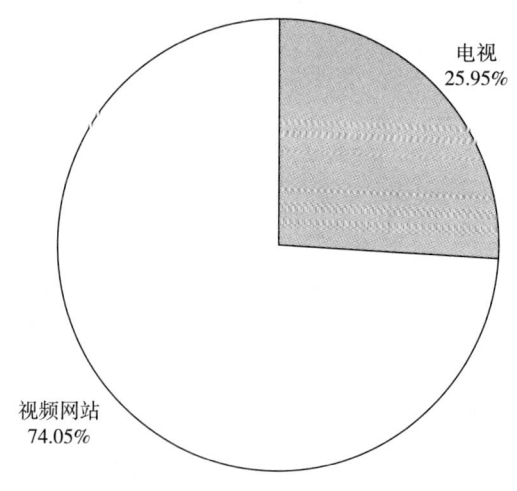

图 42 网民观看电视剧选择的平台

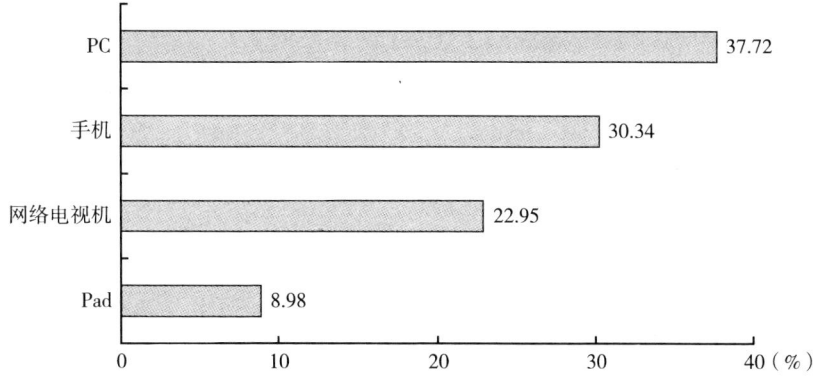

图43 网民观看电视剧的常用工具

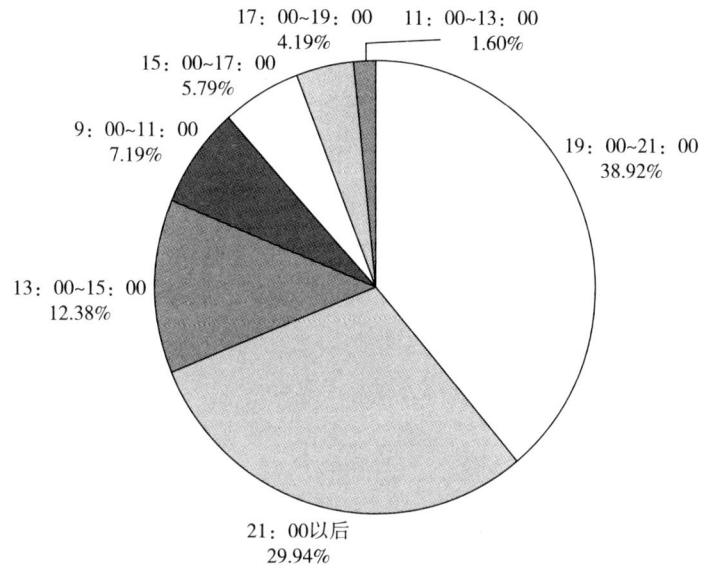

图44 网民观看电视剧的时间段

2. 用户对综艺节目的内容偏好及观看行为分析

(1) 内容偏好。

根据对2014年上半年综艺节目的用户调研数据来看,《我是歌手》及《爸爸回来了》作为选秀类和亲子类节目的典型代表,成为2014年

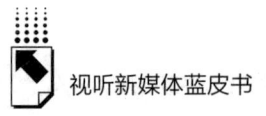

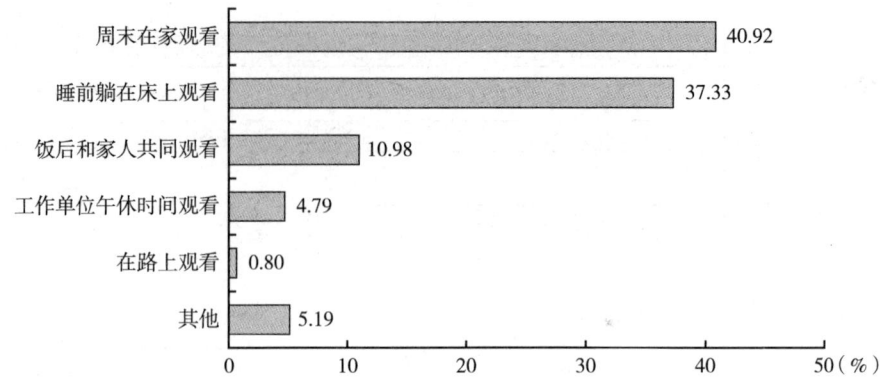

图45 网民经常观看电视剧的场景

上半年用户关注度最高的两档综艺节目（见图46）。从题材上来看，娱乐类及亲子类综艺节目在各种题材中脱颖而出，在2014年上半年获得了用户的广泛关注（见图47）。从用户观看忠诚度来看，82.7%的用户会选择定期收看同一综艺节目，用户黏性较大（见图48）。从用户喜欢自制综艺节目的原因来看，节目趣味性及节目形式创意成为吸引用户的两个最关键要素（见图49）。从用户的参与互动来看，43.9%的用户常用互动方式是"下方留言"，32.1%的用户常用互动方式是朋友圈分享（见图50）。

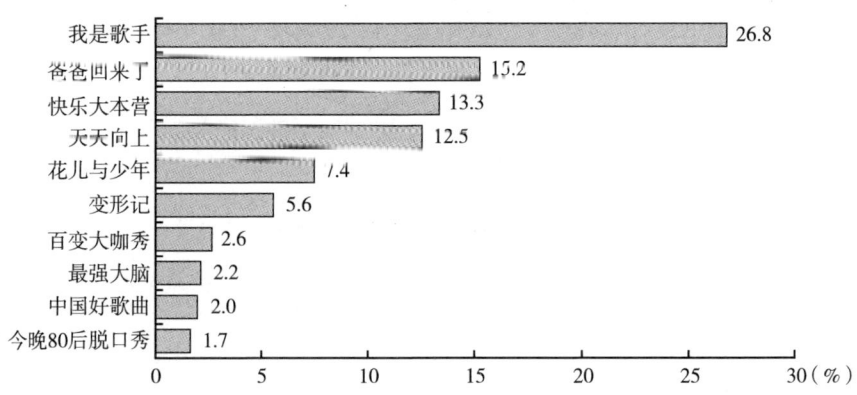

图46 2014年上半年观众最关注的综艺节目前十位

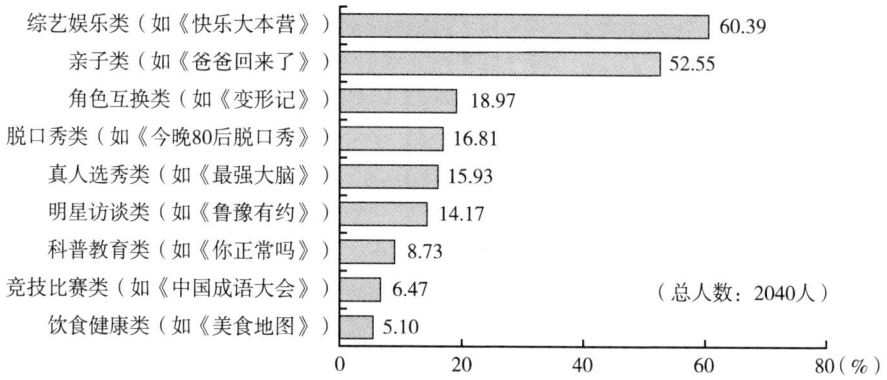

图47　2014年上半年网民对综艺节目题材偏好前十位

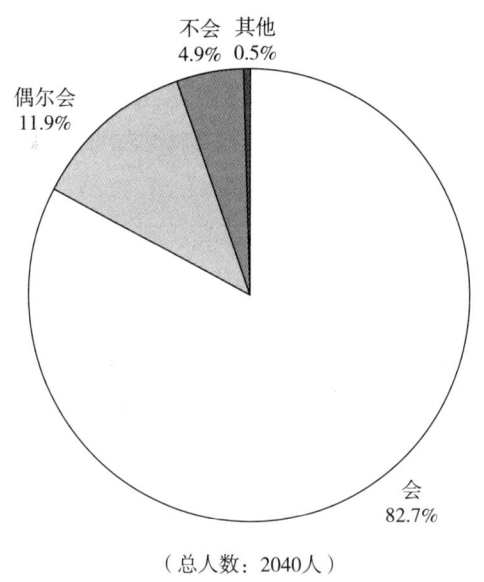

图48　2014年上半年观众定期收看同一个综艺节目的意愿

（2）观看行为。

从对2014年上半年综艺节目的用户调研数据来看，用户观看综艺节目的频率较高，约1/3的人会选择每天都看（见图51）。从观看场景来看，与观看电视剧的行为基本相似，约2/3的用户偏好在家观看（见图52）。

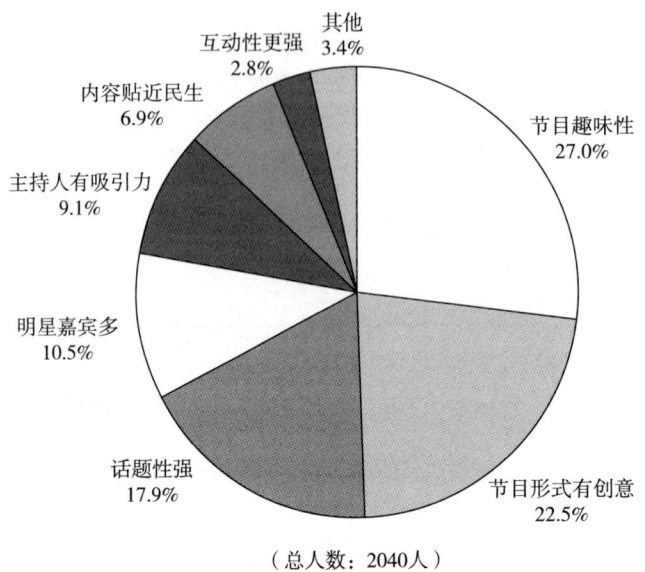

图49 2014年上半年网民喜欢自制综艺节目的主要原因

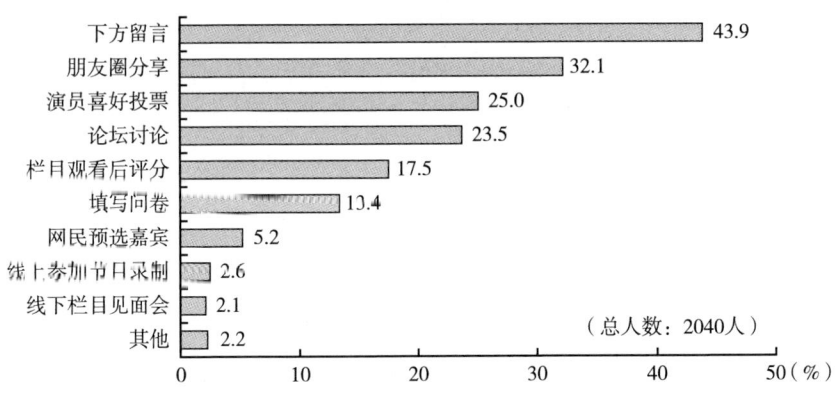

图50 网络综艺节目观众常用的互动方式前十位

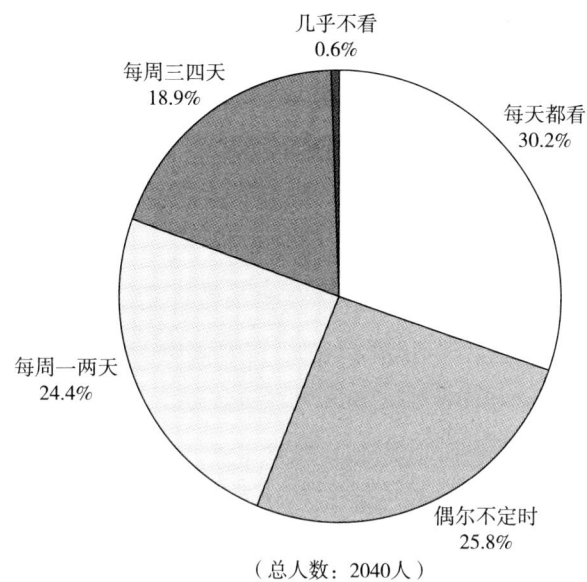

图51　2014年上半年观众收看综艺节目的频率

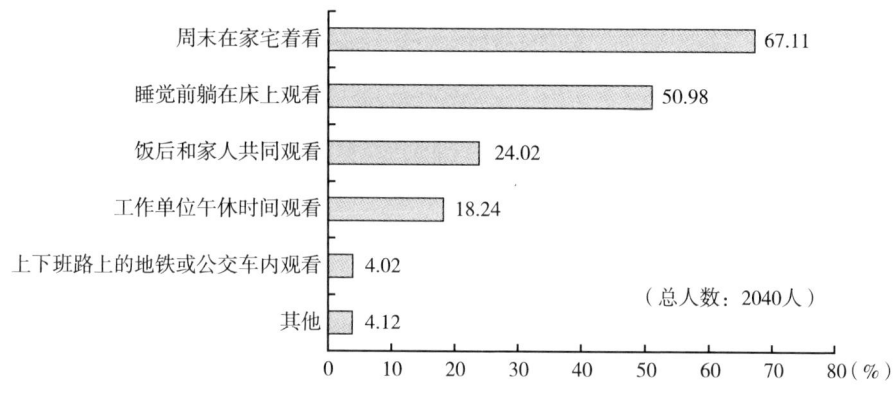

图52　2014年上半年网民观看综艺节目的场景选择情况

B.15
视听新媒体技术发展及应用

技术创新始终是推动视听新媒体发展的核心动力。2014年，"宽带中国"战略、"三网融合"持续顺利实施，4G大规模商用为数字化进程及信息消费的繁荣发展提供了强大引擎，基础承载网络进一步宽带化、移动化和泛在化。视频编码、自适应流媒体传输技术进一步优化，提高了视听节目的传输效率。大数据、云计算的应用提升了视频内容的精准推送和易用性。智能化终端设备不仅彼此能够协同工作，还实现了人机互动。网络技术、通信技术、云计算技术、广播影视技术、数字技术等不断创新演进，推动视听媒体行业向融合化、移动化、社交化发展。

一 基础宽带网络技术得到长足发展

基础网络是将具有独立功能的设备（计算机、移动终端、可穿戴设备、互联网电视等）连接起来的通信链路，是网络传输的基础设施。通信网络由骨干网、城域网、局域网等层层搭建起来，任何一个联网设备都能够随时随地进行信息交互。近年来，随着三网融合的进一步推进，"宽带中国"战略的实施，以及4G的覆盖范围逐渐增大，中国固定和无线接入网络有了突飞猛进的发展，为视听新媒体发展提供了很好的网络支持。

（一）固定网络向高宽带、高效承载演进

2014年，我国的固定宽带网络得到较快发展，光纤到户/办公室（FTTH/O）等光通信网络建设迈入全球前列。光纤网络具有物理通道损耗

小、低成本、高可靠性和安全性、寿命长等优势，并能够提供更大的带宽，增强了网络对数据格式、速率、波长和协议的透明性，用户的上网条件得到根本改善。随着软件定义网络、数据中心等网络技术及应用的发展，光通信网络进一步向高带宽、大容量、高效承载及全网络化（IP化）的分组光传送网方向演进。其中，软件定义网络是一种网络虚拟化技术，该技术利用Open Flow协议，把路由器的控制平面（Control Plane）从数据平面（Data Plane）中分离出来。这个架构可以让网络管理员在不更改硬件设备的前提下，以中央控制方式，用程序重新规划网络，为控制网络流量提供了新的方法，也提供了核心网络及应用创新的良好平台。此外，通过采用EPON（Ethernet Passive Optical Network，以太网无源光网络）+EoC（Ethernet Over COAX，以太数据通过同轴电缆传输）组网技术或EPON+LAN组网技术对现有或新部署的广电网络进行改造，使广播电视网成为IP化、双向交互、多业务、宽带化网络。

在国家城镇化进程加快、网络光纤化大规模改造以及IPTV、互联网电视、超高清视频等创新业务应用的驱动下，我国宽带速率大幅提升。同时，电信运营商推出免费升级到光纤、接入宽带提速不提价等措施，使家庭用户宽带需求得到更大满足。2014年，我国固定互联网宽带接入用户净增1157.5万户，总数突破2亿户。光纤到户用户净增2749.3万户，总数达6831.6万户，在宽带用户总数中占比较2013年提高了12.5个百分点，达到34.1%。8M以上宽带用户总数占宽带用户总数比重为40.9%，比2013年提高18.3个百分点[1]（见图1）。2014年，中国还新增7个国家级互联网骨干直联点，并投入使用。至此，中国互联网骨干直联点从3个增加到10个，互联网架构布局明显优化，网间通信质量显著提升，流量疏通效率和安全性能大幅改善。

固定网络的宽带化、泛在化使对网络接入带宽有更高要求的新业务和新

---

[1] 《2014年通信运营业统计公报》，http://www.miit.gov.cn/n11293472/n11293832/n11294132/n12858447/16414615.html。

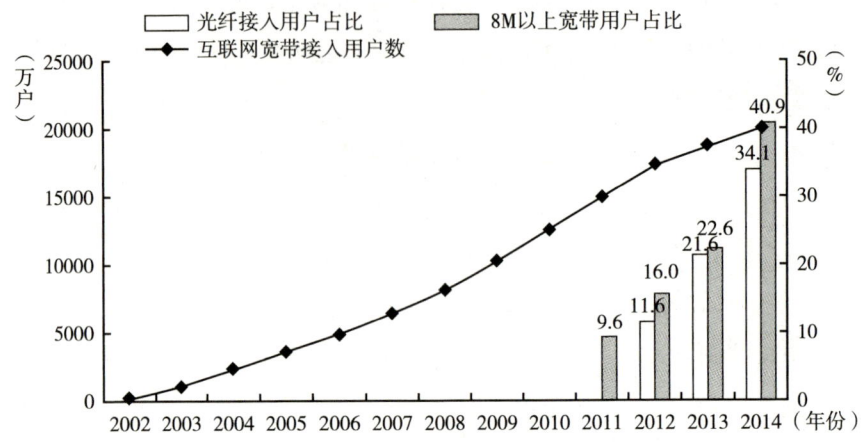

图1 2002~2014年中国互联网宽带接入情况

应用得到了长足发展,尤其是IPTV、互联网电视、流媒体点播等业务呈爆发式增长。2015年,中国将有超过七成的电视机具有联网功能①。

(二)移动视听服务进入4G时代

4G是第四代移动通信技术的简称,主要采用正交频分复用(OFDM)、智能天线、多输入多输出(MIMO)、基于IP的核心网、软件无线电等技术。目前,在我国投入商用的4G技术包括TD-LTE和FDD-LTE两种制式。4G网络下载速度可达每秒100M,上传速度也能达到每秒20M,是拨号上网的2000倍,是3G网络的10倍以上。4G高速率、宽带化、IP化的特性解决了制约移动视听新媒体发展的带宽瓶颈,为移动视听业务提供了巨大的发展空间。一方面,互联网视听节目服务、即拍即传等应用体验得到极大改善,移动UGC(用户生产内容)应用更加广泛,助推视听新媒体向社交化方向发展。另一方面,4G网络能够支持增强型多媒体广播多播服务(eMBMS)业务,为用户提供高质量的音视频直播、点播服务。

2014年,中国移动建成具有100万个基站的全球最大4G网,覆盖300

---

① 艾瑞咨询:《2014年中国互联网电视行业研究报告》,2014年6月25日。

多个国内城市，基本实现县级以上城市和发达乡镇覆盖，4G用户数已突破1亿户。2014年，中国手机市场累计出货量达到4.52亿部，智能手机普及率为70%。4G为各类新应用、新产品的发展铺设了一条超级高速公路，为电视直播/新闻回传、视频监控、智能交通、车联网、物联网、云存储、在线游戏、VoLTE（Voice over LTE）等业务提供移动宽带支持。2014年8月，在青年奥林匹克运动会上，华为与中国电信开通全球首个4G eMBMS网络，有效地保障了青奥会期间高清赛事视频在移动终端上的高质量转播，推动了eMBMS的商用进程。2014年12月，中央电视台与中国移动达成战略合作，双方共同建设4G视频传播中心，全面开展4G业务。该视频传播中心将成为国内最大的新媒体传播平台，实现超过1000路视频直播规模，为广大手机用户提供优质视频内容服务。

二 视听媒体内容编解码及传输等技术进一步优化

随着宽带网络的不断普及，多媒体业务尤其是视听新媒体业务在互联网流量中的比重呈爆炸式增长。在复杂多变的有线和无线网络环境中保证网络带宽利用效率以及用户观看体验是服务商面临的重大难题。提升视听节目观看体验，不仅要使传输的"道路"更宽、传输的速度更快，也要让"汽车"的运输效率更高，尽可能减少无用信息的传输。近年来，AVS+、H.265等音视频编码压缩标准的推广应用，以及DASH自适应流媒体传输协议的不断优化，为视听新媒体向高清化方向发展提供了技术支持。

（一）AVS+、H.265等编码技术推动内容向高清化发展

随着网络通信技术的发展和有线、无线终端的大量普及，以及视听传媒的不断发展，人们对（超）高清电视、3D电视、双向交互电视及超高清视频点播等新兴业态的需求日益增长。这意味着，视听节目服务机构需要在一定带宽下传送更高质量的音视频内容。AVS+、H.265等新一代视频编解码技术为解决这一问题带来了曙光。

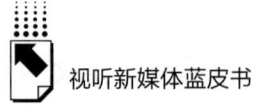
视听新媒体蓝皮书

AVS（Audio Video Coding Standard，音视频编码标准）是中国具备自主知识产权的第二代信源编码标准，与同类国际标准 H.264/AVC 编码效率相当，并在增强场编码、熵编码、加权量化等方面有很大改进。AVS+编码的复杂度和软硬件实现成本比 H.264 低，作为中国主导的知识产权，专利授权模式简单，费用也较 H.264 低。2012 年，国家新闻出版广电总局、工业和信息化部联合发布了 AVS+标准，即 GY/T 257.1-2012《广播电视先进音视频编解码第 1 部分：视频》。2014 年 3 月，两部门联合颁布了《广播电视先进视频编解码（AVS+）技术应用实施指南》，部署了 AVS+在有线、地面、卫星、互联网等传输渠道的推广应用，要求新部署的有线、地面、卫星高清机顶盒均要支持 AVS+视频解码，在互联网电视、IPTV 等网络前端平台建设及用户终端等方面逐步推进 AVS+技术。随着 AVS+在高清电视领域应用的全面铺开，我国卫星、有线、地面数字电视、互联网电视和 IPTV 等都将进入"高清时代"。2014 年 1 月，中央电视台开始进行 AVS+编码格式的高清节目上星播出。目前，中央电视台、湖南广播电视台、安徽广播电视台等已采用 AVS+标准播出高清电视节目，标志着 AVS+标准的产业化和应用推广取得了阶段性重大突破。国家新闻出版广电总局计划开展中央广播电视节目无线数字化全国覆盖工程，该工程将在全国实现县级以上发射台站（包括 2562 个无线台站，共 6293 部发射机）全覆盖，转播中央电视台 12 套节目，节目编码方式均将采用 AVS+编码。

2014 年 8 月，AVS 2.0 视频标准编辑工作完成。对比测试表明，AVS 2.0 的超高清和高清视频编码性能与同期国际标准相当，对于场景视频的压缩效率达到最新国际标准 HEVC/H.265 的两倍，并支持 4K 超高清电视，技术优势明显，在视频监控和超高清视频服务领域具有广阔的应用前景。AVS 2.0 作为新一代国家标准，有望成为中国视听产业特别是网络流媒体应用发展的新引擎。

H.265 是继 H.264 之后新的视频编码标准，与 H.264 相比，H.265 提高了压缩效率、鲁棒性和错误恢复能力，减少了信道获取时间和随机接入迟延，降低了复杂度。H.265 可以利用 1~2M 的传输速度传送 720P（分辨率为1280×720）普通高清音视频。H.265在压制1080P高清视频时，码率只有H.264的50%，但不影响清晰度。同样的内容，H.265可以较H.264减少70%~80%的带宽消耗，在播放1080P、4K、8K超清电影时能节约大量空间和带宽。

目前，应用H.265技术的编码器、解码器的产品竞相出现。H.265电影解码器、视骏HEVC/H.265解码器软件、华为秘盒4K+H.265等产品已在网络高清视听和互联网电视中得到应用，H.265技术商用化进程正在加速。

（二）自适应流媒体传输协议推动跨平台兼容

自适应比特流媒体技术是一种新型的互联网流媒体技术。在一个自适应传输系统中，该技术可使服务器在视频传输过程中根据网络带宽、缓存大小、客户端特性等因素，动态调整服务器所发送的视频资源，从而保证用户得到与当前网络状况和终端性能相适应的视频服务。

近几年，越来越多的服务提供商开始使用承载于TCP协议之上的HTTP协议，实现实时流媒体资源的分发和传输。各移动终端和服务厂商推出的流媒体解决方案大部分是基于HTTP协议实现的。其中较成熟的有苹果公司提出的HLS（HTTP Live Streaming）协议、微软提出的Smooth Streaming协议、Adobe提出的HDS（HTTP Dynamic Streaming）协议等。这些协议有一个共同点，即只能在本厂商生产的设备上应用，不具有跨平台的通用性。2011年底，MPEG（Moving Picture Experts Group，动态图像专家组）与3GPP（3rd Generation Partnership Project，第三代合作伙伴计划标准组织）联合提出了MPEG-DASH协议，并正式被批准为ISO标准。该协议综合了现有主流移动流媒体协议的基本架构，具备良好的媒体格式兼容性，实现了基于所有平台的智能终端的兼容性，满足了当前主流移动流媒体应用的需求，并有较高的传输性能、灵活性和可扩展性。

（三）HTML5提高页面播放视频效率

HTML5是HTML（超文本标记语言）最新的修订版本，2014年10月由

W3C（万维网联盟）完成标准制定，其目标是减少浏览器对于第三方插件的网络应用服务要求。与 HTML4 相比，HTML5 的一个亮点是提供直接内置播放媒体文件的支持，在网页内可直接播放音视频。HTML5 通过支持视频和音频元素、本地离线存储等，让开发者利用 HTML5 开发出媲美原生的应用，弥补了网页应用用户体验差的问题，改善了 Web 应用对视频和图片的支持性，使得 Web 应用可以和 App 应用抗衡。目前，谷歌浏览器 Google Chrome、微软 Internet Explorer（版本 9 以上）等主流浏览器已支持 HTML5 技术。基于 HTML5 页面的小游戏及轻应用不断涌现，如依托微信公众号建立的小游戏平台已逐渐成为用户游戏的首选，UC 浏览器的应用中心收录了数万款轻应用[①]。2015 年 1 月，YouTube 为增加开发者、视频主以及网民等使用 YouTube 的灵活性，默认使用 HTML5，取代原来的 Flash。HTML5 将迎来它的"黄金时代"。

三 大数据和云计算推动视听新媒体业务不断创新升级

大数据和云计算技术正进入高速发展期，并将引领新一轮科技浪潮，推动视听新媒体业务和服务不断创新，进而改变、提升视听服务的商业模式、产业运行模式。

（一）大数据实现节目的精准制作与用户推荐

大数据（Big data）指的是涉及的数据量规模巨大，以致无法通过人工在合理时间内截取、管理、处理，并整理成为人类所能解读的信息。大数据来源于用户与网络上的各种行为，尤其是微博、微信等社交网络产生的文本、音频、视频、图片等大量 UGC 内容，以及移动互联网收集的用户位置、

[①] 轻应用是无须下载、即搜即用的全功能 App，既有媲美甚至超越原生应用的用户体验，又具备页面应用的可被检索与智能分发的特性，将有效解决优质应用和服务与移动用户需求对接的问题。

生活信息等数据。

视听新媒体大数据包括视听节目本身和用户行为数据，具体为音频、视频、搜索、点击、评论、评价、暂停、回放、快进、收藏等用户行为。对视听新媒体大数据的分析能够为优化节目制作和用户体验提供技术支撑。比如，通过分析用户的观看习惯，建立偏好—时间模型，可精准预测用户在不同时间段的观看兴趣；通过挖掘用户发帖内容、朋友交互行为等社交媒体数据，可预测用户喜好及用户间影响，实现节目的社交化精准推荐。2014年，优酷土豆打造的互联网电影《老男孩之猛龙过江》可谓是大数据在视听新媒体领域的典型案例。在电影筹备之初，优酷做了一个大规模的数据调查，选出关键词"老男孩"，以这个调查结果为基础，在筹备大电影时"对症下药"。在优酷土豆集团推出的"中国网络视频指数"中，不仅能够清晰地看到"老男孩"粉丝的年龄、性别、职业和地域构成，以及影片顶踩、评论及转发数据，还可以看到用户在影片播放过程中的拖拽指数，获知其喜欢和不喜欢的内容点。可以通过对评论、留言等数据的分析，在影片拍摄和后期剪辑中有针对性地进行调整。该部电影虽然没有知名导演和豪华演员阵容，但仍然取得了不俗的票房成绩，票房收入为2亿元。2014年6月，迅雷看看完成迅雷集团4亿用户的用户标签化。迅雷看看对用户线上行为习惯的追踪及分析，已形成大数据。通过对大数据的分析，迅雷看看将对用户性别、地域、上网时间、行为兴趣、产品意向等进行标签，最终形成用户画像。经过进一步的数据挖掘，迅雷看看可对用户的消费能力、兴趣爱好、行为关系链等进行标签，从而可以针对不同用户群体推送不同的内容，同时，也为广告商实施精准广告提供依据。

（二）云计算技术实现跨屏跨域服务

云计算（Cloud Computing）是一种基于互联网的计算方式，通过这种方式，共享的软硬件资源和信息可以按需求提供给计算机和其他设备。云计算使企业能够更迅速部署应用程序，降低管理的复杂度及维护成本，并能够应企业需求高效地分配IT（Information Technology，信息产业）资源。在视听

181

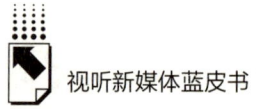

新媒体领域，云计算的应用主要有云存储、云转码、云分析等云端处理技术。例如，云转码（视频通过云端转换成适合用户终端设备播放的视频格式）能自动侦测、判断终端的类型和状态，像屏幕大小、网络状况等，对转码参数作实时动态调整，进而保证图像清晰度、播放流畅度。

近年来，基于云计算的云视频得到了较快发展。为各种终端用户呈现统一的云端内容，对用户终端自动适配，从而做到兼容各种终端设备访问。越来越多的企业利用云搭建内容分发网络（Content Delivery Network，CDN），这种部署策略具有稳定快速、调度准确、简单易用、节约成本等优点。2014年9月，江苏台采用电视云技术成功实现南京青年奥林匹克运动会体育赛事的转播。该云平台可实现电视节目采集、制作、存储、播控全流程联网，现场拍摄信号可通过网络接入电视云平台。媒体记者只需一个账号、一台普通电脑和足够的网络带宽，即可随意调用云端的各种视频素材，在任何时间任何地点编辑制作节目，并在电视、网站、手机等各种终端中播放。2014年11月，歌华有线完成"歌华云平台"一期建设。该平台能够提供覆盖电视机、手机、平板电脑等智能终端的跨屏服务，高清交互用户无须更换机顶盒即可实现平滑升级。2015年1月，中央人民广播电台和中国科学院达成合作，共同建设"中国广播云平台"。该平台面向全国广播电台、行业机构、个体用户开放资源共享与定制化服务，依托中央台、地方台等广播系统的内容资源，采用云计算、大数据处理、智能检索等技术，可将全国绝大多数广播电台的内容汇聚起来，同时，可构建中国移动互联网（车载）广播平台和国家级音频素材库。

四 视听新媒体终端技术稳步发展

终端技术的进步同样助推着视听新媒体服务的发展和繁荣。2014年，4K、8K电视及OLED电视等大屏幕终端显示技术逐渐成熟，移动智能终端也继续保持快速发展的局面。国家新闻出版广电总局主导开发的智能电视操作系统（Television Operation System，TVOS）正式发布并推向市场，页面应用和多屏互动应用更加广泛。

（一）4K 终端及内容逐渐推开

超高清电视能更加真实地还原画面，使电视节目的影像风格更趋电影化，画质更加清晰细腻，细节表现更加充分。超高清技术包括 4K 分辨率（3840×2160 像素）和 8K 分辨率（7680×4320 像素）两种，目前中国市场通常所说的超高清电视一般是指 4K 电视。

4K 节目在进行压缩编码时，需要使用 H.265 编码方式才能将基带信号进行有效压缩，使其满足传输信道的要求。但是该编码方式对处理器的依赖性很高，硬件设备需要随之更新，当传输信号源是 H.265 编码时，用户需要有相应硬件解码器才能接收观看。近年来，4K 摄像机逐步向小型化、低价化方向发展，降低了节目制作成本，促进了高端节目的超高清技术应用。同时，4K 终端设备也日益普及，价格降低，并已逐步进入普通家庭。在内容方面，4K 内容制播也从理论走向实践，4K 电视技术在 2014 年巴西世界杯和仁川亚运会上得到应用，美国视频网站奈飞（Netflix）也提供 4K 版本的《纸牌屋》、《绝命毒师》等热门剧的点播服务。在国内，搜狐视频打造的中国首部 4K 网络长剧《匆匆那年》让观众能够在电脑荧幕上观看电影级的视频。2014 年 4 月，乐视发布 4K 超级电视，进入 4K 电视领域。乐视还建立 4K 生态系统 Le4K，该系统包括 4K 内容与应用、4K 云平台、4K 屏幕、4 核处理器等，是一套从内容到云和端的完整体系，可为用户提供全方位的 4K 体验。乐视还将投入 2 亿元资金用于自制 4K 内容，1 亿元资金用于采购 4K 内容，乐视自制网络剧将全面 4K 化，并实现 4K 内容每日更新。

8K 超高清电视比高清分辨率（1920×1080 像素）大了 16 倍。也就是说，在高清画质下用一个像素点呈现的画面细节，在 8K 标准下将用 16 个像素点呈现。同时，其色彩质量也有了很大的提高。在制播设备方面，2014 年 5 月，日本 NHK 推出了首款便携式 8K 摄像机。在用户终端方面，夏普已经推出 85 寸 8K 电视。在内容方面，日本已经进行了 8K 电视的制播实验。2012 年的伦敦奥运会期间，NHK 制作了包括奥运会开幕式和一些比赛项目的多个 4K 直播和剪辑片段；2014 年巴西世界杯，NHK 启动了 8K 体验

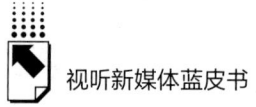
视听新媒体蓝皮书

活动,将 8K 技术的体育赛事直播实践向前推进了一步。此外,NHK 将于 2016 年在里约奥运会期间大规模测试 8K 赛事直播信号,而在 2020 年的东京奥运会上,他们将提供完整的 8K 信号服务。

(二)移动智能终端推动移动视频业务快速增长

近几年,智能手机和平板电脑成为全球半导体产业增长的主要引擎。随着 4G 手机的发展和推广,这种趋势远未结束。从技术发展看,多点触摸、智能语音等先进交互技术,增强现实、裸眼 3D 等显示技术,以及并行计算、新型传感器支持、软硬协同优化等相关技术不断发展并融合进入移动智能终端领域,在提高系统性能的同时,也大大增强了用户体验。此外,随着 Web 技术的发展及硬件能力的快速提升,移动操作系统及系统应用不断得到优化、革新。市场上的中高端智能手机和平板的处理器达到 4 核或 8 核。快速更新换代的移动终端满足了用户对高性能设备的需求,其运算能力已经不逊于个人电脑,成为个人移动计算中心。移动互联网基础设施逐渐完善,智能设备的普及以及视频服务机构的推动,使移动端音视频用户快速增长。截至 2014 年底,中国移动视频用户规模为 3.13 亿户,比 2013 年底增长了 6611 万户,增长率为 26.8%;手机网民使用率为 56.2%,比 2013 年底增长 6.9 个百分点[①]。随着视频向高清/超高清化方向发展,移动音视频业务对终端性能的要求越来越高,这也反过来促进移动智能终端不断升级换代。

(三)智能电视操作系统(TVOS)规模化推广

TVOS 是国家新闻出版广电总局科技司牵头研发的基于 Linux 和安卓系统的智能电视操作系统,安全性高、开放性好,并能支持多硬件平台和多种终端产品形态,如支持不同主芯片和外设芯片组合方案,支持数字电视机顶盒和一体机、互联网电视机顶盒和一体机及二者的融合形态等。2014 年 12

---

① 中国互联网络信息中心(CNNIC):《第 35 次中国互联网络发展状况统计报告》,2015 年 2 月 3 日。

月，陕西广电网络TVOS规模应用示范启动，其研发的智能终端成为全国首款可商用的TVOS智能终端。同时，上海东方有线、江苏有线、华数集团、吉视传媒等也陆续启动TVOS规模应用。

（四）可穿戴设备技术逐渐成熟

以可穿戴设备为代表的新型智能终端初露峥嵘。目前市场上的可穿戴设备可分为三类，即智能眼镜（包括眼镜、头盔、头带等）、智能手表（包括手表和腕带等）以及智能服装、鞋、配饰等非主流产品形态。可穿戴设备与传统移动智能终端相比，具有体积小巧、实时接触的特性。应用于可穿戴设备的关键技术除了与移动终端类似的硬件平台与操作系统技术外，还大量采用了传感技术、人机交互技术。在传感技术中，运动传感器（包括加速度传感器、陀螺仪、电子罗盘传感器等）能够实现运动探测、导航、娱乐等功能；生物传感器能够实时进行健康和医疗监控，实现健康预警、病情监控等。在人机交互技术中，语音控制、人脸识别、手势控制、增强现实、眼球追踪等新型技术开始在可穿戴设备中应用。例如，谷歌智能眼镜（Google Glass）核心技术涉及语音控制、手势控制、微投影、骨传导、增强现实等方面。此外，高性能电池、新一代蓝牙标准、低功耗Wi-Fi等技术的不断进步及应用，极大地改善了智能可穿戴设备的用户体验。

可穿戴设备将引领下一次智能终端浪潮。2014年，Google Glass正式开放网上订购，引起业界强烈轰动。视频分享网站YouTube上已经有大量用户分享通过Google Glass所拍摄的视频，以第一人称视角所拍摄的视频具备很强的现场感和感染力。2013年，中国互联网公司开始商业化开发可穿戴设备。百度云联合第三方公司陆续发布了咕咚手环、inWatch智能手表、MUMU智能血压计和Latin体脂测量仪；360推出了儿童卫士手环。2014年9月，湖南广电的芒果娱乐公司推出首款亲子智能手表"咘瓜"，可满足年轻父母与孩子的互动需求，阿里集团旗下的阿里云以及高德地图为"咘瓜"亲子智能手表的通信、定位、数据存储及运算传输等提供技术保障。2015年，中国可穿戴设备市场出货量将超过4000万部。

B.16
中国视听新媒体走出去现状与趋势

随着基于互联网的新兴媒体的崛起，视听新媒体正在成为中国广播影视走出去的重要力量、重要载体和重要平台。

一 中国视听新媒体走出去的基本情况

中国传统主流媒体和新兴的视听新媒体服务平台积极通过自建新媒体渠道或与海外新媒体机构合作的方式走出去，形成了国有和民营视听新媒体机构共同走出去的新格局。

（一）中国视听新媒体走出去的主体

1. 国有媒体旗下视听新媒体力量成为走出去的主力军

以中央电视台旗下中国网络电视台（CNTV）、中国国际广播电视台旗下国际在线、新华社旗下新华网等为代表的国家级媒体兴办的视听新媒体，是中国视听新媒体走出去的主力。2014 年，国际在线通过 65 种语言向 180 多个国家和地区传播中国视听节目，其中，芬兰、瑞典、丹麦、冰岛、挪威、荷兰、爱沙尼亚、立陶宛等 8 种语言网站实现了本土化发布。2014 年，国际台旗下中华网 22 个文种网站上线运营，成为具有多语种传播优势的网站。截至 2014 年底，国际在线多文种网站、中华网和其他网站的独立用户数（UV）月均 4399 万人，日均页面浏览量（PV）1012 万人次。2014 年 6 月，国际台与英国普罗派乐卫视有限公司、英国光谱广播网公司达成合作，国际台英文中华网（English.China.com）在伦敦上线发布。2014 年 10 月，国际台在伊斯坦布尔推出土耳其文"丝绸之路网"及汉语教学和交流平台、国际版互联网电视机顶盒"中华云盒"、土耳其文"中华移动浏览器"以及土耳其文"你好中国"移动客户端。CIBN互联网电视覆盖北美、欧洲、东南亚、土耳其、泰国、中国台湾等多个国家和地区,通过60多家海外播出机构,为当地用户提供高品质的新媒体运营服务。CNTV积极布局海外新媒体市场,大力建设海外本土化网站及海外镜像站点,推出CNTV多语言版本客户端、CCTV-NEWS客户端以及熊猫客户端等。同时,CCTV还入驻海外重要视听新媒体、社交媒体平台,进一步扩大传播效果,提升影响力。新华网依托在海外的180多个分社,建立了欧洲、亚太和北美运营中心,统筹运营海外分网、外文网站和中文国别频道,在欧洲和亚太主要国家推广多语种客户端,并利用Twitter、Facebook等社交网站与海外用户互动。新华网还将在海上丝绸之路沿途国家建设更多的外文网站及多语种的中国—东盟资源平台,如越南语、老挝语、缅甸语、欧洲德文网站等,并将建设多个以国家命名的国别频道,如韩国频道、泰国频道、澳大利亚频道等。中央新影集团、光明日报社、国务院新闻办公室、国家旅游局等政府机构也在YouTube上进行新闻、旅游等节目内容的运营。

近年来,地方广电机构走出去的意识逐渐提升,尤其是随着海外视听新媒体平台的发展,节目内容走出去的成本大幅度降低,许多地方卫视频道以及一些优秀、有特色的栏目节目纷纷在YouTube、Twitter、Facebook等平台设置官方频道或开通官方账号,直接上传自己的节目,并进行运营。北京卫视、天津卫视、安徽卫视、山东卫视、湖北卫视、浙江卫视、上海卫视、湖南卫视等,均在YouTube上运营自己的频道或节目内容,部分卫视还同时在Facebook、Twitter上开通了官方账号。

2. 民营视听新媒体机构积极开展海外市场运营

一些民营视听新媒体公司整合国内广播影视内容,在海外开展经营服务。蓝海电视开发的蓝海融媒体云平台,集成了国内多家内容提供商的节目,通过一云多屏技术向海外用户提供英文视听节目服务。东方嘉禾、葡萄籽、世纪悠悠、克顿等集成运营商在YouTube上开展代运营业务。其中,东方嘉禾与YouTube、Facebook、谷歌、德国电信、亚马逊、Dailymotion等国际互联网企业或视频网站建立了合作关系,并通过自主研发的多项专利技术,向海外电脑、手机、电视等多终端分发内容。截至2014年底,东方嘉禾在YouTube、Facebook等平台上共运营了300多个官方频道,通过50多种语言向全球260个国家和地区推广传播中国视听节目内容,拥有超过1000万的月独立用户,月度覆盖超过1.2亿海外用户。

(二)中国视听新媒体走出去的主要模式

中国视听新媒体主要通过自建渠道、与海外新媒体平台合作两种方式走出去。其中,CNTV采取了"两条腿走路"的方式,地方卫视及其他机构主要通过与海外新媒体合作的方式走出去。

1. 自建渠道,实现本土化传播

自建渠道走出去,即媒体自己在海外建立镜像站点,直接向海外用户提供视听节目服务。自建渠道可以控制产品开发及渠道运营,并直接获取经营收益。以CNTV、新华网等为代表的国家级媒体所兴办的视听新媒体,主要通过建立海外镜像站点的方式走出去,取得了明显成效。

2. 借船出海,YouTube及社交网站成重要合作平台

借船出海,即通过海外平台走出去。相对国内视频网站林立、竞争激烈的现状,国际上的新媒体平台较为集中,主要包括谷歌旗下的视频网站YouTube、苹果的iTunes和App Store、亚马逊以及社交网站Twitter和Facebook等。地方电视台、影视制作公司等主要通过自己运营或者委托公司代运营的方式,在YouTube、Twitter、Facebook等平台上开设自己的官方频道,从而进入海外视听新媒体市场。这一方式可充分利用国际成熟的视听新媒体平台在技术、平台、用户、品牌等方面的资源,在短期内迅速开展运营。通过苹果、谷歌和亚马逊等应用商店分发移动客户端,不仅可以快速向全球200多个国家及地区用户提供服务,而且大大降低了落地成本,提高了传播覆盖的广度及效率。合作的方式主要是广告分账和用户付费分成,如国内内容方如果向YouTube用户提供免费视频服务,其广告收入将与YouTube进行五五分成;国内内容方如果选择付费观看,则需遵守对方用户每月支付 0.99~8 美元、每个频道有 14 天免费观看期等规则。

二 CNTV 走出去新格局及新特点

早在 2013 年初，CNTV 就制定了"一云多屏、全球传播"的发展战略。随着视听新媒体发展的平台化、移动化和社交化，CNTV 走出去形成新格局。

（一）大力建设海外本土化网站及镜像站点

CNTV 2011 年开始建设海外本土化网站。截至 2014 年底，CNTV 已建成北美、亚太及俄罗斯俄语、非洲法语、英语等本土化网站。这些本土化网站面向当地用户，使用当地语言报道本地新闻，提供当地政治、经济、社会、文化等方面的信息服务。CNTV 还建立了伦敦、洛杉矶、新加坡、莫斯科、迪拜、悉尼、多伦多、纽约、马德里、法兰克福等 10 个海外镜像站点，覆盖全球 210 个国家和地区，大大提高了覆盖地区用户访问页面和打开视频的速度。2014 年 4 月，央视北美分台网站 www.cctv-america.com 正式上线，为美洲用户提供量身定做的中国视听节目服务。截至 2014 年底，该网站平均每周点击量近 10 万次，单日最高点击量近 3.5 万次，累计用户达到 40 万。央视 CCTV-NEWS 非洲区制作中心与肯尼亚 Buni TV 网站达成合作，为其网站提供视频节目。目前，CCTV-NEWS 在北京总部和北美、非洲区域制作中心共运营 6 个社交平台、17 个账号，仅主账号 CCTV-NEWS 的日发稿量就近 70 条。截至 2014 年底，CCTV-NEWS 全球总点击量突破 4500 万次，粉丝遍布 45 个国家，全球总粉丝数达到 236 万人，其中海外活跃粉丝 80 万人。

（二）加强移动客户端海外布局

2011 年 3 月，CNTV 客户端首次登陆 iPad，并发布两会报道，海内外用户可通过 iPad 收听、收看两会直播和点播内容。经过几年努力，CNTV 客户端共开发了中文、英语、西班牙语、法语、俄语、阿拉伯语 6 种语言

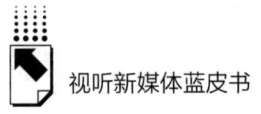

的版本,向亚洲、欧洲、北美等近百个国家和地区的用户提供中国电视节目的直播和点播服务。在亚洲、澳洲等地区的苹果应用商店里,CNTV客户端长期保持下载排行榜前10名的位置,在欧洲地区也跻身下载排行榜前50名。

2013年,CNTV熊猫频道上线。熊猫频道在都江堰疾控中心、核桃坪野化培训基地、卧龙大熊猫野外栖息地布设60多路摄像头,共有22路直播节目信号,是全球最大的关注单一野生动物物种的直播平台。熊猫频道与美联社、路透社等境外主流媒体建立直接联系,截至2014年底,视频内容被BBC、CNN等1144家境外电视频道使用1.5万多次,国际影响力显著提升。CNTV还加强熊猫频道在海外社交平台上的运营和推广,目前已有10.5万粉丝,周覆盖人数超过45万人次。2015年1月,CNTV旗下的互联网电视运营主体未来电视推出新版熊猫电视客户端App,该客户端将登陆2014、2015版三星智能电视,覆盖美国和东南亚地区,用户可通过该应用收看未来电视集成的海量华语电视节目。

CCTV-NEWS客户端主打短视频,通过海外社交平台和客户端产品进行全球化运营。目前,CCTV-NEWS品牌已经成为海外主流媒体关注中国新闻的窗口,发布的多条中国突发新闻被美国全国广播公司(NBC)的突发新闻账号抓取并进行多平台推送。CNTV还开发了垂直频道客户端"我爱非洲"。该客户端通过中文、英语、法语、阿拉伯语4种语言进行24小时直播,覆盖非洲高端用户。

(三)入驻海外新媒体平台

YouTube是CNTV入驻的主要境外视频平台。CNTV很早就通过YouTube进行传播。2013年,肯尼亚首都内罗毕一家商场发生枪击案件,央视独家视频在YouTube发布后,短短24小时内点击量就达到数百万。熊猫频道出品的原创视频《小团子抱住奶爸大腿不让离开》,在YouTube上引起路透社的关注,经授权路透社播出后,被《每日邮报》、美国在线等200多家媒体选用,并取得路透社当日视频排行榜前10名的成绩。截至2014年

10月29日，运营仅一年多的CCTV - NEWS账号在YouTube的总点击量达到1393万次，首次超过运营时间长达9年的美国CNN国际频道账号。2015年2月，央视把春晚推送到YouTube。

Facebook和Twitter是CNTV入驻的主要社交媒体。2014年，CNTV持续加强其在海外社交媒体所设账号的运营。央视英语、西班牙语、法语、阿拉伯语、俄语五个语种频道在CCTV统一主品牌下形成海外社交媒体账号集群，通过电视屏幕、社交媒体以及客户端三大传播平台的联动，有效提升了国际传播影响力。截至2014年底，CCTV - NEWS在Facebook平台上的粉丝遍布45个国家，覆盖人群超过1亿人，粉丝增长率超过卡塔尔半岛电视台（Al Jazeera）、英国广播公司（BBC）、美国有线电视网（CNN）等知名媒体国际频道账号。在Twitter平台上，CNTV吸引了众多精英粉丝和意见领袖，包括BBC、半岛电视台、美联社、路透社、法新社、《纽约时报》、《华尔街日报》、哥伦比亚广播公司（CBS）等媒体的记者，以及利兹大学、诺丁汉大学、约翰内斯堡大学、阿尔伯塔大学、经济学者协会等机构的专家学者等。

CNTV还在海外社交平台推出"iLove Panda熊猫"、"那些正在消失的技艺"、"世界文化遗产在中国"、"衣说中国"等"中文主题月"系列活动，展现当代中国风貌，传播中国传统文化。CNTV通过多种方法提高活动与节目的影响力。一是结合时事热点，制作精品内容。例如，在"中国最美古村镇"主题活动中，CNTV结合"世界互联网大会"，向全球华人展现乌镇风景和文化特色，唤起海外华人对中国美景和文化的怀恋与向往。二是对传统文化进行现代解读，获得良好互动效果。例如，国庆系列多媒体特别报道《中国面孔》在Facebook的观看量超过300万次，有4.3万海外网友点赞。法语国际频道在Facebook和微博平台推出3期《体育在线之体验真功夫》（中文和法文版），深入浅出地介绍推广中华武术文化，该节目累计阅读量达到10万次，得到非洲以及法国观众的好评。三是研究用户需求，提高传播效果。CNTV根据每条帖文的阅读量、转发量、用户评论留言等，有针对性地改进帖文内容、形式及语言风格，提高帖文阅读量。例如，《走遍中华历史名城桂林》单条帖文获得了88.75万次曝光，参与互动用户达到5.75万人。截至2014年底，CNTV推出的主题活动总覆盖人群近2300万人，总曝光量达4200万次，共有250多万海外实名用户参与互动，帖文获赞超过115万次。

三 基于YouTube的中国视听新媒体传播格局与特点

YouTube是世界第三大网站，全球第一大视频网站，是目前国际视听新媒体领域覆盖范围最广、运营规则最为开放，实力最为强大的平台。YouTube提供免费的在线视频服务，拥有10亿月度活跃用户，每天产生40亿次视频观看量，每周有1亿用户在YouTube上进行"顶、分享、评论"等社交行为。近年来，央视、地方卫视、民营影视公司等，纷纷在YouTube上开辟官方频道并开展运营。据统计，2014年1月，中国视听节目在YouTube平台上的播放总时长超过2亿分钟；4月，播放总时长达到3亿分钟，是全年最高水平；5、6月出现下滑，7～12月平稳发展略有增长，维持在2亿分钟左右（见图1）。

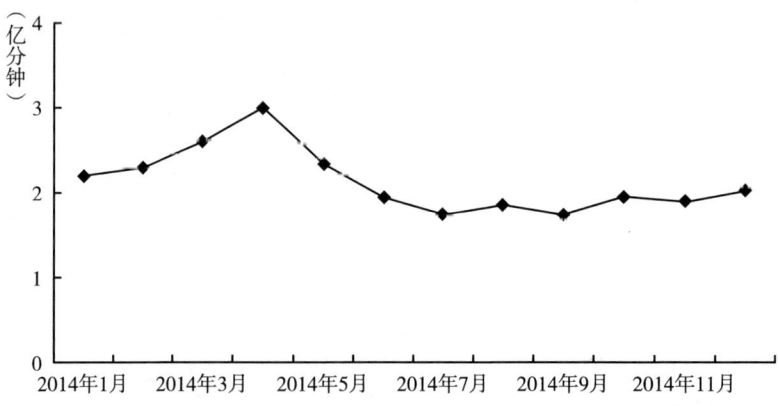

图1 2014年YouTube平台中国频道节目月度播放时长

数据来源：东方嘉禾。

（一）广电媒体在YouTube上形成新的竞争格局

截至2014年底，广电媒体、影视制作公司、视频网站等在YouTube上运营的频道共有300多个。用户规模排名前三位的是湖南卫视、央视、江苏卫视，其用户规模分别为81.61万户、52.24万户和36.47万户，用户规模超过10万户的电视频道包括东方卫视、凤凰卫视和贵州卫视（见图2）。

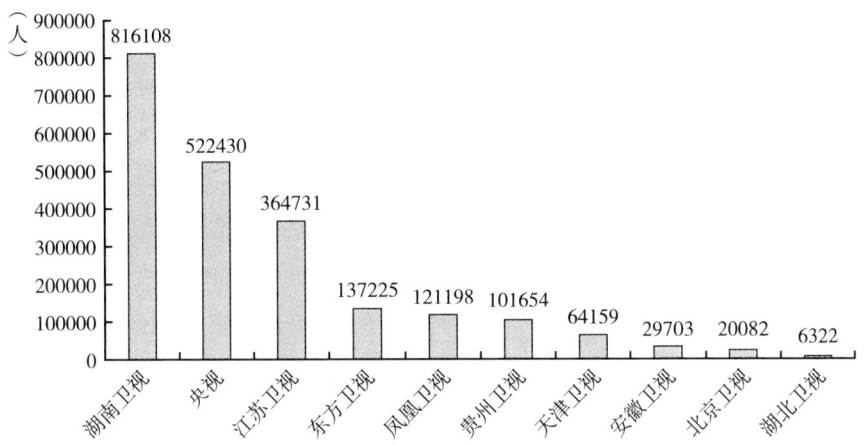

图2　YouTube平台用户数排名前十位的中文电视频道

数据来源：东方嘉禾。

2014年，播放总次数排名前三位的广电媒体是湖南卫视、央视和江苏卫视，播放总次数分别为3.29亿、2.12亿和1.93亿次（见表1）。播放总次数排名前三位的影视公司分别是华录百纳、克顿传媒、华策，其中华录百纳与克顿传媒的播放总次数均超过2000万次，华策的播放总次数超过1000万次（见表2）。

表1　2014年YouTube平台上播放次数排名前三位的中国电视台

机构名称	播放总次数（亿次）	机构名称	播放总次数（亿次）
湖南卫视	3.29	央视	2.12
江苏卫视	1.93		

数据来源：东方嘉禾。

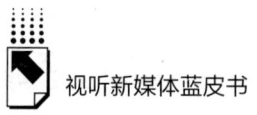

表2　2014年YouTube平台上播放次数排名前三位的中国影视制作公司

影视制作公司	播放总次数（万次）	影视制作公司	播放总次数（万次）
华录百纳	2715	克顿传媒	2550
华策	1161		

数据来源：东方嘉禾。

（二）综艺节目及电视剧最受海外用户欢迎

2014年YouTube平台上年度播放总次数排名前十位的视频中，综艺节目有6个，占60%。其中，央视《马年春晚》、安徽卫视《我为歌狂》、贵州卫视《非常完美》等综艺节目播放次数较多。此外，社会热点新闻视频、微电影、视频网站自制剧等也受到用户欢迎（见表3）。

表3　2014年YouTube平台上播放总次数排名前十位的中国视频内容

机构名称	视频名称	播放总次数（万次）
中央电视台	《马年春晚》之歌曲《情非得已》	203.51
中央电视台	《马年春晚》之杂技《梦蝶》	185.99
贵州卫视	《真相》	75.34
安徽卫视	《我为歌狂》2总决赛之李佳薇《煎熬》（高清版）	73.21
北京卫视	《我是演说家》之《别对你爱的人飙狠话》	72.55
芭乐传媒等	《青春盛宴》（微电影,高清完整版）	72.84
搜狐视频	《屌丝男士》3《男神回归》（高清完整版）	53.78
贵川卫视	《非常完美》之《男神帅瞎眼的小苹果》	51.10
贵州卫视	《非常完美》之《黄渤被告白 四男为女神转身》	48.90
搜狐视频	《屌丝男士》3之《吉泽明步恋情大曝光》	45.57

数据来源：东方嘉禾。

2014年播放次数排名前十位的电视栏目，均是综艺娱乐类栏目，有5个电视栏目播放总量超过1000万次。歌唱类、户外真人秀等栏目表现突出，老牌综艺节目《非诚勿扰》、《快乐大本营》等也有较好的播放成绩（见表4）。其中5个栏目来自湖南卫视，展现出湖南卫视在综艺节目方面的强大实力。

表4 2014年YouTube平台上总播放次数排名前十位的电视节目

机构名称	节目名称	播放总次数(万次)
江苏卫视	非诚勿扰	4748.74
浙江卫视	中国好声音3	1870.90
湖南卫视	我是歌手2	1739.05
湖南卫视	快乐大本营	1736.68
湖南卫视	爸爸去哪儿2	1618.56
浙江卫视	奔跑吧兄弟	916.50
东方卫视	中国梦之声2	821.92
湖南卫视	天天向上	682.51
湖南卫视	花儿与少年	347.03
江苏卫视	最强大脑	75.84

数据来源：东方嘉禾。

2014年度播放次数排名前十位的电视剧中，有2部播放总次数超过1000万次，7部超过100万次，仅有1部低于100万次。排名前十位的电视剧均是2014年国内网上热播电视剧，涵盖青春偶像、古装神话、都市言情、历史军事等各类题材（见表5）。

表5 2014年度YouTube平台上播放次数排名前十位的中国电视剧

电视剧名称	播放总次数(万次)	电视剧名称	播放总次数(万次)
杉杉来了	2280.77	离婚律师	1172.50
步步惊情	458.91	妻子的秘密	317.15
宫锁连城	293.01	因为爱情有奇迹	147.75
红高粱	140.83	勇敢的心	123.26
古剑奇谭	117.97	风中奇缘	94.22

数据来源：东方嘉禾。

（三）年轻海外华人是主要用户

海外视频用户集中在中国台湾地区、北美以及东亚等华人聚集地区。澳大利亚、英国等国也有不少用户。观看中文视听节目的海外用户，25~34

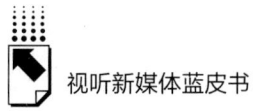

岁年龄段用户占比最高,其次是18~24岁、35~44岁年龄段,年轻化特征突出(见表6)。

表6 YouTube平台上中文视听节目海外用户地理位置及年龄分布情况

地区/国家	观看次数(万次)	13~17岁(%)	18~24岁(%)	25~34岁(%)	35~44岁(%)	45~54岁(%)	55~64岁(%)	65岁以上(%)
中国台湾	5119.56	8.2	28	25	16	12	6.7	3.0
美国	3155.76	2.9	24	35	14	11	7.6	5.1
马来西亚	2114.33	7.0	32	32	15	8.3	4.1	1.9
中国香港	1581.42	8.7	29	31	13	9.0	6.0	3.3
加拿大	1303.79	4.0	31	31	14	11	5.5	3.9
新加坡	1161.32	3.9	27	36	15	10	5.7	2.5
澳大利亚	914.71	2.4	35	43	8.6	5.5	3.6	1.9
英国	675.12	2.0	54	31	6.6	3.4	1.9	1.1
日本	547.35	1.5	25	51	12	6.3	3.4	1.6
泰国	434.52	7.1	31	33	14	7.1	3.9	3.0

数据来源:东方嘉禾。

用户主要通过计算机、手机以及平板电脑观看视听节目。其中,通过计算机观看的人次占45%,通过手机和平板电脑观看的人次占52%。从时长来看,移动端用户与计算机端用户基本持平,通过计算机观看的时长总计约2135万小时,通过手机和平板电脑等移动终端观看的时长总计约1915万小时(见表7)。

表7 YouTube平台上中文视听节目的海外受众使用不同终端观看次数及时长

设备类型	观看次数(万次)	观看时长(万小时)	平均观看时长(分钟)
计算机	9187.33	2135.62	13.95
手机	6585.36	994.52	9.06
平板电脑	3909.34	920.22	14.12
未知	362.61	85.40	14.13
电视	221.14	78.79	21.38
游戏机	19.45	4.81	14.85

数据来源:东方嘉禾。

专题研究

Focuses

BⅢ-1 融合发展

.17
4G网络技术对广播电视的影响及对策

从 2013 年底工业和信息化部正式向电信三大运营商发放 4G 牌照以来，中国 4G 网络建设步入快速发展阶段。4G 网络技术既能极大推动新媒体新业务的发展，又会对现有视听生态环境产生巨大影响，使广播电视事业产业发展和管理工作面临前所未有的机遇与挑战。

一 4G带来的新变化和新业务

移动通信系统先后经历了模拟蜂窝系统（1G）、数字蜂窝系统（2G）、无线移动通信系统（3G），到第四代移动通信技术（4G）的演进。4G 又称高级国际移动通信（IMT – Advanced）技术，支持无线传输高质量视频图像。2010 年 10 月，国际电信联盟（ITU）批准 3GPP 长期演进技术（3GPP Long Term Evolution，LTE）的增强版本 LTE – Advanced 和全球微波互联接

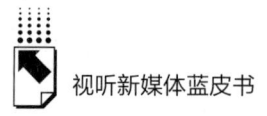

入技术（WiMax）的增强版本 Wireless Man–Advanced 成为第四代移动通信的正式技术方案。目前全世界绝大多数电信运营商都确定采用 LTE 作为向 4G 的演进路线。

4G 通信技术有几个特点和优势：一是传输速度快，数据量大，特别是在移动视频应用中的优势最为显著；二是通信更加灵活，接收终端功能更加强大；三是能够构建智能信息网络，可以传输高分辨率的视听节目，从而成为合并广播和通信的新基础设施中的一个纽带；四是成本更加低廉，在中国香港、美国等地，一般 4G 下载流量都可包月无限量使用。

4G 时代的到来，将直接或间接带动以下业务的发展。

在线视频及视频分享。4G 的应用使随时随地观看高质量视频成为可能，越来越多的用户使用视频应用软件（App）观看影视节目。微视、微拍、图片分享应用 Instagram 等短视频和照片应用 App 层出不穷，4G 将给社交媒体和秀场视频直播等业务集聚更多的人气。

多屏联动。手机、电脑和电视之间的三屏联动或将成为基础服务，用户可以轻松实现各类屏幕之间的"无缝链接"。

即时通信。即时通信作为第一大网上应用，在网民中的使用率持续上升，截至 2014 年底已达 90.6%，4G 的应用将推动移动即时通信业务，特别是视频交流应用的发展。

手机电子商务。随着 4G 的应用以及近距离无线通信技术（NFC）、蓝牙密钥（蓝牙 Key）等新技术的进一步发展，以手机为载体的金融类应用将继续得到拓展。

手机游戏。4G 网络的普及和智能手机硬件的提升促进了精品化、大流量移动游戏的进一步发展。截至 2014 年底，中国网络游戏用户规模达到 3.66 亿户，手机网络游戏用户规模为 2.48 亿户，手机端游戏用户成为最核心的增长动力。

移动政务。近几年来，移动政务领域出现一些便捷亲民的新应用。依靠 4G 的高速数据网络，智能移动终端用户可以随时随地处理政务，在提升政府机关效率、降低办公成本等方面具有巨大潜力。

各方均看好未来4G行业规模。据美国市场研究公司HIS在2013年2月发布的预测，中国4G用户将从2013年的100万户增至2017年的4.4亿户，而中国移动凭借早期在TD－LTE上的发力，将以52%的占比成为该市场的领导者。英国市场研究公司Juniper Research的报告显示，2017年，全球4G－LTE服务收入将从2013年的750多亿美元增长到3400多亿美元，这一数字将占2017年所有（2G、3G和4G）移动服务收入的31%左右；70%的4G－LTE收入将来自北美、远东市场。

二　4G对广播电视的影响及挑战

（一）我国广播电视发展现状及趋势

广播电视依然是当今覆盖面最广、影响力最大的媒体。经过多年的发展，我国已形成了无线、有线、卫星等多技术多层次混合覆盖的现代化广播电视网络，传输覆盖体系不断完善，行业规模稳中有升。同时，数字化、网络化的发展也影响着广播电视的未来发展走向，主要有以下几点。

1. 广播电视传输网逐渐互联网化

随着中国下一代广播电视网（NGB）建设的加快和三网融合的全面推进，有线电视网的互联网化（IP化）将成为重要趋势。在有线电视网IP化的进程中，接入网将成为关键环节，应当具备可管可控、支持家庭网络和多屏应用、易于维护等特点，对潜在的各类业务有足够支撑能力。

2. 广播电视传播方式多元化

数字技术、网络技术的发展，正在彻底改变着传统的广播电视传播方式。未来，广播电视将逐渐演变为有线电视、IPTV、互联网电视等多种方式并存的格局。欧盟2013年4月发布的《开创一个完全融合的视听世界：发展、创造和价值》绿皮书认为，预计到2016年，互联网电视将成为欧盟各国家庭收看电视的主流方式。

3. 传统媒体与新媒体逐渐融合

融合是近年来广播电视发展最重要的特征之一。传统广电媒体与新媒体

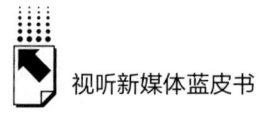

之间的融合互动正逐步实现内容制作、推广、播出、反馈等各环节的全方位联动。广播电视台通过自办网络视听新媒体,与视听新媒体联合营销节目与广告、共同开发新业务、成立合资公司、实现台网一体化发展等,走融合发展之路。

(二)4G的影响及挑战

1. 现有广播电视覆盖方式下的用户总量可能会逐渐减少

传统广播电视用户与视听新媒体用户之间存在"此消彼长"的关系。传统广电收视收听人群向视听新媒体迁移,是近年来广播电视发展中面临的严峻挑战。4G的应用将加速这一趋势。

网络视频已经形成庞大的用户规模,4G应用将带来手机视频新业务的开发和用户观看体验的提升。中国互联网络信息中心(CNNIC)数据显示,截至2014年底,中国手机视频用户规模为3.13亿户,与2013年底相比增长了26.8%。视频节目在移动互联网流量中的占比不断提高。在一些重点网站,移动互联网视频流量占全部视频流量的比重从2010年底的10%上升至2014年底的60%左右。4G的发展将巩固和继续加强这一趋势。

4G的发展将对地面无线电视、移动多媒体广播电视(CMMB)、专网手机电视(广电单位负责集成播控,电信运营商负责传输分发)等业务造成一定冲击。4G移动网络可支持高品质的流媒体和广播业务,将对现有的利用地面无线电视传输技术开展的业务形成较大影响。基于4G网络的增强型多媒体广播/多播服务(eMBMS)业务,能够针对特定区域开展推送式广播服务,或将对CMMB形成较大冲击。随着4G的应用和流量资费的降低,公网手机视频将得到快速发展,公网上将出现内容足够丰富且相关信息免费的大量视频App,专网手机电视用户规模有可能出现增长放缓。

2. 广播电视台及有线电视公司的广告总量可能会持续下滑

用户收听收视习惯的改变势必带来广告投放的迁移。目前,虽然在线视频行业广告收入的"蛋糕"总体上还比较小,但正在快速变大。4G的应用将带来移动互联网广告收入的增加。有业界人士认为,移动视频的贴片广告单价会高于PC端的广告单价,因为它离用户更近、指向性更强、广告价值更高。与此同时,包括电视台在内的传统媒体受众呈现老龄化趋势,广告收入明显下滑,视听新媒体与广播电视广告规模之间的差距将逐步缩小。

3. 新媒体对广播电视的渗透愈加严重

在传统视听节目产业链中,电台电视台最大的优势在于播出平台的优势。4G对广播电视最大的挑战,就在于视听节目的播出主体和传播渠道将愈加多元化,广电媒体的传统优势地位面临严峻挑战。基于PC端的视听节目服务,商业网站已经确立优势地位;大量视频网站将在4G时代迎来新一轮发展机遇,在移动终端视听节目服务中,广电媒体有再次失去主导权的危机。一些重点商业网站的移动客户端下载量已经超过广电媒体的移动客户端下载量,移动互联网的入口已经被腾讯、百度、360等互联网巨头垄断,加上移动网络运营商的强势,广电媒体要想主导移动终端视听节目服务格局将变得非常困难。

4. 节目内容监管难度大幅上升

4G的到来将给移动互联网视听节目监管带来一些新的变化:一是节目来源越来越广泛,播出平台越来越多样;二是传播渠道越来越个性化,媒体的互动性越来越强,4G支持高速视频上传,每个用户都能变成一个节目源,用户生成内容(UGC)数量可能出现大幅增长;三是技术方式越来越复杂,传播过程越来越隐蔽,为不良内容传播提供了可乘之机。4G的发展导致视频应用与人的伴随性更强,节目下载、上传和分享更为方便和快捷,相关业务的融合更加深入,盗播、盗链问题更为严重,从而导致视听节目监管难度越来越大。

三 广播电视系统对4G的应对策略

4G是网络技术发展的必然。面对4G给广播电视带来的巨大影响和冲击,广电人应当增强紧迫感和使命感,统筹规划,多管齐下,从改革管理理

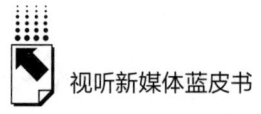

念、顶层设计、体制机制、管理手段等方面入手，积极主动地迎接发展、应对挑战，把握广播电视未来发展和管理工作的主动权。

（一）统一认识，增强应对4G的信心

我们要清醒地认识到，4G是科技发展和产业发展的必然趋势。对于这种影响和冲击，任何行业保护都是无法阻止的。面对4G时代的到来，广电系统首先要做的是统一认识，深刻理解数字技术、网络技术更新换代的必然性，深刻理解融合发展的必然趋势，强化竞争意识、开放意识、合作意识，主动顺应技术和产业的发展潮流，积极投入竞争，增强自身活力，推动业务转型发展。

（二）加快推进体制机制改革

随着4G的广泛应用，网络视听新媒体与传统广播电视的节目内容、播出平台、接收终端等逐步趋同，我们必须建立起"大视听"的概念，从更宏观的角度来统筹广播电视和视听新媒体发展和管理，绝不能人为造成割裂。目前，在我国，由于广播电视和视听新媒体事实上存在"双轨制"管理模式，传统广播电视机构在发展新媒体方面还存在一些体制机制障碍，在一定程度上阻碍了传统媒体发展新媒体。为此，必须要推进体制机制改革，为广播电视发展新媒体业务创造更加有利的政策环境。

一是在管理上逐步接轨。在国外，发达国家呈现出将视听新媒体和传统视听媒体作为统一的"大视听"进行监管的趋势，如欧盟2007年出台《视听传媒服务指令》（2009年全面实施），将电视和视听新媒体同样纳入规制范围。为推动传统广播电视与视听新媒体融合发展，在相关管理法规和管理要求上，应推动两类法规逐渐并轨、统一，为传统广播电视与视听新媒体提供相同的准入、资金支持和运作环境。传统广播电视播出机构只有在规模和资金实力上占据了制高点，才能真正占领宣传舆论阵地。

二是推动资本准入规定逐步接轨。目前，传统广电播出机构在资金利用、上市融资等方面存在诸多限制；而新媒体商业机构可以自由利用社会资本和境外资本，可以更加方便地上市融资。这就直接导致视听新媒体商业机构对广电播出机构在资本实力、用户影响等方面优于传统媒体。因此，我们应当探索打通传统媒体通向资本市场的管道，积极吸纳社会资本为我所用，积极探索利用资本手段促进传统广播电视机构发展的新思路新举措。

三是推动人员激励制度逐步接轨。目前，与视听新媒体商业机构相比，传统广播电视播出机构在人才选拔、激励机制、管理体制等方面存在种种弊端，应积极创新管理制度，积极创新人才使用与激励机制，建立适合媒体特点的业绩衡量机制和激励机制，着力打造优秀的媒体人才队伍。

（三）规范4G条件下新业务的发展和管理

移动互联网是网络视听节目的重要传播渠道，今后，应当将加强移动互联网传播视听节目管理列为新媒体管理的重点。

一是重点加强针对移动互联网的监管技术系统建设。应充分利用先进监管技术，建立覆盖多种传输网络、面向多种终端的视听新媒体监管技术系统，全面提升视听新媒体监管能力和水平，确保国家政治、文化安全和行业健康发展。

二是在管理政策上，对利用移动互联网专网转播广播电视节目的管理与利用地面无线广播电视网络转播广播电视节目的管理，政策应当是相同的，对全国广播电视节目覆盖进行统一规划、统筹考虑。

三是加强应用软件管理。在4G移动通信网络时代，内容的传播及各种业务的开展，在很大程度上是依赖于各种客户端软件程序的推广。对于移动网络、软件服务和硬件产品的管理应统筹考虑，强化监管，确保内容传播安全。

（四）加强广电网络规划和建设

面对4G快速发展的态势，应当前瞻性地规划和引导广播电视传输覆盖网的建设，切实加快自身的发展，为广电网络在4G时代的竞争和发展争取优势、赢得主动。

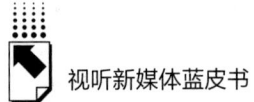

一是加快有线电视网络数字化双向化进程。把加快有线电视网络数字化双向化进程作为紧要任务，尽快满足用户多样化的信息需求。当前，应当借中国广播电视网络公司组建运行的契机，以网络整合为抓手，争取在2~3年实现全国有线电视网络全面数字化，在此基础上大规模开展双向化，在家庭内部覆盖多种接收终端，减少和避免用户流失。

二是加快地面电视覆盖网数字化进程。统筹施策，多管齐下，加快制定地面电视覆盖网全国数字频谱规划，制定从模拟转向数字的技术过渡策略，解决好网络改造和建设资金问题，尽快实现地面无线电视覆盖网从模拟向数字的转变。在此基础上，研究探讨广电无线覆盖网络双向化、实现一网多用的可能性。

三是围绕广电网络集约化经营，优化和提升广电网络数据信息处理能力。应充分发挥中国广播电视网络公司市场主体的作用，积极参与三网融合，大力推进双向进入业务。应尽快规划和构建基于广电网络的国家级大数据处理中心和云计算中心，在增强数据分析和应用能力的基础上，针对用户不同需求对媒体业务进行个性化开发，不断提升服务水平。

B.18
以云计算为基础
推进广播电视融合制播技术发展

当前云计算、大数据、移动互联网等新技术的迅速发展,一方面深刻影响着广播电视的制作、播出与分发,另一方面为广播电视创新服务模式与业务形态提供了新的可能。广播电视制播技术正在向系统IT化、业务IP化方向发展,全国广播电视机构应大力推进基于云计算的媒体融合业务制播新技术,为传统广电媒体与新媒体融合发展铺路搭桥。

一 构建广播电视融合制播平台的必要性

在新一代信息技术迅猛发展的形势下,以广播电视内容生产制播为根本,以云计算技术为基础,推进广电媒体融合制播技术发展,建立适应媒体融合发展的融合制播平台,不仅必要而且可行。第一,在效率上,基于云计算技术的广播电视融合制播平台,可大大提升内容资源利用效率和技术系统使用效率。通过建立以云媒资为基础的内容资源管理模式,内容资源、网络资源可以根据需要进行动态配置和扩展,按照各融合业务的不同需求,智能、灵活、动态地进行统筹调度与分配,既可以增加单点制播能力,又能够减少设备的空闲率。第二,在资源整合上,基于云计算技术的广播电视融合制播平台,可更加有效地促进资源整合,便捷服务用户。通过云平台可以整合台内、省内甚至全国相关内容资源,利用互联网业务和用户群体,充分挖掘资源价值为广电频道、频率、栏目等所用,通过媒体资源的充分汇聚和高效分发,推动实现用户主导、需求驱动、按需服务、即用即给业务,推动由广播电视自建自用模式向新兴媒体融合模式转变。网络硬件和软件也可以通过云制播平台以网络资源服务的方式提供给用户使用，简化用户终端，减少用户终端的负担。第三，在媒体融合发展上，基于云计算技术的广播电视融合制播平台，可以打通广播电视网、互联网、移动通信网的界限，直接向用户提供广播电视与新兴媒体融合业务，实现广播电视节目的互动化、社交化，推动新老媒体在内容、平台、渠道、经营、管理的深度融合。

二 基于云计算的广播电视融合制播平台构建策略

融合制播平台就是通过架构设计、开放接口、流程重构和系统建设，构建以云计算技术为基础的媒体融合内容生产、分发和管理平台，支持广电媒体系统设施弹性部署、内容生产快捷便利和生产模式与业务形态创新，满足多业务制播和运营要求，为融合业务提供统一的内容支撑、多渠道分发、数据统计分析反馈等技术服务，支撑媒体融合下广播电视业务的快速拓展与创新发展，主要策略包括以下几个方面。

第一，全方位开发信息来源。多渠道多来源采集各类信息，深入挖掘信息内容并进行汇聚、处理，满足节目对素材多样化的需求。采集本台回传内容、各行业专线回传内容以及互联网传播内容、App终端用户爆料内容等，丰富节目制作素材和服务范围。

第二，推动适应全媒体的内容协同生产。为了方便快捷整合多种网络环境采集的各种内容资源，融合媒体制播平台应具有开放性，可以使用各类编辑生产工具进行内容的再生产、再创造。节目生产网络环境可从制播网外延到办公网、互联网，节目生产场景可从台内外延到单兵编辑、外场系统。可以利用手机、平板电脑等智能终端，在办公网或互联网环境下通过专用App、网页、微信、即时通信等手段进行节目创新生产和协同化办公。

第三，建立多元化的发布渠道。应利用互联网建立便捷的内容发布手段，覆盖包括互联网在内的各种Web发布渠道，如官方微博、微信平台以及社交媒体渠道。应鼓励频道或栏目建立智能终端App，发布相关节目与业务内容，开展与用户的互动交流，增加节目与业务的互动性，增强频率频道或栏目与用户的黏性。

第四，创新媒体融合新业态。应利用云计算的开放灵活性，为节目和业务提供者以及受众和任何第三方合作机构提供开放的接口和资源，提供广泛的云服务，快速调度网络资源，适配新业务，培育新业态，创造新市场，满足媒体融合业务的高速发展。

第五，满足用户的个性化多样化需求。在全新的媒体融合平台上，充分发挥广播电视的内容生产优势，借助互联网互动分发，提高节目的信息内涵和时效性，满足用户的个性化需求，创新扩展广播电视的服务领域。

三 广电媒体融合发展重点技术攻关及应用方向

广电媒体融合发展技术支撑是一项系统工程，涉及组织机构、技术体系、业务流程、云架构平台建设、业务整合与创新，以及融合媒体新闻采集、演播室制播、内容制作、内容分发等多个方面，需要统筹规划、认真研究、找准重点、寻求突破。

第一，重塑广播电视媒体内部组织结构和技术系统。充分利用云技术，打通广播电视与新兴媒体融合的路径，重建现有广播电视台技术支撑体系。综合运用私有云、专属云、公有云，通过建设"私有云"加快媒体融合生产，定制"专属云"加强媒体融合管控交互，利用"公有云"实现创新业态、创新服务。在以云技术为支撑的技术架构下，优化再造媒体内容制作、存储、分发、服务、管理流程，实现传统广播电视制播系统与互联网之间的互联、互通、互动。

第二，探索媒体融合发展下的广播电视媒体新业务场景。转变观念，从过去"用一套节目来满足所有观众的需要"转变为"给不同定位的观众多样的选择"，以服务用户、扩大广播电视传媒阵地为指导，探索新业务、新模式。去除媒介区隔，融通广播、电视和互联网等之间的界限，研究开发云计算在PaaS层的业务互通软件，建设各媒体内容资源共享、渠道安全互通的生产传播平台。

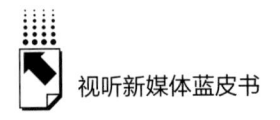

第三，完善开放协同工作的媒体融合生产制作平台。实现对海量新闻资源快速汇聚、挖掘、整理，构建"大新闻"多渠道采编传播模式，使新闻生产向碎片化、类型化、定制化方向发展。构建统一的内容管理机制，对私有云、专属云、公有云汇聚的节目素材、成片、线索等进行统一管理、统一检索、共享使用，增强内容管理的高集群性和拓展性，实现跨平台跨网络内容随时、随地、按需提供，推动传统广播电视向互联网内容管理模式转变。

第四，构建电台电视台云架构下的演播生产体系。综合运用图文包装、大屏交互、虚实结合、多通道录制等多种技术手段，研究构建多级联动的媒体融合演播室或演播室集群，促进媒体融合节目生产编导前移、演播制作过程类型化以及与后端制作平台间的高效互联互通。推动基于私有云构架的存储、编辑、渲染、包装、打包、转码、弹性管理调度等关键技术研究，打破不同厂家制作系统间不能通用的问题，实现更丰富的制作手段、更多样的特效制作，适应节目制作对站点数量、存储容量、网络带宽越来越高的要求，提高系统资源的使用效率。建立私有云、专属云及公有云间联动制作机制，实现桌面编辑与移动编辑的联动，提升节目制作效率。

第五，研究广电媒体在云架构下的内容分发体系。充分利用广泛覆盖的公有云，解决广播电视媒体与新兴媒体在内容发布过程中不够协调的问题，在确保播出安全、版权安全的前提下，既要实现传统广播电视节目智能化播控，又要实现网络、微信、App等新兴媒体发布的统一管理。同时，要建立统一的媒体运营、数据分析平台，利用大数据、多业务应用模式，实现海量数据的挖掘以及用户行为的精确分析。

B.19 电视台台网融合新探索

近来，各级电视台在台网融合路径上出现了一些新的探索，主要有以下几个方面。

一 内容融合

在内容领域，电视台在新媒体发展初期主要是通过新兴渠道对外输出内容。而目前电视台正在努力通过新兴渠道吸收来自外部的内容信息，探索更深层次的融合模式。

在移动互联浪潮下，移动社交应用推动 UGC（用户生成内容）的广泛传播，不仅带来了丰富、鲜活和有创新性的内容，而且移动 UGC 以其现场性和及时性成为媒体内容的重要组成部分。电视台在发展新媒体、探索台网融合的过程中，在做好内容审查的前提下适度引入 UGC，进一步提高电视台节目的吸引力。例如，"BTV 大媒体"、"无线苏州"（分别是北京台和苏州台发布的移动 App 应用）都设置了"拍客任务"、"爆料社区"等板块，将 UGC 服务引入融合媒体平台。江苏网络电视台在官方网站专门设立"拍拍新闻"专题页，鼓励受众积极提供 UGC，并于 2013 年推出针对移动终端的实时新闻直播爆料平台"拍拍新闻"客户端。到 2014 年第 3 季度，江苏网络电视台基于这一客户端已经组建了 500 人的全媒体记者队伍，加上台外招募的通讯员和普通网友，参加总人数已有几千人。这些做法极大地丰富了节目来源，增强了与受众的参与性和互动性，提高了媒体的影响力。此外，随着互联网视频网站向上游渗透、打造专业自制内容（PGC），一些在互联网上形成影响力的 PGC，也反向输出给电视媒体。

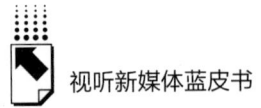

视听新媒体蓝皮书

电视台提供 UGC 使主流媒体获取了更多用户。更进一步的内容融合是将用户在新媒体渠道中的信息，直接反馈到广播电视节目特别是直播节目之中。例如，湖南台在 2014 年"中国金鹰电视艺术节"颁奖典礼直播中，采用了"弹幕"服务，用户利用湖南台旗下"芒果 TV"相关新媒体渠道将评论内容"弹"到电视直播屏幕上，形成与直播内容的融通共享。在天津卫视与中广天择传媒以及新浪网共同制作的社交生存真人秀节目《百万粉丝》中，12 位选手在进入封闭的"能量城"后，必须通过节目专设的百万粉丝微博号，获得粉丝关注或支持来"赚取"能量值，从而完成各种"任务"。显然，这种模式实现了电视媒体影响力与互联网思维的深度结合。在这种融合模式下，观众通过与节目形成直接的互动，变成了真正意义上可溯源、可识别乃至可持续运营的"用户"。

这些探索必然推动整个电视媒体生产管理流程的融合。为了将电视媒体的优质播出平台、传统影响力与新媒体的快速响应机制、交互能力等充分结合起来，就需要重新调整传统广播电视台采、写、编、评、审、播、存等各个环节，使其配合更加顺畅和协同一致。编辑部门需要在电视节目策划时就将新媒体用户互动纳入其中。上述湖南卫视的弹幕应用就需要卫视频道团队与"芒果 TV"团队在内容生产管理环节的无缝衔接与紧密配合。例如，在节目开始前，双方在节目营销、互动应用宣传上要协同配合；在节目播出时，双方在用户评论内容审核及引导方面也需要同步跟进。

上述江苏网络电视台的全媒体记者团队，采集的内容都要通过一个统一的"中央厨房"或"超级编辑部"以及相关流程进行统一的媒体内容管理（如数据化管理）。对于监管层面来说，面对内容融合要解决的一个关键问题，就是对网上网下、不同业态采取统一的舆论导向要求和内容监管标准。

二 渠道与平台融合

从用户来看，渠道融合具有最直观的体验。其典型形式就是"一云多屏"。电视媒体在开展新媒体业务的时候，将其拥有的广播电视节目及其他内容，置放于统一的云媒体播放平台，再通过不同的网络渠道分发给 PC 终端、智能移动终端、智能电视终端等。目前，以 CNTV、百视通、华数传媒等为代表的新媒体机构几乎都采用这种方式，实现了"一云多屏"服务。在渠道融合模式下，电视媒体可以在更多的场景下输出其视频服务，从而覆盖更多的用户、占据更多的媒体消费时长。因此，这一路径也被称为"电视无处不在"（TV Everywhere）模式。

值得注意的是，就像内容融合推动生产管理变革一样，渠道融合必然要求平台融合。互联网业态采取一种扁平化架构，在针对不同渠道进行分发的同时，采取一种统一的"云媒体服务平台"——这就是"一云多屏"中的"云"。从技术角度讲，这个云媒体播放平台通过自动的终端识别和网络速率识别技术，可以针对不同大小的终端屏幕、不同速率的网络提供不同分辨率和不同码流的在线视频服务。从业务角度看，这个云平台还要与原有的电视直播频道服务平台融合。这才是真正意义的平台融合。2014 年浙江广电集团基于云媒体平台，实现了集团传统直播平台与新建的国际影视中心的融合制播，包括实现两地数据的同步镜像、业务流程的实时切换、计算资源动态切换，以及制作办公合二为一等功能。

在平台融合方面，全台网的建设值得关注。原来的全台网概念更多的是以 IP 化、网络化的技术将电视台内部资源以局域网形式进行内部共享和利用，强调的是内部互联互通、高可用性、高效性和安全存储。而在媒体融合背景下，全台网则要与新媒体的广域网播放平台互相融合。也就是说，传统全台网之下的演播室资源、后期编辑资源要直接与新媒体播放平台、UGC 平台、社交平台等互联互通，形成直接的业务对接，共同为用户提供融合性服务。当然，融合型的全台网布局还存在很大挑战，目前，大部分广电机构还处于探索之中。例如，北京电视台的新媒体基地就尝试推动内容制作系统、私有云、内容存储系统、演播系统与新媒体播出系统的大集成、大整合。浙江广电集团已经基于云平台，采用虚拟化技术部署了全台网一期建设，并将继续搭建采集、制作、分发、运营、用户管理等 IP 平台。

平台融合在国际相关领域的一个重要表现就是混合播放路线的发展。这

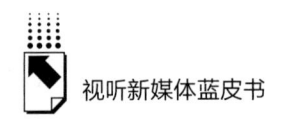

方面，欧洲的 HBBTV、日本的 Hybridcast 就是其中的典型。该路线以"广播"服务为主体，定义了一种双模终端，同时向该终端提供"广播"服务和与"广播"内容直接相关的双向互动内容与应用，如投票、评论、关联电子商务等。在国内，从 2014 年 9 月开始，中央电视台旗下的中视广信与北京歌华有线开始基于有线下一代广播电视网（NGB）网络展开直播互动实验，涉及体育节目、综艺节目和纪录片等。

三 运营融合

台网融合最终要实现运营的融合。运营融合的初始阶段，主要体现为传统电视频道与新媒体在宣传方面的相互推动。例如，可以在传统电视节目中以口播、二维码的形式推广新媒体业务（如 App）或品牌；而新媒体（如微信公众号）则可以提供电视频道的节目预告、节目提醒等服务。进一步的运营融合，则要进一步体现为直接的价值开发。也就是说，电视台与新媒体平台以一个整体去开发相关内容和业务的商业价值。例如，在 2015 年中央电视台年度广告招标会上，央视首次将新媒体服务纳入广告招标项目，推出"2015 年央视新闻客户端合作伙伴"、"2015 年 CCTV 春晚独家新媒体互动合作伙伴"等项目。

运营融合的深层次发展方向是实现商业模式的创新。2014 年以来广受重视的一种创新就是内容的多元化开发，即通过传统电视平台创造出内容品牌形象后，在互联网新媒体平台开发相关的衍生服务或衍生产品。这些衍生服务可以是手机游戏、关联电子商务、在线旅游等服务，也可以是主题公园、玩具等线下服务与产品。湖南卫视在综艺节目《爸爸去哪儿》的基础上，推出同名电影、同名手机游戏；中央电视台纪录节目《舌尖上的中国 2》与电子商务平台天猫商城形成无缝链接等，就是很好的尝试。

B.20
央视2014巴西世界杯转播的新媒体实践

每届世界杯赛事对于广播电视媒体来说，几乎都是一次新技术应用的全面推进和突破。2006年德国世界杯的高清体验、2010年南非世界杯的3D观感、2014年巴西世界杯的4K超高清尝试，都给观众带来了全新的视觉体验。2014年巴西世界杯转播尤为不同的是，中央电视台（以下简称央视）在2014年6月13日至7月14日为期一个月的转播中，将电视屏、电脑屏、手机屏打通，实现了多屏分发、多屏互动，带给广大球迷全新的观看和参与体验，也为广电新媒体融合发展提供了新的经验和启示。

一 台网互动，立体传播

央视在2014年世界杯转播中，立足CCTV-5体育专业频道内容，协同自有新媒体平台中国网络电视台（CNTV）和各类移动应用，实现网台联动，立体传播[①]。

CNTV采用全程台网联动方式，与央视形成立体交叉式转播网，除了全面转播CCTV-5节目，又开设了世界杯专区，提供免费直播、付费高清等专题节目，并结合互联网传播特点，开办了一系列吸引眼球的精彩栏目，包括反映32支国家队具体赛况的《超级战队》、播放原创内容和互动节目《超级世界杯》、围绕球星讲述故事的《超星系》、展示赛事精彩瞬间

---

① 2014年6月，央视发布《中央电视台2014年巴西世界杯转播版权声明》：经国际足联授权，央视独家享有2014年巴西世界杯决赛阶段比赛中国大陆电视、广播、新媒体（含互联网、手机及其他所有新媒体平台）转播权和分授权权利，以及视频点播权、音频点播权及其转授权等权利。

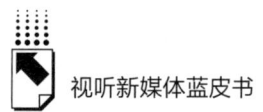

的《超级视觉》、反映巴西风情的《超桑巴》、展现幕后花絮的《超视野》以及专家名嘴点评的《超声波》、现场记者独家呈现的《超级现场》等。此外，CNTV 还将 CCTV - 5 由于时段限制未能播出的节目、视频、花絮等，整合成一个 24 小时不间断播出的完整世界杯视频资料库，供网民随时点击观看，追踪赛况。

"央视新闻"、"央视影音"、"央视体育"和"央视悦动"四个移动应用 App 全面参与世界杯报道。"央视新闻"第一时间推送世界杯实时新闻，突出时效性；"央视影音"主打赛事视频内容；"央视体育"深层解读世界杯；"央视悦动"主攻球迷的边观看边社交。比如，"央视体育"手机客户端推出世界杯专区，用户不仅可以在手机上观看直播、点播内容，还可以看到球队在大巴车、更衣室的活动和对球员的采访等幕后花絮，观看体验更加立体化。

网台收视相互拉动，形成强大传播合力。2014 年央视转播巴西世界杯效果突出，一个月内全国超过 7.9 亿观众通过央视收看世界杯赛事，累计收视时长超过 34 亿小时。同期通过 CNTV 观看世界杯直播、点播的总体用户规模超过 5 亿人，总观看频次超过 9 亿次，总收视时长达 4.2 亿小时，直播最高同时在线人数达到 588 万人[1]，创历史新纪录（见表 1）。单以小组赛为例，CNTV 日均独立用户数与四年前南非世界杯小组赛日均数据对比，总体增长幅度达 428%。通过 CNTV 网络直播观看冠军赛的用户规模超过 900 万人，达到电视直播观众的 21%。仅 7 月 14 日当天，用户在 CNTV 收看冠军决赛点播的收视次数就近 1000 万次，总点播时长超过 320 万小时[2]。CNTV 网络点播也成绩不俗，平均每场决赛的点播收视率占该场赛事新媒体总收视率的 30%，未能及时收看直播以及想要重温经典赛事的观众将网络点播服务视为主要的观赛途径。《足球之夜》、《我爱世界杯》等栏目形成节目群，

---

[1] 《"数"说央视新媒体 央视网广告频道数据分析》，央视网，http://1118.cctv.com/2014/09/12/ARTI1410509926350678.shtml。

[2] 《CNTV 盘点巴西世界杯决赛阶段新媒体收视》，央视网，http://worldcup.cntv.cn/2014/07/16/ARTI1405499327642523.shtml。

成为网络焦点节目，分别以8918条网媒关注度和600余万条微博提及量居于央视各频道节目网络影响力榜首[①]。

表1 2014年世界杯期间CNTV网站总体数据情况

节目播出类型	最高观众规模（万人）	最高观看频次（万次）	最长观看时长（万小时）	最长人均收视时长（分钟）	最高同时在线人数（万人）
单场赛事直播	902	1879	1389	118	588
日点播	1375	2646	1068	55	—

数据来源：央视网。

2014年世界杯转播期间，"央视影音"移动端iPhone版连续7天登上苹果免费总榜前三位，iPad版本连续12天稳居第一[②]。截至2014年7月世界杯结束之时，"央视影音"PC端累计下载量2.29亿次，移动端累计下载量7240万次。

二 联通社交平台，球迷变"用户"

借助移动互联网技术和网络社交平台，央视在2014年世界杯报道中，全面开展线上线下跨屏互动，用户黏性大大增强。用户可以通过扫描二维码，关注CCTV-5官方微博、微信等多个入口，参与世界杯足球赛播出过程中的各种互动活动。

围绕巴西世界杯，央视开展了微博话题讨论、投票和主持人互动活动，吸引了大量受众在节目播出时段之外继续进行讨论，提升了相关节目的整体关注度。央视把话题讨论的社交信息及时引入节目播出内容中，如由CCTV-5官方微博粉丝评选出的"最佳阵容"在央视报道中多次呈现，

[①] 中央电视台发展研究中心：《2014中央电视台电视节目网络影响力年度分析报告》，2015年4月，第13页。

[②] 陈高杰、吴天丹：《四个数据解读央视新媒体》，http://1118.cctv.com/2014/09/11/ARTI1410417569404225.shtml。

粉丝在微博话题讨论中的"神吐槽"也被央视多档节目引用。这种内容融合不但使央视的报道更加丰富，也激发了球迷网友在微博上参与讨论和互动的积极性。世界杯赛事期间，CCTV-5官方微博发表了205个话题，总阅读量达112.4亿次，达到同期新浪微博整体阅读量的40%[1]。另据统计，巴西世界杯央视报道赛事微博提及量达到325.2万条[2]。CCTV-5官方微博共发起17次投票，如多次发起主持人刘语熙穿哪队球衣的投票，将网友的讨论热情转化为参与热情，仅决赛投票就有9.7万人参与，这是世界杯期间参与人数最多的微博投票。主持人在频道直播中融入大量微博元素，围绕微博话题引导和鼓励观众深入参与互动。例如，在CCTV-5《我爱世界杯》栏目的直播过程中，几位主持人不断把微博话题引入直播过程中，吸引更多的网友参与讨论。这些举措为观众带来了全新互动体验，CCTV-5官方微博和主持人微博粉丝均增长明显，世界杯期间CCTV-5官方微博粉丝增加260多万人，主持人刘语熙微博粉丝增加109万人，总互动量达到112万次[3]。

央视还通过CCTV-5官方微信号，实现用户签到、投票、抽奖、竞猜比赛结果、抢"虚拟观众席"等互动功能。官方微信平台上除了提供热点、赛程、花絮、球队动态等基本文字、图片和音视频信息外，还开设了多个新业务，供用户参与互动。如让用户通过扫描电视中的二维码，参与微信活动"竞猜"或"答题"，赢取积分，并在微信平台中提供了将两只球队不同视角的高清视频同屏呈现的视觉效果。《我爱世界杯》栏目推出了"虚拟观众席"概念，让观众利用微信抢票，满足用户对稀缺资源的需求，再通过微信给观众发送虚拟门票，让用户与节目产生关系，与主持人互动交流。另外，央视基于云计算和大数据技术，研究观众收视习惯，依

---

[1] 田洪：《央视世界杯转播的新媒体探索》，《BIRTV 2014台长论坛与第二届中国台网融合高峰论坛》，2014年8月27日。
[2] 中央电视台发展研究中心：《2014中央电视台电视节目网络影响力年度分析报告》，2015年4月，第13页。
[3] 央视—索福瑞媒介研究有限公司：《世界杯多屏传播报告》，http://sports.sina.com.cn/g/2014-08-05/14467279943.shtml。

据观众需求，推出了多档品球、评球、猜球、投票等互动活动，充分激发观众展示自我的热情。CCTV－5 微信号的粉丝在世界杯开幕前还不到 12 万人，通过世界杯期间的粉丝运营和互动活动，粉丝总数超过 80 万人[①]，用户关注度明显增强。

---

① 范晓东：《CCTV5 如何利用微信进行新媒体变革》，http：//tech. qq. com/a/20140723/067216. htm。

B.21
央广新媒体：建立在线广播全平台

中央人民广播电台（简称中央电台）以央广新媒体为主体，整合资源，积极创新，加快推动各项新媒体业务快速发展。目前，央广新媒体正在形成具有相当实力和传播力公信力影响力的新型媒体。

一 创新体制机制，培育打造市场主体

2009年2月，中央电台确定加快发展新媒体的思路，提出"内合外联、多元发展"的新媒体发展战略，以全面提升国家主流媒体新媒体的核心竞争力和影响力。一是"台网一体"。全面整合中央电台传统媒体和新媒体在内容、人力、技术等方面的资源，提高资源利用率，聚合融合效应。二是"全台办网"。全台各部门积极配合，全力推进新兴媒体发展。三是以公司主体推进新媒体发展。2009年，中央电台旗下中国广播网（简称央广网）改制，成立全资子公司"央广新媒体文化传播有限公司"（简称央广新媒体），由公司全面负责运营以央广网为龙头的新媒体业务。目前，央广新媒体开展的业务包括三大部分：以央广网为主体运营的新闻网站及视听节目服务，以央广视讯为主体运营的手机电视业务，由银河互联网电视公司运营的互联网电视业务。目前，央广新媒体公司建立了包括信息推送、收费订阅、版权交易、电子商务在内的多元化产品体系，搭建了内容集成播控、流媒体技术传播、个性化内容分发等多功能全媒体应用平台。

二 建设广播云平台，着力推进一云多屏覆盖

中央电台是国家广播电台，是中国最重要、最具权威、最具影响力的综

合传媒机构之一。2008年7月,中央电台手机电视业务正式上线;2010年8月,获准成立央广广播电视网络台;2011年11月,获准开办互联网电视。2013年11月,中央电台开始建设"中国广播云平台",该平台支持网络电视、手机电视、互联网电视三项新媒体业务,可向手机、台式电脑(PC)、平板电脑、电视机等多种终端分发内容,实现一云多屏内容分发覆盖。该云平台还汇聚了全国各地广播电台丰富的内容资源,实现全行业内容资源共享与在线交易。围绕云平台建设,中央电台实施了三项技术工程。第一,建设中国广播云全媒体内容采编和运营平台,整合贯通全国广播电台,建立向全国广播电台开放、实现新闻信息采编共享和在线交易的公共服务平台。2015年1月,中央电台与中国科学院达成战略合作,双方联合建设"中国广播云平台",该云平台可促进广播行业"上下联动、内容共享",整体发展,推进全国广播内容资源整合,推动广播与新兴媒体融合发展。第二,建设网络音频平台"中国广播Radio.cn",打造面向移动互联网和车联网的集成播控平台。第三,实施"中华文化素材库·中华音库"工程,搜集整理储存于档案馆、唱片公司、文化生产部门和科研机构的录音资料,采访录制各界各阶层代表性人物的口述历史,构建中华文化声音标本库,激活、开发声音文化资源。截至2014年底,中央电台媒资系统各类节目素材入库量达到90万条,包含声乐、曲艺、文学等63万余条素材资源、12万小时播出节目,还建设了版权音乐、好莱坞音响效果、华语新歌速递等18个主题资料库,为141位编辑记者设立了个人素材库,节目素材月使用量达2万条(次),月使用时长超过1000小时。目前,中国广播云平台可支持线索汇聚、全媒体资源库、选题策划管理、资源共享、在线交易等14种业务。

三 以央广网为主体,打造广播集成分发平台

央广网(www.cnr.cn)强化特色内容,加强品牌建设,打造以音频为主的视听节目服务平台。

一是强化"央广"媒体品牌。在激烈的网络视听节目服务市场中,央

广网着重加强新闻媒体品牌建设，提高新闻的时效性、创新性和覆盖面以及突发事件报道的应急反应速度，打造央广网新闻品牌的权威性、信息发布的全时性、新闻解读的独家视角等独特竞争优势。目前，《央广网新闻》、《央广网财经》、《央广网军事》、《央广网娱乐》、《央广网汽车》等专业频道与中央电台各频率实现匹配，记者和资源都实现了融合互通。2014年，央广网共发稿390万篇，页面浏览量累计22亿次，其中原创发稿量1.8万篇，专题策划及图解160多期，比2013年增长175%，网络调查250期。第三方数据公司缔元信2014年8月的一项抽样分析显示，央广网该月发稿被转载量为5004篇，覆盖673家媒体，转载内容浏览量为3783万次，在13家中央重点新闻网站中，央广网原创传播力和影响力均处于市场领先地位。

二是集成全国广播电台音频资源。央广网强化音频内容特色，整合了全国丰富的广播音频资源。2009年6月，中央电台牵头组织建立了中国广播联盟，首批成员台132家，包括各省级电台及部分地市县级电台。2012年，央广网推出《听天下》频道，该频道聚合了全国广播电台和网络电台音频资源，包括中央电台19套节目和78家地方台的311套节目。2014年5月，央广网推出中国广播集成平台，其官方网站（www.radio.cn）同时上线。该集成平台突出音频特色，整合了全国60家地方电台233套频率。2014年，中国广播集成平台共发布中央电台及地方电台、版权公司、互联网热门播客等提供的生活、财经、文化、娱乐、情感心理、汽车旅行、健康养生等21类1.2万条碎片化精品节目。

三是加强全媒体内容制作。为充分利用中央电台各方面资源，央广网探索开发制作全媒体节目产品，进一步提升央广网影响力与传播力。2014年"两会"和"世界杯"期间，中央电台财经节目中心先后开发推出全版权、全媒体产品《三人两会》、《三人碰杯》两档节目，同步在央广网、中国经济广播网、爱奇艺、优酷等平台上线。央广网还通过"经济之声"微博、微信公众号对其进行实时推送，两档节目被各大网站转载，创下"经济之声"同期节目关注度、收听率之最。

四 以手机电视为切入点,全面发力移动互联网

近年来,央广视讯抢抓移动互联网快速发展的机遇,移动业务实现快速增长。央广视讯主要开展了以下三类移动业务。一是发展手机电视业务。中央电台是全国6家获批开办手机电视的广电机构之一,手机电视业务是中央电台发展移动互联网业务的重要切入点。截至2014年底,央广视讯共与351家内容提供商达成合作,集成了丰富的内容资源,在中国移动、中国联通、中国电信三大电信运营商手机电视平台上开设了数十路直播和滚播电视信号源,开办了78个点播频道、18个直播频道,每天制作节目超过600分钟,储备节目时长10万多小时,全年审核处理节目内容共计40.5万条100多万分钟,用户规模达到850万。2014年,央广视讯实现经营收入2亿元,较上年增长40%,主营业务净利润为4100万元,较上年增长12%。

二是建立自有品牌视频移动客户端。为加快布局移动互联网,央广视讯开发了多个移动客户端,包括"经济之声"(iOS版)、"央广新闻"(Android版)、"中国之声"(Android版)、"倾听中南海"(Android版),以及央广视讯自有品牌客户端"中国广播Radio.cn",具有一键发布、推荐管理、数据统计、专题模板设置等功能。截至2014年底,"中国广播Radio.cn"客户端用户达到150万人。该客户端还进驻苹果iTunes,35档精品节目在苹果iTunes播客中持续更新展现,到2014年底累计收听(含下载)130万次。

三是拓展微博微信平台。央广视讯充分利用微博、微信社交平台,为中央电台各频率、栏目开通微博、微信公众号。2014年,中央电台各频率在社交媒体平台上的粉丝数、阅读量、评论数等互动反馈指数持续增长。截至2014年底,《中国之声》微博粉丝量突破800万人,活跃度和影响力继续保持全国广播电台类第一名。《经济之声》法人微博与《经济之声》频率下的《天下财经》、《天下公司》、《交易实况》等栏目微博粉丝数合计500万人。《经济之声》法人微信及《央广天下财经》、《交易实况》、《天下公司》、

《天天315》等栏目微信公众号订阅数共20万人,其中《经济之声》微信公众号订阅数达到10万人。《音乐之声》新浪微博粉丝344.98万人、腾讯微博粉丝126.30万人,合计471.28万人,微信粉丝9.11万人;《都市之声》新浪微博粉丝55.22万人、腾讯微博粉丝36.31万人,合计91.53万人,微信粉丝3.83万人。《央广军事》新浪微博粉丝17万人、腾讯微博粉丝20万人,合计37万人;微信互动粉丝平均每日2.5万人左右;新浪微博每天平均被转发博文量约450多条次,评论数保持在340条左右,博文曝光次数达170万次以上。《央广健康》新浪微博粉丝61.74万人,单条原创类微博最高达1000余人转发、点击量5万人次;微信粉丝超过3万人,每天推送消息3~4条,每月累计约70条。《中国乡村之声》微博粉丝73万人,是全国最活跃的涉农媒体微博之一。《老年之声》微博粉丝47万人。

五 以银河互联网电视为平台,开拓客厅市场

中央电台是全国7家获批建设、管理和运营互联网电视集成平台的广电机构之一。近年来,中央电台积极布局客厅市场,加强与产业链上下游企业合作,引入外部资源和资金,大力发展互联网电视业务。2012年7月,中央电台与爱奇艺、江苏台联合成立了银河互联网电视公司;2013年10月,鹏博士入股银河互联网电视;2014年8月,鹏博士以3000万元收购银河互联网电视9.09%的股权;2015年3月,中央电台与中国广播电视网络有限公司达成合作,银河互联网电视服务进入后者有线电视平台。截至2014年底,银河互联网电视用户达到1100万户。银河互联网电视主要开展了以下业务。

一是积极推出互联网电视终端产品。银河互联网电视将终端产品作为到达用户的重要策略,积极与终端厂商合作,开发推出多款终端产品。2013年3月,银河互联网电视推出"木星"机顶盒,该机顶盒可支持4K超高清视频播放以及蓝牙语音控制。2014年12月,银河互联网电视与华为联合推出荣耀互联网电视机顶盒,该机顶盒汇聚了200万小时的高清正版影视资

源，为用户提供最新院线电影、好莱坞大片、电视剧、综艺、动漫等视听节目服务，还开设了4K专区、杜比专区等。2015年1月，银河互联网电视与小米联合发布小米小盒子，内置银河互联网电视节目内容。2015年2月，银河互联网电视联合鹏博士发布4K大麦超清智能电视以及大麦盒子。2015年5月，银河互联网电视联合酷开网络科技有限公司推出酷开机顶盒A43和酷开智能电视A55。

二是加强内容合作与建设。中央电台通过开放合作的内容策略与传统广播电视机构、主流视频网站和版权分销商等建立了互利共赢的内容合作机制。截至2014年底，银河电视拥有超过14万小时的海量高清正版内容，其中电影3000多部；电视剧4.4万集，覆盖2014年92%的热播电视剧；综艺节目9.1万集，覆盖2014年100个热播综艺节目的92%；动漫5.7万集，覆盖2014年89%的热播动漫。

三是着力提升用户体验。通过合作，鹏博士为银河互联网电视提供宽带接入和骨干城域网方面的资本与技术支持，使该业务拥有全网IDC，爱奇艺为银河互联网电视提供内容和CDN支撑，使该业务具有全网分发到达用户的能力，而且具备较强的带宽支持，较好地实现了1080P高清视频传输。银河互联网电视还与权威搜索机构合作，了解各类型影视传播热度及播出效果，将优质内容进行精准化推荐；还通过微博、微信与用户进行良好的沟通互动，了解用户需求，提升用户满意度，增加用户的品牌忠诚度和黏性。2014年，银河互联网电视终端平均开机率为58%，用户活跃度平均值约49.83%。

B.22
国际台：全媒体推进国际传播

当前，网络和数字技术迅猛发展，国际传播和媒体生态环境发生深刻变化，传统媒体和新兴媒体相互融合的全媒体时代已经到来。中国国际广播电台（以下简称国际台）作为国家国际传播主力军和主阵地，把握媒体发展趋势，通过各种有效手段和方式推进全媒体国际传播，增强主流媒体的传播力影响力。

一 打造全媒体发展架构

国际台规划实施多媒体融合、全媒体发展战略，着力建设广播媒体、网络媒体、视频媒体、平面媒体、影视译制等五大业务集群，形成综合媒体发展架构。目前，已通过自建、合办、并购、参股等方式，在全球开办103家海外分台，覆盖海外城市人口3.68亿人；开办了北部湾之声、南海之声等边境分台，面向周边国家和地区开展传播；搭建起以环球资讯、轻松调频、劲曲调频为主的对国内外传播广播网。国际台的新媒体平台国际在线作为中央重点新闻网站，以音频节目内容为特色，传播手段包括网络电台、网络视频、播客平台、移动国际在线等，通过65种语言向180多个国家和地区进行传播，以母语覆盖全球98%以上的受众。其中，芬兰、瑞典、丹麦、冰岛、挪威、荷兰、爱沙尼亚、立陶宛等8种语言网站实现本土化发布。2013年，国际台成功收购中华网，2014年，中华网22个语种网站上线运营，成为具有多语种传播优势的网站。截至2014年底，国际在线多语种网站、中华网和其他网站的独立用户数（UV）月均4399万人，页面浏览量（PV）日均1012万次。国际台电视中心是国内最大的国际资讯电视产品素材发布平台，并拥有《环球奇观》、《环球购物》两个数字频道。依托中国国际广播电视网络台（CIBN），国际台开拓多语种视频新闻业务，打造面向全国的视频内容提供商。依托多语种资源优势，国际台已经拥有35种外语报刊，发行总量652万份。尝试用斯瓦希里语译制的电视剧《媳妇的美好时代》在非洲热播以后，国际台正集中台内资源，整合行业力量，致力于打造中国最大的多语种影视译制基地，探索中国影视产品走进国际主流市场的运行方式。

二 拓展全媒体海外项目

国际台坚持"主战场在海外"的理念，改变传统的海外单一项目布局形式，加快由传统国际广播平台向新型多媒体综合性传播平台转变，探索包括报纸、杂志、广播、电视、互联网、移动平台在内的海外全媒体综合项目建设，最大限度地扩大中国声音的全球覆盖。

2014年6月，国际台英国本土化全媒体项目建设全面启动。国际台与英国普罗派乐卫视有限公司、英国光谱广播网公司在伦敦签署三方框架合作协议，其首家海外数字广播电台和第99家海外分台伦敦中波台在伦敦同时开播。英文中华网（english.china.com）在伦敦上线发布。与普罗派乐卫视合办的中英文双语杂志《机遇中国》在伦敦创刊发行。这标志着国际台在英国初步搭建起集音视频、网、刊于一体的多媒体综合传播平台。

2014年7月16日，国际台第100家海外分台南非约翰内斯堡中英文中波台正式开播。同时，英文中华网在南非本土化上线发布，《中国商旅》杂志在南非本土发行。

结合原来已有的覆盖土耳其11个城市的调频广播电台，国际台对土耳其传播进入全新发展阶段，本土化综合传播格局初步形成。2014年10月23日，国际台在伊斯坦布尔举行传播平台推介发布会，正式推出土耳其文"丝绸之路网"及汉语教学和交流平台、土耳其文"中华电视"卫视频道及

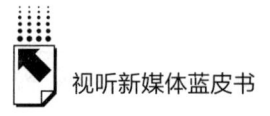

国际版 OTT"中华云盒"、YouTube"中华电视"频道、土耳其文"中华移动浏览器"和土耳其文"你好中国"移动客户端。

2015年,国际台将借鉴土耳其、南部非洲、英国综合项目建设的成功经验,重点抓好泰国、缅甸、意大利全媒体国家综合项目建设,以六个综合项目建设为抓手,不断提升海外传播能力。

三 搭建全媒体技术平台

建设互联互通的新型全媒体融合技术平台,是国际台全媒体发展的重中之重。国际台自主设计搭建了多媒体资讯共享平台,通过融合音频、视频、网络等技术,在同一平台实现多媒体内容的采集、存储、制作和管理,使台内各媒体业务系统实现互联互通和资源共享。CIBN 以视听互动、资源共享、媒体融合、语种集合为特色,拥有互联网电视、手机电视、CMMB 等新媒体形态。其中,手机电视业务分别上线中国移动、中国电信、中国联通三大运营商平台,在全国范围提供基于移动通信网的手机音视频运营业务,并在三大运营商 WAP 及客户端平台上推出电影、电视剧、微电影等十多个特色栏目专区。截至2014年,包月用户约有621万户。CIBN 互联网电视覆盖全国20多个省份和北美、欧洲、东南亚、土耳其、泰国、中国台湾等多个国家和地区,通过60多家海外播出机构,为当地用户提供高品质的新媒体运营服务。CMMB 通过音频、图文、动画等多种媒体形态,以独有的"环球视角"向用户提供国内外资讯、流行欧美音乐等移动多媒体广播内容。依托中华网品牌,国际台正在建设音、视、图、文等多媒体新闻信息采集和制作平台以及多媒体新闻产品发布和交换平台、多语种移动新媒体推送平台、多语种新闻产品和用户服务开发应用平台。

目前,国际台在打造中华云技术平台,借助新技术重构内容生产体系,实现采集、生产、存储、发布、传输覆盖等多个平台融合。中华云平台集素材采集、节目制作、内容共享、多终端发布、多渠道综合覆盖、用户舆情反馈于一体,采用"云+网+端"架构,通过构建分布全球的媒体云和融合传输覆盖网，对全形态的媒体战略资源进行整合与智能调度。云是基础，在提供媒体内容制作、发布、管理等服务的基础上，逐步面向市场提供全媒体内容生产管理服务。网是支撑，覆盖全媒体渠道，根据国家或地区以及人群特点，为用户提供精准便捷的服务。端是展现，根据不同类型终端特点，为用户智能展现多媒体内容及服务产品；端又是触角，可收集回传用户喜好、行为习惯等数据，进行大数据挖掘分析，形成反馈机制，通过信息的良性循环，指导全媒体内容制作、生产、播发和覆盖。

四 建立全媒体运行机制

国际台积极推进运行机制改革，构建与全媒体发展相适应的组织架构。2014年，新闻中心、英语环球广播中心进行媒体化机制改革试点。新闻中心以前按行政化机构设置，下设新闻采编部、新闻节目制作部、专题节目部、媒资平台管理部、综合管理部等部门，2014年，新闻中心调整内部组织结构，组建多媒体新闻制作平台、环球资讯频率、环球资讯新媒体、环球资讯周刊等4个平台，下设时政新闻部和8个制作室。其中，多媒体新闻制作平台下设时政新闻部、第一资讯制作室、直播中国制作室，环球资讯下设环球讲述、环球生活、环球述评三个节目制作室，环球新媒体下设新闻客户端、社交媒体、网络及视频等三个制作室。英语中心以英语传媒集团架构为基础，组建英语新闻平台、轻松调频、英语环球及网络新媒体4个平台，下设文娱类、谈话类、专题类、英闻天下网、英文中华网、移动新媒体等6个制作室。两个中心均通过竞聘方式产生各媒体平台及制作室负责人。实践证明，推进媒体机制改革，以媒体为单元建立工作机制和流程有利于节目优化、品牌提升和人才发展。2015年，国际台在新闻中心、英语中心媒体化机制改革试点的基础上，探索非通用语地区广播中心媒体化机制改革模式，对媒体集团的结构和功能进行有机整合，形成更为有效的生产关系，为媒体自我发展注入活力。

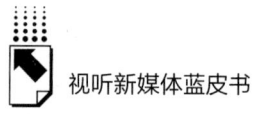

五 探索全媒体运营模式

国际台以国广传媒公司为对外合作经营平台，采用与社会资源战略合作、控股管理等方式，形成并持有国广系 7 家公司的股权，这些公司分别从事国内广播广告、广播节目制作、互联网业务、手机电视、数字电视、海外广播、广电技术服务等经营业务。2010 年，国广传媒与嘉融投资有限公司就整合国际台经营性资源、搭建投资运营平台达成合作，双方联合成立"国广环球传媒控股有限公司"（简称国广控股）。4 年多来，国广控股取得一系列投融资成果：通过股权整合、商业合作落地等推动国内广播经营业务快速发展；增资约 2 亿元，确保 CIBN 加快发展；通过资产管理公司成为优质传媒上市公司"华闻传媒"实际控制人；投资收购中华网股权，实现国际台品牌战略和全媒体战略的总体布局。国广控股将以中华网为母品牌，CIBN、CRI 手机电视、环球购物、国内知名广播频率为子品牌，协同媒体品牌、企业品牌、产品品牌，着力打造"代表中国名声和形象"的国家级、国际化、有特色的传播品牌。同时，加快推进跨国经营，依托海外公司，盘活海外分台等境外媒体资源，与国内外跨国企业合作，进军国际媒体市场，全力助推国际台加快建成现代、综合、新型国际传媒集团。

B.23
湖南台：以我为主　融合发展

近年来，湖南广播电视台（以下简称湖南台）加快推进融合发展，"以我为主"发展新兴媒体，以内容为核心，建立IP（Intellectual Property，知识产权）化生态圈，逐步形成制播一体化体系，探索向新型主流媒体转型的新路径。

一　打造网络独播视频新平台

湖南广播电视台2014年4月开始实施"以我为主、融合发展"战略，充分挖掘、运用本台优势品牌、IP、平台、技术和渠道资源，变以往传统媒体与新媒体的"异体共生"为"一体共生"，打造台属、台控、台管的融合新媒体。按照这一战略，湖南台完成台内新媒体资源整合，推出芒果TV网络平台，开启"芒果独播"战略，实现内容产品、运营团队和基础业务等方面的深度对接与融合互动，打造"以我为主、一云多屏"视频聚合分发新平台。

（一）建立芒果TV视频平台

2014年4月20日，湖南台完成对金鹰网[1]与原芒果TV[2]两大平台的整合，建成以芒果TV为统一品牌的视听新媒体平台。2014年5月，湖南台宣

---

[1] 金鹰网始建于2004年，原为湖南卫视核心网络平台，拥有国家一类新闻网站资质，被列为湖南省重点新闻网站和主流商业网站。金鹰网通过打造综艺、电视、电影、音乐等专业性频道，结合明星、图库、评论、影视库等补充性频道，融入在线点播、电子商务等多元化内容。
[2] "芒果TV"呼号启用于2008年，由湖南广播电视台旗下新媒体公司湖南快乐阳光互动娱乐传媒有限公司负责运营，开始主要是开展面向电脑、手机、电视机，实现"三屏合一"的视听互动综合传播业务。目前，芒果TV涵盖金鹰网、互联网视频、手机电视、湖南IPTV、互联网电视等五大核心业务。

布停止向商业视频网站售卖内容版权,所有自有版权内容只在以芒果TV为平台的网络视频、互联网电视、IPTV、手机电视上传播,建立为我所有、为我所用的互联网媒体平台。独播后,芒果TV的品牌影响力快速提升。截至2014年12月底,网络视频日均独立用户突破2000万人(包括PC端、Pad和智能手机),实现用户数据由百万级向千万级的跨越;互联网电视激活用户500多万户;IPTV总用户数150万户,现在每月新增3万户,付费用户新增率达25%,付费用户占总用户比例达到30%。

(二)推出"芒果"系列终端产品

芒果TV大力拓展终端业务,从源头锁定用户,打造"芒果"家族系列产品。芒果TV与三星、TCL、长虹等40多家软硬件企业合作,推出多款互联网电视一体机,其中,"TCL芒果TV"一体机已实现年产100万台。联合华为、海美迪、英菲克、亿格瑞、百度、清华同方等企业,推出芒果派、芒果嗨Q、芒果飞盒、芒果乐盒、百度影棒、云罐、7V等自主机顶盒品牌。产品上市半年来,仅芒果嗨Q一款产品终端销售量已达110万台,2014年12月单月访问数56.93万次,访问率达到55.69%。芒果TV还携手湖南有线打造"芒果TV专区",覆盖湖南有线500万用户。此外,芒果TV与银联、支付宝、微信支付等合作,搭建便捷、灵活、多样的支付体系,开展互联网金融服务,并将卡拉OK、家庭教育、多人游戏等应用与人性化操作相结合,打造家庭互动娱乐空间。

(三)创新产品技术,提升用户体验

芒果TV采用全新的解码技术,建立了H.265专区,打造超高清视觉效果;创新用户界面,推出芒果TV4.0 App版本。在2014年金鹰节互联盛典上,湖南卫视首次大幅度运用"弹幕"互动模式进行直播,实现了电视屏、手机屏、电脑屏三屏互动,在满足观众表达和互动需求的同时,成功地将年轻网络用户吸引到电视屏幕。借鉴金鹰节互联盛典的成功经验,湖南卫视积极策划筹备在其原创真人秀节目《一年级》中再次运用"弹幕"互动形式,

并进一步扩大用户互动参与渠道，观众可通过湖南卫视官方微博、微信，手机应用呼啦，贴吧、芒果TV等多渠道参与互动，留言以"弹幕"形式出现在《一年级》节目画面中，引发更广泛的互动共享。此外，在湖南卫视2014~2015年跨年演唱会上，首次采用360度立体直播、多屏互动的直播方式，开通包括电视直播画面在内的6路现场机位画面供网友自主选择观看。观众可通过芒果TV在电脑、电视、手机、Pad等多终端同步观看该演唱台前幕后的精彩内容。整台晚会电视端收视率为3.995%，收视份额达到13.38%，稳居同时段全国电视收视排行榜首位。互联网视频多屏直播同时在线高峰达240多万用户，芒果TV短信互动业务超过1000万人次，话题指数等多项网络排名均远超同时段同类节目。

二 建设以内容为核心的IP化生态体系

这些年湖南台积累了大量优质自创自制内容，在推进融合发展过程中，围绕自有内容资源，构建起全媒体IP化生态体系。

（一）打造适合独播的核心IP

目前，芒果TV独播内容涵盖了湖南卫视所有核心自制内容，如《快乐大本营》、《天天向上》、《爸爸去哪儿》、《我是歌手》、《花儿与少年》、《一年级》、《变形计》等，市场估值超过10亿元。在《爸爸去哪儿》第二季中，芒果TV与爱奇艺拼播[①]，以不到对方1/3的用户基础起步，从第八期开始，其单集播放量就超过爱奇艺。2015年1月2日播出的《我是歌手》第三季首期节目，通过芒果TV向PC、手机、Pad多屏输出。由于各大视频网站都未能获得《我是歌手》等节目2015年的网络播放权，用户、粉丝被导向芒果TV平台，带动芒果TV应用下载在元旦期间达到一个高峰。截至2015年1月4日，《我是歌手》第三季第一期的播放量就达到2539万次，

---

① 指多家电视台或网站联合购买并同时播出一部剧或节目的现象。

微博24小时热议次数达到66.66万次,评论达9771条。为进一步强化独播内容优势,芒果传媒①和湖南卫视向芒果TV投资10亿元,芒果TV开始大量制作、引进独播影视节目,推出《金牌红娘》等多部自制剧,引进独播剧《深圳合租记》、《美人制造》、《相爱穿梭千年》等。同时,芒果TV对海量内容进行深加工,推出了丰富多样、适合新媒体传播的碎片化产品,如将湖南卫视《我是歌手》节目打碎,拆分成《歌手专辑》,并根据网友喜好加工推出《我的歌手》、《备战T2区》、《歌手相互论》等多种节目类型的视频专窗。目前,芒果TV拥有正版视频20.4万集,共7.32万小时。

(二)加大自制内容生产,建立全版权内容体系

湖南台一直坚持走自制自播的差异化发展之路,为建立全版权的内容体系奠定了坚实基础。目前,湖南台的新闻、综艺等节目自制率达100%。近年来,湖南卫视进一步加大电视剧、纪录片自制力度,打造了《独播剧场》、《我的纪录片》等高收视率板块。2015年,芒果TV计划投入数亿资金,出品30~50部网络自制剧,夯实内容优势。在外购节目中,湖南台也加大投入,由单一电视版权向全版权购买转变。通过这些举措,确保湖南台对全媒体版权的掌控。在组织方式上,湖南广电走内部制播分离之路,探索"以我为主"的公司制转型,成立全资的天娱传媒、经视文化、快乐京林、天娱广告等内容制作及运营公司,满足芒果TV对全媒体内容的定制要求。2014年,芒果TV针对台属娱乐频道举办的"星姐选举"活动,向芒果娱乐公司②定制了一档《选秀纪》节目,该节目在口碑、收视、点播和效益等多方面实现了新老媒体的融合与共赢。在此基础上,芒果TV还针对湖南卫

---

① 芒果传媒即芒果传媒有限公司,是由湖南广播电视台投资控股的市场主体。经对湖南广播电视台所属相关资产剥离、整合注入芒果传媒,现公司已拥有快乐购、快乐阳光、天娱传媒、经视文化传播、芒果互娱等新业态进入芒果传媒,进行市场运作。
② 芒果娱乐,即湖南芒果娱乐有限公司,是湖南广电芒果传媒有限公司旗下专业的娱乐传媒机构,拥有湖南广播电视台优势的品牌和雄厚的媒介资源,依托湖南娱乐频道这一领先的娱乐内容生产平台以及天娱广告强势的营销推广渠道,致力于推动文化娱乐产业的多元化发展。

视举办的"我是歌手"活动,向卫视下属节目制作团队定制《歌手相互论》、《备战T2区》两档节目。

(三)完善IP产业链

湖南台变内容产品为丰富的IP资源,以IP为核心进行全产业链开发,成功地突破了传统广电媒体的经营模式。以《爸爸去哪儿》为例,湖南台开发了同名手游、电影、书籍等衍生产品。其中,同名手游下载用户突破2.5亿次,高峰时在线人数达到300万人,2014年春节档的同名电影总票房逾7亿元。2015年春节,《爸爸去哪儿2》同名电影与观众见面,票房又达到2亿元,同名图书未上架便已预售3万多册。从2013年起,湖南台旗下新媒体公司湖南快乐阳光互动娱乐传媒公司探索新媒体方式"走出去",对接YouTube华人用户,湖南卫视一跃成为国内媒体在该网站点击量最多的频道,年分账收入已达1000万元人民币。

(四)建立专业化内容运营体系

湖南台牢牢抓住IP这个牛鼻子,遵循"产品第一、部门第二"的原则,建立与观众和用户互动的"生态圈"。在全台范围内,湖南台改变过去大而全、小而全的运营模式,建立专业化的内容运营模式。所有视频版权均以芒果TV为主平台进行运营,IP化衍生产品则由专业公司或团队运营。其中,手机游戏由芒果互娱公司[①]主导运营,电影由天娱传媒公司[②]进行专业化运作,电视剧、动漫则分别由芒果传媒、金鹰卡通等团队统一运营。同时,各运营团队深度参与创意和IP生产过程,并在版权共享中实施内部市场化交易机制。

---

① 芒果互娱公司,即上海芒果互娱科技有限公司,是湖南芒果传媒有限公司控股子公司,于2014年4月在上海注册。公司以手机游戏及移动应用产品为切入口,变内容产品为IP资源,全方位开发衍生产业链,用自制、合资、投资等多种方式进行市场化运作,主营业务涉及移动游戏、移动应用、移动广告、衍生产品开发等。

② 天娱传媒公司,是由湖南广电芒果传媒有限公司全资控股的传媒公司,作为一家专业的娱乐传媒机构,公司麾下集结业界精英和顶尖艺人团体,成功打造包括艺人经纪、影视制作、综艺内容制作三大产业在内的全新娱乐产业链,并开发经营唱片发行、娱乐活动策划、各类演出策划等领域,推动实现业内多元化整合经营模式与各领域内专业运作模式的完美结合。

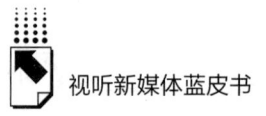

三 建立制播一体化运营机制

为实现媒体融合发展,湖南台积极推进体制机制改革,探索建立适应新形势新要求的新的制播一体化运营机制。

(一)做好顶层设计

湖南台与集团按照"一个党委、两个机构、一体化运行"的思路,推进体制机制转型,在确保频率频道策划权、编辑权、审查权和播出权的前提下,湖南台把可经营性业务放在"以我为主"的公司主体内,为人才激励提供市场化机制。湖南台旗下的快乐购(媒体零售)成功改制,并通过了上市审批。快乐阳光(芒果TV)启动了股份制改造,探索创意和技术人才个人股权、期权等激励机制。湖南省全面深化改革工作领导小组已批准,剥离整合湖南台可经营性资产,组建湖南广播影视集团有限公司,制作和播出由台党委统一领导,确保媒体策划权、编辑权、审查权和播出权。

(二)建立市场化人才机制

对人才团队的培养和掌控,是湖南台不断实现内容创新、确保制播一体化的重要砝码。为吸引、留住优秀人才,湖南台摸索并建立了一套行之有效的办法,做到"人才为本",以生态留人,为每一个岗位都提供最为专业的环境,创造好的人才成长生态;以机制留人,给创新者赋权,形成内部良性竞争机制;以待遇留人,效益分配和管理岗位均向一线倾斜,参照集团公司的办法,实行公司制用工和薪酬管理制度;以情感留人,由台长亲自召集,举办对个人和团队的奖励活动。2013年以来,湖南广电各种优秀人才不断涌现,从老团队裂变出多个新团队,仅湖南卫视频道就拥有26个制片人队伍。还出现了人才回流现象,过去被新老媒体用重金和股权挖走的人才又陆续回到湖南广电,一些具有互联网技术和运营优势的外部人才也纷纷加盟湖南广电。

B.24

江苏网络电视台：
视频+新闻+社区的探索与创新

江苏网络电视台于2010年12月正式开播，是江苏台竭力打造的专业网络传播平台。该平台以"视频+新闻+社区"为定位，整合多种媒体形式，提供时政、社会、娱乐、体育、影视资讯等综合新闻与信息，集视音频点播、图文报道、电子商务、互动交流为一体。经过四年的运营，目前主站日均页面浏览量（PV）达到550万次，在线互动报名参与节目的总人次超过150万，旗下产品群用户数超过1300万户。2014年，江苏网络电视台通过国家互联网一类新闻网站资质验收，并荣获国家新闻出版广电总局发展研究中心广电媒体融合发展创新榜"最具影响力网络广播电视台"称号。

一 内容特色

（一）以优质视频资源吸引用户

一是以广电内容为依托。江苏网络电视台最初立足点是成为广电媒体内容在互联网领域的拓展和延伸，目前提供总台14个频道60套电视节目点播回看以及5个频道24小时不间断直播，建立了包括新闻中心、江苏卫视、城市频道等在内11个频道的官网入口，以及《非诚勿扰》、《最强大脑》、《一站到底》、《星厨驾到》等60个王牌节目官网入口。同时深入节目现场进行采集及二度加工，为用户呈现更多台前幕后花絮。

二是以原创内容为特色。在依托总台节目资源的同时，为满足互联网不同年龄层的用户需求，江苏网络电视台充分发挥自身优势，在内容制作上逐步向"原创主导"转变，打造"荔枝出品"节目口碑，陆续开发了一系列内容形态丰富多样的独立原创视频节目和文字专栏，形成拥有访谈、评论、娱乐、爆笑短剧的精品节目矩阵。节目矩阵集萃了江苏台各频道的精品节目，深入挖掘优质视频资源，包括原创节目《独家一番》，时事辛辣点评、新闻深度解读的节目《大林评论》和《卞说卞聊》，大牌云集、精彩不断的节目《网络面对面》和《Top大来宾》等。至此，一个各具特色的节目矩阵基本成形，并成为网络电视台的新增长点。此外，网络台还开设了《胖Z娱评》、《猴姐唠话》、《荔枝派》、《荔枝锐评》等文字类评论专栏，全力打造内部明星专栏作家，逐步形成特色风格，受到网友的追捧。

三是以整合资源为补充。新媒体内容应当具有海量化、碎片化、个性化、草根化的特点，江苏网络电视台通过收录抓取、与第三方公司合作等方式，引入海量的广电及互联网资源，为用户提供更加丰富的资讯服务。

（二）以权威资讯服务满足用户

一是创新重大主题宣传的报道形式。作为新型主流媒体，江苏网络电视台充分运用新技术新应用创新媒体传播方式，全面覆盖互联网和移动互联网不同终端的不同用户，构建立体化的舆论传播格局，并采用各种创新形式提升传播效果。在全国"两会"报道中，实现主站、"荔枝新闻"、手机电视、"乐享电视"等多平台、多终端发布，既有权威全面报道，又有特色独家内容，还有边看边聊、心愿征集、话题讨论等多种互动形式。在大型全媒体行动"你不知道的中国"中，江苏网络电视台深度介入，派出6路记者跟组探访，在主站及"荔枝新闻"客户端上同步开辟专题，以图片、文字、视频、即时播报等多种形式，累计发稿数百条。

二是推出全媒体记者、全媒体新闻联动平台。2012年，江苏台搭建起全媒体新闻联动平台，组建了全媒体记者队伍，记者在新闻现场第一时间向联动平台发稿，形成全媒体新闻内容库，提供给广播、电视、网络、手机等多个业务共享。目前江苏台拥有台内全媒体记者500多名，大学生全媒体记者1000多名，还吸引来3000余名普通网友和各地通讯员自发为平台供稿。

截至2014年底，联动平台共收到稿件61516条，发布稿件41187条，总点击量超过3亿次。

三是增设"全媒体评论员"的相关板块。为加强主流媒体的网络舆论引导能力，江苏网络电视台增设评论频道，面向全社会招募评论员，实行有偿征稿。这些全媒体评论员有"大腕级"，也有"平民级"，逐步建成一支高素质的专属评论员队伍。目前"新闻+评论"已成江苏网络电视台的特色业务。

（三）以社交服务留住用户

当前视频和社交网站（SNS）发展迅速，视频网站以内容吸引了大量用户，而SNS具有更强的用户黏性。江苏网络电视台顺应互联网传播的移动化、社交化、视频化发展趋势，采取"视频+SNS"模式构建自有渠道。其中视频是基础，来自母台传统媒体具有深厚观众基础的节目资源成为拓展互联网平台的重要手段，通过深度的台网互动吸引用户参与。互动是核心，通过社区关系可以转换和沉淀用户，并将虚拟关系延伸至线下实体，调动用户使用兴趣，强化关系网络，构建完整的"达人经济"业务链条。

2013年，江苏网络电视台推出"荔枝社区"。该社区一方面为《非诚勿扰》、《最强大脑》、《超级战队》、《零距离》、《法治集结号》等王牌栏目提供官网报名、互动、爆料入口，打造线上线下的互动模式；另一方面立足本地化，通过海量有价值信息的创生和传递，获得用户关注、提升用户黏性、拓展产业经营，打造省内具有广泛性和影响力的网络社区。在发展初期，台里不对"荔枝社区"提出创收要求，而是以用户数量作为关键考核目标。

二 产品特色

目前，江苏网络电视台由主站、"荔枝新闻"、"荔枝社区"、"乐享电视"、手机电视等主要产品构成，面向互联网、移动互联网多终端发展。

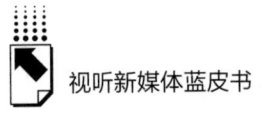

（一）主站

江苏网络电视台主站是以视频为重点打造的专业网络资讯传播平台，为用户提供时政、社会、娱乐、体育、影视、资讯等全方位的服务，通过优质视频资源吸引用户，通过权威资讯服务满足用户，通过线上互动、线下活动留住用户。

（二）荔枝新闻

2013年8月20日，江苏台自主研发的手机新闻客户端"荔枝新闻"正式上线。该产品"立足江苏、面向全国"，除了覆盖全球和国内热门资讯、快速推送重大新闻外，重点开发"本地资讯和身边信息"，自办了《荔枝派》、《荔枝锐评》等原创栏目，并上线"活动频道"，实现与其他新闻客户端的差异化竞争。目前"荔枝新闻"下载用户近200万。在艾瑞发布的全国新闻客户端排行榜中，"荔枝新闻"进入前十位，月均独立访客（UV）550万人，日均PV 1000万次。

（三）荔枝社区

2014年4月，"荔枝社区"PC端及App版正式上线运营。荔枝社区的定位是立足南京，放眼江苏，从学生人群入手，逐渐覆盖南京活跃人群。目前，社区单日独立访客量最高超过12400人，在江苏所有网站中成功跻身第一梯队。"来自星星的你"、"男神钟汉良"、"刘强东的表白"等帖子最高跟帖量超过4000人次。

（四）乐享电视

"乐享电视"社交电视平台于2012年12月31日正式上线，该平台涵盖目前市面上已有社交电视的功能服务，并以用户为中心，以创新交互功能、提升用户体验为目标，伴随着电视节目的推进进行了设计和多项改进。目前"乐享电视"注册用户超过100万户，正逐渐成为兼具传统媒体服务和新媒体产业拓展双重功能的重要平台，满足了频道、广告主、合作方、受众等多方需求。该平台一方面吸引用户进行多层次互动，为节目宣传推广、互动营销等提供有力支撑；另一方面，也可以进行广告营销和电子商务等业务的拓展。

（五）手机电视

2010年开始，江苏网络电视台先后与三大运营商合作推出手机电视业务。该台以江苏台的直播频道和品牌栏目等本地特色内容为基础，集成央视、各省级卫视等主要电视频道的优质影视资源，在提供手机视音频服务的同时，综合新闻爆料、智能交通、特色旅游、生活服务等资讯，以及基于地理位置服务（LBS）的相关应用和服务。目前拥有收费用户90万户，免费用户超过300万户。

三 产业发展

随着媒体品牌影响力和市场美誉度的逐渐提升，江苏网络电视台对盈收策略和市场机制进行了积极探索，创造性地构建了"私家定制"全媒体创意营销生态系统，为客户创造需求并量身定制精品个案，实现了线上线下全媒体整合传播和360度品牌营销效应，进一步提升了网络台自身的社会影响力。2014年，江苏网络电视台各项创收累计超过2331万元，同比增长34.9%（见图1）。其中整合营销占62%，手机电视占23%，网络服务占11%，其他（产业频道、演出等）占5%。

（一）精准把握客户需求的全方位整合营销

江苏网络电视台在精准把握客户需求的基础上，为客户提供节目制作+新闻宣传+全网公关+活动+线上游戏+硬广告+各终端推广等多种合作方案，发挥"宣传、内容、包装"的媒体特长，在内容、技术上不断实现创新，帮客户塑造与竞争对手的差异化优势，提供精雕细琢的服务，成功打造了多个全方位整合营销案例。例如，"途牛&最美体验

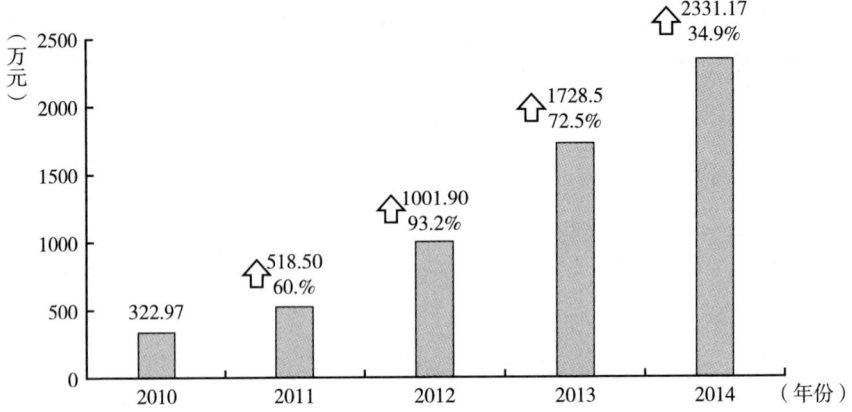

图1 2010～2014年江苏网络电视台创收概况

师"、"美在旅途校园招募活动"、"银联&靠谱生活节"、"天翼手机交易会暨移动互联网论坛"、"中信银行&江苏省十大可爱宝宝评选"等，都帮助客户提升了产品目标转化率，同时也强化了江苏网络电视台的品牌形象。

（二）台网互动进行360度整合营销

江苏网络电视台与母台旗下的江苏卫视、城市、影视等频道进行合作，双方联动进行资源推荐。在江苏卫视正在播出的综艺节目《带你看星星》的"台网互动"尝试中，网络电视台记者远赴韩国对节目制作过程进行了独家探班，并将相关视频在各新媒体平台发布，提升了节目及品牌的网络关注度。此次360度全方位网台互动，不仅为节目本身，也为活动冠名商提供了整合式的营销解决方案。通过网络台与频道的深度联动，新兴媒体与传统媒体资源形成强势互补，发挥了1+1＞2的作用，真正实现了线上线下相结合的整合营销模式。

（三）多维拓展进一步提升品牌价值

为更好地整合客户资源，基于内容进行活动营销推广，江苏网络电视台开通了校园、财经、健康、亲子、房产、美食等六大产业频道。目前采取的合作模式为外包或平台共建，以O2O模式实现线上线下的融合，进一步提升产业品牌价值。其中财经频道的品牌营销价值已展现雏形，各大银行主动提出在财经频道首页增发通栏广告及软广告。汽车频道也尝试与社会公司合作，采取O2O营销模式，开拓相关产业。

B.25
湖北台：以产品为突破口推进媒体融合

湖北广播电视台是湖北最大的广播电视媒体，集广播、电视、报刊、网络新媒体等于一体，拥有湖北卫视、湖北经视等13个电视频道，湖北之声、楚天交通广播等10个广播频率，网络电视台、IPTV、移动电视、手机电视等多种新媒体业态。为贯彻中央关于推进媒体融合发展的部署，湖北台在强化顶层设计的同时，坚持以内容为根本，以重点栏目、精品节目为抓手，着力推出多个重点栏目、精品节目的全媒体化产品，通过节目产品化、产品全媒体化推动全台融合发展，取得积极成效。

一 以新闻产品全媒体化为突破口，推出湖北台媒体融合平台级产品"长江云"

为发挥省级主流媒体的权威优势和品牌优势，进一步整合新闻媒体资源，推动传统媒体和新兴媒体融合发展，巩固宣传思想文化阵地，壮大主流思想舆论，湖北广播电视台于2014年9月28日同步上线官方移动门户客户端和同名官方微信公众号"长江云"。到2015年1月，长江云作为湖北广播电视台媒体融合的首款平台级产品，以官方微博、微信公众号、手机客户端和网台长江云专区为主的长江云系新闻产品矩阵粗具雏形，已汇聚全省厅局、市州移动端产品213个，移动用户60多万户。

以"湖北新闻"为核心产品轴，在广播电视版的基础上重新整合成广电特色新媒体版掌上湖北新闻——"长江云新闻"。通过订阅长江云新闻客户端或微信公众号，就能掌握湖北大事要闻，突破广电媒体稍纵即逝、定时收看的局限，实现立体传播、移动便携、收藏分享等功能。同时，在湖北网台首页开辟"长江云新闻"专区,条件成熟时开通 IPTV 长江新闻频道,与长江云新闻客户端实现后台 CMS 节点对接,通过一云多屏组合联动,打响"长江云新闻"品牌。

二 多屏营销精品节目《如果·爱》,收视率、点击率双双创下历史新高

《如果·爱》是湖北台联合韩国顶级电视节目制作公司 CJ E&M 共同推出的国内首档明星恋爱真人秀节目。该节目开播前一个月,湖北台在各大门户网站、视频网站、社交网站及社交工具、搜索网站等进行营销,还为该节目建立了官方网站、微信定制服务以及手机网页,并在微博、微信、贴吧、论坛上推出明星剧照、拍摄花絮等,极大地提高了该节目的知名度,吸引了大量新媒体用户的关注。2014 年 5 月 25 日,《如果·爱》在湖北卫视和湖北网络电视台同步首播。截至 9 月底,在周日 19:40~21:30 这个竞争最为激烈的黄金时段,《如果·爱》平均收视率达到 0.799%,在全国 35 个城市中同时段排名第三;全网视频总点击量突破 6 亿次,并长期位居新浪微博热门话题榜前列,刷新了湖北台有史以来所有节目受网络关注的纪录。该节目在 25~44 岁这一黄金用户群体中反响最为热烈,将大批年轻用户带回电视屏幕前。

三 推出移动产品"微信摇一摇",实现电视手机双屏互动传播

2014 年 3 月,湖北广播电视台(集团)与互联网相关投资机构共同成立广州微摇软件科技有限公司,与微信合作立足跨屏互动、媒体融合,为全国电视行业提供互动服务。2014 年 6 月 29 日,"微信摇一摇"电视互动模式登陆湖北卫视,实现全国首发,在收看湖北卫视的同时,只要打开微信,点击"发现"中的"摇电视"功能,电视观众摇动手机,就可以与正在播

出的电视节目产生跨屏互动。通过微信的社交功能，"微信摇一摇"使传统电视节目实现了横向传播。9月，湖北广播电视台联合全国30多个省市地面电视台建立全国广电微融合联盟，进一步拓展微摇客户群，形成从一线卫视到地面频道的全线覆盖。截至2015年5月，微摇已为13家卫视频道、83家地面频道的节目和电视剧提供了微信摇电视业务服务。其中东方卫视《中国梦之声》第二季、浙江卫视《星星的密室》、江苏卫视《最强战队》、北京卫视《我是演说家》、江西都市频道国庆期间的《空中黄金周》等节目都通过"微信摇一摇"实现了电视与手机双屏互动，仅《中国梦之声》第二季第一期节目，就有108万人参与互动。在舆论引导上，微摇也做出了《跟着总书记足迹看湖北》这样有思想高度、有传播力度、有高社会价值的跨屏互动产品。

四 培育垂直类全媒体产品群，开发"线上到线下"业务

适应移动互联网及"线上到线下"发展趋势，湖北台着力培育有市场前景的垂直类全媒体产品集群，打造"线上到线下"服务平台。一是开发婚恋节目"桃花朵朵开"全媒体产品。基于湖北台经视频道婚恋节目《桃花朵朵开》，湖北台推出了微信公众号"桃花朵朵"。通过该公众号，湖北台对电视节目《桃花朵朵开》青春版进行网络营销和推广，同时提供在线交友相亲服务，并建立了红娘客服团队、市场运营团队等，开展相亲等线下活动，实现"线上牵线+线下相亲"的"线上到线下"商业化运营。二是开发健康节目《健康金管家》全媒体产品。湖北台充分开发体育频道精品栏目《健康金管家》的品牌资源，推出《健康金管家》移动端应用程序，并打通线上线下资源，建立起本地化、社交化健康管理平台。通过该平台，用户可获得体检预约、查询、报告领取等服务，用户之间还可进行互动。目前，该平台已实现对电视节目的反哺，将年轻用户带回电视屏幕前。汇聚大规模用户后，湖北台将对其进行商业化开发，并打造为健康类电商平台。

五 拓展农村市场，搭建多媒体互动公共服务平台"幸福新农村"

为拓展农村市场、服务湖北新农村建设，湖北台与湖北电信合作，推出电视、个人电脑、手机三屏互动IPTV公共服务平台"幸福新农村"。该平台以行政村为单位，为每个行政村定制了IPTV开机首页面，并结合各行政村特色与需求，推出村委公告、地方新闻、三农热线、远程党员教育等栏目，为村民提供政务、生产、文化、生活等方面的信息服务。该平台还建立了应急救助系统，该系统以行政村为单位，每10户家庭组成一个联防小组，小组内发生任何紧急或突发事件，"幸福新农村"首页即弹出紧急通知，小组内家庭可及时获得信息，并采取措施实现联防互助。目前，该平台已成为湖北省建设和谐农村、平安农村、现代新农村的重要支撑和抓手。湖北省委书记李鸿忠、省长王国生到现场调研并给予充分肯定。目前该项目已发展用户近6万户，覆盖700余个行政村。通过"幸福新农村"平台建设，湖北台将媒体融合服务推向农村，惠及全省农民，不仅实现了广播电视公共服务全媒体化发展，而且还可依托这一公共服务平台，开发农村市场，前景广阔。

BⅢ-2 产业模式创新

B.26
网络自制剧微电影发展的商业模式

影视剧版权价格的飞涨，行业自身谋求优质内容的需要，特别是各方资本的加速涌入，是网络自制剧、微电影等基于网络平台的视听内容突飞猛进发展的有力推手。从2010年优酷百万级投入到2014年五大视频网站的投资迅速破亿，以资本为纽带，结合视频平台、电商、品牌赞助商、专业团队等元素的网络自制剧、微电影新型生态已经形成。这里主要对网络自制剧、微电影的投资特性、产业链构成和商业模式进行分析。

一 网络自制剧、微电影的产品特点

（一）产业营利性

随着视频行业集中度的提高，市场排位在前列的视频网站优酷网、土豆网和爱奇艺等开始显现其商业价值，与此同时，广告商也关注到年轻群体向视频网站的大规模转移，因而亟须寻找合适的切入点来接盘新生代的"注意力"。2010年，由中国电影集团公司与优酷网联合出品，一家著名汽车品牌全程赞助拍摄的《11度青春》系列电影就是一次成功的尝试。自此以后，以视频网站为平台，一头对接内容制作者，一头对接品牌赞助商的新产业链条初步形成。网络自制剧、微电影等"精致"形态带来了比UGC更高的流量，并因其版权完整性而被广告商所青睐。从2010年至2014年，整个行业的投资规模、生产规模和产出量均迅速膨胀，显现出一定的营利性。

（二）产业成长性

从 2010 年至 2013 年，网络自制内容处在酝酿和探索阶段。因其少投入、轻启动、高回报的特点，2012 年，自制剧成为搜狐视频首个实现赢利的内容产品线[①]。到 2014 年，由于内外双重原因，视频网站大规模自制正式起步。一方面，自制内容可以保持网站个性，在满足用户需求方面作出灵活调整；另一方面，由于传统广电对优质综艺节目争夺更加激烈，以及主管部门对网上影视剧管理的进一步规范等因素，网络自制战略必将会得到进一步贯彻。因此，该产业的成长性也值得期待。

（三）产业风险性

第一，网络自制剧本身在朝着精品化、高水准的方向演进，以满足用户不断提升的审美水平。一些制作比较粗糙、选题一般的自制剧或微电影，将不再受到资本的热捧。第二，2013 年，优酷土豆综合净收入 30 亿元，乐视网为 23.61 亿元，这代表了视频网站的较高水平，2014 年这两家网站的自制剧投入规模均破亿元大关。投入自制还要看自身实力，对于一般的视频网站而言，还须谨慎。第三，新媒体版权环境尚未成熟，自制剧、微电影版权的盗链、授权不规范等情形时有发生，生产者应有一定的预防措施。

（四）产业政策

新闻出版广电行政部门多次发布文件对网络剧、微电影进行规范管理。规定网络剧、微电影的制作机构必须持有主管部门颁发的《广播电视节目制作经营许可证》。互联网视听节目服务单位要严把播出关，落实好先审后播的管理制度。同时，这类节目上网播出前应完成节目信息备案，从制度层面进一步确认网络自制内容的主体身份、播出责任和内容边界。

[①] 《搜狐视频公布年度战略：2014 开启自制元年》，http://yule.sohu.com/20131204/n391275753.shtml。

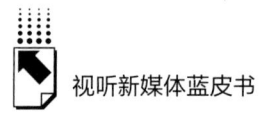

二 网络自制剧、微电影的产业链构成

网络剧、微电影的产业链主要由投资主体、生产主体、发布平台、广告商等环节构成。

（一）投资主体

视频网站是网络自制剧及微电影的主要投资主体。2014年，优酷网投资网络自制内容的费用为3亿元，用于支持《万万没想到》、《头号绯闻》、《男神女神》等知名剧目。爱奇艺的投资规模据称不低于3亿元，支持《废柴兄弟》、《灵魂摆渡》等剧。搜狐视频仿照《纸牌屋》模式于2014年推出系列剧《匆匆那年》（16集），每集投入达到百万级别。腾讯视频的自制内容投资规模在2亿~3亿元，乐视网的投资规模在2亿元左右。

网络自制剧、微电影还吸引了行业外主体投资。2010年雪佛兰科鲁兹投资制作《11度青春》。《嘻哈四重奏》中植入的康师傅绿茶，《全优7笑果》中植入的牙膏品牌佳洁士等，其冠名和植入费用从百万元到千万元不等。

此外，政府、企业、社会机构等对网络自制内容，尤其是微电影进行全程投资与赞助的比例也较高。例如，2012年杭州市政府投资了微电影《千年之约》，使之成为城市旅游宣传的名片。桔子酒店投拍的12部《桔子水晶星座电影》为酒店带来了超出预期的收益。2014年由民间公益组织投拍的微电影《流浪33天》，也在网络上得到热传，取得了很好的传播效果。

（二）生产主体

网络自制剧及微电影的生产主体是不同组织形式和不同规模的团队。有些是视频网站自身的制作团队，如腾讯《大牌驾到》是由一个核心成员为5~6人组成的腾讯内部团队；有些是社会制作团队，包括专业制作公司，如《万万没想到》的制作公司万和天宜，专业制作网络剧和微电影，年产量达到 100 多部，创收 1000 多万元。其他还有为了某项目临时组织成立的团队，以及半专业半业余、以大学生为主体的微电影制作团队。

（三）发布平台

网络自制剧、微电影的发布平台主要是视频网站。2014 年，优酷土豆发布的微电影数量多达 530 部，腾讯视频为 485 部，乐视自制剧有 28 部 430 集（见表 1）。

表1 2014 年主要视频网站发布自制剧、微电影数量统计

优酷土豆		爱奇艺		乐视		搜狐视频		腾讯视频	
自制剧	微电影	自制剧	微电影	自制剧	微电影	自制剧	微电影	自制剧	微电影
10 部 87 集	530 部	11 部 225 集	97 部	28 部 430 集	148 部	5 部 44 集	163 部	11 部 247 集	485 部

数据来源：根据各网站公开数据整理。

网络自制剧和微电影也有部分精品输出到传统电视平台播出，如搜狐视频的《三国热》、优酷的《万万没想到》都有卫视版。此外，陕西卫视开播《华夏微电影》栏目，重庆卫视也开播了《星电影》栏目，在主流媒体为微电影开辟了传播窗口。

（四）广告商

在网络自制剧、微电影内容生产出来之后，制片方会根据作品内容、水准进行招商，而平台流量和节目创意是影响广告主投放广告的主要因素。目前主要的广告类型有贴片广告、片尾广告、页面广告、植入广告等。广告商主要有汽车、家居、日用化妆品和快消品牌。也有部分品牌以植入广告的形式，从创意到发布都与作品相伴相随。

（五）综合收益

一些知名的网络自制剧、微电影不仅能获得赞助、冠名和后期贴片广

告，甚至还能与相关产业发生跨界互动，从而产生丰厚的综合收益。一是版权出售收益，如部分网络剧向二三级视频网站分发，还有的网络剧版权反向输出电视台，甚至售卖至海外[①]；二是与相关产业发生跨界互动，如餐饮、旅游业；三是艺人经纪与衍生品产业，如《万万没想到》系列正在筹划向出版、游戏、电影领域扩张，巩固品牌，形成一个良好的产业闭环。

三　网络自制剧、微电影的商业模式

（一）品牌冠名与深度定制模式

对于网络自制内容的生产主体（不管是视频网站还是制作公司），最理想的模式是在节目生产前就已经获得赞助与融资，进而能保证在内容生产过程中及时解决人财物等问题。这种情况多发生在季播网络剧中，某季播剧有可能在上一季取得较好传播效果后，在下一季制作之前就能获得融资。较多的情形依然是在内容播出之后，获得企业赞助。

深度定制是近两年网络自制内容着力开发的领域。定制模式就是基于网络的开放和灵活等特点，专门为某品牌或产品定制开发某剧。例如，《全优7笑果》就是优酷专为宝洁量身打造的网络自制剧，在构思剧本阶段，优酷就已经充分考虑到与宝洁旗下产品——佳洁士全优7效牙膏、漱口水、电动牙刷等系列产品的互动融合，通过整个创作团队的巧思与场景的布置，最终实现丰富剧情故事、提升品牌影响力的双赢目的。

（二）跨屏营销模式

随着消费者跨屏化媒介接触习惯的形成，基于多屏内容整合的营销传播模式成为品牌打造与营销驱动的主要方式。对于网络平台方来说，播出网络

---

① 《〈屌丝男士〉落地英国 网络自制建设海外渠道》，http://yule.sohu.com/20140602/n400319919.shtml。

剧、微电影主要靠贴片与植入广告回收成本，而以手机为代表的移动终端的崛起，使其广告策略有了更为立体和多面延伸的可能，如搜狐视频打通个人电脑、平板电脑、智能手机、电视等屏，多渠道全时间触达用户，实现更人性化的内容与广告捆绑投放，为广告主带来最佳的传播效果。

（三）众筹模式

众筹，即通过大众筹资来完成某个项目。网络自制剧、微电影如今也找到了与众筹的交汇点。例如，乐视的微电影《高级黑》就从资金、人力、创意等多方面进行全方位"众筹"，任何人都可通过"乐筹"平台购买众筹礼包，乐视募集到目标金额后，用户将获得比原价值至少高两倍以上的礼品回馈，将原来处于"黑箱"状态的创作和制作过程全程透明化"互联"，充分调动大众参与。当《高级黑》播放结束后，专辑总点击量达到对应要求，购买众筹券的用户最终所获得的奖品价值还将相应提升。简单地说，看的人数越多，获得的回报越多。这种模式无论对于网络自制内容的融资还是传播效果的提升都具有探索价值。

Ⓑ.27
融合背景下内容版权价值开发与管理

媒体融合背景下,内容版权的开发价值日益凸显。良好的版权管理和有针对性的多层次、多环节价值开发,可实现优质原创内容品牌版权的多种生成、多次增值和多平台分发。

一 媒体融合背景下内容版权管理现状

随着我国现代传播体系建设的深入推进和法治环境的不断优化,版权管理日益受到广电机构和视听新媒体机构的重视。

(一)广电机构版权管理现状

由于种种原因,我国社会相当长时期内整体版权意识不足。广电机构的版权管理工作也起步较晚。近年来,随着网络视听业的迅速崛起和内容的多屏分发,各级广电机构版权意识普遍增强,很多机构建立了版权管理部门。2004年,中央电视台率先成立版权管理部门,通过实践探索,逐步建立起较为系统的版权管理体系,在10年的发展过程中建立起合同管理、版权信息记录、版税收入管理、版权授权管理与保护等较为完善的管理项目。2013年央视召开全台版权大会,把版权管理工作纳入全台战略层面,出台了十项新规,进一步明确了全面加强版权工作的发展目标。地方台也在版权管理方面进行积极尝试,上海、山东、辽宁、湖北等电视台先后成立版权管理部门,结合本单位实际开展版权管理工作。上海台改组版权媒资管理部门,湖南台推行版权独播战略,安徽台也对其王牌栏目发布了独播声明,引起较大社会反响。各台都对媒体融合新形势下的版权管理策略进行了有益探索。

（二）视听新媒体机构版权管理现状

随着近年来视听新媒体的蓬勃发展，一批商业网络视听服务主体成为版权运营商。在经历过早期一段时间的版权无序状态后，国内商业视频网站的版权运营和管理日益规范。2011 年以来，适应法律政策环境和面临上市的双重要求，国内一线视频网站纷纷转向购买正版影视剧等节目内容。例如，乐视较早开始投资购买正版内容，采购了《甄嬛传》等大量精品版权内容。公司还大力发展自制节目和定制栏目，实现内容差异化竞争，通过"外购 + 自创 + 内容交换"的组合形式储备版权。爱奇艺则与好莱坞六大电影公司开展深度版权合作，建立起高清正版片库。

与此同时，视频网站通过采用技术手段、行业自律、联合维权等方式进行版权保护。例如，2013 年 8 月 20 日，爱奇艺宣布引进版权技术公司 Intertrust 的 DRM（数字版权管理）平台作为爱奇艺在线视频服务的内容保护方案，成为国内率先使用 DRM 技术保护网络版权的企业[1]。在行业维权方面，2013 年 12 月，百度视频、爱奇艺、PPS、酷 6 网、华数 TV 等众多机构联合发起"正版视频助推行动"，提出通过加大与版权方的合作力度、利用各自平台优先展现正版内容、加大力度打击盗版这三大举措联手推广正版视频，通过多方协作推进网络视频行业的正版化发展。

二 媒体融合背景下内容版权价值开发现状

媒体技术和平台的发展，为内容版权实现其商业价值提供了契机和广阔市场。在媒体融合的背景下，广电机构和商业视频网站对内容版权价值的开发呈现出不同模式。

---

[1] 《爱奇艺视频获得 DRM 解决方案授权》，http://it.sohu.com/20130821/n384754724.shtml。

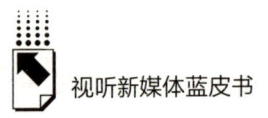
视听新媒体蓝皮书

（一）广电机构版权开发现状

自20世纪90年代以来，我国广电机构的收入主要来源于广告，包括央视在内的各级电视台都将管理和经营工作的重心放在广告上。在这一背景下，节目的主要功能在于满足电视播出需求，通过播出节目获得关注，并将这种注意力转化为广告收入；在版权内容的增值方面，较为常见的是出版图书和音像制品。在媒体融合时代，新的传播方式为视听内容提供了丰富多元的播放平台、使用渠道和增值途径。由于版权的无限复制性和多重开放性，"节目"正在突破以往仅供电视台播出的单一渠道和一次性利用，成为可以多种方式利用、多层次开发、多价值实现的"产品"。以电视台为代表的传统广电机构，正在努力适应和应用新兴媒体技术与平台，进一步发挥自身内容版权优势。

广电机构主要通过以下几种途径对版权内容进行全媒体开发。一是建设网络电视台，把电视节目推送到网上提供直播或点播服务，以吸引受众。二是与视频网站合作，进行版权分销。三是面向移动屏搭建移动视频 App 产品。四是发展互联网电视、手机电视、IPTV 和移动电视服务。五是利用网络社交平台，通过图文视频和互动的功能，提升节目的知名度和关注度，间接提升版权价值。这些措施都大大增加了电视节目内容的曝光率和受众触达率，无论是通过免费+广告观看方式还是付费观看方式，版权价值都得到了前所未有的挖掘。

目前广电机构对内容版权的开发和增值不再局限于某个途径，而是创新视听内容的制作方式和工作流程，对接用户视听内容观看习惯，打通内容产品的创作、发布、营销、互动环节，制作出符合各类媒介使用分发要求的高品质视听内容，实现全媒体同步发布、协同营销互动。例如，央视知名电视节目《舌尖上的中国》的成功，就得益于其在前期对节目的电视多轮播出、新媒体分授权、社交电视、特色客户端以及与电商合作开发特色食品等方面，进行了科学合理的规划，从而成功打造了"舌尖"这一现象级电视节目。又如湖南卫视的《爸爸去哪儿》，充分延伸节目产业链，进行全媒体版权经营，手游、大电影、动画片、舞台剧等一系列衍生文化产品的制作和开发取得了良好回报，2014年仅大电影一项就获得6.97亿元票房收入①。

（二）视听新媒体机构版权开发现状

以各大视频网站为代表的视听新媒体机构具有互联网技术和资本的双重优势，近年来，通过版权分销、商业广告、游戏开发、与电商和广电机构合作等多元方式进一步开发内容版权价值。一些有预见性的公司制定了涵盖多元版权价值增值途径的版权开发战略。例如，光线传媒实施以娱乐为核心的多元化版权发展战略，发展"媒体＋娱乐、渠道＋内容"的独特商业模式，通过影视产业、艺人经纪、大型活动、新媒体等多种产业经营，拓展内容增值价值。

三 面向未来的内容版权管理与价值开发

为了更好地适应媒体融合发展的趋势，国内广电机构和视听新媒体机构的内容版权价值开发与管理需着力强化以下两个方面。

第一，增强内容版权保护意识。优质内容版权是媒体融合时代的核心优势和竞争资源，是版权实现其开发价值的基础。由于我国民众对版权法律法规缺乏深入了解和认知，市场主体自觉遵守法律和规范的意识还不够强，造成网络内容侵权现象仍时有发生。在媒体融合时代，全社会各方面必须齐抓共管，增强公民版权意识；通过行政、司法、行业、诉讼、技术、商业合作等多元途径加强内容版权保护，促进版权内容生产和价值开发。

第二，提高内容版权管理水平。服务于媒体融合的版权管理必须是有序、高效、准确无误的，因此要对原有的机构职能、工作流程、业务设置等进行调整，以提升版权管理水平。首先，设立专门的版权管理部门，明确版

---

① 《光线2014票房收入超31亿 "爸爸"大电影立头功》，http：//www.1905.com/news/20150203/854881.shtml？fr＝wwwnews_ list_ hy_ 201411。

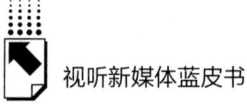

权管理部门的定位和职责,做到"专人专事",防止授权交叉混乱、权利清算不力、版税回收不畅、版权信息不明等一系列问题。其次,梳理版权管理不同业务板块之间的关系,保证在面对内容版权的复杂使用和开发场景时各方面可以紧密配合,积极有效应对媒体融合提出的挑战。再次,充分运用计算机网络技术,建立并完善版权管理和服务技术系统,提高工作效率,实现版权管理的专业化、流程化和数据化。

B.28
苏州台：构建广电融合产业

苏州广播电视台积极建设媒体平台，创新业务模式，探索区域媒体融合及资本融合之路，实现传统广播电视、网络音视频和手机媒体的融合传播，完成从媒体思维到产品思维、从受众到用户、从投入到投资、从单一广告运营到多元化经营、从单一城市媒体平台到跨区域媒体平台的转变。截至2014年底，苏州台总资产接近90亿元，覆盖用户超过2000万户。

一 全媒体融合提升媒体平台传播力

（一）融合传播渠道，扩大广电媒体内容影响力

苏州台融合各类传播渠道，实现了互联网、通讯网、广电网"三网融合"，电视屏、手机屏、电脑屏"三屏互动"。通过城市大数据整合和平台化传播，创新了"一库多屏"传播应用模式。2000年，苏州广电投资创办"名城苏州"网站，率先实现电视媒体与互联网媒体融合。通过线上线下活动相结合，多方开拓市场、打造品牌，创新管理模式，年创收超过7000万元，排名居全国城市门户网站前十位。2011年，苏州台投入3000万元创办"无线苏州"手机客户端。截至2014年底，"无线苏州"用户累计达到301万户，日均访问量2400万次，月流量达48T。"无线苏州"手机客户端和"名城苏州"网站整合了苏州广电所有节目，不仅支持在线同步直播，还可以回看点播，构建了内容信息随机触发式的网状传播格局，使电视节目从固定的家庭客厅电视终端延伸到了智能手机终端，大大拓展了传播渠道。同时，凭借广播电视节目对手机用户的触达，又使大量网民、手机用户重新成

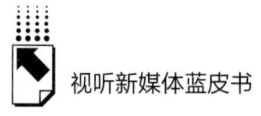

为广播电视的受众,提升了苏州广电媒体的影响力和传播力。目前,全球100多个国家的网民可通过"无线苏州"和"名城苏州"了解苏州经济社会发展的最新情况。

在平台思维下,苏州台不断创新内容生产方式。2013年,"无线苏州"尝试与苏州台965生活广播展开合作,借助相声广播的模式,创新节目的呈现方式,用户一致给予好评。受此启发,"无线苏州"还与城市联合网络电视台(CUTV)和苏州台共同打造了《新闻三十喷》、《真心话》等视频节目。为适应移动互联网资讯特点和用户个性化阅读需求,"无线苏州"尤其注重内容的娱乐性和互动性,打造了《听说》、《太囧》、《一路随行》等原创节目,通过融合海量的新闻、微信和微博信息,为广大用户提供更具可读性、互动性、观点性的独特内容。

(二)融通"受众"与"用户",增强广电媒体平台黏性

在"无线苏州"移动互联网平台上,无论是整段节目,还是分段视频,所有内容均设有评论、分享端口,为普通民众提供表达机会和平台,提升内容的互动效果,吸引用户,增强平台黏性。"名城苏州"和"无线苏州"还为苏州台众多频道、频率节目提供话题调查讨论、民意投票征集、用户新闻评论、活动征集报名等互动服务支持,收集调查数据和评论内容,更好地了解受众的需求和想法,使广播电视节目更加贴近受众。结合电视节目互动需求,"无线苏州"开发了"TV摇摇乐"、"微信互动"等新媒体互动平台。用户在观看电视节目的过程中,可以使用手机上的这些应用实时参与互动。用户在观看苏州台生活资讯频道"民生在线"时,可在固定时间段通过扫描电视屏幕上的二维码,登陆手机客户端,参与有奖答题。2014年11月,苏州台新闻综合频道、社会经济频道相继推出"看电视,摇金币"活动,3天时间就有12000多人通过"摇摇乐"应用平台参与互动,活跃率高达90%。电视与网络社交媒体的融合实现手机和电视"双屏互动",吸引了大批年轻用户向电视媒体"回流"。

苏州台还基于"无线苏州"客户端构建了全媒体新闻爆料平台。手机

用户可以"边拍边直播"、"边拍边上传"。为了补贴用户，降低用户爆料时产生的手机流量，"无线苏州"技术团队自主开发出一套视频、图片压缩技术供用户分享使用。通过后台权限分配，苏州台旗下各媒体平台可在爆料后台对用户提供的素材、线索各取所需。该平台开通以来，爆料信息达到日均200条左右。爆料平台大大丰富了广电媒体的信源渠道，同时在苏州广电和市民中间架起了一座互动和沟通的桥梁，进一步提升了广电媒体的社会公信力和影响力。通过这些活动，也实现了"观众"与"用户"的融通。

二 产业融合创新媒体服务模式

苏州台通过大量的市场调研发现，开发个性化的生活服务业务是移动应用赖以生存的"法宝"，也可以增强用户对平台的归属感和忠诚度。本着自身在苏州强大的媒体影响力和公信力，顺应苏州"智慧城市"建设的加快发展，该台迅速整合了当地交警、公交、客运、电力等部门的城市信息资源，推出"违章查询"、"实时公交"、"打的"、"汽车票"等多个贴近市民生活的应用，受到用户的高度认可。"违章查询"应用2013年上线，在全国范围率先实现了违章图片查询功能，上线一周下载量突破3万次。目前，"汽车票"、"电影票"均已实现在线购买支付。"无线苏州"强大的个人用户中心，让手机用户对自己的消费情况一目了然。当前"无线苏州"正进一步利用移动客户端突出的应用功能，围绕用户的衣食住行玩等日常需求，大力发展城市特色O2O移动电子商务业务，使"无线苏州"客户端变成工具型、应用型、商用型的平台。

依托品牌影响力的迅速提升和媒体融合的深入推进，苏州台还在房产、汽车两大行业领域"试水"全平台全通道的运营管理模式，多屏联动，共同分享内容制作和市场资源，互相借力撬动市场。经过6年发展，苏州台经营的房产和汽车在本地的市场份额每年保持着10%的增长。

目前，苏州广电新媒体正在规划构建集新闻资讯、生活应用、商业运营、娱乐互动等综合性功能于一体的中国城市信息应用云平台。

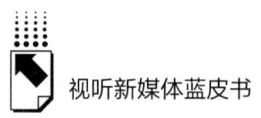

三 区域融合提升媒体平台辐射力

苏州台发展新媒体特别是发展"无线苏州"的经验正在受到业内外关注。该台乘势而上，迅速将"无线苏州"的运营理念、研发技术和核心产品输送到全国一些城市媒体和区域媒体，实现区域媒体之间的融合，提升了广电优势媒体平台的辐射力。

借助业务合作和资本合作两种方式，苏州台免费为各合作伙伴搭建技术平台，各城市移动互联网平台结合自身媒体特点和当地资源情况，开发自身的城市生活应用，共同打造城市信息集成应用平台。苏州台与合作台之间大平台数据共享利用，实现媒体的区域融合发展。苏州台新媒体还不断研发新的商业模式，通过整合市场资源，与各城市平台一起建设商业平台和娱乐平台。与贵州广电集团共同出资5000万元成立了贵州城市数据股份公司，2014年底，公司运营的"智慧贵州"正式上线并与新华社江苏分社和贵州分社等进行业务合作，加速推进区域媒体的融合步伐。截至2015年3月底，苏州台已与哈尔滨、石家庄、青岛等15个城市，山东、安徽、贵州等5个省市区达成合作协议。由苏州台牵头打造的中国城市信息云平台已达28个，预计到2017年底合作地区将突破50个，用户规模可达1000万户。

四 资本融合增强媒体平台新活力

在推进融合发展中，苏州台认识到，城市广电新媒体要打造自己的竞争优势，必须要有强大的资本支撑，而要实现与资本的融合，就先要进行媒体内部的体制机制改革。2004年，苏州广电新媒体实行公司化运作，进一步放开人权、财权和事权，激发企业发展活力。根据苏州广电集团的统一规划，作为"名城苏州"和"无线苏州"的两个运营主体，苏州广电新媒体旗下的名城信息港发展有限公司和苏州世纪飞越网络信息有限公司于2011年完成公司制改造。根据中央关于文化体制改革和媒体融合发展的要求，苏州台要求下属的新媒体公司要遵循新兴媒体发展规律和市场运营规律，进行与之相配套的体制改革。鼓励苏州世纪飞越网络信息公司先行改革，探索试行公司管理层股权激励政策，为公司快速发展解决人才动力机制缺失问题。

公司股份制改革完成后，一方面，苏州台将打开融资渠道，吸引外部资本进入。目前，苏州台已与一些投资机构进行洽谈，与一些软硬件公司协商战略投资。另一方面，寻求对本地一些具有良好产品与团队的"小而美"公司进行孵化培养，实现并购，以此来丰富"无线苏州"的产品线，壮大用户规模和市场竞争能力。

B.29
山东手机台"轻快"平台：
打造多元商业模式

山东广播电视台旗下山东手机台"轻快"平台于2014年初建成使用。作为新一代的移动互联网创新应用平台，"轻快"以其主流媒体高度的信息安全性和领先的移动融媒体技术，正在成为党政机关和企事业单位快速占领和覆盖移动互联网的"轻骑兵"。

一 "轻快"的发展简况

"轻快"取意"轻媒体—快传播，轻政务—快服务，轻电商—快营销"，由山东手机台独立设计、自主研发，是基于移动互联网HTML5等新一代Web技术与云计算、大数据技术的结合，适应4G时代的主流融媒体平台级应用。该应用是一个面向全国传统行业进行移动互联网拓展的开放式平台，旨在为各行业提供融合发展的低成本传播营销和自建新型App手机平台的专业化综合服务。

"轻、快、高、低、自、全、聚"是轻快产品的主要特点。"轻快"在传播上具有即点即用、即扫即用、即搜即用等显著优势，无须下载，登陆只需2~3秒。而且"轻快"App可以很容易被百度、谷歌等搜索引擎搜索到，传播更加快捷。展现形式融合视频、音频、图文等多种媒体，满足了客户的多种传播需求。

"轻快"自2014年初上线测试以来，已有超过2000家政府机构、媒体、企业客户入驻，累计点击量超过6000万次。截至2014年底，"轻快"已与全国十几家主流媒体开展合作，与100多家地方广播电视台达成合作意向，助推传统媒体与新媒体的融合发展。2014年10月28日，山东省第一家区县"轻快"手机台——兖州手机台正式上线。12月底，广东省第一家地方"轻快"手机台——肇庆手机台上线发布，两天时间用户访问量超过10万次。"轻快"与山东省沂南广播电视台合作推出的"掌上沂南""轻快"App，在2015年沂南少儿春晚上首次使用便带动了数十万人参与投票。与山东省宁津广播电视台合作的"智慧宁津"，上线仅一个月访问量就超过36万人次。与传统手机报融合创新打造的"轻快生活报"，运营仅9个月就发展在线用户超过600万户，已经引来诸多企业商家的关注和广告投入。

二 "轻快"的商业模式

发端于山东手机台原生客户端开发团队的山东"轻快"，通过多元化的市场拓展手段，快速覆盖市场。上线伊始，就明确了清晰的直销、代理、合资、增值、产业等多种商业模式，其中重点是代理、增值两大类。

代理模式。代理是目前"轻快"最主要的商业模式。"轻快"面市后，与全国各地各行业有信用、有资源、有客户的主流媒体或营销企业合作，本着多赢的原则，最大化让利于代理商，并为代理伙伴提供常年的"5+1"培训——建台培训、内容培训、运营培训、推广培训、经营培训以及销售培训。2014年6月，"轻快"与威海某传媒机构达成代理合作，由其在威海地区拓展市场，为政府机构和企业提供全方位的移动互联网平台搭建和运营一条龙服务。截至2014年底，发展客户200多家。在与广东肇庆广播电视台合作搭建肇庆手机台、"爱肇庆""轻快"App后，肇庆台也代理了"轻快"在肇庆地区的市场拓展业务，在肇庆低成本高效果创建市、县、镇、村四级手机平台"轻快"集群，打造从地市到乡村集群化的"智慧肇庆"。截至2015年2月底，已有20个部门和企业与肇庆广电达成合作。截至2015年2月底，"轻快"已在山东、广东、河北、山西等十余个省市建立了跨行业的代理合作机构。

增值模式。增值创收是"轻快"当前的基础模式，包括移动广告创收、

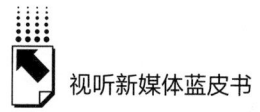

代理运营创收、渠道推广创收和产业延伸创收。移动广告收入的基础是庞大的活跃用户群。"掌上沂南"App打通了与腾讯、网易、新浪、搜狐、凤凰、人人网、开心网、豆瓣网、百度吧、微信、短信等联通的后台,运营团队在这些社交平台注册了账户,组建了5个QQ群,参与50个当地群,影响带动QQ好友1万多人,推广效果明显。从2014年6月份上线测试到当年12月初,"掌上沂南"独立访客12万人,浏览量达到25.8万次,成为当地第一手机门户网站。博文《来沂南不可错过的好去处》在"轻快"平台访问量达3.2万多次,而在旅游部门微信服务号的浏览量仅427次。当地政府相关推介特别是旅游信息推介开始倚重"掌上沂南"。

三 "轻快"的产品系列

"轻快"产品系列包括"轻快台网通"、"轻快商企通"和"轻快政民通"等。

轻快台网通是"轻快"发展起步阶段的主打产品。基于"轻快"平台,通过打造传统媒体的轻快TV、轻快广播、轻快报等产品,帮助传统媒体快速融入移动新媒体。通过"轻快"平台可为传统主流媒体提供精准大数据实时统计分析,电视收视率与手机点击率综合统计分析,更加有利于媒体融合背景下的内容制作和广告经营。比如,"轻快"为河北卫视王牌栏目《中华好诗词》打造了"轻快"传播矩阵,分别为栏目、栏目主持人、制片人、"大学士"、明星嘉宾等开通了"轻快"App,通过轻快二维码上屏、微信互动、短信推广等方式,成功将栏目受众转化为注册用户,为栏目聚合了大量具有黏性的用户群体。

轻快商企通是一款基于"轻快"平台专门针对广大小微企业开发的移动电商和自电商平台,为企业提供移动互联网的品牌宣传、营销推广、客户管理、在线交易、移动支付等一站式整体化解决方案。"阳光大姐"是济南市妇联创办的一家家政服务机构,2014年12月"轻快"帮其搭建了App服务平台。截至2015年3月底,"阳光大姐""轻快"App的访问量已经超过

12万人次，成为该机构实现产业升级的重要突破口。

轻快政民通是"轻快"联合政府机构围绕智慧城市建设共同打造的省、地、县、乡、村五级智慧民生服务类App集群，可帮助地方实现政务移动化、信息化，为基层群众提供随时随地、轻便快捷的各种服务。比如，与某省合作的"轻快"智慧集群，100天快速搭建1万个"轻快"App，实现该省政务民生服务系统全面移动化覆盖。

B.30
蓝海云平台：全媒体全球传播

蓝海融媒体云平台（以下简称蓝海云）是面向海外传播中国内容的民营电视机构蓝海（北京）集团有限公司开发创建的内容云服务平台。该平台以一云多屏的技术和模式聚合和分发内容，实现中国电视节目的全媒体全球范围传播。

一 内容聚合平台：全球协同制作，汇聚海量内容

（一）为专业内容制作机构提供平台支持

蓝海云为国内专业的视频制作机构和个人提供节目制作和展示平台。专业人士只需登陆蓝海云内容制作系统（cloud.bontv.cn）申请和下载任务，就可按照蓝海云规定的标准生产制作视频、音频、图片、文字等节目内容。为吸引更多专业机构和人士参与内容生产与制作，蓝海云对所选用的内容支付费用，定期评选出最佳内容并给予重奖及推广，使国内专业机构的节目内容被更多国际传媒机构认识和了解，甚至获得全球影响力和知名度。截至2015年2月份，共有1000多个国内制作机构和个人在蓝海云平台注册，生产了1万多分钟符合蓝海云平台标准的节目内容。

（二）为客户提供平台支持

蓝海云还为政府机构、企业等开设子平台，帮助其面向国际市场传播品牌、产品和服务。自2014年7月正式上线以来，蓝海云已经或正在与众多城市、行业和企业合作，为其建立专属子平台。截至2014年底已创建完成

北京全球传播云平台、青岛全球传播云平台、无锡全球传播云平台、海上丝绸之路全球传播云平台、中国旅游全球传播云平台、中国艺术全球传播云平台和商务与科技全球传播云平台等，这些平台均已进入运营阶段。2014年11月，蓝海云发起"中国创意千万亿行动"公益活动，向小微文创企业征集创意故事。截至2015年4月，已有1100多家小微文创企业加入这一行动，其创意作品和故事，将通过蓝海云走向世界。

（三）国际协同合作生产内容

蓝海云同时也是一个高智能的协同管理系统，在该平台上可实现视听节目远程协同生产。全球各地的媒体专业人士可建立创作团队，并在线完成创意、沟通、在线上传素材、远程编辑、配音、审阅、提交节目内容等全节目生产制作过程。目前，蓝海云上已汇集数百位国际合作者，他们均在西方主流媒体积累了丰富的工作经验，保证了内容符合西方用户的视听习惯，提高了传播效果。

二 融合传播平台：全媒体发布，全球传播

蓝海云是一个媒体融合传播平台，通过卫星、有线电视、互联网等多渠道传播，向电视、电脑、手机等多种终端分发节目，实现一云多屏覆盖和传播效果最大化。

（一）通过传统渠道传播

一是卫星频道。蓝海电视英语频道BON TV通过银河23号卫星、鸥鸟1号卫星、Measat 3号卫星等三颗通信卫星，覆盖北美、亚太以及中东、欧洲和北非的120个国家约50亿人口。二是有线电视频道。BON TV借助欧美国家当地主流有线网络，进入家庭用户。在美国，通过康卡斯特等多家运营商的网络，BON TV进入50多个城市的4000多万家庭。在英国，通过两大运营商BSkyB和FreeView，BON TV进入1600多万家庭，占英国家庭用户

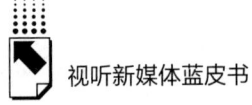

的70%。蓝海电视还与目标国家的1000多家五星级酒店达成了协议,将陆续进入这些酒店的闭路电视系统。2015年初,BON TV首先进入20多个目标国家的300家五星级酒店,覆盖12万间客房。三是整合外国主流媒体时段,建立"蓝海国际联播网"。蓝海电视还通过租赁时段,在部分国家或主流媒体建立国际联播网,播出从蓝海云上精选出来的中国商务信息与旅游节目。比如,蓝海电视通过整合国内旅游卫视以及20个目标国家的旅游频道,共建"中国旅游全球传播云平台",向国际游客和中国观众播出中国旅游信息和节目。目前,"中国商务信息全球联播网"的开发正在进行中。

(二)通过互联网、手机客户端等新媒体传播

一是通过外国主流网络和手机媒体平台传播。BON TV整频道及其点播节目在YouTube、Hulu、Netflix以及美联社、Bloomberg、CNB等美国主流视听新媒体平台播出,目前网络视频和手机视频用户超过3000万户。二是通过蓝海云自有新媒体播出平台蓝海网及BON App传播。蓝海网(BON.TV)是BON TV的网络播出平台,为用户提供直播、轮播、点播等服务。目前,蓝海网日均浏览量达到近百万次,已成为海外受众获取中国信息的最主要网络平台。BON的移动客户端BON App已进驻苹果和安卓手机,供国内外的用户下载使用,随时收看BON TV的直播频道或点播其中的节目。

(三)通过机构用户发行

蓝海电视与美联社、法新社等国际知名通讯社建立合作关系,通过其成熟的发行渠道,向全球数千万家媒体用户同步推送蓝海云电视内容,到达数十亿受众。截至2014年底,蓝海电视已经开发海外合作媒体机构用户1300多家,2015年计划达到3000家。

三 大数据平台:系统分析,精准服务

无论是内容制作,还是全媒体传播,蓝海云的大数据系统都可为其提供

可靠的支撑。蓝海云大数据能够准确记录每一个内容从选题到制作，直至传播到各个细分观众群体的全过程，并精确分析受众需求、分布、收视时间、不同观众对不同内容的喜好程度等，从而对传播效果进行定性定量分析，实现精准传播。例如，《老舍茶馆》专题节目在蓝海云上可以精准捕捉到受众分布，北美观众占该节目访问量的47%，在这些观众中，有50%是35岁以上的。大数据平台还发现，《魁拔》专题节目访问量在某一段时间剧增，主要原因是该专题被分享到美国社交网站Facebook，从而吸引了大量的观众。根据上述数据，蓝海云加大了中国传统文化专题节目的制作，并进一步加强了新媒体发布，使内容制作更加符合用户需求，传播效果更加高效。

四 内容交易平台：建立可持续发展的商业模式

蓝海电视采用灵活的开放与分享机制，形成了清晰的商业运作模式。公司与国内内容提供商和国外网络运营商以及新媒体平台签署协议，各方进行收视费、商业广告和版权费分成。2014年9月以来，在蓝海云注册参与内容生产的机构和个人，最多获得了几十万元收益分成。继2013年创收4200多万元人民币并实现赢利后，2014年蓝海电视实现持续赢利，蓝海电视商业模式进入规模化运作阶段。

B.31
视听新媒体内容的网络众筹探索

网络众筹，是指企业、机构或者个人通过互联网发布筹款项目，以股权、债权、实物或者精神奖励为回报，向网民大众筹资的活动。作为互联网时代颇具代表性的一种新兴融资方式，网络众筹已经广泛深入社会各个领域的企业运营和项目运作中。在视听新媒体内容领域，网络众筹方兴未艾，正显示出其活力。

一 视听新媒体内容网络众筹的基本情况和特征

海外视听新媒体内容的网络众筹市场比较成熟。美国最大的众筹网站Kickstarter自成立以来，通过其筹资的影视项目总金额达2.24亿美元，影视已成为仅次于科技的第二大筹资项目品类[1]。2014年，Kickstarter上众筹成功的影视项目数为3846个，众筹成功数量仅次于音乐项目，其中有很多视听新媒体内容众筹项目，如根据经典电视剧情节重新编辑而成的网络剧项目《蓝山州大电影》吸引了近200万美元的投资[2]。知名视频网站YouTube也开始涉足网络众筹业务，其开发的众筹系统"影迷基金"（Fan Funding）已经在美国、墨西哥、日本、澳大利亚等部分地区的YouTube频道展开测试。

中国视听新媒体内容的网络众筹正处在起步和快速发展阶段。2012~2014年的三年间，全国视听新媒体内容年众筹项目数从30多个增长

---

[1] "YouTube is about to Change Drastically", http://time.com/2934093/youtube-crowdfunding/, June 27, 2014.
[2] Stuart Dredge, "Kickstarter Crowdfunding in 2014: MYM529m of Pledges from 3.3m Backers", http://www.theguardian.com/technology/2015/jan/06/kickstarter-crowdfunding-2014-pledges-backers, Jan. 6, 2015.

至200多个，年平均增长率超过130%；众筹项目市场规模从10多万元增长至400多万元，增长了30多倍；支持人数从700多人增长至7000多人，越来越多的普通大众开始关注视听新媒体内容网络众筹。进入2015年，仅1月份，全国视听新媒体项目众筹金额即达40多万元，支持人数超过2500人[1]。但总体来看，视听新媒体内容还不是中国影视项目众筹的热点。2014年，影视项目通过众筹网站或类似众筹的互联网金融产品筹资总额共3.3亿元，但其中视听新媒体内容筹资占比不足2%。

综观中国视听新媒体内容的网络众筹，主要呈现出以下一些特征。首先，从类型上看，微电影、纪录片和新媒体电影[2]，是我国网络众筹平台上数量相对较多的视听新媒体项目类型，数量占比分别为70.2%、11.9%和9.4%。其次，从筹款目标额上看，1001~10000元、10001~100000元两个区间项目相对较多，分别有40.5%和37.1%的项目把筹款目标额设定在这两个区间。再次，从项目成功率上看，综艺节目、微纪录片、微电影的项目成功率较高，分别达到50%、42.1%和38.8%，另外，网络剧为31.3%。2014年视听新媒体项目众筹成功率比2013年提升了7个百分点，达到42.7%[3]。

二 中国视听新媒体内容网络众筹的主要方式和渠道

中国视听新媒体内容网络众筹的主要方式是回报众筹，即项目成功后，投资者获得由项目方提供的精神回报或实物回报。包括致谢、给予特殊身份、给予特殊权利、给予相关周边产品等。股权众筹和债券众筹两种方式在视听新媒体内容领域几乎没有出现，反映出目前版权价值仍不足以吸引专业

---

[1] 通过对众筹网、追梦网、淘梦网、中国梦网、点名时间、京东众筹、摩点网等我国主要众筹平台上历年视听新媒体资料统计得出。

[2] 此处的新媒体电影是指时长超过60分钟、不在院线发行、只在网络上播出的质量较高的电影。此处的纪录片是指专门或主要在网络上播出的纪录片。

[3] 通过对我国主要众筹平台上历年视听新媒体资料统计得出。考虑到众筹过程中，有项目发起方为确保成功而自己参与众筹等不规范情况发生，我国视听新媒体内容真正通过大众进行筹资的网络众筹成功率可能比统计得要低一些。

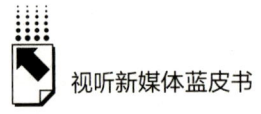

投资人的注意。

我国视听新媒体内容网络众筹的主要渠道有综合类众筹网站和专业视听新媒体内容众筹网站两种。一方面，大部分综合类众筹网站都设有影视板块，如众筹网、京东众筹等，主要依靠综合人气提升影视项目的关注度；另一方面，在视听新媒体项目数量日益增多、内容逐渐多样的背景下，一批专业视听新媒体内容众筹网站孕育而生，如淘梦网等，主要依靠专业人气提升影视项目的关注度。此外，在美国Kickstarter上开设有中国影视内容众筹专区[1]，一些中国公司和在中国生活的外国导演通过该专区面向全球为视听新媒体项目筹资。截至2015年1月，该平台上共发布了64个微电影、网络剧和动漫项目，成为中国视听新媒体内容网络众筹的海外渠道。

值得关注的是，还有一些互联网企业推出了类似众筹的保险产品，以投连险[2]的方式向大众投资者筹资并予以现金回报。不过，目前这类保险产品筹措的资金主要用于电影、游戏、综艺节目等项目的投资，对以微电影、网络剧为代表的视听新媒体内容涉猎较少。一方面说明后者的赢利空间仍相对较小，投资价值仍未完全显现；另一方面，也体现出因为视听新媒体内容的创作主体大多为个人、小型工作室，投资界对其品牌信誉、执行力保障等仍存有较大疑虑。

三 我国视听新媒体内容网络众筹的价值体现和商业模式

视听新媒体内容与网络众筹结合具有重要意义。

对内容提供商来说，网络众筹为其实现了两个价值。一是宣传价值。众筹项目无论最终是否成功，其创意、作者、团队均在网络上进行了长时间展示，这对一些初创工作室和创意点优秀但无品牌积淀的项目来说，无

---

[1] Kickstarter中国视听内容网络众筹专区地址：https://www.kickstarter.com/discover/advanced?category_id=11&woe_id=23424781&sort=magic。
[2] 投连险，指投资连结保险，即保险公司可使用投保人支付的保费进行投资，获得收益。

疑有了很好的市场曝光机会。一旦众筹成功了，项目得到市场的认可，项目发起方可以用这一结果找到更多的投资；即使众筹没有成功，众筹过程本身也是项目一个很好的宣传方式，使其获得成千上万人的关注。有时，众筹得到的宣传效果比众筹本身获得的资金更受项目发起方重视。二是融资价值。一些初创工作室没有经过市场检验的创意、缺乏品牌积淀的团队以及公益、艺术等非商业项目，在专业投资市场获得投资的机会很小，众筹平台为其提供了难能可贵的融资新途径。而一些已经具备一定市场影响力的团队、项目，通过众筹平台可以很好地对接粉丝群体，从而获得可观的融资效果。

对众筹平台来说，除了惯常的收取众筹佣金和创造点击量以外，视听新媒体内容还为其带来特殊的商业价值和赢利模式，主要体现在版权经纪价值及围绕版权进行的商业开发上。一些众筹网站不满足于做视听新媒体项目的展示平台，而是定位在做好项目、好团队的发现平台和孵化平台，依靠网站背后的资本支撑，率先遴选优质创意进行投资和开发，通过版权经纪运作，创造更大的商业价值。具体来说，众筹网站可以为优秀项目征集植入广告，从广告收入中分成；可以成为优秀项目的发行代理，从视听新媒体内容的发行收入中分成；也可以直接投资优秀项目成为出品人，从作品后续各种版权销售收入中分成；等等。以中国目前点击量、片量最大的视听新媒体内容众筹网站淘梦网为例，其赢利模式主要有融资、发行、广告和服务四大业务。在融资方面，淘梦网目前不对项目收取佣金，而是积极培育市场。在发行方面，淘梦网一是与在自身平台上发布的众筹项目签署发行协议，代理其发行业务；二是与诸多视频网站、移动运营商广泛开展合作，设立专栏频道，发布推荐优秀的视听新媒体内容。2014年淘梦网实现发行收入400万元，作品平均发行收入从2013年的每部8万~10万元提升至10万~15万元。在广告方面，2014年淘梦网拓展视听新媒体内容的植入广告合作，收入200万元。在服务方面，淘梦网还整合多方资源，开发了中包服务新模式，帮助解决项目方在导演、演员、道具等各方面的需求。

总的来看，网络众筹在视听新媒体内容尤其是公益性内容的扶持方面，

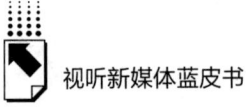

已经成为传统融资渠道的有力补充，推广了一批新人新作，创造了新的商业价值。但也应该看到，对于以实物或者精神奖励为主要回报的视听新媒体内容网络众筹，在内容管理、投资者权益保障等方面也存在一定风险，相关从业主体必须按照国家相关法规规范运营，将众筹资金用于体现主流价值观的内容创作，并充分保障投资者权益。

B.32
演唱会O2O模式的探索

O2O（Online to Offline）模式是伴随互联网发展而兴起的一种线上与线下相结合的新型运营模式。近年来，O2O模式的触角已经延伸到娱乐产业，O2O模式演唱会应运而生，是"互联网+"在视听节目服务领域的探索实践。2009年美国在线音乐会平台Stageit（www.stageit.com）上线，采取预付费加自主直播办法，取得了成功。同年，雅虎以及谷歌旗下在线视频平台YouTube也先后实施音乐会网络直播计划，通过与音乐人和主办方合作，对演唱会进行网络直播。2014年以来，国内的视频网站和广电新媒体平台也开始进行相关尝试。汪峰演唱会和华晨宇演唱会，都尝试付费在线直播，取得了较好的社会影响和市场效益。O2O模式演唱会实现了视听节目服务模式创新和产业价值链扩展，展现出巨大的市场潜力。

一 创新视听体验

与线下演唱会的视听场景不同，O2O模式演唱会利用新技术在线上构造出一种打破时间、空间限制的新型场景，这种场景与现实场景形成互补，带给用户全新的"体验感"。用户在线上可以对演唱会的观看体验进行自主调节，除了可以选择在家里或是聚会场所进行观看，还可以选择观看的机位和角度，增强了用户的"参与感"。

例如，2014年8月乐视网直播的汪峰"鸟巢"演唱会，为了达到较好的网络直播效果，除了舞美灯光的特别设计，在画面拍摄上引入4K超清拍摄技术，安排了20多个拍摄机位，并对现场实时调色和渲染。音响采用杜比5.1多屏环绕声，让用户使用任何终端都能体会到置身于演唱会现场最佳位置的真实体验。2014年9月，湖南广电新媒体平台"芒果TV"推出华晨宇"火星"演唱会多屏互动网络直播，为广电探索O2O演唱会新模式做出积极尝试。此次同步直播采用顶尖直播录制技术，在画质和音质方面进行无损压缩传输，将远在千里的演唱会现场原汁原味地传送到"芒果TV"的PC端、互联网电视和HD Pad端，实现演唱会在全国范围内无时差、跨地域、全覆盖的三屏同步联动直播。2015年1月戴佩妮演唱会网络直播对举办场地进行专业音效设计，使其音质达到HiFi（High–Fidelity，高保真）级别，让观看直播的观众享受到HiFi带来的录音棚般的音质体验。

二 创新市场营销

O2O演唱会线下收入主要来自现场门票和广告，营销的做法主要是由大麦网等专业售票网站和线下票务代理机构实施，可控性低，收入不稳定。而汪峰"鸟巢"演唱会门票销售以电商渠道为主，与京东、百度、淘宝、美团等20多家知名电商平台深入合作，十万人的演唱会现场门票三个月售罄，票房收入约2500万元。在营销渠道上，主办方与星巴克、库列传媒、"85度C"等连锁消费类商家合作，在所有合作的商家店面张贴宣传海报，并设有门票的销售终端。同时，在新世纪百货、永旺等北京十几家大型商场、超市进行宣传覆盖。乐视作为合作方，通过旗下乐视网、App以及超级电视进行推广。乐视音乐还提前两天开启慢直播，全程直播演唱会的筹建过程，让粉丝以更近的距离和更丰富的视角全方位感受音乐会。为了吸引受众，主办方还联合商家推出多种促销活动，购买门票可以得到提前专车接送、五星级酒店住宿及豪华自助餐、智能手机等多重福利。

华晨宇"火星"演唱会运用微信、微博等社交平台为演唱会提供线上沟通、推送、推广服务，实行精准化营销。QQ音乐依靠其庞大的用户基础和强大的腾讯资源联动，精准聚焦用户，在QQ、QQ空间、微信、微博、票务、腾讯视频等多平台滚动放送演唱会信息。据QQ音乐数据统计，在短短一周内，线上门票预约量就超过41万人次。线下票房同样火爆，一万多人的现场演唱会门票在预售开始的两分钟内就被"秒杀"殆尽,以致主办方临时决定加开一场。而第二场演唱会门票在1分32秒的时间内全部被抢光,两次线下票房收入约800万元。

三 创新赢利模式

O2O演唱会"现场演出+网络付费直播"的新型产业模式,延伸了演唱会的产业链条,拓展了演唱会的商业开发空间。演唱会线上收入主要来自网络直播门票。汪峰的"鸟巢"演唱会凭借歌手的个人魅力和前期充分的宣传工作,网络直播门票购买数超过7.5万次,按照每张票30元的价格计算,线上销售额超过220万元,展现出线上粉丝经济的巨大潜力。"芒果TV"华晨宇演唱会直播则在PC、互联网电视和HD Pad三张屏创造了12万人在线观看的纪录并有1万多人同时在线观看,线上收入达400万元,与当天的线下票房持平。本次演唱会网络直播覆盖用户群将包括"芒果TV"全平台和PC端购票用户以及互联网电视和IPTV的VIP用户,用户接近50万户。

O2O演唱会的线上线下互动营销还催生了一些新的商业模式。华晨宇"火星"演唱会推出献花、弹幕以及全民票选"安可曲"等业务,长沙、上海、广州、成都四地的粉丝可以与演唱会现场进行实时连线。据统计,此次演唱会有4万网友献出超过18万朵3D虚拟鲜花,5万人次"安可曲"投票。据估算,仅虚拟鲜花的道具收入就有15万元。2014年10月的杨坤演唱会,推出"星星"道具,网络观看用户可以送星星给杨坤,当数量到达999颗时,屏幕就会迸发"星星雨"的绚丽特效。据统计,杨坤演唱会网络直播在线观看人数为14万人次,星钻互动量13万次,"安可曲"投票量10万次,互动率80%,线上总收入超过400万元。全新社交互动模式提升了用户的参与感,其衍生的新型付费模式潜力巨大。

O2O模式演唱会的产业价值正在受到越来越多的关注。2014年下半年以来,还有羽泉演唱会、金钟国演唱会等纷纷尝试O2O运营模式。这些演出活动通过线上与线下互动、同城与跨城互动、场馆与家庭互动,给网络视听节目服务开拓了更大的市场空间。

B.33
中国网络视听企业境外上市情况及动因分析

近年来,网络视听节目服务业在中国崛起,在发展过程中,一个值得注意的现象是,一些国内网络视听企业积极寻求境外上市。这些企业为什么要境外上市?其动因值得分析。

一 中国网络视听企业境外上市概况

企业发展到一定阶段后都会对融资产生强烈的需求,网络视听企业也不例外。自20世纪90年代末以来,国内相当数量的互联网企业赴境外上市,其中不乏行业内的龙头企业。1999年7月,中华网成功登陆美国纳斯达克市场,这是中国较早赴境外上市的互联网企业。就网络视听节目服务企业来说,优酷网于2010年12月8日在纽交所上市,融资2.03亿美元;迅雷于2014年6月24日在纳斯达克上市,融资1.2亿美元。2014年9月19日,与网络视听节目服务业务相关的中国最大电子商务公司——阿里巴巴在纽约证券交易所上市,融资250亿美元,其市值超过了全球行业巨头Amazon、Ebay和Cisco。截至2014年底,已有20余家与网络视听业务相关的企业在境外上市,绝大多数是民营企业。

从上市企业类型看,在境外上市的中国网络视听企业主要有两类。一是传统媒体延伸的网络媒体,如凤凰新媒体,作为凤凰卫视旗下公司成功上市。二是商业网站,包括优酷土豆、新浪(含新浪视频)、百度爱奇艺、搜狐(含搜狐视频)和腾讯(含腾讯视频),这些上市公司多为民营企业,也是当前中国网络视听节目服务行业的主要市场主体。

从上市方式看，有IPO①上市和借壳上市两种。IPO是我国网络视听企业境外上市的主流方式。优酷土豆、新浪、百度、搜狐和腾讯均采取了这种方式在境外上市。境外证券交易所对IPO均实行审核制度，审核程序复杂、周期长，这使得部分公司选择间接方式上市，即获得对上市公司的控股，借壳上市②。酷6网就属于典型的借壳上市。2009年11月，盛大网络旗下上市公司华友世纪收购酷6网，酷6网成为华友世纪子公司并保留自己的品牌。2010年6月，华友世纪和盛大网络达成协议，将自己的音乐及无线增值服务业务出售给盛大网络，酷6网即成为华友世纪的主干。至此，酷6网借壳华友世纪实现在美国纳斯达克上市，华友世纪公司更名为酷6网，而酷6网成为第一家在美国纳斯达克上市的中国民营视频网站。

从注册地点看，境外上市的中国网络视听企业大多选择开曼群岛③、维京群岛④作为公司的注册地。作为世界第四大离岸金融中心⑤，开曼群岛给离岸公司提供了极为优越的政策，在税赋方面有利于减轻企业的负担，这对于刚起步的互联网公司来说有着巨大的吸引力。在开曼群岛注册一家公司费用仅为2.5万元人民币，且不需要验资，注册时间短，没有国籍限制。而根据开曼群岛的税收规定，岛内税种只有进口税、工商登记税、旅游者税等几个简单的税种，并未开征所得税等税种，而且该岛政府只收取1800美元的年度管理费。此外，企业在开曼群岛注册更易于实现海外上市。若从中国内地赴海外上市，则需要在法律、会计审计等方面转换成他国的标准，还要送审相关部门，耗时长、成本高。

---

① IPO（初次募集资金）是指公司通过证券交易所首次向投资者发行股票以募集公司发展所需资金。
② 借壳上市，是指一家非上市公司通过收购控股上市公司来取得上市公司地位，再注入非上市公司的业务和资产，最终使非上市公司成为上市公司。借壳上市是企业间接上市的主要形式。
③ 开曼群岛是英国在西加勒比群岛的一块海外属地。
④ 维京群岛是英国在西加勒比群岛的一块海外属地。
⑤ 离岸金融中心是指，一个国家、地区或者城市，以外币为交易标的，以非本国居民为交易对象，其本地银行与外国银行所形成的银行体系。全球著名的离岸金融中心包括英属维京群岛、开曼群岛、百慕大群岛等。这些金融中心通常政局稳定，税收优惠，没有金融管制。

从上市模式看，绝大多数中国网络视听企业采取了协议控制模式①。中国网络视听企业大多接受境外 PE、VC 投资而成为外资企业，根据相关规定，网络视听服务经营牌照只有内资企业才能合法拥有。为规避政策规定，网络视听企业往往通过注册内资企业来合法持有牌照，再通过 VIE 一揽子协议实现内资公司利益向境外控股公司的利益传输，再通过合并财务报表的方式实现境外控股公司的境外上市，即实现境内企业的间接境外上市。这些企业采取协议控制架构的一般做法是：①由于英属维京群岛具有注册简单、高度保密的优势，发起人股东首先在英属维京群岛设立离岸公司；②开曼群岛具有免税及英美法系优势，网络视听公司通过联合境外股权投资基金或风险投资共同在开曼群岛设立一个拟上市公司；③拟上市公司全资设立香港壳公司；④香港壳公司在境内设立外资企业；⑤该外资企业与境内实际业务的运营企业签订协议控制系列协议，传输境内企业的实际利益，同时符合上市地的监管法规。

二 中国网络视听企业境外上市的主要动因

中国网络视听企业选择赴境外上市的原因是多方面的，既有其自身的原因，也有外部原因。

从自身看，主要有这样几个原因。一是融资需要。这是中国网络视听企业海外上市的主要动因。网络视听企业发展初期长时间无法赢利，甚至到上市之时仍然无法赢利，对资金的需求旺盛。而国内资本市场规模有限，企业只好排队上市。一些网络视听企业因为等待时间太长或者上市无望，不得已选择到海外证券市场上市。

---

① 协议控制模式，即控制企业通过与可变利益实体（Variable Interest Entities，VIE），即被控制企业，签订一系列协议，获得 VIE 的利润、经营决策权、财务、技术服务、股权优先购买权、抵押权、经营控制权等实际控制权，再通过合并财务报表的方式，使境外控股企业在财务报表上明确获得被控制企业的利润，最终实现境外控股企业的境外上市，即被控制企业境外间接上市的模式。

二是在境外特别是美国的资本市场上市，不需要达到国内交易需要的两年赢利、最好有三年赢利的业绩要求。同时，境外资本市场相比国内交易所审批手续要简化得多，这对于民营网络视听企业有较大的吸引力。此外，境外上市时间较短，内地企业即使能够上市融资，从改制、辅导到通过发审会再到发行往往需要三年左右，而在中国香港或美国一般只要6~12个月。

三是方便境外风险投资获利退出。我国网络视听企业在创业初期，大都接受了大量境外背景风险投资资金的投资，当企业发展壮大后，这些风投资金均有获利退出的要求。这些境外风投资金以外币（一般为美元）投资，获利退出后自然也需要以外币计价，而中国实行的外汇管制制度，使其在国内上市退出后获得的资金无法自由兑换成外币。在境外上市就不存在这一问题。

四是追求更好的公司治理评价。公司治理已成为影响企业发展的重要因素，网络视听企业通过境外上市，将自己捆绑在境外资本市场，使自己与境内上市公司区别开来，以获得投资者更高的评价和估值。

五是部分已上市网络视听企业在境外获得较高估值，也吸引了其他企业跟风。以在美国上市为例，即使是互联网泡沫破裂之后，中国网络视听传媒股在美国也具有较高估值。过去十年，在美国资本市场上首日表现最好的三家公司中有两家是中国网络视听企业，分别是2005年上市的百度以及2010年上市的优酷。优酷网上市时亏损达800多万元，没有任何赢利记录，短期内也不能赢利。但由于发展前景被美国市场看好，连年亏损的优酷网在纽交所成功上市，市值还一度名列前五，这引起了国内市场的极大反响。

六是提高企业的知名度和美誉度。随着经济全球化的发展，境外市场不仅是筹资融资的市场，更是企业产品与服务拓展的潜在市场。通过境外上市，企业不仅可以大量、快速地筹集所需资金，而且可以吸引市场关注，有利于树立企业海外声誉。这将为企业进一步吸引资金及在市场、管理、人才、技术等方面建立国际合作打下基础，甚至为企业的产品与服务今后进军境外市场做好准备。

中国网络视听企业境外上市的外部原因，应从两方面看。一是从国内

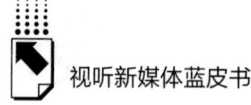

看，我国企业发行上市环境有待改善也是企业纷纷赴海外上市的重要原因。国内还欠缺许多资本市场应有的机制和功能，如兼并收购等，企业管理层的激励机制也不到位。网络视听企业面临高度竞争的市场环境和知识密集型的人才结构，对人才的激励机制和兼并收购等市场行为要求很高，而目前国内不完善的证券市场还很难做到这一点。二是从国际看，近年来中国经济金融环境开放程度迅速提高，为中国网络视听企业进入国际市场提供了更为广阔的空间。一家公司获得海外上市地位，往往就意味着加入了国内和国际大公司的行列。网络视听企业在境外资本市场实现上市，将得到更多的合作机会，为企业走向国际市场创造了条件。同时，海外上市的成功不仅为这些企业在国际证券市场筹集了大量资金，促进了企业根据国际规范进行运作，而且推动了中国网络视听企业按照国际市场规则迅速发展。

中国网络视听企业境外上市对行业产生的影响是深远的。一方面，促进了视听领域的创新发展。中国网络视听企业境外上市充实了自身的资本实力，从而为视听领域的创新发展拓展了大量的空间。例如，搜狐网凭借海外融得的大量资金于2006年成立了搜狐视频，通过加强原创内容建设、购买正版视频、组织反盗版联盟、推动高清播放等一系列举措，在视听新媒体领域不断创新，提出了内容正版化、平台高清化、频道多元化三大战略，催生了大量正版内容和原创精品，实现了优质内容和企业品牌的有机结合，创建了中国第一家提供正版纪录片高清在线观看的互联网专业平台——高清纪录片频道。迅雷网通过上市，与谷歌公司建立战略伙伴关系，在资本、产品、技术研发、市场拓展等多领域开展合作，不断推出新的互联网视频增值服务产品，占据未来互联网技术的制高点。另一方面，中国网络视听企业境外上市对于维护统一规范的市场秩序、维护国家文化信息安全与产业安全，带来了一些问题和挑战，迫切需要进一步加强研究和处理。

环球视野

Global Perspective

发达国家视听新媒体发展
新情况新特点新趋势

2013~2014年，发达国家视听新媒体持续经历重大变革，"移动"和"一切皆可连接"成为行业发展的关键词，产业格局不断调整，人们的视听消费习惯深刻变化，整体呈现出一些新情况、新特点和新趋势。

一 发达国家视听新媒体发展新情况

发达国家视听新媒体产业高速发展，在线视听服务和产业规模不断扩张，其中移动视听服务增长尤为迅速，个性化的视听消费需求推动业务不断创新。

（一）视听新媒体产业规模不断扩张

发达国家互联网用户快速增长，互联网连接速度不断提高，在此基础上视听新媒体产业发展迅速。截至2014年底，全球40%的人口联网，总人数达 30 亿，其中 2/3 都来自发达国家，发达国家互联网的平均覆盖率已经达到 76.2%。发达国家互联网连接速度也取得了里程碑式的进展，下载速率在 10M 以上的宽带普及率较高，其中韩国已经接近 40%，法国已经达到 33%①（见图 1）。

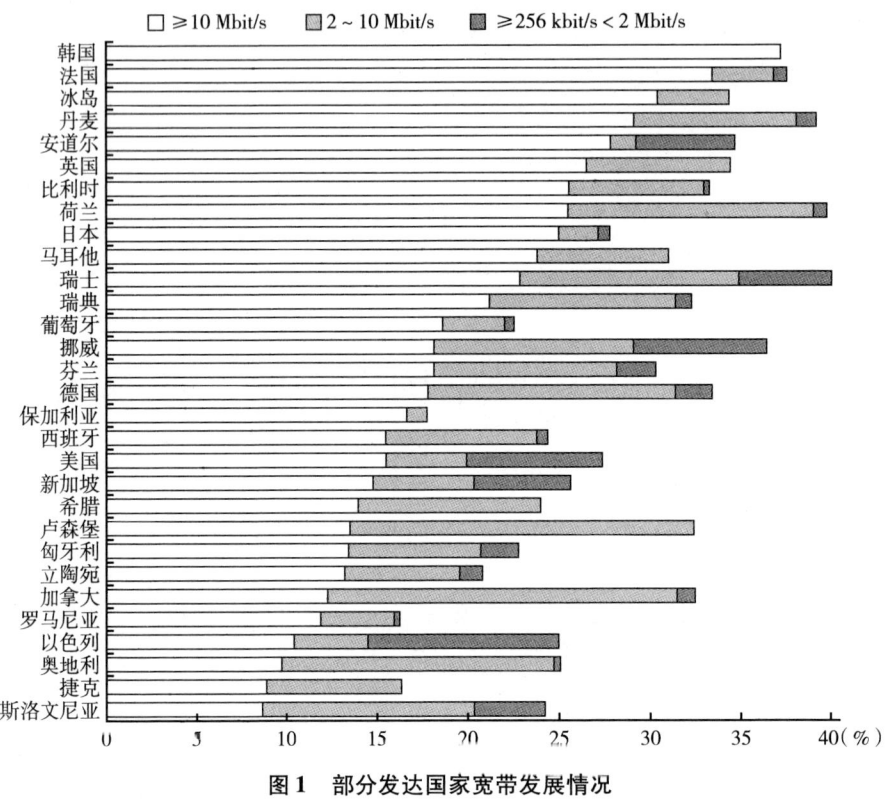

图 1　部分发达国家宽带发展情况

数据来源：国际电信联盟（ITU）。

发达国家互联网视听消费占互联网流量的比例不断攀升，视听消费不断增长。根据统计，美国 2014 年视听服务流量占互联网总流量的 78%②。根

---

① ITU,"The World in 2014, ICT Facts and Figures".
② Cisco,"Visual Networking Index: Global Moblie Traffic Forecast Update 2014 – 2019", http://www.cisco.com/c/en/us/solutions/collateral/service-provider/visual-networking-index-vni/white_paper_ c11 – 520862. html.

据美国互联网流量监测机构comScore的统计，美国在线视频的消费持续增长，2014年6月在线视频观看达1.87亿次，2015年1月增加到1.95亿次[①]。包含付费点播视频、付费在线视频、家庭视讯、付费电视等业务在内的视频娱乐产业营收不断攀升。2014年美国视频娱乐产业收入高达1200亿美元，相当于该年度每个美国家庭为这一产业贡献1000美元。付费电视目前在视频行业处于主导地位，其收入超过900亿美元，大约占美国视频行业的75%。

（二）跨屏、分享等视听新媒体消费行为更加普遍

发达国家个人拥有多个视听终端的比例较高。根据调查，荷兰人均拥有3.6部智能电子设备，英国、澳大利亚人均拥有3.1部，加拿大人均拥有3部，美国人均拥有2.9部，德国、俄罗斯人均拥有2.4部。在多屏共存的情况下，用户在视听消费过程中跨屏观看的现象更为普遍，用户往往根据其所处的时空条件选择使用的终端。根据调查，北美用户多白天使用手机、晚上使用电视机或者平板电脑消费在线视听内容；欧洲用户白天则喜欢使用个人电脑、晚上使用电视机消费在线视听内容[②]。

用户的在线视听消费行为已经渐趋与设备无关，特别是对于优质剧集、体育直播等优势内容的消费，逐渐摆脱了对设备的依赖。一般情况下，对于超过10分钟的长视频，用户更喜欢使用大屏电子设备观看，如联网电视、PC等，短于6分钟的视频更倾向于使用小屏幕的移动电子设备观看。但是调查表明，通过移动终端观看在线长视频呈现不断增长趋势。在全球，2014年第3季度智能手机和平板电脑视频观看次数比上一季度增加30%，比上一年度同期增加114%。智能手机用户观看10分钟以上视频的时间占该设

[①] "comScore Releases June 2014 U.S. Online Video Rankings", https://www.comscore.com/Insights/Market-Rankings/comScore-Releases-June-2014-US-Online-Video-Rankings.

[②] "Ooyala, Online Video Global Index Report 2014 Q3", http://go.ooyala.com/wf-video-index-q3-2014.html.

备视频观看总次数的近50%①。

在线流媒体服务满足了家庭成员通过多个终端分别进行视频消费以及多屏互动的需求，调查显示，美国订户中，家庭成员越多使用在线流媒体的比例越大（见图2）。

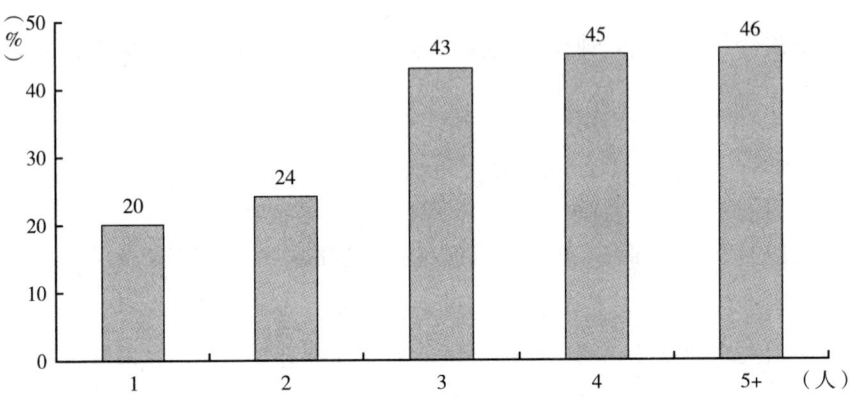

图2　2014年美国不同规模家庭订阅奈飞（Netflix）流媒体服务的比例

数据来源：comScore。

视频分享成为人们重要的在线社交活动之一。根据皮尤研究中心（PEW）对美国成年互联网用户的调查，有18%的用户曾经将自制的视频上传到网络加以分享，有25%的用户曾经将从网上下载的视频上传到视频分享网站②。美国在线视频制作公司Animoto 2014年4~9月开展的在线调查显示，这期间，通过该公司软件在线制作视频的用户超过80%都在网络上分享了其视频作品，其中76%通过Facebook分享，52%通过电子邮件分享，52%上传到YouTube③。

---

① "Ooyala, Online Video Global Index Report 2014 Q3"，http：//go.ooyala.com/wf - video - index - q3 - 2014.html.
② PEW，"Photos and Videos as Social Currency Online"，http：//www.pewinternet.org/2012/09/13/photos - and - videos - as - social - currency - online/.
③ "Facebook Most Popular Social Network For Video Sharing"，http：//www.reelseo.com/facebook - video - social - sharing/.

（三）视听新媒体业务持续创新

在视听消费越来越分散化、多屏化的情况下，视听服务提供商注重通过大数据了解用户需求和使用习惯，将个性化的内容更加精准地推荐给用户，通过设计个性化的互动应用，如社交电视应用，发展多元商业模式，如推送互动广告、购物链接开展精准营销，等等。另外，还不断创新业务模式，为用户带来全新体验。2015年2月6日，YouTube发布了印度歌手Madilyn Bailey的"YouTube音乐夜"表演，用户可以选择不同的角度观看这部"360度视频"，身临其境感受音乐会的盛况。谷歌收购了流媒体音乐服务提供商Songza，开发了识别用户情绪、偏好的音乐伴随软件，并在美国和加拿大推出根据这些信息为用户提供的个性化歌曲播放表及音乐流媒体服务。

未成年人群体成为在线视频服务的重点。YouTube发布了针对儿童的移动应用"YouTube Kid"。该平台上的视频全部经过审查，适合家长和孩子一起观看。同时，平台还具有监控功能，家长可调控孩子的使用时间。该应用在交互设计上充分贴合儿童需求，图标色彩鲜艳，降低了操控难度。

（四）传输技术和宽带网络高速发展

移动宽带已经成为传输市场最具活力的部分。4G技术发展迅速，截至2014年底，全球124个国家全面推动4G商用，4G用户数为4.97亿户。北美是仅次于中国的全球第二大4G市场，市场份额为33%。欧洲的市场份额为16%[1]。5G提上了研究日程。2013年6月，欧盟委员会拨款5000万欧元研发5G技术，预计2020年在全球推出5G标准[2]。2014年10月，美国联邦通信委员会（FCC）投票决定，将"无极限"地推进可帮助发展新一代移动无线连接的新技术。

---

[1] GSA统计数据，http：//www.gsacom.com/news/statistics。
[2] 《美FCC将展开调研以推进5G技术研究》，http：//tech.sina.com.cn/t/2014-10-18/06189706242.shtml。

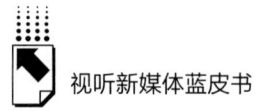

Wi-Fi 作为移动连接的实现方式取得飞速发展。韩国三星电子公司已经研发出基于60GHz频段的全新 Wi-Fi 技术,该技术使数据传输速率比现有消费电子设备至少提高五倍。通过该 Wi-Fi 技术传输 1G 大小的电影,只需不到 3 秒钟的时间,能够支持高清视频实时播放。美国最大的有线电视运营商康卡斯特(Comcast)在美国部署的 Xfinity Wi-Fi 热点已经超过 100 万个。纽约计划将 9133 座老旧的电话亭打造成 Wi-Fi 热点。韩国计划到 2017 年将城市 Wi-Fi 热点数量增加至 1.2 万个。2014 年 2 月,美国媒体发展投资基金(Media Development Investment Fund)进行一项名为外联网(outernet)的计划,在 2015 年 6 月前向近地轨道发射 150 颗迷你卫星,通过卫星向地球地面站持续释放无线网络信号[①]。

面对互联网视听流量的爆炸式增长,视听服务网站纷纷建设内容分发网络(CDN)。根据市场调查机构 Business Insider 统计,2014 年全美互联网消费流量 3/5[②] 的份额通过内容分发网络传输。谷歌、苹果和奈飞等都在打造自己的内容分发网络。苹果的内容分发网络已经在美国和欧洲运行。

(五)便携和可联网成终端基本功能

随着可折叠显示屏技术的研发与应用柔性屏幕开始商用,终端设备的便携性增强。2014 年,韩国 LG 集团发布 18 英寸柔性 OLED(有机发光二极管)屏幕以及 18 英寸的透明显示技术。利用该技术制作的可弯曲 18 英寸显示屏透明度可达 30%。2015 年,三星也将推出可折叠的平板电脑和手机。

可以让人们从头武装到脚的智能可穿戴设备可能成为下一个移动智能终端热点。2014 年全球可穿戴设备销售量为 420 万台,预计 2015 年可穿戴设备出货量为 2570 万台[③]。根据可穿戴智能设备研究公司 Fjord 的统计,目前

---

① 《美国组织欲通过卫星打造全球 Wi-Fi 网络》,http://tech.qq.com/a/20140208/014371.htm。
② 视频内容分发渠道还包括 P2P、ISP、搜索引擎等渠道。
③ 《IDC:可穿戴设备被引爆 2019 年出货量将达 1.26 亿》,http://tech.163.com/api/15/0331/04/AM0R4PAM00094P0U.html。

市场上70%的可穿戴产品用来监控身体健康数据或者追踪健身数据，其余有23%是为通信设计，7%是为帮助睡眠设计[1]。科技巨头们在构建自己的智能生态体系时，普遍将可穿戴设备作为重要一环。亚马逊高薪聘请了谷歌智能眼镜项目前主管开发可穿戴设备。苹果从国际奢侈品品牌路易威登（LV）聘请了高端腕表品牌销售副总裁，并在2015年推出智能手表项目。未来可穿戴设备会成为现有移动设备的有力补充，可能与运动、医疗设备结合，具备医疗设施功能；与音视频服务关联，成为视听智能终端；与移动支付结合，成为O2O的重要载体。

可联网成为视听终端的标准配置，在发达国家智能可联网设备的比例更高。据电视行业研究机构Digital TV Research统计，2014年全球连接互联网的电视机数量达到3.39亿台[2]。除了电视机本身，视听业务还可以通过机顶盒、游戏机等多种终端与互联网连接。移动联网设备中，2014年全球智能手机出货量12.86亿部，比2013年增加28.0%，占手机总出货量的63.3%[3]。

二 发达国家视听新媒体发展新特点和新趋势

近两年来，发达国家视听新媒体发展整体呈现以下几个特点和趋势。

（一）视听服务成互联网产业跨界融合焦点

2014年视听服务作为典型的融合服务形态成为产业布局热点之一。各类互联网企业进入视听新媒体服务领域，跨界提供视听服务。2014年，美国社交网站Facebook成为全球最受欢迎的视频分享网站之一，在线视频浏览量平均每天超过10亿次[4]。美国"阅后即焚"分享网站Snapchat 2014年

---

[1] 《用穿戴设备"武装"全身》，http：//www.leiphone.com/wearable－for－whole－body.html。
[2] 《2020年韩国可连接网络的电视占比或居世界第一》，电子信息产业网，http：//znzd.cena.com.cn/2015－02/04/content_260966.htm。
[3] 赛迪智库：《移动智能终端白皮书（2015）》，2015年4月。
[4] "Facebook Most Popular Social Network For Video, Sharing", http：//www.reelseo.com/facebook－video－social－sharing/.

1月推出Discover视频浏览服务，用户可以使用该服务浏览来自视听分享网站Vice、时尚网站Cosmopolitan等媒体的内容。以P2P分享技术起家的互联网公司比特流（Bit Torrent）2014年推出Bit Torrent Bundle服务，创作者通过该服务可以自助创建多媒体文件种子供用户下载。不仅如此，一些在线服务提供商还纷纷通过推出可联网电视终端、推动各类视听终端跨屏互动、提供OTT视听服务等方式不断进入视听行业。美国最大的在线电子商务公司亚马逊也通过推出流媒体机顶盒Fire TV等硬件设备进军在线视频市场。截至2014年10月底，Fire TV获得北美10%的机顶盒市场份额。苹果公司推出了苹果电视机顶盒Apple TV，作为参与客厅争夺战的重要工具。谷歌推出安卓电视机顶盒Nexus Player，可实现手机、平板电脑等设备与智能电视的互通。

传统广播电视服务商在几年前就预见到在线视听消费的市场前景，纷纷推出视听新媒体增值服务。2014年随着视听消费向在线平台的转移，这些增值服务升级为独立在线视频服务。美国哥伦比亚广播公司（CBS）推出"CBS全接入"（CBS All Access），用户支付5美元订阅费即可以享受CBS提供的在线视频服务，以往只有CBS有线网订户才能享受这一服务。美国有线电视运营商家庭影院HBO全面推出在线视频服务，将以往只有HBO电视订户才可以享受的在线视频服务扩展到互联网用户。卫星电视服务商碟网（Dish Network）也推出互联网直播频道套餐服务，该服务支持智能手机、智能电视机、游戏机等设备，内容覆盖体育、娱乐以及儿童节目等。

（二）移动服务成为视听新媒体产业新的增长点

2014年，移动互联网更加普及，成为电信市场中增速最快的产业。根据国际电信联盟的统计，截至2014年底，发达国家移动互联网渗透率已达84%[1]。与此同时，可联网移动设备、移动网络飞速发展。2014年全球手机

---

[1] ITU,"The World in 2014, ICT Facts and Figures", http：//www.itu.int/en/ITU – D/Statistics/Pages/facts/default.aspx.

以及可连接移动设备增加至74亿部,其中智能手机比2013年增加4.39亿部。2014年移动互联网连接速度比2013年提高20%[①]。

2014年美国包括移动视频等在内的移动娱乐市场收入为91.4亿美元,2011~2014年这一市场平均年复合增长率高达50%[②]。其中移动视听服务表现突出,2014年移动视听流量占美国移动总流量的55%[③]。2012~2014年,移动视听观看次数年均复合增长率高达152%[④]。市场研究公司eMarketer的调查发现,北美地区的移动互联网用户中,30.9%的用户使用移动设备观看电影,27%的用户观看电视节目重播,10.7%的用户观看在线直播。移动广告市场不断扩张,2014年美国移动广告支出达189亿美元,比2013年增长81.5%。美国2014年移动视频广告支出为15亿美元,比2013年的7.22亿美元增加了一倍;2014年移动视频广告占数字视频广告比例达到26%,占比超出2013年7个百分点。

(三)优质原创内容成为行业竞争重点

在多种传输渠道、多样传输平台并存的新格局下,优势内容成为稀缺资源。在优势内容面前,强势的平台也不得不作出让步以寻求合作。例如,苹果对iOS平台应用商店中的电影、电视剧等内容进行严格限制,通过其应用商店下载的内容不得在其他平台上观看,谷歌也对其应用商店和Android设备采取了类似限制。但是,2014年11月双方却就"迪士尼电影无处不在"内容达成合作协议,"迪士尼电影无处不在"的用户,通过iOS平台下载的

[①] Cisco,"Visual Networking Index:Global Moblie Traffic Forecast Update 2014-2019",http://www.cisco.com/c/en/us/solutions/collateral/service-provider/visual-networking-index-vni/white_paper_c11-520862.html.

[②] 中文互联网数据资讯中心:《2014年美国移动娱乐市场规模91亿美元》,http://www.199it.com/archives/321762.html。

[③] Cisco,"Visual Networking Index:Global Moblie Traffic Forecast Update 2014-2019",http://www.cisco.com/c/en/us/solutions/collateral/service-provider/visual-networking-index-vni/white_paper_c11-520862.html.

[④] "Ooyala,Online Video Global Index Report 2014 Q1",该报告是针对全球239个国家、1.5亿个观看行为进行分析后得出的数据。

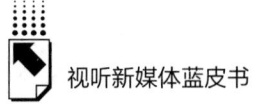

内容可以拷贝到安卓设备上观看,通过安卓平台下载的内容也可以在 iOS 设备观看。随着视听消费个性化的凸显,精细分割的市场不仅要求优质的内容,更加需要能够满足多层级、多场景需求的内容。

独家原创视频持续成为视听新媒体的竞争热点。国际互联网巨头奈飞、亚马逊、葫芦(Hulu)、YouTube 等都投身原创视频的购买和生产。2014 年亚马逊工作室推出了一系列原创剧集,包括《阿尔法屋》、《博世》、《亡后》、《林中莫扎特》等和部分原创儿童剧。据统计,2014 年亚马逊在视听内容领域的投入为 20 亿美元。2015 年,亚马逊工作室开始投资制作原创电影,计划全年投拍 12 部电影。这些原创电影将率先在电影院放映,4~8 周之后通过亚马逊金牌会员视频(Prime Instant Video)服务播放。市场分析显示,订阅 Prime Instant Video 服务的金牌会员在亚马逊网站上的浏览时间比其他会员更长,其在网站上的支出是普通消费者的三倍多①。2014 年 YouTube 进军好莱坞,资助独立制片商制作优质内容,选择了 30 分钟以内的高质量网络视频节目,为每套节目提供 100 万~300 万美元的支持。为了支持原创视频,YouTube 创建了创作者工作室(Creator Studio),增加了粉丝众筹功能;收购了视频编辑软件 Directr,以帮助原创者进行视频编辑②。奈飞长期投资原创剧集,早期靠《纸牌屋》、《女子监狱》等一鸣惊人。2014 年奈飞继续加大对原创剧集的投入,投拍了《马可·波罗》、《夜魔侠》等剧集,并在艾美奖颁奖典礼上获得了 31 项提名。2015 年奈飞原创内容投入将增加到 30 亿美元,推出 320 小时的原创内容,是 2014 年原创数量的 3 倍③。

(四)互联网视听服务领域形成寡头格局

近两年,发达国家互联网视听服务市场资源正越来越集中到少数几个互联网公司手中,形成主要由美国几个互联网巨头瓜分市场的格局。根据

---

① 数据来源:亚马逊工作室主页 studios.amazon.com。
② 《YouTube 在原创内容上投入更多资金》,http://tech.sina.com.cn/i/2014 - 07 - 14/08279492417.shtml。
③ 《奈飞 2014 年年报》,该年报反映的是该公司 2014 年 1 月 1 日至 12 月 31 日的经营情况。

Alexa 的综合排名,在美国排名最前的互联网视听节目提供商依次是谷歌、Facebook、雅虎、亚马逊以及 Twitter。根据 comScore 的统计,2014 年 6 月,美国观看在线视频总人数为 1.87 亿人,其中谷歌旗下 YouTube 在线视频独立浏览次数为 1.53 亿次,后面依次是:Facebook 浏览次数 9148 万次,美国在线旗下网站浏览次数 6702 万次,雅虎旗下网站浏览次数 5319 万次[①]。也就是说,在美国使用在线视频的用户中,有 82% 观看谷歌旗下相关网站的视频,49% 观看 Facebook 的视频,36% 观看美国在线旗下相关网站的视频,28% 观看雅虎旗下网站的视频。在欧洲,根据 Alexa 的综合排名,排名最前的互联网视听节目提供商也是美国的谷歌和亚马逊,其次才是 BBC 等欧洲本土机构。

视听服务寡头之间形成差异化竞争格局。例如,Facebook 和 YouTube 主推以 UGC 为主的视频分享,奈飞、葫芦和亚马逊则以专业视听内容的在线点播和租售为主。这些视听服务寡头通过资本运作,不断汇聚产业链上的资源,显示出了强者更强的发展势头。例如:Facebook 为了吸引更多的用户,在非洲采用直升机推动无线网络传输;谷歌准备在全球架设独立的无线网络系统,以建立自己的无线互联网王国。

(五)视听服务加速国际化

无国界本是互联网的根本特性,发达国家的互联网视听节目服务机构凭借强大的资本实力、成熟的市场营销推广手段,不断把业务推向国际市场。例如,谷歌公司的业务遍布全球 130 多个国家,仅搜索引擎就占全球 68% 的市场份额。截至 2014 年底,Facebook 用户总数达到 22 亿户,其中在美国本土只有 6 亿用户,其他 16 亿用户均在海外。截至 2014 年底,奈飞全球用户数量达到 5739 万人,其中在美国本土有 3911 万人,国际用户 1828 万户,已占总用户数的近 1/3。

---

① "ComScore Releases June 2014 U.S. Online Video Rankings", https://www.comscore.com/Insights/Market-Rankings/comScore-Releases-June-2014-US-Online-Video-Rankings.

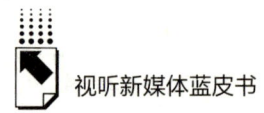

2015年，发达国家视听新媒体企业又纷纷推出各自的全球扩张计划。奈飞表示将在两年内把服务扩展至全球200个国家和地区。Facebook将在巴西、法国、德国、日本、加拿大、澳大利亚和英国等7个国家推出视频广告。

三 发达国家视听新媒体监管情况

发达国家将视听新媒体服务纳入基础公共服务的范畴，在管理过程中注重服务的公平性和均等性，强化版权保护，最大限度保护和促进产业创新。

（一）注重视听新媒体服务与消费的均等性

第一，为了保证所有公民都有机会享有视听新媒体服务，发达国家积极推动互联网基础设施建设，投入资金确保宽带建设覆盖"最后一英里"，保障基础服务的普惠性。英国政府拿出5.3亿英镑的公共资金，用于实现英国超高速宽带"最后三分之一"的覆盖，也就是对偏远地区开展超高速宽带基础设施建设。到2016年该国超高速宽带覆盖率将达到90%。英国政府还投入1.5亿英镑用于"移动基础设施建设项目"，向部分无法获得商业4G移动服务的家庭提供移动宽带服务①。美国则鼓励运营商将服务拓展至偏远地区。2014年12月，美国联邦通信委员会（FCC）提供18亿美元的资金帮助运营商完成基础设施改造。第二，为了保障视听新媒体服务的均等性，发达国家注重保障平等对待所有互联网内容和访问，防止运营商从商业利益出发控制传输数据的优先级，保证数据传输中立。2015年2月26日，FCC投票通过了网络中立法案。依据该法案，宽带网络提供商不得提供付费优先服务或者"快速通道"服务；网络服务提供商禁止优先提供自己子公司的内容和服务。第三，对于可能阻碍互联网视听产业创新或者侵害消费者选择权的市场垄断行为，发达国家监管机构积极干预。2015年3月，FCC宣布

---

① "The Digital Communications Infrastructure Strategy", https://www.gov.uk/government/publications/the-digital-communications-infrastructure-strategy/the-digital-communications-infrastructure-strategy.

暂停康卡斯特和时代华纳有线的并购案、美国电报电话公司（AT&T）和直播卫星电视（DirecTV）的并购案，开展为期180天的司法审查。这已经是FCC第四次叫停康卡斯特和时代华纳有线的并购活动①。英国通信办公室（Ofcom）2015年也将针对英国电信的垄断行为开展调查②。

（二）强化网络视听内容版权保护

发达国家对网络视听内容的版权保护更多地体现在制定和完善法律法规。《2010年英国数字经济法案》赋权Ofcom出台专项措施，打击互联网内容侵权行为。2013年9月，英国知识产权局联合伦敦警察局成立了一个新的警察部门，专门打击英国国内的网络盗版。该部门已经与文化产品版权所有人、在线应用支付商、广告商等签订协议，一旦发现网站涉及版权侵犯等非法行为，其支付账户就会自动关闭；涉及版权侵犯行为的网站名单会陆续发送给各大在线广告商等机构，开展全行业抵制。法国文化和通信部也在2014年发布报告称，将从打破盗版机构赢利模式、加大曝光侵权网站力度和落实后续监管等方面，加大对网络视听内容侵权行为的处理力度③。

发达国家对于依据法律被认定为侵犯内容版权的非法传播行为严管重罚。美国网络公司Aereo通过微小天线接收卫视信号，并将其传送到用户家庭，用户每月只需支付8美元就能在线观看视频节目。2014年6月，美国法院审理认为，Aereo接收公共信号传输节目的行为没有向电视公司支付费用，构成侵权，法院判令其停止非法传播行为。美国不仅对于非法提供内容的一方规定了严厉的惩戒措施，对网络非法下载行为也规定要严厉罚则。比如，利用P2P分享的方式非法下载，一个非法下载行为将被处以750美元以

---

① "FCC Review for Important Telecom Mergers Delayed Yet Again – Analyst Blog", http：//finance. yahoo. com/news/fcc – review – important – telecom – mergers – 211409957. html；_ ylt = AwrBEiJdww9VunwAqCfQtDMD.

② "BT Faces Battle for Control of Broadband Network", https：//uk. finance. yahoo. com/news/bt – faces – battle – control – broadband – 145604106. html.

③ 范祎：《法国文化部重拳打击非法下载》，《中国文化报》，http：//www. cepmh. com/2014/0627/974. shtml。

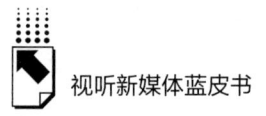

上30万美元以下的罚金。2009年美国明尼苏达州的女网民杰米·托马斯因为非法下载了24首歌曲被法院判决190万美元罚款[①]。

（三）调整行业概念，统筹大视听管理

面对融合发展带来的视听节目服务新局面，发达国家的监管机构适时调整对于行业概念的界定，使监管权限随着技术和服务的发展得到及时扩展。2014年7月11日，国际电信联盟发布了技术文档[②]，对基于IP（网际网络协议）的电视相关多媒体服务进行了术语规范，对IPTV、智能电视、联网电视、互联网电视等业务进行了详细界定和描述，为行业监管和行业发展提供依据。2015年1月，FCC的委员们以3:2的票数，更改了对"宽带"的定义，将宽带定义为下载速度至少达到每秒25M，此前宽带的定义为每秒4M。根据更新后的"宽带"定义，FCC支持网络服务提供商对其网络进行改造，以为公众提供更加优质的服务。2014年底，FCC还提出动议，准备将"多频道视频节目传输商（MVPD）"定义为出售多个视频节目流的提供商，不再考虑其提供节目时所依赖的技术[③]。未来FCC还将对"电视"概念进行重新定义。随着媒体融合不断向纵深发展，视听服务越来越走向"一体化"，大视听的统一监管已是大势所趋。2014年11月，调查公司尼尔森正式将其《跨屏报告》（Cross Platform Report）更名为《全视听报告》（Total Audience Report）。调查公司comScore也推出了《大视频报告》（Total Video Report）。

---

① 《美国一女子非法下载24首歌曲被判罚190万》，新浪新闻，http://news.sina.com.cn/w/2009-06-20/014018055981.shtml。
② "ITU, HSTP. IPTV - Glossary and Terminology of IP - Based TV - Related Multimedia Service", http://www.itu.int/pub/T-TUT-IPTV-2014-GLOSS。
③ 国家新闻出版广电总局发展研究中心内刊《国外广播影视动态》2015年第2期。

B.35
美国视听媒体融合发展案例分析

美国从20世纪90年代就开始了融合之路，电信运营商和有线电视网络运营商均可向用户提供数据、视频、语音等融合业务。进入21世纪后，在新媒体快速发展的冲击下，美国传统媒体用户纷纷流失。面对这一严峻形势，美国主要媒体公司积极应对，推出各种互联网新业务，提高用户体验，较好地实现了融合发展。

一 康卡斯特：积极开展融合业务

康卡斯特（Comcast）是美国最大的有线电视网络运营商和第二大宽带运营商。从2009年起，康卡斯特有线电视用户开始流失，截至2014年底已流失300万户。为了应对新兴媒体的冲击，康卡斯特加快有线电视网络的IP化改造以及服务平台的云媒体化改造，为有线用户提供视频点播（VOD）、宽带、数字刻录（DVR）、VOIP语音等业务，以吸引新用户，稳定老用户。2014年康卡斯特视频用户净流失量19万户，是近7年来流失最少的；基于Xfinity融合平台的融合产品用户增加了49万户；高速宽带用户增长130万户，连续9年实现百万级增长。截至2014年底，康卡斯特总用户（包括宽带、视频、电话用户）数达到2703.5万户，比2013年底增加35.8万户；综合收入达到687.75亿美元，较2013年的646.57亿美元增长6.37%。

（一）推出跨终端应用Xfinity系列，有效提升用户ARPU值

近年来，康卡斯特不断创新融合产品。2009年，与时代华纳有线（Time Warner Cable）等有线电视运营商合作推出"电视无处不在"（TV

Everywhere）计划，为用户提供流媒体业务。用户只要登陆康卡斯特账号，即可在电脑终端、移动终端观看其电视节目。2011年，推出跨终端内容分发应用平台Xfinity，为有线电视及宽带用户提供免费在线视听服务。2012年，推出流媒体视频服务Xfinity Streampix，有线电视及宽带用户可免费在线收看电视剧和电影，其他用户每月支付4.99美元即可在线收看这些节目。2013年初，推出新版机顶盒Xfinity X1，该机顶盒可自动录制电视节目并进行存储。2013年底，康卡斯特推出机顶盒Xfinity X2，该机顶盒可收集分析用户的观看行为，并为用户提供定制化的服务。随后，推出机顶盒Xfinity X3，并增加付费电影业务。2014年，推出Xfinity TV App，用户可在手机和平板电脑上访问康卡斯特全部直播电视、VOD和录制节目。2015年1月，Xfinity平台又推出了Early EST服务，用户在新电影上映后、DVD发行前可通过付费点播先睹为快。通过开发推出Xfinity系列产品向多终端分发视频服务，康卡斯特有效抑制了视频用户的流失。2014年，康卡斯特视频用户规模达到2238.3万户，比2013年的2257.7万户减少了19万户，流失量为历年来最低。但视频收入却达到207.83亿美元，比2013年提高了1.2%。这是Xfinity提高了用户的ARPU值的成果。

（二）提高宽带速度，推出多元服务

宽带业务是康卡斯特的重要业务。为提高市场竞争力，康卡斯特率先采用DOCSIS 3.0[①]技术，向用户提供可与光纤相比拟的宽带服务。截至2013年底，康卡斯特高速互联网的下行速度已经达到105M，个别地方达到505M。2014年，康卡斯特将DOCSIS 3.0升级到DOCSIS 3.1，使宽带速度提升到下行10G、上行1G。宽带网速的提升吸引宽带用户不断增加。截至2014年底，康卡斯特宽带用户达到2196.2万户，比2013年的2068.5万户增加了127.7万户，增长6.17%。

---

① DOCSIS（Data Over Cable Service Interface Specifications，有线电缆数据服务接口规范）是一种针对有线电缆的互联数据应用技术规范，是美国有线电视网双向化发展的主流技术。

在此基础上，康卡斯特推出"电视+互联网或电话"双重服务（Xfinity Double Play）和"电视+互联网+电话"三重服务（Xfinity Triple Play）两种套餐，并制定"阶梯定价"销售策略，用户可在不同的价格区间自由地优化组合视频、宽带、话音等细分业务，受到用户欢迎。2014年，康卡斯特选择单一服务的用户为840.9万户，占总用户数的31.4%，比2013年减少34.3万户；选择双重服务的用户为875万户，占总用户数的32.36%，比2013年增加20.9万户；选择三重服务的用户987.6万户，占总用户数的36.53%，比2013年增加49.2万户。选择双重或三重服务是康卡斯特用户的主流，合计用户占总用户数的68.9%。

二 奈飞：强化自制，提升体验

奈飞（Netflix）是美国乃至全球最大的在线视频服务商之一。2014年，奈飞全球用户数量达到5739万户，其中付费用户5448万户，占比94.93%。美国国内用户3911万户，其中付费用户3770万户，占比96.39%。国际用户1828万户，其中付费用户1678万户，占比91.8%。流媒体业务已成为奈飞的主导业务，2014年，奈飞收入达到55.05亿美元，其中流媒体业务贡献收入47.38亿美元，占比86.07%。美国国内DVD租赁收入7.7亿元，占比13.99%，下降16%，连续3年下滑。

（一）打造内容优势

内容是奈飞发展的根本，公司通过各种方式加强内容建设。一是加大内容采购与版权合作。2010年底，奈飞与付费电视频道Epix达成合作，获得其电视节目内容。2011年，奈飞斥资1亿美元购入美国有线电视台（AMC）经典电视剧《广告狂人》的网络首播权。该剧第五、六、七季在有线电视网络播出结束后，奈飞用户就可在第一时间观看。二是加强自制内容生产。自2013年起，奈飞每年自制节目投入约2亿美元，占其版权支出20亿美元的10%①。2013年，奈飞斥巨资制作了电视剧《纸牌屋》，该剧在奈飞播出后获得广泛好评和巨大反响，并获得最佳剧集、最佳男主角和最佳女主角等9项艾美奖提名。《纸牌屋》还帮助奈飞新增了200多万订户，使其订户数超越了HBO电视网的订户数。继《纸牌屋》的成功之后，奈飞进一步加大自制内容的投资。2014年，奈飞投入9000万美元制作了电视剧《马可·波罗》，并参与制作可与院线同步独家播出的电影，如《卧虎藏龙2》在院线上映当天，即可在奈飞看到。目前，奈飞已获得4部好莱坞最新电影在其平台同步播出的合约。奈飞还推出了剧透网站"Living With Spoiler"，以提高视频的吸引力。该网站的剧透对象包括《纸牌屋》第二季、《绝命毒师》、《饥饿游戏》等影视新作，以及《洛奇》、《老黄狗》、《早安越南》等经典影片。2015年，奈飞将投资30亿美元用于内容创作，自制内容将达到320小时，是2014年的3倍②。三是推出4K高清内容。针对用户对4K内容的巨大消费需求以及4K内容资源的稀缺，2014年第2季度，奈飞开始推出4K自制剧《纸牌屋2》。此后，奈飞自制内容都将采用4K技术拍摄。目前，奈飞已与索尼等多家电视厂商和内容制作公司合作，以期推出更多高清优质内容。

（二）提升用户体验

由于在线观看奈飞的视频用户规模越来越大，从2013年10月到2014年2月，奈飞网速平均下降了27%。为提升用户体验，2014年2月，奈飞与康卡斯特达成合作，通过付费方式进入康卡斯特宽带网络，提升康卡斯特宽带用户观看奈飞视频的网速。2014年5月，奈飞与美国电话电报公司（AT&T）达成合作，提高AT&T宽带用户观看奈飞视频的网速。

（三）大力拓展国际市场

通过与当地网络运营商、传统广电运营商等展开合作，奈飞不断开拓国

---

① 《探秘Netflix自制剧集》，http：//tech. sina. com. cn/i/2013 - 07 - 26/18518579435. shtml。
② 《Netflix明年将加大自制内容投入力度》，http：//img. 36kr. com/clipped/9689。

际市场。截至2014年底，奈飞已在全球50个国家提供服务。其国际市场的市场开发费用已经超过美国本土，国际流量业务运营成本已占其流量业务总成本的1/3。2014年，奈飞国际订阅用户增长率连续4个季度超越美国本土，用户规模达到1828万户，占其全球总用户数的31.85%；国际收入为13.08亿美元，占公司总收入55.05亿元的23.76%，增长了83.7%，远超美国国内24.7%的增长率。2015年1月，奈飞宣布，将加速全球扩张步伐，2016年底将把服务拓展到全球200个国家①。

三 葫芦：传统电视台的新媒体战略

美国葫芦网（Hulu）成立于2007年3月，是由美国NBC环球、新闻集团、迪士尼集团等传统传媒公司和私募基金普罗维登斯共同投资成立的。NBC环球等股东为葫芦提供丰富的内容支持，成立之初，葫芦便拥有全美2/3的优质影视资源，解决了视频网站内容匮乏、成本过高等核心问题。截至2014年第一季度，葫芦付费用户达到600万户。

（一）推出"免费+广告"和付费视频服务

2008年3月，葫芦正式上线。葫芦最初采取的是"免费长视频内容+广告"的商业模式。在优质版权和优质产品体验的推动下，2008年3月至6月，葫芦创造了1亿次的视频点击量。到2009年底，葫芦单月点击量便已突破10亿次，独立用户达到4000万人以上。从2009年第3季度起，葫芦开始赢利，2009年，营收为1亿美元。2010年，营收为2.63亿美元，2011年，营收为4.2亿美元，2012年，营收为6.95亿美元，比2011年增长了65%②。

---

① 《本土业务增速放缓 Netflix将疯狂拓展国际市场》，http://tech.qq.com/a/20150121/082919.htm。
② 《Hulu官方数据：2012年Hulu收入为6.95亿美元 较2011年增长65%》，http://www.199it.com/archives/85643.html。

2010年6月底,葫芦推出收费服务Hulu Plus。该服务每月收费9.99美元,用户可在手机、平板电脑、电脑以及电视机等终端收看葫芦的视频节目。Hulu Plus还推出插播部分广告的7.99美元节目包,以吸引更多用户。为覆盖更多的终端用户,Hulu Plus推出多个版本,覆盖微软游戏机Xbox、索尼游戏机Play Station以及蓝光播放器等。葫芦还将其视频内容授权给美国在线、康卡斯特、微软MSN网站、新闻集团的Myspace和雅虎网站播出,并进入苹果iTunes以及其他机顶盒。

(二)聚合独家内容

葫芦依靠其独特且丰富的内容优势,取得了不俗的业绩。但与奈飞、YouTube相比,葫芦的用户规模太小,不具市场竞争力。在这种情况下,葫芦加大内容建设力度,以吸引用户。一是继续争取股东节目授权。2014年,葫芦从股东NBC环球公司获得多个喜剧和真人秀节目的独家版权。二是加大内容版权采购与合作力度。截至2013年初,葫芦与400多家内容提供商形成版权合作[1]。2014年2月,葫芦与哥伦比亚广播公司(CBS)签署协议,获得后者5300多集电视剧和节目的网络点播版权,包括CBS正在播出的热门电视剧和真人秀节目;7月,葫芦花费8000多万美元购买电视剧《南方公园》在Hulu Plus上的独播版权;9月,葫芦与BBC环球北美分部达成为期多年的非独播内容合作,Hulu Plus付费用户将收看到2000集BBC的最新内容,既包括《神探夏洛克》等英剧,也包括《蓝色星球》等纪录片。三是加强自制内容创作。2012年,葫芦投资5亿美元推出25种原创节目[2]。在得到股东注资后,葫芦拿出更多资金用于原创内容。2014年8月,与狮门影业达成合作联合制作电视剧,并在2014年底前推出20部原创剧。葫芦还与BBC联合制作原创内容。

---

[1]《Hulu获多家企业注资7.5亿美元 Hulu不卖了》,http://info.broadcast.hc360.com/2013/07/160849568752.shtml。

[2]《在线视频网站Hulu 2011年收入增长60% 达到4.2亿美元,今年将投资5亿打造内容》,http://www.tuicool.com/articles/aIJveq。

（三）优化用户体验

葫芦非常重视为用户提供良好的收视体验。在成立之初，葫芦打造出了简洁便利的在线流媒体平台，并较早推出社交功能，用户可剪切视频并通过邮件和社区网络进行分享。葫芦还推出"热图"（Heat Map）功能，用户可发现并直接观看一个节目中最精彩的部分。随着视频内容和用户行为的累积，葫芦基于大数据平台的智能推荐等服务也日趋完善，可为用户提供各种个性化的服务，如在每个视频缩略图的右下方添加一个"＋"，用户可将自己喜好的视频加入收藏单中，并可看到其他用户的评论。根据用户注册的个人信息和观看记录，葫芦可为用户推荐相关的视频节目；葫芦还为爱看不带字幕视频的用户提供关闭字幕服务。此外，不断改进用户的广告体验，广告时间只有电视台广告长度的四分之一，还推出可选择的广告服务，如非高端用户虽然不可跳过广告，但可对广告进行一定的选择，用户可根据喜好选择看商务车品牌广告或越野车品牌广告，可选择时间较长的片前广告，也可选择在节目中穿插多个广告短片。葫芦还鼓励用户为广告投票，以优化广告模式，进一步提高用户欣赏广告的体验。

四 天狼星XM：推出网络电台与车联网电台

天狼星XM（Sirius XM）是美国一家卫星广播公司。该公司在新媒体时代采用互联网思维，开办融合业务，通过推出网络电台和车联网电台实现成功转型。截至2014年底，天狼星XM可提供175个广播频道，其中免费频道72个、体育频道11个、谈话娱乐频道22个、喜剧频道9个、新闻频道15个、交通和天气频道9个、拉丁语频道18个、其他频道11个。节目实现了电脑、手机、平板、汽车等多终端分发。2013年，天狼星XM营业收入为32.9亿美元，比2012年增长了10.9%。截至2014年第2季度，天狼星XM用户发展到2600多万户，比2008年公司由天狼星和XM两企业合并之初增加 730 万用户，增长 38.4%（见图 1）；ARPU 值达到 12.9 美元，比 2013 年底增加了 4.9%。

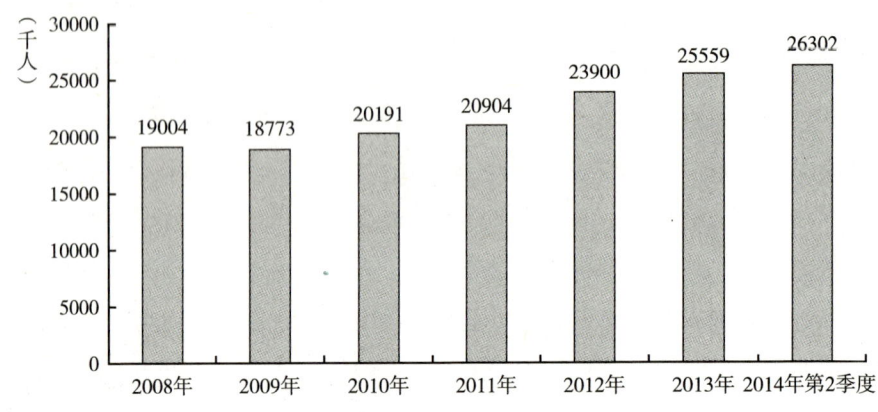

图 1　天狼星订户发展情况

数据来源：天狼星 XM，格兰研究整理。

（一）推出网络电台

天狼星 XM 推出了网络电台，设置了音乐频道，开办了传统卫星广播所没有的特色服务。2009 年，天狼星 XM 开始与苹果、潘多拉、高清频道等新媒体公司以及网络运营商合作，网络用户可通过电脑、手机、平板等进入其网络电台免费收听节目。为更好地吸引用户，天狼星 XM 推出了不同的套餐包：订阅天狼星 XM 节目的用户，可免费收听其网络电台的所有节目；选择性付费用户，每月缴纳 4 美元即可获得网络电台服务；未订购任何卫星频道的用户，需要每月交付 14.99 美元，才可收听天狼星 XM 的网络电台节目。

（二）拓展车联网市场

车联网是天狼星 XM 拓展市场的一个重要目标。2013 年 10 月，天狼星发射了该公司第十颗卫星，完成了网络的升级改造，未来 10 年，公司都无须再发射新的卫星。这些卫星使天狼星建立了一个覆盖北美的网络，不仅可以传送140个高保真频道，还可提供下载链接，减缓无线网络的堵塞问题[①]。这使天狼星XM进入车联网具有了无可比拟的网络优势。2012年，天狼星XM与日产北美公司达成协议，成为日产汽车品牌增值服务的独家供应商，从此进入车联网领域。2013年11月，天狼星XM收购汽车服务公司Agero，该公司为7500万车主提供多个国家路边援助、导航以及报警通知等服务。这一并购进一步扩大了天狼星的汽车服务市场，使其合作对象扩展到宝马、本田、现代、雷克萨斯、日产和丰田等汽车厂商。目前，与天狼星XM合作的汽车厂商，其70%的新车都预装了天狼星产品，大约5700万辆汽车的仪表盘上都装有天狼星的接收器。2017年，这个数字将达到1亿辆。除了新车市场，规模达到4000万辆的庞大二手车市场也是天狼星的努力方向。2013年底，天狼星新增的二手车市场用户有150万户。2017年，这一数字将达到260万户[②]。天狼星还积极开发适用于车联网的汽车广播应用，使汽车用户更新汽车仪表盘中的相关程序，将像在智能手机上下载App一样便捷。

[①] 《Sirius XM 的欢乐调频》，http://finance.sina.com.cn/world/20131129/092117477751.shtml。
[②] 《Sirius XM 的欢乐调频》，http://finance.sina.com.cn/world/20131129/092117477751.shtml。

B.36
英国视听新媒体政策创新

近年来,英国视听新媒体产业发展迅速,市场不断扩大。2013年,英国3G、4G移动信号覆盖率分别达到99.5%和73.0%,数字地面电视、数字卫星电视、LLU ADSL宽带、BBC数字广播信号覆盖率分别达到99%、98%、95%和94%。2014年,英国智能手机、平板电脑、数字广播等视听新媒体终端的家庭普及率分别达到61%、44%、37%,智能电视和立体电视的家庭普及率也分别达到11%和10%[①],普及程度均较2013年有所增长。英国政府积极应对视听新媒体产业发展所带来的媒体融合需求、内容产品需求和消费者权益保护需求,着力推出一系列政策措施,有效引导视听新媒体产业快速发展。

一 加强媒体融合战略规划,完善相关基础设施

(一)加大基础设施建设力度

近年来,英国政府着力从以下两个方面加大投资,推动世界级网络的建设工作。

一是宽带建设。目前,英国已经投入使用的宽带分为普通、快速、高速和超高速四个档次,其速率分别为500kbps~8M、8~24M、24~100M和100M以上,其中前两个档次统称为普通宽带。截至2014年11月,英国宽带平均速率已达到22.8M[②]。英国政府于2011年投资1.5亿英镑作为城市宽

---

① "The Communication Marketing Report",Ofcom,Aug. 7,2014,p. 24.
② Ernest Doku,"UK Broadband Speeds Rise to 22. 8Mb,Says Ofcom",http://www.uswitch.com/broadband/news/2015/02/uk_broadband_speeds_rise_to_22_8mb_says_ofcom/,Feb. 27,2015.

带建设专项资金，2013年分两批完成23个城市的宽带提速工作，并构建了由这些城市组成的超级链接城市群，其速率达到80~100M。英国中央政府和地方政府还合作投资16亿英镑用于宽带基础设施建设，包括12亿英镑国家和地方农村建设资金、1.5亿英镑城市宽带资金和2.5亿英镑在后期追加的配套资金，预期在2017年前将超高速宽带的普及率提升到95%，在2018年前将英国固定、无线和移动宽带的覆盖率提升至99%。2013年，英国政府在农村高速宽带建设项目上追加投资5.3亿英镑，截至2014年12月，已有190万农村居民享受到高速宽带。

二是移动互联网建设。2013年10月，英国政府宣布投资1.5亿英镑推动类似中国"村村通"的"移动基础设施项目"工程，使占英国国土面积5%~10%的移动网络覆盖较差地区居民得以享受较高质量的移动网络服务。此外，通过2013年初对4G频谱服务的拍卖，英国已经将更快速、更能市场化定价的移动网络覆盖到99%的人口。2014年，英国政府通过减少税费等方式鼓励EE、O2、Three以及Vodafone等四家移动运营商投资50亿英镑进行移动网络的覆盖，预期到2017年每家企业的网络均能覆盖英国国土面积的90%以上，四家公司全部覆盖的国土面积从69%提升至85%[1]。

（二）大力提高数字网络新媒体普惠程度

除了投资拉动，英国政府还通过数字网络新媒体普惠政策的实施，靠消费驱动市场扩大。英国内阁办公室数字服务部门牵头建立了一个跨政府部门的联合办公小组，协调各主要政府职能部门在数字网络新媒体产业领域的职能分工。英国政府努力普及视听新媒体知识，使1600万仍不具备基本网络交流、搜索与分享信息能力的英国民众成为视听新媒体产业的受惠者和消费者。由政府主导的"英国上线"（Go On UK）活动，

---

[1] "Consumers and Businesses Set to Benefit from Guaranteed £5bn Investment into UK's Mobile Infrastructure", https://www.gov.uk/government/news/government-secures-landmark-deal-for-uk-mobile-phone-users, Dec. 18, 2014.

致力于让每个英国人都具备上网能力，享受网络便利服务，拉动相关行业的就业和经济增长。在普及网络知识和使用能力的过程中，英国政府强调面向社会各阶层服务的平等性，包括针对残疾人和老年人等弱势群体的服务。英国通信办公室（Ofcom）还于2014年9月公布了《消费者互联网流量管理指南》，重点介绍流量管理策略付诸实践的环境，流量管理如何影响消费者的在线体验，互联网服务提供商各自的流量管理措施等内容，帮助消费者了解互联网服务提供商在流量高峰期管理宽带服务的方式，方便消费者使用。

（三）不断完善融合背景下英国数字传播框架战略

英国政府于2014年推出数字传播框架战略，以物联网为着力点，推动英国媒体融合发展。据预测，到2020年英国将有310亿个连网设备，包括智能手机以及各种智能应用硬件，如可以远程操控开关的电饭锅、可以随时通知农场主动物是否患病的传感器，等等。这些"网络产品"将会持续驱动英国创意产业发展。2014年，英国首相卡梅伦在出席德国汉诺威电子信息及通信技术博览会时宣布，英国将对物联网有关领域提供总额7300万英镑的研究资助。

二 扶持数字内容产品与服务，提升全球竞争力

（一）通过减税、补贴等政策"组合拳"支持数字精品内容创作

2013~2014年，英国政府先后通过了对精品动画、高端电视节目、视频游戏的税收减免政策，鼓励原创数字内容的生产制作。减税政策预计每年将为英国数字内容企业吸引10亿英镑的投资。此外，2013~2015年，英国实施了内容产业短期扶持计划，在政府预算中每年设立800万英镑专项资金，用以提升包括数字内容在内的英国内容产品的质量。英国政府还宣布投资1500万英镑，由科技部门组织数字内容产品方面的产业合

作招投标项目①。英国娱乐业零售商协会发布的数据显示，2013年英国数字视频销售增长了40.2%，达到6.2亿英镑，而播出商在新兴在线数字服务领域投资数亿英镑②。

（二）建立数字内容标准，确保内容质量

为了应对媒体融合趋势，英国政府正在寻求建立一个由政策制定者和业界人士联合商讨的媒体标准框架。此前，Ofcom已组织开展关于"如何在融合世界保护观众"的调研，调研发现，更多的英国民众支持对包括传统媒体和新媒体在内的所有视听媒体都进行监管，并进一步提出应在内容源、信息发布和消费者自身控制三个层面进行标准制定和规范管理。尽管目前英国仍没有推出针对数字内容的特殊标准，但已基本确定数字内容标准需要满足的几个主要方针，如保护弱势群体、保护个体和保护消费者权益等。

（三）以用户体验和需求为导向，鼓励各种视听新媒体服务发展

英国政府对视听新媒体产业管理的出发点是以用户体验和需求为导向，其相关部门负责人表示，英国政府无意控制媒体本身，而是将致力于让产业为用户服务，确保用户成为最终的"赢家"。在政策指导下，英国传统媒体纷纷在视听新媒体领域推出各种新产品、新服务。BBC较早便尝试开展视听新媒体业务，旗下拥有BBC在线（BBC Online）、互动电视播放器iPlayer、"红按钮"（Red Button）等三大新媒体产品。2013年，共有2.39亿人次通过"红按钮"实时收听收看或下载各种电视及广播节目，其中7800万人次通过移动终端收听收看。英国国内每月通过iPlayer下载节目的人次达到1.87亿，平均每个英国人下载3次。BBC新媒体用户占全英国人

---

① "Connectivity, Content and Consumers: Britain's Digital Platform for Growth", https://www.gov.uk/government/uploads/system/uploads/attachment_data/file/225783/Connectivity_Content_and_Consumers_2013.pdf, pp. 27-28, July 2013.
② 《英国数字视频销售增长40%》，国家新闻出版广电总局发展研究中心内刊《国外广播影视动态》2014年第2期。

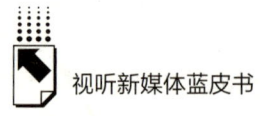

口比例的 63%[1]。2014 年,"BBC 三台"网上播出计划出炉,计划中"BBC 三台"的电视频道将被削减,今后将只在网上播出[2]。

三 保护视听新媒体消费者权益

(一)严格管控非法内容

英国政府对视听新媒体非法内容实施严格的管理政策。由于没有对新媒体内容出台单独的法案,英国对新媒体非法内容的界定仍基本沿用既有法律的规定与要求,如不得传播暴力、歧视、谩骂、种族主义,损害消费者身心健康,造成消费者财务损失,盗版、侵犯隐私以及有误导性的内容,等等。对于在网络上传播的数字内容,由英国电影分级委员会(BBFC)下设的专门机构 BBFC Online 进行审核和分级。2013 年 10 月,英国正式修改涉及媒体管理的皇家宪章,设立独立的媒体监管机构,以加强对各种媒体新闻内容的监管[3]。

(二)重视保护未成年人

面对视听新媒体的迅速普及,英国出台多项措施保护未成年人免受网上播出的不良内容侵害。英国首相卡梅伦在参加全英防止虐待儿童协会的活动时宣布,为保护儿童不受互联网色情内容的危害,将要求互联网运营商自动屏蔽互联网色情内容。英国政府还与媒体业界、行业组织、各政党联合开展对未成年人的网络保护工作。由 O2、Three、Vodafone、维珍传媒等英国主要移动运营商组成的移动宽带组织(MBG)推出了《英国移动新媒体内容

---

[1] 《英国广播公司:主流广电媒体融合的国际经验》,国家新闻出版广电总局发展研究中心内刊《新媒体动态》2014 年第 31 期。
[2] 《"BBC 三台"网上播出计划正式出炉》,国家新闻出版广电总局发展研究中心内刊《国外广播影视动态》2014 年第 20 期。
[3] 《英国修宪将设立独立媒体监管机构》,国家新闻出版广电总局发展研究中心内刊《新媒体动态》2013 年第 5 期。

自律准则》，要求服务商对 18 岁以上人群才可观看的移动媒体内容进行接触者年龄审核。所有手机运营商都承诺，自动在手机中安装成人内容过滤器。TalkTalk、维珍传媒、天空卫视和英国电信四家市场占有率合计超过 90% 的网络提供商共同确认，2014 年底前所有网络用户都会被提示安装内容过滤器，且过滤器将覆盖家庭网络中的所有设备。此外，英国儿童网络安全委员会（UKCCIS）、互联网监看基金会（IWF）、英国互联网服务提供商协会（ISPA UK）、独立移动内容分级机构（IMCB）等组织，都将协助政府完成儿童安全上网工作。

B.37
日本视听新媒体发展现状及其问题

日本作为广播电视业较为发达的国家，较早在政策法律层面进行了相关调整，以顺应三网融合趋势，促进广电媒体与新兴媒体融合发展。但总体看来，日本视听新媒体发展呈现出起步早但发展较为缓慢，技术基础好但业务推动较为滞后的局面。无论是媒体影响力还是产业规模，视听新媒体都还远没有形成与传统广电媒体相抗衡的力量，还处于平缓发展阶段。

一 日本视听新媒体发展现状

近年来，日本广播电视、报刊等传统媒体广告收入增势放缓并趋于稳定，互联网广告收入呈现日益增长态势（见图1、表1）。在这样的形势下，日本广电机构、电信运营商等，在发展新媒体新业务方面进行了一些探索。

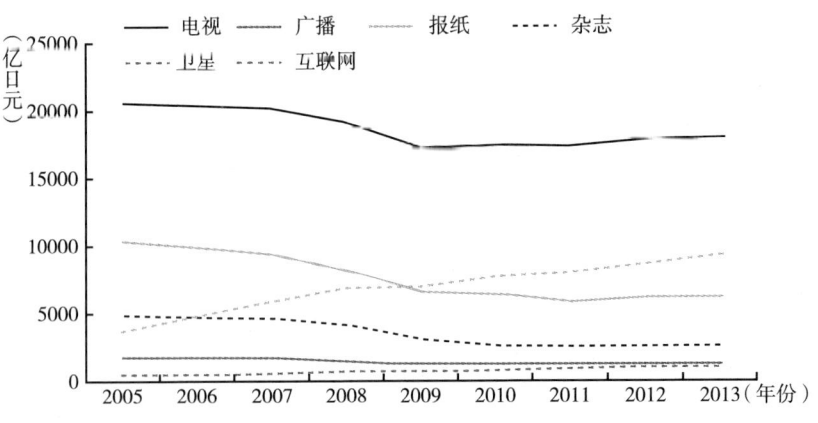

图1 2005～2013年日本广告费收入走势

表1 2005～2013年日本广告费收入走势

单位：亿日元

年份\项目	总广告费	电视	广播	报纸	杂志	卫星	互联网
2005	68235	20411	1778	10377	4842	487	3777
2006	69399	20161	1744	9986	4777	544	4826
2007	70191	19981	1671	9462	4585	603	6003
2008	66926	19092	1549	8276	4078	676	6983
2009	59222	17139	1370	6739	3034	709	7069
2010	58427	17321	1299	6396	2733	784	7747
2011	57096	17237	1247	5990	2542	891	8062
2012	58913	17757	1246	6242	2551	1013	8680
2013	59762	17913	1243	6170	2499	1110	9381

数据来源：日本总务省。

（一）NHK发展视听新媒体情况

2008年12月，公共广播电视机构日本放送协会（NHK）在基于互联网的音视频点播业务方面迈出重要一步，推出付费视频点播业务"NHK On Demand"。观众可以利用电视机、电脑、智能手机、平板电脑等，回看前两周的电视节目。2011年9月，NHK启动3套广播频率的网上直播业务"Radiru Radiru"，仅面向日本国内听众。2013年12月，NHK开发并推出"混合播出"服务（Hybridcast[①]），将基于互联网的内容与数字电视直播观看紧密结合起来。该服务让观众可以通过Pad、手机与电视屏幕实现互动，实时参与智力竞赛节目回答问题；可以在观看体育比赛时调出相关球员和球队的背景信息、早期录像，并使其呈现在屏幕上。在发生灾害及紧急情况时，该系统也能够自动抓取并播放应急广播。

（二）民间电视台发展视听新媒体情况

日本五大民间电视机构东京电视网（TNX）、东京广播公司（TBS）、日

---

① "Hybridcast"的技术应用以HTML5为中心。这一服务因存在网络传输延时问题，因此必须使用具有"Hybridcast"功能的电视机。

本电视台（NTV）、朝日电视台（ATV）、富士电视台（FTV）等也或多或少尝试了一些新媒体业务。东京广播公司推出了视频点播服务，内容以电视剧为主，也有部分电影、动画片、音乐、娱乐、体育和纪录片等内容。截至2014年底，共有6000多部/集的内容可供点播。日本电视台为移动通信公司NTT DoCoMo①的现场转播栏目"V – Live"和视频点播栏目"i – Motion"提供内容。朝日电视台为电信运营商KDDI②提供《音魂》等视频节目内容。2014年，在日本总务省的推动下，日本五大民间电视机构东京电视网、东京广播公司、日本电视台、朝日电视台、富士电视台也宣布参与NHK主导的"混合播出"互动节目实验播出。同年，总务省批准该五家民间电视公司从2015年4月1日起，利用模转数空余的频段为日本智能手机用户提供6套手机电视节目服务。

（三）电信机构开展视听新媒体业务情况

1. 与广电联合开展One – Seg业务

2006年，日本政府以ISDB – T标准正式推行移动多媒体广播电视计划"One – Seg"③。该业务服务的模式是广播电视机构提供内容，电信运营商提供终端，两者合作为用户提供移动多媒体广播电视服务。电信运营商纷纷迅速跟进，不断推出带有One – Seg功能的手机终端。在iPhone进入日本市场之前，日本国内销售的手机90%以上支持One – Seg业务。由于提供免费内容和多样化终端，One – Seg服务覆盖全日本，拥有庞大的用户群。

---

① NTT DoCoMo公司是日本电报电话公司（NTT）的手机公司（或服务品牌），是目前世界上最大的移动通信公司之一，也是最早推出3G商用服务的运营商。
② KDDI是日本电信服务提供商，前身是成立于1953年的KDD公司。先后与DDI、IDO两家公司合并，KDD不断成长壮大，2001年4月正式改名并组建成为目前的KDDI。KDDI为其全业务体系建立了"Au"、"TU – KA"、"Telephone"、"For Business"和"DION"五大服务品牌。
③ 日本在发展地面数字广播电视过程中，将超高频（UHF）波段中470MHz – 770MHz的频段分为50个频道，每个6MHz频道再切分为13个频段（segment），其中数字电视占用12个频段，剩下一个频段用于开展移动多媒体广播电视服务，因此该服务被称为"One – Seg"。

2. 与广电联合开展 NOTTV 服务

2011年，日本电视业完成了数字转换，空余出原模拟频道占用的大量频率资源。经公司申请、总务省审批，电信公司 NTT DoCoMo 获批利用甚高频（VHF）波段中的 207.5MHz–222MHz 频率开展针对手机终端的移动多媒体广播电视服务。NTT DoCoMo 联合日本各大民间电视台共同出资，设立了移动多媒体广播电视公司 MMBI[①]。2012年4月1日，MMBI 开办的移动多媒体广播电视业务 NOTTV 正式开播，节目包括新闻、体育、纪实、综艺、戏剧、电影、音乐、动画、兴趣、教养等，主要来自各大电视台，也有少量自制节目。NOTTV 除可以直播广播电视节目外，也提供所谓"储存型广播"服务，接收设备可以自动储存各种影音节目、电子书、游戏等数据，让用户可以随时观看和使用。发生紧急灾害时，NOTTV 会发挥无线广播电视的优势，只要手机在信号覆盖区域内，就可接收预警信息和最新滚动信息。NOTTV 的商业模式是包月付费，每月 432 日元（约 32 元人民币）。截至2014年2月底，NOTTV 签约用户已有 152 万户。NOTTV 需要专用接收器，早期借助其母公司 NTT DoCoMo 的优势，以合约机的形式捆绑销售。2012年4月至2013年9月，合约机销售一直保持增长趋势。但自2013年9月 NTT DoCoMo 宣布引入 iPhone 后，合约机销量增长明显趋缓。

（四）传统报业发展视听新媒体情况

日本报业也涉足了某些视听新媒体业务。在日本，报纸发行量约 95% 依靠用户订阅，零售渠道销售只占 5%。与世界上大多数国家报纸亏本发行、主要依靠广告收入的赢利模式不同，日本报业总体收入超过一半依靠发行，而广告收入仅占 1/3。但日本新闻协会的统计显示，从2004年开始，日本报纸发行量以每年约百万份的速度递减。为应对这种整体低迷趋势，日本全国性的五大报业集团报纸《读卖新闻》、《朝日新闻》、《每日新闻》、

[①] 在 MMBI 公司，NTT DoCoMo 出资约 60%，富士媒体集团（Fuji Media Holdings, Incorporated）出资约 6%，其他股东还有日本电视网、电通、伊藤忠商事等。

《日本经济新闻》、《产经新闻》均建立了在线电子版阅读新业务，并在网站上努力实现报纸的可视化和内容的互动性。以率先触"网"的《朝日新闻》为例，早在1995年，《朝日新闻》就建立了网站，采取"免费＋广告"的模式提供在线内容服务。近年来《朝日新闻》在网站开办了各种音视频服务，采编人员也正在训练成可以上传图文和视频的"全能"记者。另外，还有专门的入口接受用户上传视频。未来《朝日新闻》的赢利模式将向"广告＋电子版付费＋纸版订阅＋数据库销售"的多元模式发展。

二 日本发展视听新媒体的优势

（一）相关政策法律法规较为健全完善

日本在包括广播电视、信息及视听新媒体在内的信息通信产业发展上，一直坚持立法先行的原则。自20世纪80年代开始，日本逐步放松对信息通信行业的管制，多次调整政策，强化市场竞争，促进广电与电信等行业的相互渗透、协调发展，实现产业融合。2008年，日本将电信和广播电视法律体系整合为统一的《信息通信法案》。新的融合法案将电信和广电领域9部既有法律整合，形成以内容、平台、传输网络（含传输服务和传输设备）为主的法律框架，使传统"垂直结构"的信息、电信、广播电视法律体系转型为"平行结构"。融合法案对日本视听新媒体的发展具有重要推动作用。

（二）技术基础较为雄厚

日本广播电视技术一直处于世界领先水平。早在1937年，NHK就在东京进行了电视试验。1970年，日本开始普及并播出彩色电视节目。1985年，图文电视开播。1989年，开始通过卫星传输广播电视信号，同年实验性播出了高清晰度电视（Hi-Vision）。2000年，数字广播电视开播。2002年2月，NHK正式使用高清晰度电视信号转播了盐湖城冬奥会。2012年3月，日本广播电视全部完成数字化转换。日本广播电视制作技术引人注目，如研发生产了3D摄像机、高速摄像机等。2014年6月巴西世界杯期间，日本已试播4K电视节目。当前，NHK正在进行下一代超高清电视（Super Hi-Vision，俗称8K）技术的研发，预计于2016年试播，2020年东京奥运会时正式播出。日本内务与通信部预计2020年日本超高清电视机份额将从现在的2%提高到50%以上。

在电信技术方面，日本也处于国际领先地位。1999年2月，NTT DoCoMo公司就推出了影响全球移动互联网发展的i-mode服务模式。该公司又于2001年10月开通全球首个3G商用网络，并于2010年10月推出4G服务。日本政府计划于2020年推进5G标准。

（三）应急广播体系全媒体覆盖

作为地震、海啸等自然灾害多发国家，日本应急广播体系建设非常完善，视听新媒体也纳入了应急广播体系。NHK在各地方台均设置无人控制摄像机，所有摄像机记录下来的影像都可以随时被传递和提取。日本救灾总部通过互联网向手机用户发送电子邮件，手机用户根据提问回复，可以显示每一个受害人的位置和基本情况。在手机中普遍内置无线射频标签，以帮助快速发现被掩埋者。日本SGI等公司还开发出一种在自然灾害发生后确认人身安全的系统，该系统可在具有上网和全球定位功能的智能手机上运行。

三 日本视听新媒体发展所面临的问题

（一）传统媒体对于发展新媒体普遍缺乏动力

广电方面。首先，为了维护传统广播电视的既有受众市场格局，保护传统广播电视媒体的影响力，避免同质内容线上线下竞争，日本政府限制公共广播电视机构NHK开办在线内容服务。这就大大束缚了拥有大量优质内容资源的NHK发展新媒体的脚步。虽然通过不断修订《放送法》对NHK这方面工作放松管制，但力度总体不大，NHK只有少量节目可以上网。政府这一规制的重要考虑因素是，NHK向日本国内观众征收电视执照费，所以有责任和义务保护已缴纳执照费观众的收视权益，而不应将这些权益免费分享。同时，也是由于NHK公共广播电视的性质，其尝试推出的部分付费视频点播业务，也正在遭到几家民间电视机构和行业组织的抵制。其次，民间电视台碍于难以厘清电视内容网上分发涉及的复杂版权归属问题，同时担心网络视听节目会分流其已经逐年下滑的广告收益，所以对发展视听新媒体也不热心。最后，以广播电视机构为主导的一系列行业协会对视听新媒体发展加以种种限制。例如，对厂商生产设备上网功能进行限制。

报业方面。日本独特的报业发展环境致使报纸依旧能够顽强地依靠纸质版的订阅发行存活，而对新媒体业务还没有太大的积极性。这从其对在线阅读业务的具体经营策略上可见一斑。《朝日新闻》对于同时订购纸质版和电子版的读者，要在报纸订阅价每月3925日元的基础上增加1000日元。这种做法的意图是维持报纸纸质版的发行量，暴露出日本报业希望维持现状、抓住现有利益的心态。

电信移动运营商方面。NTT DoCoMo、KDDI这两大移动运营商由于在功能手机时代的过于成功，而在转向智能手机上步伐明显迟缓。KDDI到2011年才开始大规模推广智能手机。这从另一个方面制约了日本视听新媒体的发展。

（二）版权关系复杂束缚了视听内容的在线分发

日本内容版权管理体系十分严格复杂。按照行业惯例，对于任何新生产的节目，制作机构需提前与每一位参与节目的著作权人处理好版权使用的权利分割问题，从而避免在传播中出现著作权纠纷。这种做法在媒体融合时代明显制约了节目的在线播出和多屏分发，如果服务商试图将一个节目内容在新开发的平台分发，也许需要与上百位甚至上千位涉及该节目的著作权人一一洽谈商定。这也在很大程度上制约了日本视听新媒体的发展。

（三）外国机构运营的新媒体大行其道

日本本土新媒体发展的相对弱势，给外国新媒体运营商进入市场带来机遇。日本政府对外国新媒体进入基本没有政策限制。近几年YouTube（日本）在日本的受欢迎程度急剧增长。在YouTube（日本）上可以观看到海量免费的视频，包括一些很受欢迎的日本综艺节目。2012年11月，随着YouTube推出"原创频道"计划，日本电视网等13家本土合作商开始为YouTube提供原创视频内容。2011年，美国Hulu登陆日本市场，已获得50多家影视内容伙伴，提供1000多部电影和1.2万集电视剧的付费点播。

B.38
美国苹果公司视听新媒体业务创新

苹果公司始终将鼓励创新作为企业文化的核心,通过创新,在设备、内容及商业模式上不断取得突破。苹果公司在视听新媒体领域的业务创新主要体现在以下几个方面。

一 以iTunes为枢纽的视听新媒体管理平台创新

(一)iTunes成就全球顶级视听零售商

iTunes作为一种音乐播放软件,是在苹果由硬件生产商向数字音乐领域拓展业务过程中产生的,成功开创了将硬件、软件和服务融为一体的模式先河。在大多数互联网用户仍通过购买CD、下载盗版等方式获取音乐时,iTunes音乐管理软件吸纳环球、华纳等多家唱片公司内容推出iTunes Store音乐商店,极大地改变了人们的音乐消费方式。iTunes允许用户将各种途径下载的音乐文件组成播放清单,提供多种智能播放模式,还可将音乐复制到CD、DVD以及苹果MP3播放器上,满足受众移动化、变动式的音乐消费需求。iTunes Store商城服务基于P2P"点对点"网络传输方式为人们带来前所未有的消费体验,开创了数字音乐产业的新时代。

iTunes的触角还不断触及视频、电子书、软件等业务领域。截至2014年3月,苹果音乐商店已在119个国家和地区上线,歌曲总数达到3500万首;电影商店在109个国家和地区上线,iBook Store、App Store均在155个国家和地区上线,总计覆盖了全球总人口的90%[①]。2014年4月,苹果宣

[①]《苹果大数据iTunes账号数量即将破8亿》,http://article.pchome.net/content-1715005.html? via = touch。

布,iTunes 注册用户突破 8 亿人,而且大部分账户都绑定了信用卡,蕴藏巨大的消费能力和商机。2014 年 iTunes 总营收达到 180 亿美元,季度营收稳定在 40 亿美元以上。

(二)从音乐管理平台到苹果终端视听服务创新枢纽

iTunes 借助科技的力量,不断制造消费需求,创新消费模式,从最初的音乐管理软件发展为苹果终端的集成管理平台。

iTunes Store 是苹果首创的在线音视频商店。该业务自 2003 年推出至今,已从最初的硬件促销渠道变身为覆盖数亿用户的音视频消费平台,其自身的赢利能力和对音视频市场的影响力与日俱增。据苹果财报数据,iTunes Store 2014 年净收入为 102 亿美元,同比增长 9.3%[1]。

iTunes 开启了视听内容交易的新模式。其搭载的 iTunes Store 为内容商及软件商提供了新的交易平台,将苹果公司与音乐公司、电影工作室等内容提供商,应用开发者以及受众联系在一起。用户通过 iTunes Store 寻求所需内容,内容商及软件商等通过 iTunes Store 与用户发生关联,iTunes Store 居于 iTunes 视听新媒体业务的核心位置,参与内容收入的分成。例如,音乐销售额中 3/4 归版权方即唱片公司所有,而平台管理人苹果公司则利用剩下的 1/4 负担技术成本和信用卡交易费用,以保证网上音乐商店的良性循环。而参与其音视频业务的合作商,每年可通过 iTunes Store 完成 120 亿美元的交易[2]。iTunes Store 的成功,使同行竞争者竞相效仿,纷纷推出自己的内容商店,如 Google Play、Windows Phone Store 等,使得该市场更加活跃。

此外,随着苹果视频、游戏等在线交易服务的不断完善,以及苹果产品的不断升级创新,iTunes 内容也带动了更多硬件产品的销量。

---

[1] 《苹果发布 2014 财年报告:各方面都稳定增长》,http://www.feng.com/apple/news/2014-10-28/Apple_released_the_fiscal_year_2014_Report_steady_growth_in_all_aspects_598431.shtml,2014-10-28。

[2] 《iTunes 业务规模 120 亿美元 超 2004 年苹果营收》,http://tech.163.com/13/0110/20/8KSQEEMU000915BD.html,2013-01-10。

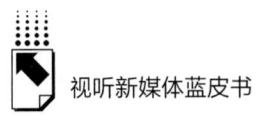
视听新媒体蓝皮书

二 以 App Store 为核心的移动
视听节目服务模式创新

苹果公司创建应用商店 App Store 视听节目服务新模式，并将 App Store 打造成内容提供商、软件开发商、用户等共享、交易、互动的平台，创造和引导了用户个性化、移动化的视听新需求。

（一）基于 App Store 的视听新媒体移动应用业务发展

截至 2014 年 6 月，苹果 App Store 的应用总量已超过 130 万个，应用程序下载总量超过 750 亿次①。其中，视听类应用软件下载量一直位居前列。苹果公布的 2014 年度 App Store 最具人气 iPhone 和 iPad 应用中，视听应用音乐软件 YouTube、Pandora Radio、Spotify Music 音乐软件下载量均居前十位。苹果不但通过 App Store 促进了自身移动设备的销售，还可从 App Store 平台交易中获得 30% 的分成收入，实现多方利益共赢。2014 年，苹果 App Store 帮助应用开发商获得了 100 亿美元以上的收入，苹果公司从中获得 45 亿美元的分成收入，整体收入比 2013 年提升 50%。自 2008 年 App Store 上线至今，苹果已为 App Store 应用开发者分利达 250 多亿美元②。

（二）基于 App Store 的视听新媒体业务建设与管理

在苹果 App Store 业务模式中，苹果公司居于核心位置。它为第三方软件商提供应用商店平台，使内容制作商及专业软件制作商生产的应用能够顺利到达消费者，广告主、第三方支付平台等也是该模式的参与主体。在苹果

---

① 《苹果 App Store 营收和付费用户数 7 月份创新高》，http：//mi.techweb.com.cn/tmt/2014 - 08 - 06/2061718.shtml，2014 - 08 - 06。
② 《苹果 2014 年 App Store 应用开发商创收百亿美元》，http：//tech.sina.com.cn/it/2015 - 01 - 09/doc - iavxeafr9778871.shtml，2015 - 01 - 09。

App Store 视听新媒体业务中，第三方软件商除了专业的应用开发商外，还包括自制视听应用的内容提供商（见图1）。

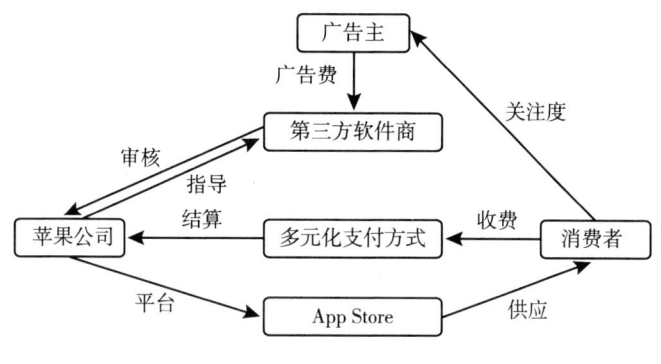

图 1　App Store 业务模式

1. App Store 平台的管理与维护

为保证平台交易有序进行，苹果承担对第三方软件开发商及第三方支付平台的管理和指导任务，包括指导应用及内容定价，制定一系列条款规范第三方在平台上的行为，维护平台的完整性和公平性等。在视听应用管理方面，苹果强制要求所有的内容购买和订阅必须通过其应用商店进行，软件开发商不得通过应用将用户导向其自身网站进行购买。2014年，苹果 App Store 在支付平台建设上迈出重要一步，发布 Apple Pay 移动支付方式，并继续发力中国市场，提供中国银联支付业务。支付方式的多元化、便捷化将为苹果 App Store 业务开拓更大的增长空间。

2. App Store 与第三方的合作共赢

不同于其他应用软件，由于视听类应用内容可以收费、可二次售卖等特殊性，App Store 上的这类应用以内容提供商自制 App 为主，且多为免费软件。视听应用赢利方式大致可分为两种：一种是像 YouTube 等应用采取的广告支持模式，即通过受众的下载和观看，吸引广告主投放广告；另一种是 Hulu Plus 等应用采取的内容收费模式，即受众免费下载软件后，需要付费观看视频内容。

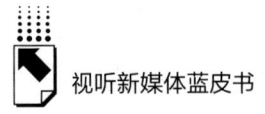

应用软件的质量及数量也直接影响苹果硬件的销售额和苹果的投融资。因此，苹果竭力将更多更好的视听新媒体应用纳入 App Store 平台，如不断丰富专门为儿童开发的 App 等类别，并制定完善的管理条款，增加捆绑式 App 等出售方式，为用户提供更加多元的视听服务，实现与第三方软件商的互利共赢。

三 Apple TV 业务逆袭电视屏

在业已拥有的视听业务基础上，苹果将触角延伸至电视端，推出苹果电视（Apple TV）业务。

（一）Apple TV 的更新与升级

2006 年，苹果推出第一代 Apple TV，正式进驻电视机顶盒市场。Apple TV 简洁、轻巧，并可以将 PC、iPad、iPhone、iPod 等终端设备与电视连接，共享内容，还可以用 iPhone、iPad 进行遥控，推出后受到用户欢迎。截至 2014 年 4 月，Apple TV 累计销售 2000 万台①。

苹果还尝试通过丰富 Apple TV 的节目内容来增强核心竞争力。基于 iTunes 同多家内容商的合作，苹果机顶盒除了将 NBC 环球、FOX、CBS、ABC 等电视公司及 Netflix、Hulu、亚马逊 Instant Video 等视频网站的内容资源引入 Apple TV 外，还寻求把 iTunesU、游戏中心、Aereo 等整合进电视业务中。2014 年 10 月，Apple TV 引入美国 A&E 电视台的 FYI 频道、法国的 Dailymotion 等多个频道。同时，还在 iOS 生态链中增添面向电视终端的 TV App Store，使用户可以在电视机上像在其他 iOS 设备上一样运行，自如地选择和组织 Apple TV 应用。

（二）苹果的 iTV 计划

当前，苹果的 iTV 计划备受瞩目。据称，苹果计划推出新的电视设备

---

① 中国互联网数据资讯中心：《2014 年 Apple TV 机顶盒截止目前已经售出 2000 万台》，http://www.it12580.cn/news/show-16279.html，2014-04-24。

iTV。该设备可以通过 iPhone 或 iPad 遥控，支持 Siri 无线语音控制、声音换台，内置高清摄像头，可搭载应用程序，连接 Wi-Fi，还具备面部识别等体感操作功能。苹果 iTV 还将充分发挥苹果产品之间的强连接性，通过 Airplay 无线连接、iTunes 平台以及 iCloud 云技术等，集成 iPad、iPhone 等终端产品及内容资源。

iTV 新设计了整个电缆接口，并参与对现行带宽网络的管理。近期，iTV 还同内容商及开发商洽谈，设想直接与内容商合作，实现跨 iOS 平台的内容 App 接入，打造"虚拟内容航母"，同时探索在 iTV 中增加允许用户跳过广告的服务。

声音·观点
Voices & Views

B.39
创新·融合·共赢[*]

广播影视要加强智慧广电建设

新一轮信息技术革命正在向智能化方向发展，大数据、云计算、物联网、移动互联网和人工智能技术引发的"智慧浪潮"，深刻地改变了人们的生产生活方式。面对智慧化的新浪潮，广播影视要把加快构建"智慧广电"作为转型升级的重要目标。智慧广电的本质是新兴信息技术与广播影视既有优势的高度融合，是广播影视数字化、网络化、智能化的新发展。打造智慧广电，要坚持受众为本、内容为王，加快智能化生产运营与分发传播。

——国家新闻出版广电总局党组副书记、副局长兼中央电视台台长　聂辰席

---

[*] 本部分内容根据互联网上的公开信息节选和整理而成。

媒体融合要做到"六融合"

媒体融合首先是观念的融合，要有平等、开放、协作、分享、共赢的互联网思维。二是品牌融合，即要跨区域、跨媒体、跨行业，联合经营品牌。三是平台融合，即建立立体、开放、互联的融合平台。四是用户融合，即建立统一的用户数据库，深入挖掘开发多元化服务。五是机构融合，即各机构之间要实现优势互补，资源共享。六是产权融合，不同媒体要在产权层面进行融合，以扩大传媒规模。

——中国国际广播电台台长　王庚年

媒体融合应向生态化综合平台发展

今天的媒体竞争，已经不是简单的品牌、时效、独家的比拼，需要更强的用户服务能力和到达能力。传统媒体可通过"进平台"和"建平台"双路径，把所有能直达用户的传播方式都纳入传播体系中。"进平台"是将主流媒体的优质内容推送到各大社交网站、商业网站平台上，如微信、微博、播客等。"建平台"是以自建、合作等方式建立自己的新媒体平台。媒体融合要将听众和观众变为用户，各业务线上的用户账户要打通，同时打通媒体业务和其他生活服务，向生态化综合平台发展。

——中央人民广播电台台长　王求

媒体融合发展面临的三个"前所未有"

当前，媒体融合发展呈现出三个"前所未有"。一是新媒体的发展速度前所未有。新媒体发展速度大大超过所有的传统媒体，世界一流大公司及社会上的资金、人才、项目等，都纷纷向新媒体领域流动，都在建平台、抢市场、进行战略布局。二是推动媒体融合发展的紧迫程度前所未有。大多数网民已经习惯在非国有资本的网站和客户端获取信息，有些民营视听网站的收入已经超过相当有实力的广电媒体。广电媒体必须以时不我待的紧迫感加快与新媒体融合发展。三是推动融合发展的新机遇前所未有。推动融合发展已经成为国家战略。中央提出要通过财政专项资金安排，加大对媒体融合发展重点项目的支持力度，文化产业发展专项资金要向融合发展适当倾斜。这对传统主流媒体来说是重大的政策利好。广电媒体要抓住媒体融合的重要战略机遇期，尽快转型升级，在变革的媒体格局中抢占有利位置，实现可持续发展。

——国家新闻出版广电总局网络视听节目管理司司长　罗建辉

有线电视网络要成为广电媒体融合的新动力、主阵地

有线电视网络要成为广电媒体融合发展的新动力、主阵地，要引入新的传播技术，强化交换共享，实现广播电视节目的多网传输、多屏呈现。有线电视网络要作为统一的市场主体参与推进三网融合战略，要边整合边加快与电信网、互联网的互联互通，要与内容生产商、应用开发商、硬件生产商、金融机构等相关者建立广泛的战略合作关系，协作协同，相得益彰，要建设互动体验、多元智能的多功能全业务服务新体系。

——中国广播电视网络有限公司董事长　赵景春

传媒行业要拥抱互联网

随着互联网技术、移动通信技术以及广播电视技术自身的不断发展与融合，传统媒体的生产方式、组织方式、传播方式、消费方式正在被快速解构和重新架构，整个行业拥抱互联网成为必然的选择。重组后的百视通公司将植入互联网基因，构筑互联网媒体生态系统、商业模式、体制架构，打造更具市场价值和传播力、公信力、影响力的新型互联网媒体集团，将拥有完整的文化传媒全产业链和业务生态系统布局。新百视通将不

仅仅是一个资本运作的平台，更将成为新的媒体平台，成为未来媒体变局的探路者。

——华人文化产业投资基金董事长　黎瑞刚

广电媒体的融合发展要"以我为主"

新媒体是技术驱动型，而传统媒体是内容驱动型。传统媒体有内容资源的优势，但如果不发展，就会越来越边缘化，最终只有像温水煮青蛙般等死。传统媒体的融合发展要"以我为主"，要用传统媒体的优质内容来打造新媒体，抓住未来发展的核心竞争价值，实现传统媒体的革新。

——湖南广播电视台台长、湖南广播影视集团董事长　吕焕斌

未来传统电视将被互联网电视所取代

在未来几十年内，全世界的传统电视都将被互联网电视取代，App将取代电视频道，遥控器将不复存在，而屏幕将无处不在。电视会更加智能化，每一台电视都可以连接Wi-Fi并安装App。互联网电视应用将会像现在的手机应用一样普遍。

——奈飞（Netflix）CEO　里德·哈斯廷斯

数据科学将引领传媒业走出困境

大数据时代，公司经营成败的关键越来越依赖于它们是否善于挖掘用户行为数据，并作出相应的以数据分析为指导的运营决策。这一原则也适用于传媒业。传媒业要走出目前的困境必须在管理和经营方面向互联网公司学习。数据科学将是引领传媒业走出困境的强大推力。

——《彭博商业周刊》

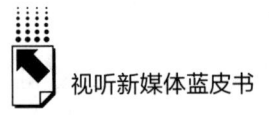视听新媒体蓝皮书

大数据为互联网与电影业融合提供支持

互联网与电影业的结合需要依靠大数据等技术手段，再通过商业、IP 孵化、新影人和粉丝互动等措施，步步为营，成就线上线下融合的电影。大数据的作用是推动制片产品化，形成大制片体制，大数据还能在区域、观影习惯和兴趣等方面提供支持，助力营销的精准化和矩阵化。

——优酷土豆集团董事长兼 CEO　古永锵

智能与移动将对视频行业产生巨大影响

智能与移动是目前社会发展最前沿的关键词，虽然目前二者与视频的结合不够紧密，但是随着技术的进步，智能与移动将会对视频行业产生巨大影响。

——爱奇艺 CEO　龚宇

中国应设立国家层面的"中国大脑"计划

人工智能是 21 世纪最为前沿的技术之一，其发展将极大地提升和扩展人类的能力边界，对促进技术创新、提升国家竞争优势乃至推动人类社会发展产生深远影响。当前，人工智能正迎来新一轮创新发展期，欧美等发达国家纷纷从国家战略层面加紧布局，以引领新一轮科技创新大潮。中国应设立国家层面的"中国大脑"计划，以智能人机交互、大数据分析预测、自动驾驶、智能医疗诊断、智能无人飞机、军事和民用机器人技术等为重要研究领域，支持有能力的企业搭建人工智能基础资源和公共服务平台，面向不同研究领域开放平台资源，高效对接社会资源，依托统一平台协同创新。要通过开放式协同创新和资源开放共享，吸引相关各方的广泛参与，带动传统工业、服务业、军事等领域的融合创新，推动传统产业和社会服务向智能化方

向发展，助力我国经济转型升级，为实施国家创新驱动发展战略提供有力支撑。

——百度公司创始人、董事长兼 CEO　李彦宏

加快移动互联网在民生领域的普及和应用

随着移动互联网、大数据、云计算、物联网与人工智能等新技术的快速发展，各行业现在都在围绕互联网做融合创新，这不仅有助于产业升级，还能促进大众创业，极大方便人民生活。加快移动互联网在民生领域的普及和应用，把"人与公共服务"通过数字化的方式全面连接起来，有助于解决看病难、教育资源不均衡以及防治雾霾等新老重大民生问题，有助于提高生活便捷度、降低社会成本，而且为互联网创业提供更多机会。

——腾讯公司控股董事会主席兼 CEO　马化腾

互联网＋的核心是新一代信息技术与
制造业服务业的融合创新

互联网＋的核心是促进以云计算、物联网和大数据为代表的新一代信息技术与现代制造业、生产性服务业等的融合创新，为大众创业、万众创新提供环境，为产能智能化提供支撑。

——小米科技创始人、董事长兼 CEO　雷军

2014年是互联网创新的黄金时间

2014 年是互联网上新产品新服务不断涌现的黄金时间。历史上从未有过这样完全开放的平台、超低的门槛、海量的机会、极高的收益风险比。人们可以挑选任何一个东西，给它加上人工智能，并放在云端，很容易就可以

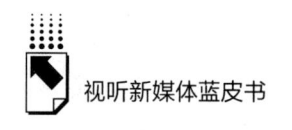

研发出新东西。人们也许没有意识到今天的互联网前沿有多么开阔平坦，这是人类历史上开拓进取的最好时代。

——美国《连线》杂志创始主编　凯文·凯利

平台型公司是在经营一个生态

平台型的公司不仅仅是经营一个产品，而是在经营一个生态，它们都有很强的生态体系。阿里巴巴是电商生态，腾讯是通信社交＋游戏生态，百度是内容＋广告生态。阿里巴巴有很多的卖家和中间公司为电商生态服务，百度有很多网站联盟和广告，腾讯在微信上有很多的垂直合作伙伴。创业公司或者互联网公司和这样的平台型公司发生这样那样的亲密关系或战略合作关系，其实是双方都需要的一种共生共赢的产业链生态关系。

——新浪董事长兼CEO　曹国伟

人类未来将与优秀机器人共存

烦恼、想象、创造将不再是人类的特权。今后，电脑也将拥有这种能力。搭载脑构造计算机的机器人将拥有比人类更加敏锐的洞察力，不学会与其共存，人类将没有未来。机器人通过无线连接网络，可如同传心术一样，实现与人脑之间的通信与交流。我相信，未来人类能够与优秀的机器人幸福共存。

——日本软银集团创始人兼行政总裁　孙正义

移动互联网和智能硬件使网络与现实界限模糊

手机只是移动互联网1.0的中心，而未来无线互联网2.0的核心是Wi-Fi。车联网、物联网、可穿戴设备、智能家电和硬件等，都将通过Wi-Fi连接在一起。随着移动互联网的发展，随着可穿戴设备、智能硬件的发展，网络和现实的界限会变得越来越模糊。

——360 公司董事长兼 CEO　周鸿祎

未来社会将实现自动化

未来可能只有两种类型的工作：一种是通过编程告诉计算机怎么做，另一种是让计算机来告诉你怎么做。你要么创建一种自动化，要么成为自动化的对象。

——美国社交编程网站 Github 创始人　普雷斯顿·沃纳

附 录
Appendix

B.40
创新榜

一 第二届中国网络视听大会推选活动榜单
（视听新媒体蓝皮书受权发布）

第二届中国网络视听大会由国家新闻出版广电总局、国家互联网信息办公室、四川省人民政府指导，中国网络视听节目服务协会主办，是中国网络视听领域规格最高、规模最大的综合性行业大会。大会根据申报情况，通过集中评审、专家投票等方式，推选出了2014年网络视听年度人物、2014年网络视听创新案例、2014年优秀网络视听作品三项榜单，甄选表彰了一批集中代表2014年中国网络视听领域具有重大影响力、社会价值和创新意义的人物、案例和作品。

（一）2014年网络视听年度人物

汪文斌（中国网络电视台总经理、总编辑）

黎瑞刚（时任上海文化广播影视集团有限公司总裁）

魏明（优酷总裁）

王晓晖（中央人民广播电台副台长）

吕焕斌（湖南广播电视台台长、芒果传媒有限公司董事长）

曹强（华数数字电视传媒集团总裁）

王旭东（中国经济网总裁）

马东（爱奇艺公司首席内容官）

（二）2014年网络视听创新案例

CBox 央视影音（中国网络电视台）

华数云宽带（华数传媒控股股份有限公司）

C4《小议中国事》视频栏目（中国国际广播电台英闻天下网）

电影《变形金刚4》创新营销（1905 电影网）

《新华微视评》（新华网）

《唱战2013》互联网选秀节目（北京六间房科技有限公司）

"无限成都"——新型城市公共服务传播体（成都广播电视台）

《书记去哪儿》网络新闻纪实系列报道节目（湖南省红网新闻网络传播有限责任公司）

腾讯视频《中国好声音》产品及运营模式创新（深圳市腾讯计算机系统有限公司）

（三）2014年优秀网络视听作品

优秀微电影类

一等奖

《新年快乐》（风行网，北京局报送）

《阿妈的奶茶》（中国网络电视台报送）

二等奖

《奔跑的鸭蛋》（中国网络电视台报送）

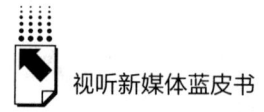

《那一课》（优酷网，北京局报送）

《棒棒来了》（重庆广播电视集团，重庆局报送）

三等奖

《阿蓬歌》（中国经济网报送）

《17爷的艰难爱情》（优酷网，北京局报送）

《生活多选题》（优酷网，北京局报送）

单项奖

优秀微电影导演：那日苏（《阿妈的奶茶》，中国网络电视台报送）

优秀微电影摄影：江阳（《阿拉善心灵之旅》，阿拉善局报送）

优秀微电影男演员：崔俊（《铃儿响叮当》，云南局报送）

优秀微电影女演员：陈乔希（《17爷的艰难爱情》，优酷网，北京局报送）

优秀网络剧类

一等奖

《午夜计程车》（土豆网，上海局报送）

二等奖

《深爱食堂》（新蓝网，浙江局报送）

《灵魂摆渡》（爱奇艺，北京局报送）

三等奖

《人生需要揭穿》（爱奇艺，北京局报送）

《杨三换的故事》（鄂尔多斯电视台，内蒙古局报送）

优秀网络动画片类

一等奖

《入学考试》（56网，广东局报送）

二等奖

《老鼠和灯》（中国传媒大学报送）

《开心的一天》（中国传媒大学报送）

三等奖

《我和老爸》（中国传媒大学报送）

《可可小爱》（桂林坤鹤公司，广西局报送）

十佳品牌栏目类

《土豆周末秀》（土豆网，上海局报送）

《聚焦》（优酷网，北京局报送）

《讲述西藏》（中国西藏网报送）

《经济百人谈》（中国经济网报送）

《一人行》（土豆网，上海局报送）

《新华微视评》（新华网报送）

《大牌驾到》（腾讯视频，广东局报送）

《星光唱响》（中国网络电视台报送）

《楠楠说法er》（最高检影视中心报送）

《职场雷鸣》（爱奇艺，北京局报送）

创新节目类

一等奖

《尼玛拉木的邮路》（中国邮政报社报送）

《揭秘雷锋真实收入来源》（优酷网，北京局报送）

二等奖

《回家》（陕西网络电视台，陕西局报送）

《白发红皮书》（优酷网，北京局报送）

《发现你的太平洋》（优酷网，北京局报送）

三等奖

《"微缩景观"里找回忆》（陕西网络电视台，陕西局报送）

《超级世界杯》第十二期（中国网络电视台报送）

《永不言败》（漳州微虾米传媒公司，福建局报送）

《条形码》（山东工艺美院，山东局报送）

《谢谢你带我去听海》（北京广播网，北京局报送）

最佳创意视频类

《西藏星空》（王源宗）

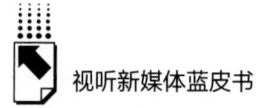

《流动的城市·青岛2014》（青岛电视台，山东局报送）

优秀网络音频节目类

一等奖

《陈钢：蝴蝶是自由的》（国际台报送）

《海阳现场秀》（央广新媒体报送）

二等奖

《寻找最原生态的声音》（新蓝网，浙江局报送）

《太阳从西边出来》（抚顺电视台，辽宁局报送）

《品味书香》（央广新媒体报送）

三等奖

《文艺大家谈》（央广新媒体报送）

《妈，我疼你》（新蓝网，浙江局报送）

《圆愿》（南安人民广播电台，福建局报送）

二 2014年广电媒体融合发展创新榜（视听新媒体蓝皮书受权发布）

2014年广电媒体融合发展创新榜，是国家新闻出版广电总局发展研究中心在2014年中国视听传媒发展论坛上首次发布的一项榜单，旨在及时总结广电媒体融合发展的创新实践与经验，鼓励中国广电媒体在融合发展方面有新意、有特色、有实效、有借鉴意义的平台和项目。活动根据申报情况，通过严格的资料审核和两轮专家评审，最终评选出九大类17个上榜项目。

最具影响力网络广播电视台

中国网络电视台

江苏网络广播电视台

最具创新价值融合发展模式

芒果TV独播战略

最具创新价值移动综合运营平台

苏州广播电视台"无线苏州"平台

山东广播电视台"轻快"平台

最具号召力融合营销创新

《星光大道》台网联动

北京网络广播电视台全球上线

最具特色智能硬件产品设计

歌华有线融合终端

"嗨皮网驿·智慧柜族"项目

最具影响力广播电视客户端

央视新闻客户端

东方卫视"哇啦"客户端

最具影响力广播电视微博平台

环球资讯广播官方微博

广东广播电视微博发布厅

最具影响力广播电视微信公共平台

微信电视 UBesTV

《一路畅通》微信公共平台"说进世界杯"

最受用户欢迎移动音视频应用

CBox 央视影音

河南大象融媒体集团"戏曲宝"

B.41
视听新媒体相关领域发展十个关键词

1. 融合

2013~2014年,"融合"的主题贯穿行业发展始终。融合是视听新媒体发展的本质特征和内在动力,2014年8月中央全面深化改革领导小组第四次会议审议通过的《关于推动传统媒体和新兴媒体融合发展的指导意见》又对新形势下如何推动媒体融合发展提出了明确要求,作出了具体部署。媒体融合不仅体现在内容、渠道、平台、经营、管理等方面的深度融合,还体现在跨区域、跨机构、跨行业、跨体制等更高层次的融合共进。许多视听媒体机构开始尝试打破行业壁垒,创新融合型内容生产模式以及营销体系,甚至联动相关的产品和服务打造融合一体化的媒介生态系统。在技术进步、业务创新、消费驱动的共同作用下,融合正成为视听媒体发展"新常态"。

2. 集约

集约化是一个行业走向成熟的标志之一。2013~2014年,视听新媒体行业资本活跃度大为增强,资源汇聚程度空前提高,从平台到业务、从内容到终端都呈现出日渐集中的趋势。在资本市场的推动下,几大视听新媒体优势平台经过强强联手和跨界整合,资源的吸纳能力和利用效能都显著提升,产业链条更加完善,综合实力不断增强,市场份额进一步扩大,逐步形成由优酷土豆、爱奇艺、搜狐视频、腾讯视频、乐视等几大视频网站分切市场的行业格局。视听新媒体行业正从粗放自由的发展阶段逐步向高度集约的方向演进。

3. IP

IP(Intellectual Property,知识产权)作为内容的支撑日益成为视听新媒体的核心资产。视听新媒体领军企业正立足优质IP,对版权内容进行再创造和持续开发运营，将 IP 价值向游戏、电影、图书、演艺等产业链各个环节延伸，逐渐培育以 IP 为核心的生态体系，形成内容产业生态圈。以优质 IP 资产为支点建构内容的全产业运营，不仅能持续支撑衍生产品孵化，还能持续"套牢"用户，实现内容价值以及运营效益的最大化。2014 年，无论是广电新媒体，还是商业视频网站，纷纷走上内容 IP 化之路。

4. 自制

2014 年被称为视听新媒体行业的"自制元年"。由于版权大战带来的内容价格水涨船高，加上"一剧两星"、"一晚两集"、网上境外影视剧管理等政策实施带来的综合效应，各大视听新媒体平台尤其是视频网站都将目光投向高投入产出比、高自由发挥度、高商业灵活性的自制内容。网络自制内容的数量和时长都达到前所未有的量级，各种自制内容类型百花齐放，商业扩展能力也不断提高。在市场需求驱动和政府主管部门的积极引导下，网络自制内容正在向精品化方向发展，一些优秀内容已经输出到电视平台。

5. 独播

优质内容资源一直是视听新媒体平台争夺的焦点。2014 年 5 月，湖南卫视率先扛起"独播"大旗，开始在自有新媒体平台以"独播"的方式垄断旗下优质节目，"独播"大战从此开启。其后，多家广电机构和视听新媒体平台相继跟进，推出自己的"独播"策略。"独播"是否能成为普适所有内容和平台的内容传播方式，现在还难下结论。但优质内容聚合所造就的行业优势和所带来的巨大商业价值，以及用户聚拢所带来的传播效应，都使得"独播"成为 2014 年一个不可忽视的行业现象。

6. 移动

2014 年，4G 网络建设加快，智能终端快速普及，视听新媒体业务全面步入移动时代。伴随手机网民规模持续扩大，越来越多的用户选择用手机观看网络视频，手机超越 PC 成为观看视频使用的第一终端。各大视听新媒体平台顺势而为，大力布局移动业务，除了加大对"两微一端"等匹配移动传播需求的渠道建设，还从节目源上强化契合随时随地"碎片化"观看需要的短视频内容的生产制作。目前，各大视频网站移动端的用户规模、广告

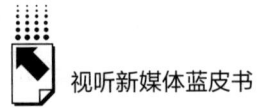

规模、流量占比和使用时长都呈现持续增长的态势。未来，随着网络音视频用户不断从 PC 端向移动端转移，移动端将成为视听新媒体竞争的主战场。

7. 秀场

在线视频秀场虽不属于视听新媒体的业务范畴，但与网上视听节目传播非常相似。近几年，以 9158、六间房、我秀、YY、瓜瓜等为代表的服务主体不断创新秀场业务，吸引广大用户参与"主秀"和"观秀"，并衍生出 O2O 演唱会模式，开拓出一片蓝海，市场规模和用户规模持续扩大，展现出巨大的市场潜能。2014 年，几家在线视频秀场公司的高调上市和巨额收购事件赚足了眼球，吸引互联网巨头纷纷入场。可以想见，随着资本的不断注入，日趋激烈的竞争必然导致在线视频秀场行业迎来新一轮洗牌和转型。

8. 社交短视频

随着智能手机的广泛应用、4G 网络的日渐普及以及云计算技术的逐步成熟，具备社交功能的短视频迅速崛起。在国际上，Twitter、Facebook 等知名社交网站开始涉足短视频领域，开发出备受拥趸的社交短视频产品。在我国，以美拍、微视为代表的短视频产品也通过与社交平台的深度交互，呈现出迅猛发展态势，掀起全民自拍视频热潮。未来，随着内容体系的日益庞大、多元而有序，社交短视频将因拥有展示、社交、娱乐等复合功能在互联网世界扮演日益重要的角色。

9. 生态

2014 年，视听新媒体逐渐步入生态式发展阶段。一些实力雄厚的视听新媒体平台基于自身的优势资源，打通产业链各个环节，不断完善和扩张产业体系。在产品上，形成包括电影、电视剧、综艺节目、引进剧等在内的多元内容结构；在渠道上，依托微博、微信、客户端等入口建立稳定高效的立体传播网络；在终端上，突破手机、电视、路由器、游戏机等智能设备的功能边界，实现彼此的关联和互动。在关联业务上，根据用户的需求随时引入其他生活、工作相关服务应用，为用户提供"一站式"便捷服务，"黏"住用户。随着媒体融合步伐加快，未来整合多元业务、拥有多重功能、实现多维传播的媒介生态体系将更加智能、贴心地满足用户全方位的消费需求。

10. 规范

随着新媒体影响力的不断增强,我国与世界各主要国家一样,对互联网新兴媒体的建设与管理提出了新要求。国家新闻出版广电总局紧密跟踪新情况、新问题,不断完善视听新媒体管理相关政策法规,推动网上网下、不同业态遵循统一的导向要求和管理标准。2014年,关于境外影视剧、移动互联网视听节目服务、互联网电视等方面一系列管理政策相继出台,进一步推动我国视听新媒体行业迎来更加规范、有序的发展局面。与此同时,多部委多次联合实施"净网行动",网络视听节目服务环境更加清朗。

B.42
2013～2014年中国视听新媒体发展大事记

2013年

1月4日 原国家广播电影电视总局下发2013年1号文《广电总局关于促进主流媒体发展网络广播电视台的意见》。该意见提出，坚持台台并重、融合发展、规模运营的发展原则。同时强调，各级广电行政部门应争取将网络广播电视台建设纳入国家或地方文化发展规划，列为文化发展重点扶持对象，争取各级政府将公益性信息发布专项建设交由网络广播电视台承担，争取国家财税、金融相关政策落到实处，在财政投入、优先信贷和上市融资等方面给予网络广播电视台大力支持。

1月22日 由原国家广播电影电视总局指导，中国网络电视台主办的国家纪录片新媒体综合性产业运营平台"中国纪录片网"开播上线。

3月19日 原国家广播电影电视总局"中国下一代广播电视网（NGB）技术应用实验室"授牌仪式在京举行，该实验室由广播电视规划院和思科系统公司组建，将为NGB和三网融合相关标准制定与业务应用提供技术研究和验证实验平台。

3月22日 国家新闻出版广电总局正式挂牌，并加挂国家版权局牌子。新机构的主要职责是，统筹规划新闻出版广播电影电视事业产业发展，监督管理新闻出版广播影视机构和业务以及出版物、广播影视节目的内容和质量，负责著作权管理等。

4月10日 中国民营电视机构蓝海电视发布了面向国际市场、基于云计算和云储存、全球共享的视听图文内容全媒体运营平台——蓝海云。

5月7日 百度宣布以3.7亿美元收购PPS视频业务,并将PPS视频业务与爱奇艺进行合并。

5月18日 中国网络电视台(出资方央视国际网络无锡有限公司)与上海广播电视台(出资方百视通技术公司)联合投资设立"爱上电视传媒有限公司",运营IPTV业务。

6月14日 国家新闻出版广电总局发展研究中心在北京举行《中国视听新媒体发展报告(2013)》发布会,发布2011~2012年中国视听新媒体发展格局与态势,展望行业发展未来。

8月1日 国务院印发《"宽带中国"战略及实施方案》。根据该方案,"宽带中国"将分为全面提速(至2013年底)、推广普及(2014~2015年)、优化升级(2016~2020年)三个阶段,并将下一代广播电视网建设纳入其中。

10月16日 腾讯视频开通微信支付功能,用户在其"好莱坞影院"播放页面通过"扫一扫"功能便可直接使用微信付费收看电影。

10月28日 苏宁和弘毅以4.2亿美元的公司基准估值,联合战略投资聚力传媒。

11月6日 第八届全国广播影视发展改革研究协作会议暨现代视听传媒发展研讨会在广州举行。会议由国家新闻出版广电总局发展研究中心主办,会议以"融合、激变、转型"为主题,围绕视听传媒建设、发展、管理等议题进行讨论交流。

11月19日 爱上电视与中国电信签署IPTV合作协议。双方将加大对业务发展的投入,带动产业链上下游协同发展。双方还将合作推进完善三网融合技术与服务创新体系,推动IPTV向高清化、智能化方向演进。

11月28~29日 第一届中国网络视听大会在成都举行,会议由国家新闻出版广电总局、国家互联网信息办公室作为指导单位,中国网络视听节目服务协会主办,主题为"责任与创想——构建活力、人本的网络视听新生态"。

12月4日 工业和信息化部向中国移动、中国电信、中国联通颁发4G

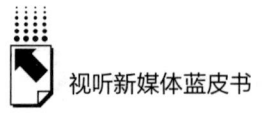

牌照，我国正式步入"4G 时代"。

12 月 5～6 日 第五届中国网络视听产业论坛在上海召开。论坛由国家新闻出版广电总局和上海市政府共同主办，主题是"顶层设计下的战略路径选择"。

12 月 23 日 未来电视、创维与腾讯联合推出微信电视。

12 月 26 日 工业和信息化部发放首批虚拟运营商牌照，民营企业将进入电信领域。

12 月 24 日 国家新闻出版广电总局科技司在北京组织召开"NGB 智能电视操作系统（TVOS）关键技术及原型系统研发"项目验收会，发布了项目成果 TVOS1.0 软件，标志着由我国自主开发的 NGB 智能电视操作系统取得了阶段性成果，TVOS1.0 进入正式应用。

12 月 27 日 浙江广电集团"中国蓝"新闻和综艺客户端、集团官方微博微信集成平台正式发布。

12 月 31 日 国家版权局通报了以百度和快播盗版为首的十大网络侵权案件，分别对百度和快播处以 25 万元人民币的罚款，并责令其停止侵权行为。

2014 年

1 月 2 日 国家新闻出版广电总局下发《关于进一步完善网络剧、微电影等网络视听节目管理的补充通知》（新广电发〔2014〕2 号），就制作生产网络剧、微电影等网络视听节目机构的资质、个人上传节目、节目备案、问题节目修订等，提出明确要求。

2 月 17 日 工业和信息化部与国家新闻出版广电总局联合成立"智能电视标准联合工作组"，制定智能电视标准体系架构。

2 月 26 日 百视通在沪举行 4K 整体解决方案发布会，推出包含内容、运营、终端在内的 4K 产品、技术以及解决方案。

3 月 5 日 国务院总理李克强在十二届全国人大二次会议上作政府工作

报告时强调，要促进信息消费，实施"宽带中国"战略，加快发展4G，推进城市百兆光纤工程和宽带乡村工程，大幅提高互联网网速，在全国推行"三网融合"，鼓励电子商务创新发展，维护网络安全。

3月26日 阿里巴巴数字娱乐事业群推出理财与增值服务平台"娱乐宝"，网民可投资热门影视作品。

3月31日 根据上海文广整合改革方案，原上海文化广播影视集团（即"大文广"）的事业单位建制撤销，改制设立的国有独资上海文化广播影视集团有限公司（SMG）正式运营，上海东方传媒集团有限公司（即"小文广"）以国有股权划转方式与上海文化广播影视集团有限公司实施整合。

4月1日 盛大将酷6网41%的股份出售给Sky Profit的创始人许旭东。

4月16日 粤传媒以4.5亿元收购公共视听载体厂商香榭丽100%的股权。

4月28日 国家广播电视产品质检中心联合中国电子商会出台了《超高清显示认证技术规范》，这是中国首个4K电视技术标准。

5月9日 湖南卫视携芒果TV推出"芒果独播战略"，湖南卫视自有版权节目只在湖南广播电视台旗下的视频网站芒果TV独播。

5月21日 工业和信息化部、国家发展和改革委员会、科技部、财政部等14个部门联合发布《关于实施"宽带中国"2014专项行动的意见》。

5月28日 中国广播电视网络有限公司正式挂牌成立，注册资金45亿元。

6月11日 阿里巴巴集团全资收购手机浏览器服务商优视（UC），并组建以UC为基础的UC移动事业群。

6月24日 国家新闻出版广电总局针对互联网电视集成牌照商，下发了《关于立即关闭互联网电视终端产品中违规视频软件下载通道的函》，其后，针对互联网电视违规现象清理整顿的新一轮行动逐步展开。

7月3~4日 第三届中国互联网电视大会在天津召开，会议以"升级与成长"为主题，围绕互联网电视商业模式、技术创新、跨界融合、产业

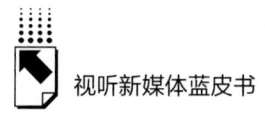

合作等进行交流与讨论。

7月10日 上海文化广播影视集团有限公司控股的百视通新媒体股份有限公司（BesTV），联合完美世界、巨人网络、久游、联众等12家国内知名企业，成立了国内首个"家庭游戏产业联盟"。

8月18日 习近平主持召开中央全面深化改革领导小组第四次会议，会议审议通过《关于推动传统媒体和新兴媒体融合发展的指导意见》。

9月3日 国家新闻出版广电总局办公厅印发《关于进一步落实网上境外影视剧管理有关规定的通知》（新广电发〔2014〕204号文），明确网上境外影视剧引进播出坚持总量调控、内容审核、发放许可、统一登记的管理思路，并确定了管理规则。

10月12日 湖南卫视举办金鹰节互联盛典，首次运用"弹幕"互动模式进行直播，并实现电视屏、手机屏、电脑屏三屏互动。

10月16日 中央电视台联合全国几十家地方电视台推出电商平台"发现GO"网站，探索"电视+电商"新商业模式。

11月4日 工业和信息化部发布《关于全面推进IPv6在LTE网络中部署应用的实施意见》，将对新建LTE（4G）网络给予大力支持，并全面开启IPv6商用，其中，LTE语音解决方案全面使用IPv6。

11月14~15日 由国家新闻出版广电总局发展研究中心主办、苏州广播电视总台承办的"2014中国视听传媒发展论坛"在苏州举办。论坛以"探索广电媒体融合发展之路"为主题，发布了由国家新闻出版广电总局发展研究中心组织评出的"2014广电媒体融合发展创新榜"。国家新闻出版广电总局副局长田进出席并发表了主旨演讲。

11月18日 央视积极布局移动互联网，宣布于2015年与中国移动合作，后者将在合作机型预装央视新闻、央视影音App，每部手机预装费用2元。央视计划投入4亿资金。

11月20日 工业和信息化部向8家民营企业发放第四批移动通信转售业务试点批文，小米、优酷等获得虚拟运营商牌照。

11月21日 百视通和东方明珠发布公告，宣布将通过百视通吸收合并

2013～2014年中国视听新媒体发展大事记

东方明珠的方式，实现两家公司合并，并注入文广集团旗下东方购物、尚世影业、五岸传播和文广互动等资产。

12月2日 全国网络视听节目管理工作会议在广西南宁召开，国家新闻出版广电总局副局长田进在会上要求，加快推进媒体融合发展、加强网络视听节目内容建设、加强网上境外影视剧管理、加强互联网电视管理、加强IPTV发展和管理、加强移动互联网视听节目管理、加强监管手段建设。

12月4～5日 第六届中国网络视听产业论坛在上海召开，该论坛由国家新闻出版广电总局和上海市人民政府共同主办，主题是"中国文化娱乐大时代，创造产业繁荣新边界"。

12月15～17日 第二届中国网络视听大会在成都召开，主题是"创新·融合·绿色"，围绕媒体融合和产业链融合发展战略、政策导向、媒体责任、创新路径、技术前瞻、行业趋势等议题展开讨论。国家新闻出版广电总局局长蔡赴朝、副局长田进出席会议并发表主旨演讲。

12月24日 中央电视台与中国移动达成战略合作，双方合作建设国家4G视频传播中心，全面开展4G新媒体业务。

《中国视听新媒体发展报告（2015）》撰稿人名单

B Ⅰ　总论

B.1　躬下身子学习新兴媒体　展开双臂拥抱新兴媒体　　　　　　田　进

B.2　加强网络视听节目管理　促进网络视听业健康有序发展　　　田　进

B.3　大力推动网络视听节目创作生产实现更大繁荣　　　　　　　田　进

B.4　视听新媒体发展现状与总体趋势

　　　　　　　　袁同楠　杨明品　吕岩梅　朱新梅　张　韬

B Ⅱ　行业扫描

B.5　视听新媒体政策与管理报告　　　　　　　　　　　　　　　罗建辉

B.6　互联网视听节目服务发展报告　　　　　　　　　　　　　　朱新梅

B.7　移动互联网视听节目服务（包括手机电视）发展报告

　　　　　　　　　　　　　　　　　　　　　　　　朱新梅　赵　敬

B.8　IPTV发展报告　　　　　　　　　　　　　　　　张　韬　陈畅民

B.9　互联网电视发展报告　　　　　　　　　　　　　朱新梅　尤文奎

B.10　公共视听载体发展报告　　　　　　　　　　　　罗　兰　董潇潇

B.11　视听新媒体内容发展报告　　　　　　　　　　　董潇潇　刘　旸

B.12　视听新媒体传播渠道发展报告　　　　　　　　　董潇潇　张俊霞

B.13　视听新媒体终端发展报告　　　　　　　　　　　朱新梅　韩　凌

B.14　网络视频用户行为与需求分析

　　　　　　　　　陈建功　罗　兰　徐　昊　陈秀敏

B.15　视听新媒体技术发展及应用　　　　　　　　　　　　　　孙文涛

B.16　中国视听新媒体走出去现状与趋势　　　　　　　　　　　赵　敬

BⅢ 专题研究

BⅢ-1 融合发展

B.17	4G 网络技术对广播电视的影响及对策	魏党军
B.18	以云计算为基础推进广播电视融合制播技术发展	孙苏川
B.19	电视台台网融合新探索	林起劲
B.20	央视 2014 巴西世界杯转播的新媒体实践	张 韬 尤文奎
B.21	央广新媒体：建立在线广播全平台	伍 刚 宋一凡
B.22	国际台：全媒体推进国际传播	卜伟才
B.23	湖南台：以我为主 融合发展	黄自笑
B.24	江苏网络电视台：视频+新闻+社区的探索与创新	顾建国
B.25	湖北台：以产品为突破口推进媒体融合	朱新梅

BⅢ-2 产业模式创新

B.26	网络自制剧微电影发展的商业模式	王建磊
B.27	融合背景下内容版权价值开发与管理	郑 直
B.28	苏州台：构建广电融合产业	陆玉方
B.29	山东手机台"轻快"平台：打造多元商业模式	董崇飞
B.30	蓝海云平台：全媒体全球传播	崔 松
B.31	视听新媒体内容的网络众筹探索	宋 磊
B.32	演唱会 O2O 模式的探索	郑嫣然
B.33	中国网络视听企业境外上市情况及动因分析	黄 威

BⅣ 环球视野

B.34	发达国家视听新媒体发展新情况新特点新趋势	周 菁
B.35	美国视听媒体融合发展案例分析	朱新梅 郜亚会
B.36	英国视听新媒体政策创新	宋 磊
B.37	日本视听新媒体发展现状及其问题	吕岩梅 宋 锋 熊艳红
B.38	美国苹果公司视听新媒体业务创新	张 蕊

BⅤ 声音·观点

B.39	创新·融合·共赢	朱新梅（整理）

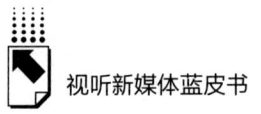

B Ⅵ 附录

B.40 创新榜 　　　　　　　　　　　　　　　　　宋　磊（整理）

B.41 视听新媒体相关领域发展十个关键词 　　　　　董潇潇

B.42 2013~2014年中国视听新媒体发展大事记 　　郑嫣然（整理）

皮书起源

"皮书"起源于十七、十八世纪的英国,主要指官方或社会组织正式发表的重要文件或报告,多以"白皮书"命名。在中国,"皮书"这一概念被社会广泛接受,并被成功运作、发展成为一种全新的出版型态,则源于中国社会科学院社会科学文献出版社。

皮书定义

皮书是对中国与世界发展状况和热点问题进行年度监测,以专业的角度、专家的视野和实证研究方法,针对某一领域或区域现状与发展态势展开分析和预测,具备权威性、前沿性、原创性、实证性、时效性等特点的连续性公开出版物,由一系列权威研究报告组成。皮书系列是社会科学文献出版社编辑出版的蓝皮书、绿皮书、黄皮书等的统称。

皮书作者

皮书系列的作者以中国社会科学院、著名高校、地方社会科学院的研究人员为主,多为国内一流研究机构的权威专家学者,他们的看法和观点代表了学界对中国与世界的现实和未来最高水平的解读与分析。

皮书荣誉

皮书系列已成为社会科学文献出版社的著名图书品牌和中国社会科学院的知名学术品牌。2011年,皮书系列正式列入"十二五"国家重点图书出版规划项目;2012~2014年,重点皮书列入中国社会科学院承担的国家哲学社会科学创新工程项目;2015年,41种院外皮书使用"中国社会科学院创新工程学术出版项目"标识。

法律声明

"皮书系列"(含蓝皮书、绿皮书、黄皮书)之品牌由社会科学文献出版社最早使用并持续至今,现已被中国图书市场所熟知。"皮书系列"的LOGO( )与"经济蓝皮书""社会蓝皮书"均已在中华人民共和国国家工商行政管理总局商标局登记注册。"皮书系列"图书的注册商标专用权及封面设计、版式设计的著作权均为社会科学文献出版社所有。未经社会科学文献出版社书面授权许可,任何使用与"皮书系列"图书注册商标、封面设计、版式设计相同或者近似的文字、图形或其组合的行为均系侵权行为。

经作者授权,本书的专有出版权及信息网络传播权为社会科学文献出版社享有。未经社会科学文献出版社书面授权许可,任何就本书内容的复制、发行或以数字形式进行网络传播的行为均系侵权行为。

社会科学文献出版社将通过法律途径追究上述侵权行为的法律责任,维护自身合法权益。

欢迎社会各界人士对侵犯社会科学文献出版社上述权利的侵权行为进行举报。电话:010-59367121,电子邮箱:fawubu@ssap.cn。

社会科学文献出版社

权威报告·热点资讯·特色资源

皮书数据库
ANNUAL REPORT(YEARBOOK) DATABASE

当代中国与世界发展高端智库平台

皮书俱乐部会员服务指南

1. 谁能成为皮书俱乐部成员？
- 皮书作者自动成为俱乐部会员
- 购买了皮书产品（纸质书/电子书）的个人用户

2. 会员可以享受的增值服务
- 免费获赠皮书数据库100元充值卡
- 加入皮书俱乐部，免费获赠该纸质图书的电子书
- 免费定期获赠皮书电子期刊
- 优先参与各类皮书学术活动
- 优先享受皮书产品的最新优惠

3. 如何享受增值服务？
（1）免费获赠100元皮书数据库体验卡
第1步 刮开附赠充值的涂层（右下）；
第2步 登录皮书数据库网站（www.pishu.com.cn），注册账号；
第3步 登录并进入"会员中心"—"在线充值"—"充值卡充值"，充值成功后即可使用。

（2）加入皮书俱乐部，凭数据库体验卡获赠该书的电子书
第1步 登录社会科学文献出版社官网（www.ssap.com.cn），注册账号；
第2步 登录并进入"会员中心"—"皮书俱乐部"，提交加入皮书俱乐部申请；
第3步 审核通过后，再次进入皮书俱乐部，填写页面所需图书、体验卡信息即可自动兑换相应电子书。

4. 声明
解释权归社会科学文献出版社所有

皮书俱乐部会员可享受社会科学文献出版社其他相关免费增值服务，有任何疑问，均可与我们联系。

图书销售热线：010-59367070/7028
图书服务QQ：800045692
图书服务邮箱：duzhe@ssap.cn

数据库服务热线：400-008-6695
数据库服务QQ：2475522410
数据库服务邮箱：database@ssap.cn

欢迎登录社会科学文献出版社官网
（www.ssap.com.cn）
和中国皮书网（www.pishu.cn）
了解更多信息

社会科学文献出版社 皮书系列
SOCIAL SCIENCES ACADEMIC PRESS (CHINA)

卡号：889183688217
密码：

子库介绍
Sub-Database Introduction

中国经济发展数据库

涵盖宏观经济、农业经济、工业经济、产业经济、财政金融、交通旅游、商业贸易、劳动经济、企业经济、房地产经济、城市经济、区域经济等领域，为用户实时了解经济运行态势、把握经济发展规律、洞察经济形势、做出经济决策提供参考和依据。

中国社会发展数据库

全面整合国内外有关中国社会发展的统计数据、深度分析报告、专家解读和热点资讯构建而成的专业学术数据库。涉及宗教、社会、人口、政治、外交、法律、文化、教育、体育、文学艺术、医药卫生、资源环境等多个领域。

中国行业发展数据库

以中国国民经济行业分类为依据，跟踪分析国民经济各行业市场运行状况和政策导向，提供行业发展最前沿的资讯，为用户投资、从业及各种经济决策提供理论基础和实践指导。内容涵盖农业，能源与矿产业，交通运输业，制造业，金融业，房地产业，租赁和商务服务业，科学研究环境和公共设施管理，居民服务业，教育，卫生和社会保障，文化、体育和娱乐业等100余个行业。

中国区域发展数据库

以特定区域内的经济、社会、文化、法治、资源环境等领域的现状与发展情况进行分析和预测。涵盖中部、西部、东北、西北等地区，长三角、珠三角、黄三角、京津冀、环渤海、合肥经济圈、长株潭城市群、关中一天水经济区、海峡经济区等区域经济体和城市圈，北京、上海、浙江、河南、陕西等34个省份及中国台湾地区。

中国文化传媒数据库

包括文化事业、文化产业、宗教、群众文化、图书馆事业、博物馆事业、档案事业、语言文字、文学、历史地理、新闻传播、广播电视、出版事业、艺术、电影、娱乐等多个子库。

世界经济与国际政治数据库

以皮书系列中涉及世界经济与国际政治的研究成果为基础，全面整合国内外有关世界经济与国际政治的统计数据、深度分析报告、专家解读和热点资讯构建而成的专业学术数据库。包括世界经济、世界政治、世界文化、国际社会、国际关系、国际组织、区域发展、国别发展等多个子库。